Tom Braun
Zur Theorie der Kulturschule

Tom Braun

Zur Theorie der Kulturschule

Eine anerkennungstheoretische Studie zum
Verhältnis von Schule, Individualität und
ästhetischer Erfahrung

Der Autor

Tom Braun ist Geschäftsführer der Bundesvereinigung kulturelle Kinder- und Jugendbildung (BKJ). Seine Arbeitsschwerpunkte sind Theorie und Praxis der Kulturellen Bildung, Kritische Kulturpädagogik und Kulturelle Schulentwicklung.

Die Studie wurde im November 2020 als Dissertation am Fachbereich Erziehungswissenschaften der Philipps-Universität Marburg angenommen.

Dieses Buch ist erhältlich als:
ISBN 978-3-7799-6618-0 Print
ISBN 978-3-7799-6619-7 E-Book (PDF)

1. Auflage 2021

© 2021 Beltz Juventa
in der Verlagsgruppe Beltz · Weinheim Basel
Werderstraße 10, 69469 Weinheim
Alle Rechte vorbehalten

Herstellung: Myriam Frericks
Satz: Datagrafix, Berlin
Druck und Bindung: Beltz Grafische Betriebe, Bad Langensalza
Printed in Germany

Weitere Informationen zu unseren Autor_innen und Titeln finden Sie unter: www.beltz.de

Inhaltsverzeichnis

1. Einführung

In jüngerer Zeit sind vermehrt Entwürfe für eine systematische Verankerung ästhetischer Erfahrung und der ihr zugeordneten Praktiken in der Schule vorgelegt worden. Als eines der „konsequentesten und wegweisenden reformpädagogischen Projekte zur Institutionalisierung kultureller Bildung in Schulen" (Rittelmeyer 2018, S. 562) gilt verschiedentlich das Konzept der „Kulturschulen" (ebd.). Als Kulturschule werden in den unterschiedlichen vorliegenden Ansätzen Schulen bezeichnet, die eine Profilierung ästhetisch-kultureller Praxis in allen Bereichen des Schullebens anstreben bzw. umsetzen (vgl. Ackermann et al. 2015; Braun/Fuchs/Kelb 2010; Braun et al. 2013b; Fuchs 2012; Liebau/Zirfas 2009). Das Projekt der Kulturschule steht in enger Verbindung mit einer auf die erste PISA Studie (vgl. Baumert 2001) folgende Kritik an einer zunehmend verengten Perspektive auf Prozesse der Selbst- und Weltaneignung von Kindern und Jugendlichen im Kontext der Schule. Die Akteure der außerschulischen kulturellen Kinder- und Jugendbildung hatten bereits früh Forderungen nach „Neuen Lernqualitäten" (vgl. Kelb 2007) in der Schule gestellt. Diese sollten den individuellen Selbst- und Weltsichtweisen von Jugendlichen und Kindern eine besondere Berücksichtigung einräumen und, so das Vorhaben, vor allem durch Kooperationen von Schulen mit Kulturpartnern erschlossen werden (vgl. Biburger/Wenzlik 2009; Hill/Biburger/Wenzlik 2008). Es zeigte sich jedoch zunehmend, dass ästhetische Erfahrung und die ihr zugeordneten Praktiken vor allem dann zu einer veränderten Relevanz der individuellen Wahrnehmungsperspektiven und Positionen von Kindern und Jugendlichen im Regelungsgefüge der Schule beitragen können, wenn sie in Prozesse der institutionellen Organisationsentwicklung integriert werden (vgl. Braun 2010; Braun 2012; Fuchs/Braun 2015; Fuchs/Braun 2016; Fuchs/Braun 2018). Mit dem in Folge von PISA 2000 (vgl. Baumert 2001) beginnenden Ausbau von Ganztagsschulen erfuhr auch die schon früher begonnene Debatte zur Schule als „Haus des Lebens und Lernens" (Bildungskommission NRW 1995, S. 86) eine neue Aktualität (vgl. Fischer et al. 2011; Sauerwein 2016; Steffens/Bargel 2016). Für die Kritik der Akteure der außerschulischen kulturellen Bildung waren besonders „vom Subjektstandpunkt ausgehen[de]" (vgl. Rihm 2006; Rihm 2008) Debatten zur Schule anschlussfähig. Bereits erste Überlegungen diskutierten die Kulturschule daher als gesellschaftlichen Ort der Subjektformung (vgl. Fuchs 2010a; Fuchs 2012). Mit der in den letzten Jahren zunehmend kritischen Reflexion einer umfassenden Institutionalisierung des Aufwachsens von Kindern und Jugendlichen (vgl. BMFSFJ 2013; BMFSFJ 2017) ist auch das Vorhaben einer Verankerung ästhetischer Erfahrung und der ihr zugeordneten Praktiken in der Schule nur noch schwerlich von Fragen der institutionellen Subjektformung abzugrenzen.

Überlegungen zur Kulturschule als Projekt einer *Institutionalisierung kultureller Bildung* (Rittelmeyer 2018)[1] sind vor diesem Hintergrund dahingehend zu diskutieren, inwiefern sie zu einer „Verkennung" (Bedorf 2010, S. 95) von individuellen Kindern und Jugendlichen unter allgemeinen institutionellen Leistungskriterien beitragen. Ebenso ist zu fragen, welche Möglichkeiten Kulturschulen für die Anerkennung der über die institutionelle Funktionslogik hinauslaufenden Individualität von Jugendlichen und Kindern erschließen.

Die vorliegende Studie diskutiert Schule als einen Ort der Individuation von Kindern und Jugendlichen, der in besonderer Weise durch einen Auftrag zur institutionellen Regulierung des Spannungsverhältnisses überindividueller gesellschaftlicher Ansprüche sowie individueller Bedeutungsbildungen, Gründe und Handlungsabsichten von Jugendlichen und Kindern geprägt ist. Individuation bedeutet im Verständnis der vorliegenden Studie den Prozess der zunehmend bewussten Verfügung über die eigenständige Verhältnisbestimmung des Subjekts in der mit anderen geteilten physischen, sozialen und kulturellen Welt. Diese Verhältnisbestimmung erfolgt anhand von Gründen, Vorstellungen und Motiven, die das Subjekt sich selbst zuschreibt, und die in seinem Fühlen, Denken und Handeln mit unreduzierbarer Bedeutsamkeit für sein Selbst- und Weltverhältnis versehen sind. Die Studie diskutiert, inwiefern mit allgemeingültigen Ansprüchen der Institution Schule Begrenzungen der sozial und kulturell relationalen Individualität von Jugendlichen und Kindern verbunden sind. Diese Begrenzungen werden als ein Verlust an Möglichkeiten für Kinder und Jugendliche problematisiert, Schule anhand eigener, individueller Standards als bedeutungsvolle Gelegenheit zu sich und zu anderen nutzen zu können. Es wird untersucht, inwiefern mit diesen Begrenzungen entlang eines gesellschaftlichen Leistungsauftrags der Schule Korridore für die Anerkennbarkeit der Individualität von Jugendlichen und Kindern institutionell verengt werden. Damit ist die zu überprüfende Annahme verbunden, dass mit der schulischen Regulierung von Sinnordnungen und Wissensbeständen das Selbst- und Weltverhältnis von Jugendlichen und Kindern verstärkt nach institutionellen Normen der Anerkennung geformt wird. Es wird ebenso problematisiert, dass auch auf die Schule selbst gerichtete Interpretationsmöglichkeiten eine Einschränkung erfahren. Die Studie verbindet in

---

1 Begriffe, die in der vorliegenden Studie als Schlüsselbegriffe der Argumentation Verwendung finden, werden kursiv gesetzt. Formulierungen anderer Autor*innen, die als Schlüsselbegriffe verwendet werden sollen, werden, nachdem sie durch ein direktes Zitat mit Angaben zu Urheber*in, Erscheinungsjahr und Seitenzahl eingeführt wurden, im Folgenden ebenso kursiv gesetzt. Nach erfolgter Einführung durch ein direktes Zitat wird der Verweis auf die Quelle im weiteren Textverlauf durch Angaben nur zu Urheber*in und Erscheinungsjahr vorgenommen. Die Kenntlichmachung als Schlüsselbegriff durch Kursivsetzung und Angaben zu Urheber*in und Erscheinungsjahr erfolgt in jedem Kapitel aufs Neue. In Folge wird innerhalb desselben Kapitels der Begriff kursiv gesetzt, jedoch auf die Angaben zu Urheber*in und Erscheinungsjahr verzichtet.

ihrer Anlage daher eine anerkennungstheoretische Analyse von Schule als Ort einer institutionell regulierten Individuation mit einer anerkennungstheoretischen Reflexion des Verhältnisses von differenten Bedeutungsbildungen und allgemeinen, d.h. differente Positionen begrenzenden Ansprüchen. Vor diesem Hintergrund geht die Studie der Überlegung nach, ob und inwiefern ästhetische Erfahrung und die ihr zugeordneten Praktiken in der Schule dazu beitragen können, dass institutionelle Begrenzungen der Individualität von Kindern und Jugendlichen als solche artikuliert und in ihrer Konstitutionskraft in Frage gestellt werden können. Damit bettet die Studie das Vorhaben Kulturschule in die kritische Debatte zur Institutionalisierung des Aufwachsens von Kindern und Jugendlichen ein. Sie analysiert in der Verhältnisbestimmung von institutionellem Leistungsauftrag, relationaler Individualität und ästhetischer Erfahrung Grundlagen für die Anerkennung der Individualität von Kindern und Jugendlichen in der Schule. In der Ausleuchtung des Verhältnisses von Schule, Individualität und ästhetischer Erfahrung als ein konfliktträchtiges und spannungsreiches Feld der Anerkennung entwirft die Studie eine grundlagentheoretische Begründung der Kulturschule. Die Kulturschule zeichnet sich, so die Grundannahme, nicht durch die Aufhebung des Widerspruchs zwischen individuellen Bedeutungsbildungen und institutionellem Leistungsauftrag, sondern durch die Gestaltung von Schule als ein reflexives Spannungsfeld aus. Damit kann die Kulturschule als Ort der Individuation konturiert werden, ohne den schulischen Leistungsauftrag zu übersehen oder die institutionelle Begrenzung der Anerkennbarkeit von Kindern und Jugendlichen als alternativlos in Kauf nehmen zu müssen. Die theoretische Grundlegung der Kulturschule ist vor allem deshalb als eine anerkennungstheoretische zu verstehen, weil nachgewiesen werden kann, dass durch die Profilierung ästhetischer Erfahrung und der ihr zugeordneten Praktiken in allen Bereichen des Schullebens ein reflexives Moment etabliert wird, das besonders auf das Verhältnis von individueller Selbstbestimmung und Bestimmtwerden verweist. Mit der Verankerung ästhetischer Erfahrung wird in der Schule eine Möglichkeit der Verhältnisbestimmung geschaffen, die an der Fähigkeit, Bedeutungen zu stiften, ansetzt und mit den Grundlagen von Individualität korrespondiert. Diese liegen, wie zu zeigen sein wird, in der Doppelbedingtheit von Individualität durch Differenz und Involviertheit.

In den bisher vorliegenden Arbeiten zur Kulturschule werden die gesellschaftlichen Funktionen der Schule wie auch die spezifischen Bildungsqualitäten ästhetischer Erfahrung und ästhetisch-kultureller Praxis diskutiert sowie Strategien zu ihrer Verankerung in der Schule vorgeschlagen. Dabei wird jedoch das Verhältnis von Schule als gesellschaftliche Institution zur Individualität von Jugendlichen und Kindern nicht fokussiert betrachtet. Eine anerkennungstheoretische Grundlegung der Kulturschule in Perspektive auf Schule als Ort der Individuation ist daher bisher ausgeblieben. Gleichwohl stellt auch der mit der vorliegenden Studie unternommene Begründungsversuch der Kulturschule nur eine von unterschiedlichen Möglichkeiten der theoretischen Fundierung dar. So wäre auch eine Modellierung (vgl. Blömeke/Herzig 2009, S. 15) der Kulturschule etwa aus einer lerntheoretischen Perspektive oder unter den Gesichtspunkten von Unterrichtsqualität, künstlerischer Qualifizierung, sozialer Teilhabegerechtigkeit u. a. möglich. Sigrid Blömeke et al. weisen entsprechend darauf hin, dass die Vielfalt an theoretischen Beurteilungen von Schule sich nicht nur aus unterschiedlichen Erkenntnisinteressen herleitet. Vielmehr entspricht die Vielfalt theoretischer Reflexionen auf Schule dem Bemühen nach einer beständig notwendigen „Ausbalancierung ihrer Aufgaben und Funktionen" angesichts sich verändernder „gesellschaftliche[r] Verhältnisse[ ]" (Blömeke et al. 2009, S. 11). Zugleich betonen Sigrid Blömeke und Bardo Herzig an anderer Stelle nicht nur die Notwendigkeit unterschiedlicher „Attribuierungen von Schule" (Blömeke/Herzig 2009, S. 15), sondern heben ebenso die Notwendigkeit unterschiedlicher methodischer Ansätze hervor, um sowohl über den Status quo hinausgehende theoretische Entwürfe von Schule vorlegen als auch die Wirksamkeit normativer Entwürfe in der empirischen Praxis überprüfen zu können (vgl. Blömeke/Herzig 2009, S. 26 f.). Die vorliegende Studie will nun durch eine analytische Reflexion des Verhältnisses der Individualität von Kindern und Jugendlichen, des institutionellen Anspruchs der Schule und der spezifischen Wahrnehmungseinstellung ästhetischer Erfahrung eine anerkennungstheoretische Grundlegung der Kulturschule leisten. Zu diesem Zweck reflektiert die Studie die Anatomien, d. h. Form und Prozesse, von Individualität und Anerkennung, um sie auf die konstitutiven Grundlagen von Schule und ästhetischer Erfahrung zu beziehen. Die Studie verfolgt ausdrücklich nicht das Ziel der Bewertung bestehender Praxis oder die Ableitung konkreter organisatorischer Merkmale von Kulturschulen. Diese Anliegen wären vielmehr in empirisch-analytischen Zugängen zu verfolgen. Hierzu liegen erste Studien von Heike Ackermann et al. (Ackermann et al. 2015), Herman Josef Abs et al. (Abs et al. 2013), Saskia Bender (Bender 2010) sowie Michael Bromba und Bettina-Maria Gördel (Bromba/ Gördel 2019) vor.

Der Versuch einer anerkennungstheoretischen Begründung der Kulturschule durch die vorliegende Studie steht nun unter der besonderen Anforderung, weder den institutionellen Leistungsauftrag von Schule noch die subjektformende Dimension von Anerkennung zu übersehen. Sich hier einer vorschnellen Vereindeutigung von Anerkennung sowie einer Idealisierung von Möglichkeiten ästhetischer Erfahrung und der ihr zugeordneten Praktiken in der Schule zu enthalten, stellen die spezifischen Anforderungen an die Untersuchung dar.

Die Studie wurde im November 2020 am Fachbereich Erziehungswissenschaften der Philipps-Universität Marburg als Dissertation angenommen und liegt nun ergänzt um ein abschließendes Resümee als Veröffentlichung vor. Der Studie voraus gehen Jahre der gemeinsamen Diskussion zur Kulturschule und zur kulturellen Schulentwicklung mit Kolleg*innen[2] im Kontext der Bundesvereinigung kulturelle Kinder- und Jugendbildung (BKJ) und der Akademie der kulturellen Bildung des Bundes und des Landes Nordrhein-Westfalen. Bei ihnen und allen Menschen an den Schulen, Jugend- und Kultureinrichtungen, die wir im Rahmen bundesweiter Modellvorhaben auf dem Weg zur Kulturschule begleiten durften, möchte ich mich für unverzichtbare Impulse bedanken. Ich danke Prof. Dr. Heike Ackermann, die meinen in der vorliegenden Studie dargestellten Überlegungen mit stetem Interesse und produktiven Diskussionen begegnet ist. Prof. Dr. Ivo Züchner danke ich für wichtige weiterführende Impulse. Mein besonderer Dank gilt meinem Freund Prof. Dr. Max Fuchs für seinen fachlichen Rat, die persönliche Begleitung und die jahrelange Zusammenarbeit. Mein größter Dank aber geht an meinen Mann Johannes Köper-Braun. In seiner Arbeit als Schulleiter inspiriert und bestärkt er mich immer wieder in der Überzeugung, dass eine Schule der Anerkennung möglich ist. Ihm und unserem Sohn Juri ist die Studie gewidmet.

---

2 Durch die Verwendung des Gender–Star * soll in der vorliegenden Studie eine gendergerechte Schriftsprache Anwendung finden. Sie zielt darauf, die Möglichkeit und die Notwendigkeit individueller Interpretationen des zugewiesenen Geschlechts zu betonen sowie an die auch unter Normen der geschlechtlichen Anerkennung bestehende Unausdeutbarkeit von Individuen zu erinnern.

2. Vorgehen und Aufbau der Studie

Die vorliegende Studie diskutiert den Beitrag ästhetischer Erfahrung und der ihr zugeordneten Praktiken für eine im institutionellen Kernbereich der Schule anzusiedelnde Anerkennung der Individualität von Kindern und Jugendlichen. Es sind daher sowohl mit Blick auf Schule als Institution als auch auf ästhetische Erfahrung als eigenständige Wahrnehmungseinstellung stets zwei „Problematisierungskategorien" (Balzer 2014, S. 28) anzuwenden und aufeinander zu beziehen: relationale Individualität sowie Anerkennung als Praxis der Subjektformung. In einem hermeneutisch-interpretativen Verfahren wird daher ein mehrdimensionaler Analyserahmen entwickelt, der eine Reflexion und Kritik des institutionellen Regelungsgefüges der Schule wie auch ästhetischer Erfahrung und der ihr zugeordneten Praktiken unter beiden Kategorien zulässt. Dies ermöglicht es, Beschreibungen ästhetischer und schulischer Potenziale bzw. ästhetischer und schulischer Begrenzungen der Anerkennung der Individualität von Kindern und Jugendlichen zueinander ins Verhältnis zu setzen.

Zur Verdeutlichung der Ausgangslage der Studie werden in einem ersten Schritt aktuelle Debatten zur Institutionalisierung des Aufwachsens von Kindern und Jugendlichen dargestellt. Dies geschieht u. a. anhand der Ergebnisse der neueren Kinder- und Jugendberichte der Bundesregierung (BMFSFJ 2013; 2017). Die auf diesem Wege erfolgende Problematisierung von Schule als gesellschaftlichem Ort einer institutionellen Regulierung der individuellen Verhältnisbestimmung von Kindern und Jugendlichen zu überindividuellen Ansprüchen und Erwartungen unterstreicht zu Beginn der Studie die Notwendigkeit einer grundlagentheoretischen Reflexion von Individualität. Dem folgend sieht der Gang der Untersuchung im nächsten Schritt anhand ausgewählter Theorien von Volker Gerhardt (1999), Rahel Jaeggi (2005) und Heiner Keupp et al. (1999) eine Diskussion von Individualität als relationales Geschehen vor, das sich in differenten Positionierungen im Medium sozial und kulturell geteilter Sinnordnungen vollzieht. Aus der Diskussion des Verhältnisses von Individuellem und geteiltem Allgemeinen (Gerhardt 1999), der subjektiven Bezugnahme auf äußere Zwecke und individuelle Ambivalenzen (Jaeggi 2005) sowie der Prozesshaftigkeit individueller Verhältnisbestimmung in der mit anderen geteilten Welt (Keupp et al. 1999) wird ein Entwurf von Merkmalen relationaler Individualität abgeleitet. Diese werden im Folgenden als Prüfkriterien für die Entwicklung eines anerkennungstheoretischen Analyserahmens herangezogen.

Die Entwicklung eines anerkennungstheoretischen Analyserahmens ausgehend vom Prinzip einer relationalen Individualität erfolgt in einer kritischen Auseinandersetzung mit dem Modell einer formalisierten Anerkennung bei Axel Honneth (2012). Die Kritik des honnethschen Anerkennungsverständnisses bezieht sowohl den entwickelten Begriff relationaler Individualität als auch Erkenntnisse aus der umfassenden Re-Lektüre verschiedener Theorien der Anerkennung durch Nicole Balzer (2014; 2007) und Norbert Ricken (Balzer/ Ricken 2010; Ricken 2009) ein. Die Untersuchung folgt dem Plädoyer Rickens und Balzers, den Anerkennungsbegriff aus einer normativen Engführung auf ethisch-moralische Fragestellungen zu befreien, um ihn stattdessen als „Problem- und Problematisierungskategorie" (Balzer 2014, S. 28) zu gewinnen. Hierzu werden die jeweils spezifischen Analysen Balzers dargestellt und auf die mit Gerhardt (1999), Jaeggi (2005) und Keupp et al. (1999) erarbeiteten Dimensionen und Bedarfe von Individualität bezogen und ausdifferenziert. In Erweiterung der Re-Lektüren Balzers und Rickens wird der Versuch unternommen, anhand einer Analyse zur Bedeutung „geliebter Dinge" bei Tilmann Habermas (1999) sowie unter Hinzuziehung praxeologischer Perspektiven mit Andreas Reckwitz (2003) und Robert Schmidt (2012) die spezifische Bedeutung des Objektsbezugs für eine nichtdiskursive Selbstanerkennung von Individuen zu konturieren. Selbstanerkennung wird hier verstanden im Sinne eines expressiven Selbstverhältnisses (vgl. Honneth 2005, S. 87) im Rahmen einer vorgängigen Anerkennung bei Honneth (vgl. Honneth 2005, S. 45 f.; S. 76). Auf diesem Wege wird ein Analyserahmen aus Fremdanerkennung, Selbstanerkennung und Ambivalenzen der Anerkennung gewonnen. Er dient anschließend sowohl einer Kritik der Schule als auch der Kritik ästhetischer Erfahrung.

Die anerkennungstheoretische Kritik der Schule wird durch eine Diskussion ihres gesellschaftlichen Leistungsauftrags eingeleitet. Dieser wird als nicht zu umgehende Bedingungslage konturiert sowie in seiner institutionellen Funktionalität und Dysfunktionalität beschrieben (u. a. Wiater 2009b; 2016; Fend 1981; 2008). Anhand Helmuth Fends „Neue[r] Theorie der Schule" (2008) werden zudem „Gelegenheitsstrukturen" (Fend 2008, S. 181) dargestellt, die ebenfalls mit dem institutionellen Charakter von Schule zu verbinden sind. Die sich hieraus ergebenden Möglichkeiten für Freiheitsgewinne in der Institution Schule werden anschließend mit der machtkritischen Perspektive Klaus Holzkamps (1995) kontrastiert und einer Bewährungsprobe ausgesetzt. Während das auf Kommunikation und Relation ausgerichtete Konzept Fends die Frage nach den Grenzen der interpretativen Freiheiten der Individuen in der Schule aufwirft, führt die radikale Schulkritik Holzkamps zum Befund einer „Entöffentlichung" (Holzkamp 1995, S. 389) individueller Lerngründe, -motive und -inhalte von Kindern und Jugendlichen. Mit Werner Helspers et al. Konzept der „Schulkultur" (Helsper et al. 2001, S. 21) wird im Anschluss nachvollzogen, inwiefern sich aus der strukturellen Widersprüchlichkeit der schulischen Anerkennungsarchitektur die Notwendigkeit herleitet, den institutionellen Normen der Anerkennung eine weitere Bedeutungsstruktur hinzu zu stiften. Das auf den Aspekt einer imaginären Ergänzung der institutionellen Logik hinauslaufende Konzept wirft schließlich die Frage auf, inwiefern die Widersprüchlichkeit der schulischen Organisation Abweichungen von der Funktionslogik der Schule geradezu initiiert bzw. dieser als informellen Gelegenheiten zur Realisierung und zur Sicherung des schulischen Leistungsauftrags bedarf. Im Folgenden wird zusammenfassend für die verschiedenen Dimensionen des anerkennungstheoretischen Analyserahmens die institutionelle Umgrenzung und Einschränkung von Anerkennung im Regelungsgefüge der Schule nochmals verdeutlicht. Indem Schule ausgehend von ihren konstitutiven Grundlagen als institutionelles Anerkennungsgefüge interpretiert wird, können auf diesem Wege die grundlegenden Problematiken verdeutlicht werden, vor denen sich auch eine anerkennungstheoretische Begründung der Kulturschule bewähren muss.

Die anerkennungstheoretische Kritik ästhetisch-kultureller Praxis wird anschließend ausgehend von der Diskussion ästhetischer Erfahrung unter den Prinzipien der Vergegenwärtigung und Darbietung bei Martin Seel (1993; 2001) sowie der Selbstverständigung bei Georg W. Bertram (2011; 2014) geführt. Kunst wird in dieser Perspektive als ein Sonderfall ästhetischer Erfahrung und als eigenständige Praxis gekennzeichnet (Fuchs 2011; Schmücker 2012). Hierbei wird im Besonderen das Verhältnis idiosynkratischer Bedeutungsbildungen in der ästhetischen Wahrnehmungseinstellung des Subjekts einerseits und ihrer sozialen und kulturellen Bedingtheit andererseits beleuchtet. Im Zuge dessen erfahren neben dem Potential ästhetischer Darbietung zur Sichtbarmachung der Ambivalenzen von Anerkennung zugleich Fragen der nichtdiskursiven Selbstanerkennung des individuellen Subjekts eine besondere Betrachtung. Die anerkennungstheoretische Kritik elementarästhetischer sowie kunstästhetischer Erfahrung und Praxis wird abschließend sowohl hinsichtlich ihres Potenzials einer prozesshaften Darbietung der Relationalität von Individualität als auch der Entwicklung „selbstbestimmter Formen der Praxis" (Bertram 2014, S. 218) zusammengefasst. Durch die anerkennungstheoretische Reflexion ästhetischer Erfahrung kann den für die Schule als konstitutiv ermittelten Regulierungen individueller Anerkennung in der Diskussion der Kulturschule somit ein gegenläufiger Entwurf individueller Anerkennung gegenübergestellt werden.

Die anhand einer anerkennungstheoretischen Kritik der Schule sowie der ästhetischen Wahrnehmungseinstellung gewonnen Erkenntnisse, werden im Folgenden für die Diskussion der Kulturschule zusammengeführt. Prüfgegenstand ist hierbei die Fragestellung, ob und inwiefern institutionelle Normen der Anerkennung von Kindern und Jugendlichen durch die institutionelle Verankerung ästhetischer Erfahrung in der Schule als Medium ihrer sozial und kulturell relationalen Individualität statt als Momente des Zwangs und der Verkennung erfahren werden können. In einer zusammenfassenden Darstellung der bisher gewonnenen Erkenntnisse zur Schule als institutionellem Anerkennungsgefüge werden *Gelegenheitsstrukturen* für die Anerkennung relationaler Individualität verdeutlicht sowie Anforderungen für eine Schule der Anerkennung abgeleitet. Diese durch die zentralen Problematisierungskategorien aus relationaler Individualität und Anerkennung untersetzten Anforderungen werden in den folgenden Analyseschritten für die Diskussion des Spannungsverhältnisses schulischer sowie ästhetischer Begrenzungen der Anerkennung genutzt. Hierzu werden Entwürfe von Schule als kulturelles Forum (Duncker 1994; 2018; Fuchs 2012) sowie Schule als ästhetische Lernumgebung (vgl. u. a. Fuchs 2012; Klepacki et al. 2016; Klepacki/Zirfas 2009; Kuschel 2015; Mollenhauer 1990a; Reinwand-Weiss 2017; Otto 1993; 1998) zur weiteren Begründung der Kulturschule diskutiert. Die Diskussion einer gegenläufigen ästhetischen und schulischen Begrenzung individueller Anerkennung wird anhand neuerer empirischer Studien als Spannungsverhältnis weiter konkretisiert (vgl. Ackermann et al. 2015; Bender 2011; Bromba/Gördel 2019). Die hieraus erfolgende deutliche Problematisierung von Möglichkeiten einer institutionellen Verankerung ästhetischer Erfahrung zur Untermauerung der Anerkennung relationaler Individualität von Kindern und Jugendlichen in der Schule wird zugunsten eines modellhaften Vorschlags zur ästhetisch-diskursiven Reflexion des schulischen Regelungsgefüges sowie der Etablierung spannungsorientierter „Kreative[r] Felder" (Burow 1999, S. 133) diskutiert. Abschließend kann der Versuch unternommen werden, in einer anerkennungstheoretischen Perspektive Anforderungen an die Kulturschule zu konturieren sowie diese in ihrem spannungsreichen Verhältnis und in ihren unterschiedlichen Beiträgen zu verdeutlichen.

3. Institutionalisierung als anerkennungstheoretische Problematik

Die Diskussion von Schule als gesellschaftlichem Ort einer Regulierung der individuellen Verhältnisbestimmung von Kindern und Jugendlichen zu überindividuellen Sinnordnungen, Wissensbeständen und Erwartungen wird im Verlauf der Studie sowohl eine grundlagentheoretische Reflexion von Individualität als auch der für Schule konstitutiven Auftragslage erfordern. In Vorbereitung erfolgt in einem ersten Schritt zunächst eine Einholung aktueller Debatten zur Institutionalisierung des Aufwachsens von Kindern und Jugendlichen. Hierzu werden u. a. Ergebnisse der neueren Kinder- und Jugendberichte der Bundesregierung in der Perspektive auf eine institutionelle Regulierung individueller Selbst- und Weltverhältnisse von Jugendlichen und Kindern reflektiert.[3] Die unter diesem spezifischen Blickwinkel erfolgende Darstellung der in den Kinder- und Jugendberichten geführten Diskussion dient zum einen zur Verdeutlichung der Ausgangslage der vorliegenden Studie. Zum anderen wird anhand der auf diesem Wege stattfindenden kritischen Reflexion der konzeptionelle Ansatz einer ästhetischen Reflexion der Schule als institutionelles Anerkennungsgefüge eingeführt. Dieser Ansatz, den ich bereits an anderer Stelle angeregt habe (vgl. Braun 2017, S. 98 ff.), soll im weiteren Verlauf der Studie in der anerkennungstheoretischen Begründung der Kulturschule als reflexives Spannungsfeld untermauert und ausdifferenziert werden.[4]

---

3   Nach § 84 SGB VIII ist die Bundesregierung verpflichtet, „dem Deutschen Bundestag und dem Bundesrat in jeder Legislaturperiode einen Bericht über die Lage junger Menschen und die Bestrebungen und Leistungen der Jugendhilfe" (§ 84, Abs. 1, SGB VIII) vorzulegen. Zur Erstellung des Berichts beruft die Bundesregierung eine „Jugendberichtskommission" (§ 84, Abs. 2, SGB VIII). Die Kommission ist unabhängig gemäß Art. 5, Absatz 3, Grundgesetz, und arbeitet nach wissenschaftlichen Erfordernissen und Ansprüchen. Der Bericht der Kommission formuliert ausgehend von der wissenschaftlichen Reflexion der Lebenslagen von Kindern und Jugendlichen unter einer ausgewählten Fragestellung Vorschläge zur Weiterentwicklung der Kinder- und Jugendhilfe. Jeder dritte Bericht „soll einen Überblick über die Gesamtsituation der Jugendhilfe vermitteln" (§ 84, Abs. 1, SGB VIII). Der Bericht der Kommission ist von der zu diesem im Nachgang erfolgenden Stellungnahme der Bundesregierung abzugrenzen (vgl. § 84, Abs. 2, SGB VIII). Der Bericht der Kommission führt aktuelle wissenschaftliche Debatten zusammen, diskutiert diese und beinhaltet eigenständige wissenschaftliche Reflexionen und Ableitungen.

4   Vgl. dazu Braun (2017). Dort diskutiere ich die Ergebnisse des 13. und 14. Kinder- und Jugendberichts mit Blick auf die Gewinnung „subjektive[r] Freiheitsgewinne in Institutionen" (Braun 2017, S. 98) und schlage eine „ästhetische Reflexion von Anerkennungsprozessen in der Schule" vor (Braun 2017, S. 99). Eine Präzisierung oder Ausführung dieser Überlegung erfolgt a. a. O. jedoch nicht. Stattdessen wird anhand einer Nachzeichnung der Genese

3.1 Institutionalisierung, Nutzungserwartung und Subjektformung

Im ersten Jahrzehnt des neuen Jahrtausends wurden in Deutschland massive staatliche Investitionen in den Ausbau einer öffentlichen Verantwortungsübernahme für das Aufwachsen von Kindern und Jugendlichen getätigt. Dies zeigt sich an den gesetzgeberischen Initiativen und Programmen von Bund, Ländern und Kommunen dieser Zeit.[5] Damit entsprach die Politik in ihren Entscheidungen Forderungen die u. a. von der Jugendberichtskommission des 11. Kinder- und Jugendberichts (BMFSFJ 2002) formuliert worden waren. Diese hatte sinkende private „Problemlösungskapazitäten" (BMFSFJ 2013, S. 63) von Familien diagnostiziert und einen Ausbau der öffentlichen Verantwortung empfohlen. Mit dem 14. Kinder- und Jugendbericht (BMFSFJ 2013) erfolgte eine kritische Reflexion des Ausbaus öffentlicher Verantwortungsübernahme. Ausgehend von den durch Lutz Leisering (2004) analysierten Paradigmen sozialstaatlichen Handelns problematisierten die Autor*innen, dass mit dem Ausbau der öffentlich verantworteten institutionellen Angebotslandschaft eine „Verschiebung und Neugewichtung wohlfahrtsstaatlicher Konzepte und Leitbilder" zugunsten eines „Wandel[s] vom „versorgenden" zum „aktivierenden" bzw. „investiven" Sozialstaat" (BMFSFJ 2013, S. 73) verbunden sei. Sie verdeutlichten, dass mit der staatlichen Investition in die institutionelle Infrastruktur für Betreuung, Erziehung und Bildung eine implizite Forderung nach einer gleichermaßen privaten Verantwortungsübernahme einhergeht, die darin besteht, die öffentlich vorgehaltenen Angebote aktiv für die Verbesserung der eigenen Lebenssituation zu nutzen. Für die Teilhabe und individuelle Förderung von Kindern und Jugendlichen ist in diesem Sinne entscheidend, inwiefern sie bzw. ihre Eltern eine positive Haltung zu den institutionellen Infrastrukturen einnehmen können. Die 14. Jugendberichtskommission problematisierte daher, dass das Nutzungsverhalten von Eltern, Kindern und Jugendlichen nicht nur von der Verfügbarkeit und Erreichbarkeit der institutionalisierten Angebote abhängig sei, sondern wesentlich auch mit Fragen sozialer und kultureller Lebenswelten bzw. Sinnordnungen sowie mit Fragen individueller Handlungsdispositionen in Zusammenhang gebracht werden müsse. Sie hoben hervor, dass im „aktivierenden Sozialstaat" (BMFSFJ 2013, S. 244) nicht allein die strukturelle „Verbesserung von Lebensbedingungen"

---

verschiedener Modellprojekte zur Verankerung ästhetisch-kultureller Praxis in Schule eine Einbettung des Konzepts der kulturellen Schulentwicklung vorgenommen sowie eine „Untersuchung von ästhetisch-kultureller Praxis als eigenständigem Reflexionsmodus" in der Schule (Braun 2017, S. 102) vorgeschlagen.

5 Ausbau der Ganztagsschulen mit Hilfe des Investitionsprogramms des Bundes „Zukunft Bildung und Betreuung" 2003 bis 2007 (IZBB), Einführung des neuen Elterngeldes 2007, der Ausbau der Betreuung für die unter Dreijährigen durch das Tagesausbaubetreuungsgesetz von 2005 und das Kinderförderungsgesetz von 2009 (vgl. BMFSFJ 2013, S. 64).

(ebd.), sondern ebenso „die Handlungs- und Kooperationsbereitschaft des Einzelnen" (ebd.) als Voraussetzung eines gelingenden Aufwachsens von Kindern und Jugendlichen diskutiert werde. Dass die mit der öffentlichen Investition verbundene Erwartung der *Kooperationsbereitschaft* der individuellen Kinder, Jugendlichen und Elternteile nicht nur ein notwendiges Engagement darstellen, sondern damit weitergehende Ansprüche verbunden sind, verdeutlichten sie mit dem Hinweis auf „die schwierige Frage" (ebd.), dass „Familien nicht nur ungleiche Ressourcen, sondern auch unterschiedliche Vorstellungen von ‚guter Kindheit' haben" (ebd.). Damit verdeutlichten sie, dass mit der öffentlichen Investition nicht nur Verhaltenserwartungen verbunden sind, sondern dass damit auch eine Konformisierung der Nutzungsweise in Form und Umfang intendiert sei oder zumindest als hilfreich erachtet werde. Nicht nur die Verfügbarkeit des Angebots, sondern auch die Passfähigkeit des „Lebensstils" (ebd.) des *Einzelnen* bzw. der Familie entscheide über das Maß der Teilhabe an den öffentlichen Ressourcen. Zwischen familialen Lebenswelten und den institutionellen Logiken der öffentlichen Einrichtungen für Erziehung, Betreuung und Bildung sowie den sozialen und kulturellen Lern- und Lebenswelten der Kinder und Jugendlichen entstehen somit u. U. exkludierende Spannungsmomente, wenn die Schnittstellen zwischen institutionalisierten Angeboten und informellen, sozialen und kulturellen Lebenswelten der Kinder und Jugendlichen nicht differenziert ausgestaltet werden.[6]

Neben der Schnittstellenproblematik bzgl. der informellen sozialen und kulturellen Lern- und Lebenswelten der Eltern, Kinder und Jugendlichen und einer institutionellen Bestätigung und Verstärkung sozialer Exklusion von Hilfe- sowie Erziehungs- und Bildungssystemen problematisierte der 14. Kinder- und Jugendbericht, dass die Ausweitung der öffentlichen Verantwortungsübernahme für das Aufwachsen von Kindern und Jugendlichen durch ein professionelles „Netz an Akteuren und Institutionen" nicht im ausreichenden Maße als „reglementierend, normierend und kontrollierend" (BMFSFJ 2013, S. 246) reflektiert werde. Damit rückt neben Schnittstellen der Institutionen zu außerinstitutionellen sozialen und kulturellen Lebenswelten auch das Verhältnis der institutionellen Logiken zu den individuellen Selbst- und Weltbezügen von Kindern und Jugendlichen in den Mittelpunkt. Die Autor*innen fragten entsprechend, inwiefern der „Zugriff von Institutionen auf Kindheit und Jugend" (BMFSFJ 2013, S. 365) ausreichend

---

6   Mit dem Ausbau öffentlicher Verantwortungsübernahme können, so der 14. Kinder- und Jugendbericht, Prozesse der Verstärkung individueller und herkunftsbedingter Ausgrenzung verbunden sein. Kinder und Jugendliche aus armutsgefährdeten Lebenslagen und von Eltern mit niedrigen Bildungsabschlüssen nehmen, wie auch junge Menschen aus Migrationsfamilien, seltener öffentliche Angebote in Anspruch. Neben strukturellen Ausschlussmechanismen wie z. B. das Kriterium der Erwerbstätigkeit bei der Vergabe von Plätzen der U3-Betreuung weisen die Autor*innen auf mangelnde soziale und kulturelle Schnittstellen zwischen Herkunftsmilieus und öffentlichen Institutionen als Zugangshürden hin (vgl. BMSFJ 2013, S. 247; S. 56 f.; S. 76).

in seiner regulierenden und konformisierenden Wirkung reflektiert werde. Damit wurde die Verhältnisbestimmung zwischen „öffentlich regulierten Räumen", die „institutionell vorstrukturiert und durch die jeweils geltenden Regularien und Abläufe standardisiert" (ebd.) seien, und den individuellen sowie sozial und kulturell involvierten Positionen der Kinder und Jugendlichen als die zentrale pädagogische Gestaltungsherausforderung hervorgehoben: „Weil Institutionen für junge Menschen immer wichtiger werden und immer größere Teile des Tages okkupieren, ist kritisch zu prüfen, inwieweit diese Institutionen den Interessen und Bedürfnissen junger Menschen gerecht werden und in welchem Maße diese ihren eigenen Einfluss geltend machen können." (BMFSFJ 2013, S. 365). Eine zunehmende „pädagogische Inszenierung, Planung und Gestaltung größer werdender Teile der Lebenswelt und des Alltags von Kindern und Jugendlichen" (BMFSFJ 2013, S. 55) bilden so den Grund für eine Kritik der „Institutionalisierung", die in die Frage nach der internen Ausgestaltung der Institutionen für Erziehung und Bildung mündet. Das Versprechen einer verbesserten Teilhabe, welches in der Diagnose des 11. Kinder- und Jugendberichts mit dem Ausbau der öffentlich verantworteten Institutionen verbunden war, dekuvrierte der 14. Kinder- und Jugendbericht somit als gesellschaftliche Strategie der Subjektformung entlang institutionell verankerter Normen. Denn die staatliche Investition in institutionalisierte Angebote wird für Kinder und Jugendliche vor allem dann als soziale Infrastruktur zur Herstellung einer größeren Teilhabegerechtigkeit zugänglich, wenn diese ihre eigenen Bedürfnisse, Interessen und Handlungsgründe anhand der von den institutionellen Strukturen vorgehaltenen Sinnordnungen, Wissensbeständen und Praktiken überprüfen und anpassen. Von den institutionellen Strukturen nicht erfasste und von den institutionell begünstigten Sinnordnungen und Praktiken abweichende soziale, kulturelle und individuelle Sinnordnungen können sich vor der institutionellen Leistungslogik nicht bewähren. Abweichende bzw. außerinstitutionell verankerte soziale und kulturelle Sinnordnungen und Praktiken sind für die Einlösung des infrastrukturellen Teilhabeversprechens dysfunktional und daher nicht anerkennbar. Sie erfahren eine „Entöffentlichung" (Holzkamp 1995, S. 389) wie sie Klaus Holzkamp vor Jahren bereits in seiner radikalen Kritik der Schule als zentraler staatlichen Institution für Bildung und Erziehung beschrieben hat. Die Schule identifiziert auch die Kommission des 14. Kinder- und Jugendberichts als zentralen Ort der Subjektformung in der „Institutionenkindheit" (BMFSFJ 2013, S. 243). Das „Schülersein" von Kindern und Jugendlichen wird darin als „dominierende Lebensform" (BMFSFJ 2013, S. 168) im Alltag junger Menschen beschrieben. Die sich aus der neueren Kritik einer Institutionalisierung des Aufwachsens von Kindern und Jugendlichen (vgl. BMFSFJ 2013; BMFSFJ 2017) ergebenden Hinweise können im Folgenden für die Schule als gesellschaftlichen Ort, der auf die soziale Beeinflussung von Kindern und Jugendlichen ausgerichtet ist (vgl. Fend 1981, S. 98), weiter ausdifferenziert werden. Neuere Studien betonen, dass Schulerfolg davon abhängig ist, inwiefern das Nutzungsverhalten sowie die individuellen Selbst- und Weltbezüge, die sozial und kulturell involvierten Sinnordnungen und Praktiken von Kindern und Jugendlichen im Sinne der institutionellen Sinnordnung passfähig und gegenüber den institutionellen Nutzungserwartungen funktional sind (vgl. Fraij/Maschke/Stecher 2015, S. 170). Schule kann insofern als ein Ort institutioneller Anerkennung verstanden werden, als sie die soziale Integration von Kindern und Jugendlichen anhand von Leistungskriterien betreibt, welche gegenwartsbezogene individuelle und in außerschulische soziale und kulturelle Lern- und Lebenswelten involvierte Gründe, Interessen und Handlungsabsichten von Kindern und Jugendlichen übergeht bzw. marginalisiert. Institutionelle Anerkennung fokussiert in diesem Sinne eine Einpassung der differenten und involvierten Individualität von Jugendlichen und Kindern in den institutionellen Leistungsauftrag (vgl. hierzu ausführlich Kapitel 6.1). Schule als Institution wirkt normierend und bzgl. dysfunktionaler Wissensbestände und Wissensformen, Sinnordnungen und Praktiken exkludierend. Dies impliziert, dass Schule die intersubjektiven „Spielräume[ ]" für „eine gelingende Lebensführung" (Krinninger 2018, S. 82) von Kindern und Jugendlichen im Zuge ihres institutionellen Leistungsauftrags zugleich begrenzt.

3.2 Scholarisierung und institutionelle Begrenzung

Amina Fraij, Sabine Maschke und Ludwig Stecher stellen in ihrer empirischen Studie zu „Einstellungen der Jugendlichen zur Schule und zum schulischen Leisten" (Fraij/Maschke/Stecher 2015, S. 167) insofern ein Ausgreifen der institutionellen Anforderungen auf die Selbst- und Weltbezüge junger Menschen fest, als sie kenntlich machen können, dass „Maximierung der Leistung, Selbststeuerung und -optimierung" (Fraij/Maschke/Stecher 2015, S. 180) für schulische Zwecke heute zentrale Momente im Selbstverhältnis von Jugendlichen darstellen. Sie diskutieren die bereits in den 1980ern (vgl. Fend 1988; Fuchs/Zinecker 1985) aufgeworfene These einer „Scholarisierung" (Fraij/Maschke/Stecher 2015, S. 169) unter der Frage, inwiefern sich Selbst- und Weltsichtweisen an den schulischen Leistungsprinzipien ausrichten und sich in Praktiken in Familien und Peergroup widerspiegeln. Bezieht sich die Debatte zur *Scholarisierung* in ihren Anfängen zunächst „auf die spätestens seit den frühen 1960er-Jahren einsetzende Bildungsexpansion und die damit verbundene durchschnittliche Verlängerung der Lebenszeit, die Jugendliche in der Schule verbringen" (ebd.), so gehen spätere Diskussionen vor allem der subjektiven Bedeutsamkeit von Schule und schulischen Anforderungen für Jugendliche und Kinder nach. Auf diese greifen Fraij, Maschke und Stecher anhand der Arbeiten von Jürgen Zinnecker (1996; 1988) sowie Anna Brake und Peter Büchner (2003) zurück, um hervorzuheben, dass Scholarisierung nicht nur eine zeitliche Ausdehnung, sondern auch eine

Veränderung der sozialen und kulturellen Praktiken, in denen sich Individuen über sich selbst und ihr Verhältnis zu Anderen und Anderem verständigen, impliziert. Die Etablierung und Weiterentwicklung von schulbezogenen Praktiken in Familien können, so heben Fraij, Maschke und Stecher mit Lothar Böhnisch (vgl. Böhnisch 2002) hervor, in diesem Sinne als eine erweiterte institutionelle Subjektformung diskutiert werden: „In dem Maße, in dem schulischer Erfolg wesentlich von der Motivation und von den Einstellungen der Jugendlichen der Schule gegenüber abhängt, gehört es u. a. zu den Aufgaben der Eltern, ein familiäres Milieu zu schaffen, in dem Bildung, Schule und Lernen als subjektiv bedeutsam und positiv bewertet erlebt werden", verdeutlichen Fraij, Maschke und Stecher (Fraij/Maschke/Stecher 2015, S. 170). Schulerfolg setzt demnach auf Seiten der Kinder, Jugendlichen und ihrer Eltern einen produktiven Beitrag voraus, der in der positiven Reflexion auf Schule als einem zentralen Bezugspunkt ihres differenten sowie sozial und kulturell involvierten Selbst- und Weltverhältnisses besteht. Es ist entsprechend zu vermuten, dass eine positive Einstellungsfindung sich vor allem dann herstellen lässt, wenn die institutionellen Normen, die von der Schule als gesellschaftlichem Ort der Subjektformung vorgehalten werden, für die Überprüfung des eigenen Selbst- und Weltbezugs auch in außerschulische Lebensbereiche übernommen werden. Dies könnte für Kinder, Jugendliche und ihre Eltern vor allem deshalb als lohnenswert erscheinen, weil Erfolge in der Institution mit der Aussicht auf Teilhabeperspektiven verbunden sind, die zwar gegenwartsbezogene außerinstitutionelle Interessen der Kinder und Jugendlichen übergehen, jedoch Zukunftsperspektiven im Sinne einer gesellschaftlichen Integration und Anerkennung in Aussicht stellen. Ulrike Popp (2007) konnte, wie Fraij, Maschke und Stecher betonen, nachweisen, dass die beschriebenen Scholarisierungsprozesse mit einer entsprechenden Subjektformung korrelieren. Leistungsbereitschaft, Flexibilität, Aktivität und Eigenverantwortung sowie „eine motivierte, engagierte und grundsätzlich positive Einstellung zum lebensbegleitenden Lernen; eine über die Schule hinausreichende Lernoffenheit; […] Selbstständigkeit, Selbstgestaltungsfähigkeit und Selbstkontrolle" (Popp 2007, S. 21) gehören demnach zu den hervorstechenden Eigenschaften und Zieldimensionen der scholarisierten Subjektform. Fraij, Maschke und Stecher heben vor dem Hintergrund ihrer eigenen empirischen Studie daher hervor, dass *Scholarisierung* „zu einem Teil einer Haltung des Subjekts" (Fraij/Maschke/Stecher 2015, S. 180) geworden ist. Die subjektformende Wirkung der ausgreifenden institutionellen Anforderungen sind in ihrer normativen Bedeutung für Fragen der Selbstanerkennung aber auch erhoffter gesellschaftlicher Fremdanerkennung mit einer existenziellen Angst verbunden: „Keine noch so große Anstrengung kann die Angst vor dem Scheitern bannen. Das Gegenteil ist der Fall, denn die zunehmende Hinwendung zur Schule und den in ihr erzielten Erfolgen erhöht zugleich die Gefahren für die eigene Identität im Falle des Scheiterns" (ebd.). Schüler*in zu sein, ist also auch deshalb eine *dominierende Lebensform* (BMFSFJ 2013), weil sie sich nicht allein auf die funktional abgegrenzte Schule bezieht, sondern weil sie auch außerschulisch verankerte Sinnordnungen und Praktiken bzw. differente Perspektiven erfasst. Auch Werner Helsper weist darauf hin, dass Schule als „Beziehungsraum" (Helsper 2015, S. 133) ein gesellschaftlicher Ort der Subjektformung ist, an dem Kinder und Jugendliche individuelle gegenwartsbezogene Bedürfnisse entlang institutioneller Normen bearbeiten. Helsper verdeutlicht, dass im schulischen Beziehungsraum überindividuelle und universalistische Leistungskriterien den unverrückbaren Bezugspunkt für Fragen der Überprüfung einer gelingenden Individuation in der Institution bzw. eines gelingenden Verhältnisses des individuellen Subjekts zur Institution darstellen. Helsper sieht im Spiegel der Scholarisierungsthese ähnlich wie Popp eine Intensivierung schulischer Ansprüche auf das Selbstverhältnis von Kindern und Jugendlichen. Dieses kann „im Zuge eines dominant werdenden hegemonialen Subjektentwurfs der Kompetenz- und Leistungsoptimierung schulisch stärker vereinnahmt werden" (Helsper 2015, S. 135), so dass sich dessen Ansprüche auf die Bewertung und Überprüfung individueller Positionen und Interessen außerinstitutioneller sozialer und kultureller Lebenswelten ausdehnen.

Dass sich *Scholarisierung* auf die Selbst- und Weltbezüge von Kindern und Jugendlichen bezieht, machen exemplarisch Forschungen Sabine Rehs und Till-Sebastian Idels deutlich. In ihren Forschungen zu „Lernkulturen" an Ganztagsschulen verdeutlichen Idel (2013) und Reh et al. (2015) eine Verschleierung der schulischen Orientierung an einer institutionellen und an einer an überindividuellen Standards orientierten Leistungslogik. Sie machen kenntlich, dass Kinder und Jugendliche sich zu sich selbst als „universalisierte Lerner[ ]" (Idel 2013, S. 158), verhalten, ohne darin den Auftrag der schulischen Leistungsanforderungen erkennen zu können: „Der institutionelle Zugriff auf die Subjektkonstitution wird ausgeweitet, indem Schüler/innen nicht nur mehr Zeit in der Schule verbringen, sondern indem in dieser zeitlichen Expansion Lernende vermehrt auf [...] Selbstpräsentation und des pädagogisierten Selbstmanagements verpflichtet werden" (Reh et al. 2015, S. 324). Reh und Idel weisen darauf hin, dass auch mit der Verhaltensaufforderung zu einer selbstverantworteten Lernhaltung der institutionelle Leistungsauftrag nicht aufgehoben und keineswegs etwa durch eine Voranstellung des Subjektbezugs relativiert wird, sondern institutionelle Normen der Anerkennung auf die Selbst- und Weltbezüge von Kindern und Jugendlichen ausgreifen. Die überindividuelle Orientierung der Schule besteht unverändert fort. Die Bemühungen um eine Übernahme des schulischen Standards der Leistungsüberprüfung in das individuelle Selbst- und Weltverhältnis der Subjekte als Form der institutionellen Anerkennung von Kindern und Jugendlichen werden vielmehr intensiviert. Dies ist vor allem deshalb der Fall, weil auch in der institutionellen Binnenorganisation der Schule jenes Prinzip greift, das durch den 14. Kinder- und Jugendbericht mit Blick auf die Ausweitung des institutionalisierten öffentlichen Angebots kritisiert wurde: Nicht die bedarfsgerechte und differente sowie sozial und kulturell involvierte Bedürfnisse berücksichtigende Ausgestaltung der institutionellen Ressource Schule wird überprüft, sondern das Nutzungsverhalten der Kinder und Jugendlichen bzw. ihrer Familien wird zum Gegenstand der Überprüfung. Reh und Idel heben vor diesem Hintergrund zusätzlich hervor, dass eine verstärkte Formalisierung in der Überprüfung des von den Schüler*innen selbst verantworteten „Informations- und Wissensmanagement[s]" (Idel 2013, S. 159) stattfindet. Der von Idel beklagte „Abstand zu jenem Strukturmuster der Sachbearbeitung […], das lange Zeit den Kern von Schule ausgemacht haben dürfte, nämlich einer intensiven Befassung mit den Problemen der Sache" (Idel 2013, S. 161) kann unter dem Gesichtspunkt der *Entöffentlichung* (Holzkamp 1995) individueller sowie außerinstitutioneller sozial und kulturell involvierter Bedürfnisse und Interessen von Kindern und Jugendlichen als weiterer Aspekt der Subjektformung unter dem Leistungsauftrag einer öffentlichen Institution, hier der Schule, verstanden werden. Nicht die „Befassung mit den Problemen der Sache, die als Gegenstand des Lernens im Unterricht in einer didaktischen Konstruktion in gemeinsamer Aussprache hervorgebracht, dann im Lichte der Verstehensprozesse und -probleme der Lernenden exploriert und schließlich zumindest vorläufig, auf Zeit, geklärt werden" (Idel 2013, S. 161), sondern ein Selbstverhältnis des Subjekts im Sinne eine*r leistungsorientierten und eigenverantwortlichen *universalisierten Lerner*in*, welche*r der institutionellen Funktion und dem Leistungsauftrag der Schule entspricht, stehen im Vordergrund.

Auch der 15. Kinder- und Jugendbericht (BMFSFJ 2017) problematisiert schließlich ein Übergewicht der Funktionalisierung von Jugendlichen in Zeiten der Institutionalisierung zulasten ihrer außerinstitutionell sozial und kulturell involvierten Individualität: „Im Kontext der Diskussionen um Schule werden Jugendliche vor dem Hintergrund des gesellschaftlichen Auftrags der Qualifizierung in erster Linie als Schülerinnen und Schüler adressiert. In kaum einem anderen gesellschaftlichen Bereich werden junge Menschen so stark und geschlossen in ihrer institutionellen Rolle gefordert" (BMFSFJ 2017, S. 77)[7]. Die Autor*innen weisen durch die Benennung eines gesellschaftlichen Auftrags der Schule darauf hin, dass Handeln von Kindern, Jugendlichen und Erwachsenen in der Institution notwendig einer Regulierung unterworfen ist. Diese geht nicht primär von den gegenwärtigen Interessen und Handlungsnotwendigkeiten der Individuen aus, sondern räumt der Reproduktion, Bestätigung und Sicherung gesellschaftlicher Ziele eine Voranstellung ein. Schule ist in diesem Sinne, so

---

7 Die Kinder- und Jugendberichte der Bundesregierung nehmen ihrem formalen Titel als „Bericht über die Lebenssituationen junger Menschen und die Leistungen der Kinder- und Jugendhilfe" folgend in der Regel sowohl Kinder als auch Jugendliche in den Blick. Dass der 15. Kinder- und Jugendbericht sich abweichend vor allem auf die Herausforderungen der Lebensphase Jugend konzentriert hat, darf bzgl. der hier zitierten Passagen als unerheblich angesehen werden, da diese sich auf allgemeine strukturelle Merkmale der Institutionalisierung und nicht auf deren altersphasenspezifische Auswirkungen auf Jugendliche beziehen.

etwa Fend, „*als ganze* auf soziale Beeinflussung ausgerichtet" (Fend 1981, S. 98, Hervorhebungen im Original, TB), die der Sicherung bzw. Erreichung zukunftsgerichteter gesellschaftlicher Ziele dient. Dennoch fordern die Autor*innen neben „Änderungen auf der Ebene der Organisation des Schulalltags, in den Beziehungs- und Partizipationsverhältnissen sowie im Hinblick auf die zu vermittelnden Inhalte" (BMFSFJ 2017, S. 77) eine Debatte, inwiefern die spezifischen Bedarfe von Jugendlichen in der Organisation von Schule berücksichtigt werden können. Die Individualität junger Menschen werde in Schule durch funktionale an der Strukturlogik der Schule orientierte Adressierungen überdeckt, so die Autor*innen. In der dominierenden Ansprache als Schüler*innen werden ihre individuellen Selbst- und Weltbezüge „pädagogisch, organisatorisch und didaktisch strukturiert" (ebd.) und reguliert: „So werden Jugendliche in der Schule zu Mitgliedern einer Organisation erklärt und organisationsbezogen relevanten, allgemein gültigen, die Individualität zunächst ausklammernden Kategorien unterworfen: Jugendliche werden zu Schülerinnen und Schülern in einer Klasse, einer Schulstufe und ggf. einem Angebotskomplex im Ganztagsbetrieb" (BMFSFJ 2017, S. 333). Die öffentliche Verantwortungsübernahme des Staates für das Aufwachsen von Kindern und Jugendlichen ist in der Schule zwar zum einen mit dem Versprechen, durch Qualifizierung die eigene begrenzte Handlungsfähigkeit ausweiten zu können, verbunden. Dies geschieht jedoch zum anderen unter einer funktionalistischen Perspektive, die den von Holzkamp erhobenen Vorwurf der *Entöffentlichung* untermauert. D. h., die Unterbindung und Sanktionierung aus individuellen Interessen und Bedürfnissen von Kindern und Jugendlichen begründete Handlungen sowie die damit verbundene Disziplinierung der zeitlichen, körperlichen und mentalen Präsenz in der Institution zugunsten des öffentlichen Leistungsauftrags der Schule (vgl. Holzkamp 1995, S. 444). Der an die Schule als Institution ergehende Leistungsauftrag erfordert eine Voranstellung des Prinzips schulischer „Rationalisierung", das „Disziplin erwartet" und „kontrolliertes, geplantes und zielorientiertes Handeln" (BMFSFJ 2017, S. 332) verlangt. Die schulischen Angebote der Förderung, Erweiterung der eigenen Handlungsfähigkeit und Leistungssteigerung sind damit unweigerlich mit dem Zugriff auf den individuellen Selbstentwurf von Kindern und Jugendlichen verbunden.

Indem die institutionellen Leistungskriterien mit dem gesellschaftlichen Auftrag der Schule korrespondieren, schafft die Institution Schule „*Sphären*" (Krinninger 2018, S. 82 Hervorhebung im Original, TB), innerhalb derer Kinder und Jugendliche sich als Schüler*innen bestimmen können bzw. als solche bestimmt werden. Die institutionelle Funktionslogik umgrenzt somit „Spielräume[ ]" (vgl. ebd.) für eine institutionelle Anerkennbarkeit. Institutionalisierung des Alltags von Jugendlichen und Kindern in der Schule als der zentralen staatlichen Institution für Erziehung und Bildung zeichnet sich also durch eine Begrenzung der differenten sowie in außerschulische soziale und kulturelle Sinnordnungen involvierten Individualität von Kindern und Jugendlichen aus. Das institutionelle Regelungsgefüge der Schule intendiert ein *universalisiertes, leistungsorientiertes Lernsubjekt* (Helsper 2015; Idel 2013), das sich in der Schule nicht anhand differenter bzw. sozial und kulturell involvierter Standards selbst anerkennt, sondern das anhand institutioneller Normen der Anerkennung überprüft wird. Förderung, Teilhabe und Bildungserfolg sind demnach mehr denn je an die positive Annahme der institutionellen Überprüfungen und Bewertungen gebunden. In diesem Sinne weist Dominik Krinninger darauf hin, dass Anerkennung nicht nur „sozialintegrative[]" Dimensionen (Krinninger 2018, S. 82) im Sinne von Wertschätzung und positiver Bestätigung umfasst, sondern als „Subjektivierung entlang sozialer Normen beschrieben werden" kann (Krinninger 2013, S. 100). Auch Norbert Ricken bekräftigt ein Verständnis von Anerkennung, das wesentlich auf den Aspekt der Subjektformung orientiert ist. Anerkennung, so betont er, ist „als durchgängiges Medium" (Ricken 2006, S. 223) zu verstehen, in dem Subjektformen artikuliert werden. Entsprechend verdeutlichen Nicole Balzer und Norbert Ricken den Doppelcharakter der Anerkennung: „[…] sie hat sowohl eine *passivische*, mit einer (kognitiven oder evaluativen) Wahrnehmung, Identifikation oder Erkenntnis ebenso mit einer bewertenden Ein-, Ab- oder Wertschätzung verknüpfte Seite als auch eine *aktivische* und insofern herstellende und produktive Seite." (Balzer/Ricken 2010, S. 41, Hervorhebung im Original, T. B.). Mit der institutionellen Begrenzung der Anerkennbarkeit ihrer über die schulischen Normen hinauslaufenden Individualität wird für Kinder und Jugendliche die Möglichkeit eingeschränkt, die eigenen Prozesse der Bewusstseinsbildung in der Schule nach eigenen Standards zu gestalten und sich selbst in ihnen zugänglich zu sein. Kinder und Jugendliche werden hierdurch nicht nur daran gehindert, institutionelle Verhaltenserwartungen zu hinterfragen und u. U. zu kritisieren, sondern vor allem auch, diese vor dem Hintergrund der eigenen Individualität zu interpretieren, ggf. neu zu deuten und sie als relevante Gelegenheit zu sich und zu anderen zu erkennen und sinnstiftend zu nutzen. Auch wenn als belegt angesehen werden darf, dass die Erfahrung der Marginalisierung sowohl differenter Positionen als auch der sozialen und kulturellen Involviertheit je nach Habitus und Milieu unterschiedlich stark ausfällt[8], so begrenzt die Dominanz institutioneller Funktionslogiken die Möglichkeit für alle Kinder und Jugendliche, die eigenen Prozesse der Bewusstseinsbildung frei und selbstbestimmt gestalten und sich selbst in ihnen zugänglich sein zu können. Dieser Situation schreibt Rahel Jaeggi das Potential einer „Entfremdung" (Jaeggi 2005) sowohl von eigenen Vorstellungen und Absichten als auch von sozialen an das Subjekt herangetragenen Handlungssituationen und –erwartungen zu (vgl. u. a. Jaeggi 2005, S. 43). Jaeggi

---

8 Vgl. zur milieu- und habitusorientierten Passungsproblematik Helsper et al. (2001); Helsper/Lingkost (2013); Helsper/Sandring/Wiezorek (2008); Sandring (2013); Bohnsack (2013); Wellgraf (2014); Leven/Schneekloth (2010); Freyberg/Wolff (2009).

problematisiert die Ausgrenzung der Frage nach einer Verbindung institutioneller Normen der Anerkennung mit den differenten, sozial und kulturell involvierten Gründen und Interessen von Individuen (vgl. ausführlich dazu Kapitel 4.2). Das Potential der Institutionalisierung zur Entfremdung liegt insofern darin begründet, dass sie durch Ausweitung der begünstigten Subjektform (vgl. Helsper 2015, S. 135; BMFSFJ 2014, S. 136; BMFSFJ 2017, S. 333) bzw. durch die Verschleierung der institutionellen Funktionsabsichten (vgl. Idel 2013, S. 158) Kinder und Jugendliche daran hindert, das eigene Spüren, Denken und Handeln in der Schule als Individuum zu gestalten bzw. sich selbstbestimmt zu institutionellen Nutzungsaufforderungen und Verhaltenserwartungen zu positionieren: „Entfremdung besteht also nicht – wie Heteronomie – in der Beantwortung praktischer Fragen durch andere, sondern in der Verdeckung praktischer Fragen", so Jaeggi (Jaeggi 2005, S. 238). Die *Verdeckung praktischer Fragen* im Rahmen der Institutionalisierung bezieht sich somit sowohl auf die *Entöffentlichung* individueller gegenwartsbezogener Interessen und Bedürfnisse von Kindern und Jugendlichen, d. h. die Abdrängung in für die institutionelle Funktionslogik nicht zentrale Bereiche sozialer Interaktionen[9], als auch auf die Verschleierung der institutionellen Subjektformung. Wenn der 14. Kinder- und Jugendbericht eine zunehmende „pädagogische Inszenierung, Planung und Gestaltung größer werdender Teile der Lebenswelt und des Alltags von Kindern und Jugendlichen" (BMFSFJ 2013, S. 55) beklagt, so wirft dies die Frage auf, inwiefern mit dem Ausbau der öffentlichen Verantwortungsübernahme für das Aufwachsen von Kindern und Jugendlichen vor allem ein funktionalistischer Zugriff auf die junge Generation verbunden ist. Dieser Zugriff impliziert eine Voranstellung gesellschaftspolitischer, zukunftsgerichteter Ziele, die auf eine Sicherung und Weiterentwicklung der gesellschaftlichen Entwicklung orientiert sind. Die Institutionen für Erziehung und Bildung im Allgemeinen und die Schule im Besonderen stehen somit in einem Leistungsauftrag externer gesellschaftlicher Akteure (vgl. Senge 2006; Fend 2008; Kapitel 6.1). Gegenwartsbezogene Bedürfnisse und Interessen von Kindern und Jugendlichen erfahren in diesem Kontext eine Rückstellung gegenüber den Leistungsaufträgen der Institutionen. Sollte die Institution Schule ein Ort *praktischer Fragen* einer Lebensführung sein, die sich nicht allein in der Leistungserfüllung entlang institutioneller Normen der Anerkennung erschöpft, sondern für die Realisierung aller gegenwartbezogenen sozial und kulturell involvierten sowie differenten Interessen und Bedürfnissen von Kindern und Jugendlichen relevant ist, müssen Jugendliche und Kinder im Sinne Jaeggis die Möglichkeit erhalten, institutionelle schulische Anforderungen als eigene Zwecke bewältigen zu können (vgl. Jaeggi 2005, S. 238). Dies setzt voraus, dass sie

---

9   Dass die institutionelle Funktionslogik nicht nur auf formal überprüfbare, sondern auch auf informelle Standards angewiesen ist, haben Helsper et al. anhand ihrer Forschungen zu Schulkultur und Schulmythos verdeutlichen können (vgl. Helsper et al. 2001; Kapitel 6.4)

sich in ihren individuellen, sozialen und kulturellen Interessen und Gründen in diesen wiedererkennen können. Weil die institutionellen Anforderungen der Schule jedoch an allgemeingültigen, überindividuellen Normen der Anerkennung ausgerichtet sind, können sich Kinder und Jugendliche in ihnen, so die Vermutung, vor allem dann wiedererkennen, wenn sie sich in der Auseinandersetzung mit diesen dazu aufgefordert fühlen, sich nicht nur anhand der von Reh et al. (2015) und Idel (2013) kritisierten Standards der Formalisierung mit diesen auseinanderzusetzen. Vielmehr benötigen sie die Möglichkeit, diese im Spiegel ihrer eigenen differenten Positionen und Interessen wie auch ihrer Involviertheit in soziale und kulturelle außerschulische Lebenswelten zu reflektieren und zu interpretieren. In diesem Sinne ginge es darum, die institutionellen Normen der Subjektformung und der Überprüfung des Bezugs von Kindern und Jugendliche zur Institution Schule als Gelegenheit zu der Realisierung der Individualität von Kindern und Jugendlichen zu erschließen. Volker Gerhardt bestimmt Individualität als eine „Reaktionsbildung" (Gerhardt 1999, S. 274) in der mit anderen geteilten Welt, d. h. als Differenzerfahrung in der Auseinandersetzung mit von außen an das Subjekt gerichteten Erwartungen bzw. als Auseinandersetzung im Medium geteilter Begriffe. Weil sich Individualität im Nachvollzug begrifflich fundierter Sinnordnungen als Differenzerfahrung einstellt, geht sie nicht „der Objektivität voraus, sondern sie folgt ihr nach" (ebd.), so Gerhardt. Dies impliziert zugleich, dass Individualität als Differenzerfahrung immer auch durch eine Involviertheit in sozial und kulturell geteilte Sinnordnungen und damit verbundene Normen der Anerkennung bedingt ist. Individualität als Differenz ist immer eine involvierte, d. h. sie fundiert auf Dimensionen der Selbstbestimmung ebenso wie auf Erfahrungen, in denen das Subjekt von der es umgebenden sozialen und kulturellen Welt bestimmt wird. Entsprechend verdeutlich auch Martin Seel, dass Individuen „an den Zugang intersubjektiver *Medien* gebunden" sind, die „Hinsichten der Artikulation" (Seel 2002, S. 287, Hervorhebung im Original, TB) ihrer differenten sowie sozial und kulturell involvierten Selbst- und Weltbezüge anbieten (vgl. ausführlich zum Prinzip einer relationalen Individualität Kapitel 4).

Die in der aktuellen Jugendforschung (BMFSFJ 2017; BMFSFJ 2013) geäußerte Kritik legt nun nahe, dass die *Hinsichten der Artikulation*, die Kindern und Jugendlichen in der Institution Schule vorgegeben werden, ein Übergewicht der institutionellen Funktionslogiken bzw. ein Ausklammern und eine Überformung der differenten sowie sozial und kulturell involvierten Individualität von Kindern und Jugendlichen durch organisationsbezogene Kategorien implizieren (vgl. BMFSFJ 2017, S. 333). Schüler*insein als *dominierende Lebensform* (BMFSFJ 2013), und damit eine Haltung der andauernden Kompetenz- und Leistungsoptimierung (vgl. Helsper 2015, S. 135), wird im Kontext der Institution Schule zulasten differenter, außerschulischer sozialer und kultureller Bedeutungsbildungen zur bestimmenden Möglichkeit, die eigene Lebensführung zu realisieren. Im

Anschluss an Seel kann daher kritisiert werden, dass in der Institution Schule durch eine hegemoniale Stellung des formalisierten Schüler*inseins bzw. eines universalisierten institutionellen Leistungssubjekts, Kindern und Jugendlichen der Zugriff auf ein Spüren, Denken und Handeln entzogen wird, das nach eigenen Gründen und Interessen gegenüber der Institution und gegenüber den von ihr ausgehenden Verhaltenserwartungen gestaltet wird. „Eine Antwort auf die ihnen *begegnenden* Verhältnisse aber werden sie nur finden, wenn sie eine eigene Antwort auf die ihr Denken, Fühlen und Handeln *beherrschenden* Kräfte geben", so Seel (Seel 2002, S. 296, Hervorhebung im Original, TB). Kinder und Jugendliche können sich gegenüber der Institution Schule und in der Institution Schule nur selbstbestimmt verhalten, wenn sie dies nicht allein unter den funktionslogischen Standards der Schule tun, sondern auch davon abweichende differente, außerschulisch involvierte soziale und kulturelle Standards ihr gegenüber anlegen können. Die in einem gesellschaftlichen Leistungsauftrag stehende Institution Schule begrenzt jedoch für Kinder und Jugendliche die Möglichkeit, „sich in *ihrer* Weise einzulassen auf Verhältnisse, in die sie eingelassen sind" (ebd., Hervorhebung im Original, TB). Besonders vor dem Hintergrund eines fehlenden Schnittstellenmanagements zu den informellen sozialen und kulturellen außerschulischen Lern- und Lebensorten junger Menschen, sowie mangelnder Mitbestimmungs- und Partizipationsmöglichkeiten, die in der Institution für die Subjektformung verändernde Wirkung haben könnten, ist davon auszugehen, dass die schulische Grundsituation für Kinder und Jugendliche von der Erfahrung einer Reduzierung und Begrenzung ihres Status als differentes sowie sozial und kulturell involviertes Individuum verbunden ist.

Es stellt sich daher die Frage, wie Kinder und Jugendliche im öffentlichen, d. h. institutionell nicht abgedrängten Bereich des Schullebens (vgl. Holzkamp 1995, S. 389), so anerkannt werden können, dass sie nicht ausschließlich hinsichtlich der Erfüllung des institutionellen Auftrags der Schule anerkannt werden, sondern in ihrer die schulischen Normen der Anerkennung überschreitenden Relationalität, so dass sie sich zu einer aktiven Einbringung ihrer Individualität auch institutionell aufgefordert sehen können. Dies impliziert, dass Kindern und Jugendlichen in der Schule Möglichkeiten der Reflexion eingeräumt werden müssen, die sich auf die Verbindlichkeit bzw. die Gültigkeit der institutionellen Normen beziehen. Denn nur, wenn diese als geteilte Gelegenheiten von Individuen zu sich und zu anderen, d. h. als *Medien*, erfahrbar werden, die ihnen *Hinsichten* anbieten, ihre Individualität in der Institution zu artikulieren, können sie sich sowohl zu ihren individuellen Lerngründen, Lerninhalten und Lernzielen in der Schule als auch zu den institutionellen Lernanforderungen nicht-entfremdet verhalten. In diesem Sinne geht es darum, die institutionellen Normen der Anerkennung als Gelegenheiten für die Kinder und Jugendlichen zu sich selbst und zu der sie umgebenden Welt zu erschließen. Dies würde es unterstützen, Schule als Ort der Realisierung der relationalen Individualität von Kindern und

Jugendlichen zu profilieren. Darin wird eine Voraussetzung gesehen, damit Kinder und Jugendliche eine positive Einstellung zur Schule und ihren institutionellen Verhaltenserwartungen einnehmen können. Eine Gewinnung der Schule als Ort für die Anerkennung von Kindern und Jugendlichen in ihrer relationalen, die institutionellen Normen überschreitenden Individualität ist damit an die Herausforderung gebunden, die institutionellen, der Funktionslogik der Schule unterworfenen Praktiken, zum einen um Praktiken zu erweitern, die in besonderer Korrespondenz zu Merkmalen einer relationalen Individualität stehen. Zum anderen werden diese Praktiken sich gerade auch dadurch auszeichnen müssen, dass sie die subjektformende Wirkung der institutionellen Normen so auffällig werden lassen können, dass diese als *Medien* der Individualität in der Schule verfügbar werden können.

3.3 Für eine ästhetische Reflexion schulischer Anerkennung

In Auseinandersetzung mit den gesellschaftlichen Funktionen von Schule wird dabei zu diskutieren sein, wie der Umgang mit institutionellen Normen so gestaltet werden kann, dass Kinder und Jugendliche in der Ausgestaltung ihrer Individualität in Relation zu den an sie gerichtete Erwartungen unterstützt werden. Die individuelle Verhältnisbestimmung von Jugendlichen und Kindern zu sich und anderen in der geteilten physischen, sozialen und kulturellen Welt müsste in diesem Sinne auch auf die Schule, d. h. auf ihre Organisation und ihre Praktiken sowie auf die von ihr vermittelten Sinnordnungen, bezogen werden. Dies liefe darauf hinaus, individuelle Selbst- und Weltsichtweisen sowie überindividuelle Gültigkeitsansprüche innerhalb des schulischen Regelungsgefüges in ihrer Differenz bzw. ihrer Bezogenheit reflektieren zu können. Fraglich ist, inwiefern diese Reflexion auch in die Diskussion der Veränderbarkeit institutioneller Ansprüche und Erwartungen münden könnte. Es ist daher zu ermitteln, wie institutionelle Normen der Anerkennung für Kinder und Jugendliche als Bedeutung erzeugende Prozesse der Selbst- und Welterschließung erfahrbar und für die Individuen nach ihren eigenen Interessen nutzbar gemacht werden können.

Sowohl für das Prinzip einer relationalen Individualität als auch für das Geschehen der Anerkennung deutet sich eine Doppelstruktur an: Differenz und Involviertheit (vgl. Kapitel 4; Gerhardt 1999, S. 274; Jaeggi 2005, S. 43) bzw. Selbstbestimmung und Bestimmtwerden (vgl. Kapitel 7; Seel 2002, S. 287 f.) im Fall der Individualität sowie die Gleichzeitigkeit passivisch bestätigender und aktivisch erzeugender Dimensionen im Fall der Anerkennung (vgl. Kapitel 5.1; Balzer/Ricken 2010, S. 41). Die Erschließung des institutionellen Regelungszusammenhangs der Schule als *Medium*, das Kindern und Jugendlichen *Hinsichten* (Seel 2002) zugänglich macht, sich nach eigenen Gründen und Absichten in der Institution als Individuen zu artikulieren und sich gegenüber den institutionellen

Verhaltenserwartungen zu positionieren, lenkt daher den Blick auf ästhetische Erfahrung und ästhetische Praktiken. Ästhetische Erfahrung zeichnet sich gerade durch die Artikulation der Doppelstruktur von Erfahrung aus. So beschreibt Jörg Zirfas das Kernmoment ästhetischer Erfahrung im aktiven „Ausprobieren", „Versuchen" und „Sich-Aussetzen" bei gleichzeitigem „Erleiden und Hinnehmen, in der Widerfahrnis von Dingen und Sachverhalten" (Zirfas 2018, S. 136). Er schreibt der ästhetischen Erfahrung ein reflexives, d. h. distanzierendes Moment zu, das sich eben erst durch das Paradox einer bewussten Involvierung bzw. eines bewussten sich Ergreifenlassens des Subjekts von der es umgebenden Welt einstellt: „Anders formuliert: Es reicht nicht aus, sich von Phänomenen nur ansprechen bzw. sich ‚nur' auf sie einzulassen (ihre Widerfahrnisse zur Kenntnis zu nehmen), sondern für eine ästhetische Erfahrung geht es auch um die reflexive Auseinandersetzung mit diesen sinnlichen Widerfahrnissen: Es geht – in der Doppelbedeutung des Wortes – um das ‚Machen' einer Erfahrung" (ebd.). In diesem Sinne können ästhetische Erfahrung und die ihr zugewiesenen ästhetischen Praktiken Sich-bestimmen-Lassen als Voraussetzung, um sich oder anderes bestimmen zu können, auffällig werden lassen. Denn „wer überhaupt etwas bestimmen will, sei es in theoretischer oder praktischer Absicht, muss sich in mehrfacher Hinsicht bestimmen lassen: durch die Materie, durch das Medium und durch das Motiv seiner Bestimmung. Jede erkennende Festlegung muss auf das eingehen, was jeweils *Gegenstand* ihrer Erkundung ist" (Seel 2002, S. 287, Hervorhebung im Original, TB), so Seel. Des Weiteren erschließt die ästhetische Praxis jedoch auch die Erfahrung, dass nicht nur das individuelle Subjekt auf geteilte *Medien* als *Hinsichten* der Artikulation angewiesen ist, sondern auch die mit anderen geteilte soziale und kulturelle Wirklichkeit nichts ist „ohne den Fall, in dem […] [sie] sich exemplifiziert. Ohne das Individuelle, in dem […] [sie] sich konkretisiert, bliebe […] [sie] bedeutungslos" (Gerhardt 1999, S. 39). Ästhetische Erfahrung reflektiert die Doppelstruktur der Individualität, d. h. ihrer Erfahrungen und Praktiken und macht deren physische, soziale und kulturelle Imprägnierung sichtbar (vgl. ausführlich zum vergegenwärtigenden und darbietenden Charakter ästhetischer Erfahrung Kapitel 7). Ästhetischer Erfahrung ist damit ein Potential eigen, das Subjekt auch nach anderen, abweichenden Bedeutungsbildungen und Handlungsentwürfen zu fragen, die sich jenseits des Gewohnten befinden, und ihm Grundlagen für eine selbstbestimmte Lebensführung zugänglich zu machen. Armin Bernhard (2015) vertraut darauf, dass die ästhetische Wahrnehmungseinstellung das Subjekt dabei unterstützt, sich zu vergegenwärtigen, „dass alle Gegenstände gesellschaftlich hervorgebrachte Dinge sind, dass sie einen Entstehungsprozess hinter sich haben, der Aufschluss über ihren Sinn jenseits ihrer ideologischen und ästhetischen Aussagen geben kann" (Bernhard 2015, S. 261 f.). Im Falle der Schule, d. h. ihrer Vermittlungsgegenstände, ihrer Dinge und Objekte, Räume, Zeitdimensionen etc. liegt dieser Entstehungsprozess, der sich subjektformend auswirkt, in ihrem gesellschaftlichen

Leistungsauftrag. Diesen in seiner begrenzenden Wirkung auffällig werden zu lassen und um ausgegrenzte Bedeutungsbildungen zu erweitern, darin liegt das besondere Potenzial ästhetischer Praxis für eine Anerkennung der relationalen Individualität von Kindern und Jugendlichen in der Schule. Der intendierte Freiheitsgewinn gegenüber den mit institutionell geprägten Anerkennungsprozessen verknüpften Ansprüchen auf Denk- und Verhaltensweisen der Subjekte realisiert sich der Vermutung nach über Möglichkeiten der ästhetischen Erfahrung. In diesem Sinne kann mit einer ästhetischen Reflexion von Anerkennung in der Schule das Ziel verbunden werden, Normen institutioneller Anerkennung als *Medien* der Individuation zugänglich und für das selbstbewusste Handeln des Subjekts verfügbar zu machen.

Eine anerkennungstheoretische Kritik von Schule, die an den Potentialen ästhetischer Erfahrung und der ihr zugeordneten Praktiken ansetzt, kann auf Vorarbeiten aufsetzen, die das Konzept der Kulturschule zum einen ausgehend von Schule als Ort institutioneller Subjektformung beleuchten (Fuchs 2012, Braun et al. 2010), sowie zum anderen den Regelungszusammenhang der Schule mit Blick auf eine systematische Verankerung ästhetisch-kultureller Praxis untersuchen (Ackermann et al. 2015; Bender 2010; Braun/Fuchs/Kelb 2010; Braun et al. 2013b; Duncker 2015; Fuchs 2012; Fuchs/Braun 2018; Fuchs/Braun 2016; Fuchs/Braun 2015; Liebau/Zirfas 2009). Max Fuchs (2012) hat Entwürfe vorgelegt, die den Entwurf einer Kulturschule im Kontext sowohl makropolitischer und organisationsbezogener Perspektiven als auch vor dem Hintergrund der historischen Entwicklung moderner Subjektformung diskutieren. Damit liegen Beschreibungen von Schule nicht nur als institutionalisiertem Lernort, sondern als Kulturort vor, die Anschlussstellen sowohl zur Debatte der Institutionalisierung als auch zu Fragen der Schulkultur bei Helsper et al. (2001) und dem Akteurstatus der in der Schule handelnden Individuen bei Fend (2008) ermöglichen. Diese Grundlegungen werden durch die Studien von Heike Ackermann (Ackermann et al. 2015) sowie von Michael Bromba und Bettina-Maria Gördel (2019) mit Blick auf Schule als Institution und ein verändertes „Funktionsverständnis" (Ackermann et al. 2015, S. 229) von Kulturschulen anhand erster empirischer Erkenntnisse ausdifferenziert. Dabei werden von Ackermann et al. Perspektiven formuliert, die eine Wandlung von Schule zu einem „offenen Erfahrungsraum" unter Bewahrung ihres „Status als institutionalisierte[m] Lernort" (ebd.) darstellen. Die Verankerung von ästhetisch-kultureller Praxis „im Kern von Schulkultur" problematisiert Saskia Bender (2010) als nur gemindert wirksame Strategie zur Bewältigung schulischer Problemlagen, die sie vor allem im Bereich sozialer Teilhabe ansiedelt. Benders Plädoyer für eine klare Trennung von Zeiten und Räumen, die dem universalistischen Leistungsanspruch der Schule unterstehen, von Räumen und Zeiten non-formaler Angebote ästhetisch-kultureller Praxis, bietet wichtige Hinweise. Diese unterstützen Überlegungen, um der von Idel (2013) und Reh et al. (2015) kritisierten Maskierung der schulischen Funktionalisierung von Kindern und Jugendlichen sowie einer emotionalen Diffusion schulischer Verhaltens-erwartungen bei Helsper (2015) durch ein verändertes Modell der Verankerung entgegenwirken zu können. Mit Ackermann et al. (2015) können entsprechend die von Olaf-Axel Burow (2013) formulierten Forderungen nach einem umfas-senden *„Unfreezing"* (Burow/Pauli 2013, S. 189, Hervorhebung im Original, TB) institutioneller Routinen aufgegriffen werden. Um dieses *Unfreezing* im Sinne einer individuellen Anerkennung von Kindern und Jugendlichen im institutio-nellen Kernbereich der Schule ansiedeln zu können, gilt es zu überprüfen, inwie-fern die Verankerung ästhetischer Erfahrung und die ihr zugeordneten Praktiken Aufträge der institutionellen „Umwelt" (Senge 2006, S. 40) von Schule im ausrei-chenden Maße berücksichtigen können.

4. Relationale Individualität

Die jüngere Kritik an einer zunehmenden Institutionalisierung des Aufwachsens von Kindern und Jugendlichen hat eine von institutionellen Funktionslogiken ausgehende Subjektformung thematisiert (vgl. BMFSFJ 2013, S. 168). Dies führt zugleich zu der Frage, wie Kinder und Jugendliche ihr Fühlen, Denken und Handeln in Institutionen im Allgemeinen und in der Schule im Besonderen nach eigenen Gründen, Motiven und Zielen reflektieren und bestimmen können. Die vorliegende Studie unternimmt den Versuch, Kulturschule als Ort der Individuation zu begründen, der sowohl die institutionelle Vergesellschaftung als auch die individuelle Differenz und Eigenständigkeit von Kindern und Jugendlichen zu den maßgeblichen Prinzipien seiner Ausgestaltung macht. Dies setzt eine mit Blick auf die Individuation von Jugendlichen und Kindern zu führende Diskussion des Verhältnisses objektiver gesellschaftlicher Strukturen und Institutionen einerseits und subjektiver Weisen der Selbst- und Welterschließung andererseits voraus. Hierzu soll im Folgenden mit dem Begriff der Individualität eine *Problematisierungskategorie* (Balzer 2014) gewonnen werden, die in besonderer Weise das Verhältnis allgemeingültiger Ansprüche und differenter subjektiver Standards reflektiert. Für die vorliegende Studie wird bewusst der Begriff der Individualität und nicht der des Individuums als *Problematisierungskategorie* gewählt.[10] Dies zum einen aus dem einfachen Grund, um einer missverständlichen Interpretation des Subjekts als in Autonomie und bruchloser Kohärenz realisierte Einheit entgegenzutreten. Zum anderen soll mit dem Begriff der Individualität die Prozesshaftigkeit des Selbst- und Weltverhältnisses des Subjekts und damit die Relationalität seiner in der physischen, sozialen und kulturellen Welt verwobenen Eigenständigkeit betont werden. Dieses Verständnis von Individualität herzuleiten und zu begründen, wird Teil der nun folgenden Konturierung der ersten der beiden zentralen *Problematisierungskategorien* der vorliegenden Studie sein. Gleichwohl findet in der Studie auch der Begriff des Individuums Verwendung. Dies geschieht dann, wenn verdeutlicht werden soll, dass sich das individuelle Subjekt in spezifischen Situationen seine relationale Individualität vergegenwärtigt bzw. sein Fühlen, Denken und Handeln in besonderer Weise von seiner individuellen Verhältnisbestimmung in der mit anderen geteilten physischen, sozialen und kulturellen Welt geprägt ist oder es von anderen in Bezug auf seine Verhältnisbestimmung adressiert wird.

Die Frage des Verhältnisses der Individualität des Subjekts und seiner Vergesellschaftung im Kontext gesellschaftlicher Strukturen und Institutionen berührt Kernfragen, die auch die Sozialisationsforschung bewegen. Bereits in den frühen

---

10 Zur Diskussion des Begriffs des Individuums vgl. Meyer-Drawe (1997); Keupp (2013).

1960er Jahren hat Dennis Wrong Kritik an der Vorstellung einer wirksamen Vergesellschaftung des Subjekts anhand institutionalisierter sozialer Strukturen geübt (vgl. Wrong 1961). Er prägte den Begriff des übersozialisierten Subjekts (vgl. ebd.: „oversocialized conception of man") und stellte damit die Frage nach dem Verhältnis objektiver und subjektiver Faktoren der Sozialisation. Hatten frühe Sozialisationstheorien die Vergesellschaftung des Subjekts vor allem im Horizont ihrer Funktion für die Stabilität und Reproduktion gesellschaftlicher Sinnordnungen, Strukturen und Institutionen entworfen (vgl. Bauer 2004, S. 64), so fragen neuere Theorien der Sozialisation nach dem Verhältnis von „Sozialcharakter, sozialem Handeln und gesellschaftlicher Struktur" (Geulen 2004, S. 5) einerseits sowie einer „individuellen Epigenese unter gesellschaftlichen Umweltbedingungen" (ebd.) andererseits. Sozialisation als gesellschaftliche Involvierung des Subjekts ist in dieser Perspektive auch auf Fragen der Individuation bezogen. Dies nicht zuletzt deshalb, weil sich eine Vergesellschaftung anhand einer produktiven Bewältigung der in gesellschaftlichen Strukturen, Sinnordnungen und Praktiken vermittelten Realität durch das individuelle Subjekt vollzieht. So betont Klaus Hurrelmann, dass „jedes Individuum Fähigkeiten der Realitätsaneignung, -verarbeitung, -bewältigung und -veränderung besitze, einsetze und weiterentwickele" (Hurrelmann 1993, S. 63). Zugleich entfalten sich diese Fähigkeiten jedoch erst in der „wechselseitigen Beziehung" (Hurrelmann 1993, S. 64) zur gesellschaftlich vermittelten Realität. In diesem Modell existiert die sich im Fühlen, Denken und Handeln des Subjekts realisierende Individualität daher durch ihre Involviertheit in einen sozialen Kontext. Dieser durch objektive gesellschaftliche Strukturen und ihre Institutionen sowie in sozialen und kulturellen Praktiken bestimmte Kontext wird „subjektiv aufgenommen und verarbeitet" (ebd.). Er wirkt „in diesem Sinne also auf das Individuum ein[ ]" (ebd.). Hurrelmann betont jedoch, dass der gesellschaftliche Kontext durch die interpretative Realitätsverarbeitung „aber zugleich immer auch durch das Individuum beeinflusst, verändert und gestaltet" (ebd.) wird. Individuation und Vergesellschaftung des Subjekts stehen damit in einem „interdependenten" (ebd.) Verhältnis. „Gesellschaftsstrukturelle" (ebd.) Sinnordnungen sowie davon differente Handlungsmotive und –absichten des Individuums realisieren sich „in Abhängigkeit von und in Auseinandersetzung mit den sozialen und den dinglich-materiellen Lebensbedingungen" (Hurrelmann 1993, S. 14).

Dies hat zur Folge, dass in das Verhältnis von Vergesellschaftung und Individuation neben objektiven gesellschaftlichen Strukturen somit auch die kognitiven, motivational affektiven und sinnengeleitete aisthetische Dimensionen des Subjekts als wirksam beteiligte einbezogen sind. Individualität scheint demnach zum einen unauflöslich mit der Herausbildung eigenständiger Selbst- und Weltbezüge im Kontext einer gesellschaftlich vermittelten Realität verbunden zu sein. Zum anderen scheint Individualität hier ebenso als prozesshafte Form der Bewältigung eines spannungsreichen Verhältnisses von objektiven gesellschaftlichen

Strukturen, sozial und kulturell geteilten Normen sowie differenten Prozessen und Bedürfnisses auf. Dies impliziert die Möglichkeit für jedes Subjekt, sich selbst sowie der physischen, sozialen und kulturellen Welt in Differenz gegenüber zu treten. Zudem erfährt das Subjekt jedoch auch sein unauflösbares Involviertsein in die es umgebenden physischen, sozialen und kulturellen Umstände, von denen es sich als Individuum wiederum als different und eigenständig unterscheidet. Soziale und kulturelle Praktiken, Strukturen und ihre Institutionen wirken in diesem Verständnis als äußere Agenturen der Individuation, anhand derer das Subjekt seine Reflexion von sich als Differentes und Involviertes entfaltet. Das individuelle Selbst- und Weltverhältnis des Subjekts ist in diesem Sinne ein relational fundiertes. Es ist zum einen immer einem sozialen und kulturellen Normierungsprozess unterworfen. Zum anderen erfährt sich das individuelle Subjekt in der interpretativen Verarbeitung von diesem zugleich als different. Freiheitsgewinne gegenüber institutionellen Verhaltenserwartungen, die in der Schule an Kinder und Jugendliche ergehen, sind demnach daran gebunden, dass soziale und kulturelle Normierungen des Selbst- und Weltverhältnisses der Jugendlichen und Kinder als solche erkennbar und im Spiegel individueller Interessen und Bedürfnisse in ihrem Möglichkeitsausstand reflektiert werden. Individualität als die spezifische Weise, in der das Subjekt das u. U. widerspruchsvolle Verhältnis von sozialer und kultureller Normierung und davon differenter Selbst- und Weltbezüge bewältigt, bleibt an gesellschaftlich verfügbare *Hinsichten* (Seel 2002) gebunden.

In einer intersubjektiven Perspektive bedeutet dies, dass das Subjekt seine Individualität „vom anderen her" (Mead 1973, S. 180) vergegenwärtigt. Es „wird für sich selber […] zum Objekt, indem e[s] die Haltungen anderer Individuen gegenüber sich selbst innerhalb einer gesellschaftlichen Umwelt oder eines Erfahrungs- und Verhaltenskontextes einnimmt, in den e[s] ebenso wie die anderen eingeschaltet ist" (ebd.), so George Herbert Mead. Norbert Ricken hat in Anschluss an Käte Meyer-Drawe (1991) entsprechend konsequent problematisiert, dass die damit verbundene Übernahme des Blicks eine*r konstitutiven Anderen immer nur in der Differenz aber nie in Identität mit diese*r erfolgen kann. So, wie ich mir „sowohl vertraut als auch fremd zugleich" (Ricken 2013, S. 97) bin, wenn ich aus der Perspektive de*r Anderen auf mich schaue, so bleibt eben diese Perspektive, in der ich mir selbst überhaupt zum Gegenstand meiner Wahrnehmung werde, fremd und wird mir, weil ich mir in ihr erst selbst begegnen kann, zugleich vertraut: „Mit dieser paradoxen Verschränkung von Selbstvertrautheit und Fremdheit ist […] eine elementare Anderenbezogenheit verbunden" (ebd.), so Ricken. Die Frage der eigenen Individualität ist an die Erkenntnis gebunden, „dass ich jemand erst durch die anderen werde, der ich ohne sie nie sein könnte" (ebd.). Die Bestimmung durch den mit anderen geteilten Blick ermöglicht es dem Subjekt erst, sich als von diesem selbst als different zu bestimmen. Auch dies bedeutet einen Prozess der Vergesellschaftung als anerkennbares Individuum.

Der sich andeutende Entwurf einer relationalen Individualität soll nun vertiefend im Schnittfeld sozialphilosophischer und sozialpsychologischer Ansätze diskutiert werden. Die ausgewählten Ansätze wenden sich vor allem dem Verhältnis von Individuellem und geteiltem Allgemeinen (Gerhardt 1999), der Prozesshaftigkeit individueller Verhältnisbestimmung (Keupp et al. 1999; Keupp 2013) sowie der Beziehung bzw. Beziehungslosigkeit des Individuums zu sich und zu äußeren Zwecken (Jaeggi 2005) zu. Indem Gerhardt nachweisen kann, dass sich Individuelles und Allgemeines nicht unverbunden gegenüberstehen, sondern sich wechselseitig bedingen, kann er erste Formulierungen für eine Relationalität von Individualität fundieren. Diese können anhand des von Jaeggi entwickelten nicht-essentialistischen, sondern auf die Beziehung des Subjekts zu sich selbst und zu externen Erwartungen bezogenen Entfremdungsbegriffs weiter ausgeführt werden. Keupps et al. (1999) Modell einer individuellen Identitätsarbeit ermöglicht es schließlich, die Prozessualität der Selbst- und Weltbezüge des Subjekts als Grundlage seiner Individualität nachzuvollziehen und weitere Hinweise für Prinzipien seiner Anerkennung zu gewinnen.

4.1 Individualität und Voranstellung des Allgemeinen

Gerhardt entwickelt seine Philosophie der Individualität aus dem „Versuch, die *Beziehung zwischen Moral und Leben* genauer zu bestimmen" (Gerhardt 1999, S. 22, Hervorhebungen im Original, TB). In Gerhardts Entwurf vermittelt sich dem Subjekt das Bewusstsein der eigenen Individualität aus der Notwendigkeit, das Leben „*führen*" (ebd., Hervorhebung im Original, TB), d. h. sich in der mit anderen geteilten Welt eigenständig verhalten zu müssen. Individualität realisiert sich demnach als Verhältnisbestimmung zwischen den mit anderen geteilten allgemeinen Grundlagen sozialen und kulturellen Zusammenlebens sowie dem eigenständigen Handeln des Subjekts. D. h., Individualität zeigt sich in besonderer Weise in der Ausgestaltung des Verhältnisses differenter Positionen und Perspektiven zu mit anderen geteilten sozialen und kulturell überindividuellen Bestimmungen und physischen Bedingungen des Lebens. In der in eigenständigen Entscheidungen sich organisierenden Auseinandersetzung mit eben diesen sieht Gerhardt den Ausdruck eines seiner selbst bewussten Individuums angesiedelt: „Die Eigenständigkeit ist das Ziel und zugleich die Bedingung für das zurechenbare individuelle Handeln […] Das aber heißt: Er [der erwachsene Mensch, TB] ist für sich selbst zuständig, hat sein eigenes Urteil zu fällen und seine eigene Entscheidung zu treffen" (Gerhardt 1999, S. 76). Gerhardts Philosophie der Individualität ist in diesem Sinne als eine „*Grundlegung der Ethik*" (Gerhardt 1999, S. 15, Hervorhebungen im Original, TB) angelegt. Denn nur wenn das situative Handeln des Subjekts als praktischer Ausdruck einer auf eigenständigen Entscheidungen beruhenden Verhältnisbestimmung zur geteilten physischen, sozialen und kulturellen Welt erkenntlich wird, sind die Voraussetzungen für die Vergegenwärtigung seiner Individualität gegeben. Gerhardt legt seiner Ethik damit eine spezifische Relation von Individuellem und Allgemeinem zugrunde: Das Allgemeine einer begrifflich gefassten sozial, kulturell und physisch geteilten Welt stellt für das Subjekt erst die Voraussetzung dar, sich selbst als in Differenz und Eigenständigkeit herausgefordert zu erleben. In diesem Sinne ist das Allgemeine sowohl das Medium als auch der Ort der Realisierung von Individualität. Individualität fußt auf der Ausgestaltung dieses Verhältnisses entlang moralischer Fragen, die das Subjekt sich „*zu eigen*" (Gerhardt 1999, S. 30, Hervorhebungen im Original, TB) macht, d.h. an denen es sein Leben nach eigenen Gründen und Vorstellungen eigenständig *führt*. Gerhardt diskutiert in seiner Konturierung einer Ethik der Individualität unterschiedliche Dimensionen der Verhältnisbestimmung, in denen das Subjekt sein Handeln in der mit anderen geteilten Welt mit „*individueller Selbstbezüglichkeit*" (Gerhardt 1999, S. 30, Hervorhebungen im Original, TB) verbindet. Denn darin liegt, so Gerhardt, „das entscheidende, das die Ethik allererst schaffende Moment" (ebd.): Fragen der Lebensführung „*ernsthaft an sich selbst*" (ebd., Hervorhebungen im Original, TB) zu stellen und sich durch Entscheidungen eigenständig in der geteilten Welt zu positionieren. Für das Erkenntnisinteresse der vorliegenden Studie ist jedoch weniger diese von Gerhardt in den Vordergrund gestellte Konturierung von Schlüsselmomenten einer auf eigenen Entscheidungen beruhenden Lebensführung relevant. Vielmehr wird im Folgenden vor allem Gerhardts Überlegungen zu Individualität als Verhältnisbestimmung zu einem geteiltem Allgemeinen nachgegangen. Dies ist für den Gang der weiteren Untersuchung besonders relevant, weil dies für die Diskussion der Frage hilfreich ist, ob und inwiefern die an universalistischen Leistungskriterien orientierten schulischen Normen der Anerkennung von Kindern und Jugendlichen nach eigenen individuellen Standards interpretiert und bewertet werden können. Mit Gerhardt soll damit ein erster vertiefender Schritt für den Entwurf einer *Problematisierungskategorie* (Balzer 2014) unternommen werden, die sich in besonderer Weise der Relation von Differenz und Involviertheit zuwendet, um den Allgemeingültigkeitsanspruch des schulischen Anerkennungsgefüges im Spiegel eines relationalen Prinzips der Individualität diskutieren zu können.

Indem Gerhardt Individualität vor allem anhand der Herausforderungen einer auf eigenständigen Entscheidungen beruhenden Lebensführung diskutiert, entwirft er sie zum einen als Differenzerfahrung. Zum anderen verdeutlicht er aber auch, dass Individualität als Differenz immer auf geteilte allgemeine Grundlagen bezogen bleiben muss. Die allgemeine, begrifflich gefasste Wirklichkeit schafft für individuelle Differenz des Subjekts erst die Voraussetzung: „Das ist leicht zu sehen, weil alles Wirkliche individuell verfasst ist, aber schon in dieser Verfassung weder benannt noch erkannt werden könnte, wenn es sich nicht im Medium des Allgemeinen präsentierte" (Gerhardt 1999, S. 39). Die menschliche

Individualität ist in diesem Sinne unhintergehbar Teil der geteilten physischen, kulturellen und sozialen Welt. Sie kann als solche aber erst dann hervortreten, wenn sich das Subjekt in seiner Eigenständigkeit dazu herausgefordert sieht, sich selbst anhand allgemeiner Grundlagen der Bedeutungsstiftung zu bestimmen. Diese Herausforderung stellt sich vor allem bei Widerständigkeiten der physischen, sozialen und kulturellen Welt gegenüber den Handlungsabsichten des Subjekts ein. Im Erlebnis äußeren Widerspruchs bis hin zum Scheitern eigener Vorhaben begegnet dem Subjekt die Möglichkeit, die eigenen Vorstellungen von der Realität als Ausdruck der eigenen Individualität zu erfahren. Die Erfahrung des Scheiterns beinhaltet somit zugleich die Erkenntnis, dass das Subjekt über die eigenen individuellen Vorstellungen hinaus wirksamer Teil der es ganz umfassenden physischen, sozialen und kulturellen Wirklichkeit ist: „Und da diese Wirksamkeit gleichsam durch uns hindurch geht, also nur wirklich ist, sofern sie nicht nur auf uns selbst beschränkt ist, sondern wir in etwas anderem auf Widerstand stoßen, sind wir niemals bloß bei uns selbst, sondern immer zugleich auch bei der Welt" (Gerhardt 1999, S. 45). Individualität als Moment eigenständiger Verhältnisbestimmung im Medium des Allgemeinen stellt damit im Gegenzug die Voraussetzung für die Verhandlung geteilter allgemeingültiger Grundlagen dar. Denn „es ist nicht nur das Individuum, das ohne das Allgemeine nicht erkannt werden kann: Auch das Allgemeine ist nichts ohne den Fall, in dem es sich exemplifiziert. Ohne das Individuelle, in dem es sich konkretisiert bliebe es bedeutungslos" (Gerhardt 1999, S. 39). Gerhardt reflektiert menschliche Individualität vor dem Hintergrund seines Projekts einer *Grundlegung der Ethik* stets auch in dem Anspruch, auf die Gestaltung der geteilten physischen, sozialen und kulturellen Welt Einfluss zu nehmen. Einem wirksamen Handeln nach eigenen Gründen und Vorstellungen ist inbegriffen, dass das Subjekt sein Handeln nach eigenen Standards in der geteilten Welt organisieren muss. Dies impliziert, dass es sich auf sich selbst immer auch als körperliches Wesen beziehen muss: Nur sofern es „über sich als immer auch physisch existierendes Wesen nachdenkt, nur *sofern* es Absichten ventiliert, die von ihm als leibliches Wesen verfolgt oder verworfen werden sollen, [...] hat die Rede von der Eigenständigkeit [...] einen Sinn", so Gerhardt (Gerhardt 1999, S. 200, Hervorhebungen im Original, TB). Die Eigenständigkeit des individuellen Subjekts ist in diesem Sinne mit der praktischen Realisierung seiner Willensabsichten verbunden. Die physische Existenz ist somit eine grundlegende Bedingung von Individualität. Die Organisation und Gestaltung der eigenen Physis ist Ausdruck der individuellen Verhältnisbestimmung des Subjekts im Medium des Allgemeinen. Die bewusste Organisation und Gestaltung des körperlichen Bewegungsablaufs bietet dem Subjekt die Möglichkeit, durch selbstbestimmt gesteuertes Verhalten die eigene Individualität sozial und kulturell zu vermitteln. Hierin liegt das kommunikative Potenzial einer Aufmerksamkeit für das „*leibhaft-lebendige*" In-der-Welt-Sein des Subjekts (Gerhardt 1999, S. 43, Hervorhebung im Original, TB). Indem die physische

Selbstorganisation als Möglichkeit erkannt wird, mit anderen geteilte sowie differente Positionen auszutauschen, wird die physische Bewegung in ihrem Potenzial als Medium des selbstbewussten Individuums erschlossen und unentbehrlich, so Gerhardt (vgl. ebd.).

Indem Gerhardt die physische Verfasstheit des Individuums so als Grundlage von Selbstbewusstsein und Selbstbestimmung reflektiert, kann er verdeutlichen, dass Individuum zu sein bedeutet, sich als Einheit zu begreifen, die über sich selbst in der sozialen Welt verfügen kann. Darin enthalten ist die Möglichkeit des Subjekts, sich in seinem Handeln zu den es umgebenden Anderen abgrenzend oder identifizierend in Beziehung zu setzen. Indem das Subjekt aber seine physische Existenz als ausführendes Organ seines Selbstbewusstseins für sich als Individuum beansprucht, gewinnt es eine bisher noch unerwähnt gebliebene Freiheit hinzu: Nämlich die Fähigkeit, die allgemein geteilten Begriffe – und damit auch die in ihnen gegenwärtigen Anderen – in seinem Handeln zu repräsentieren (vgl. Gerhardt 1999, S. 208). Indem Handeln als Repräsentation auch im physischen Sinne als Verwirklichung der in der sozialen und kulturellen Welt realisierten Individualität eines Subjekts verständlich wird, ist zugleich erkennbar, dass die Individualität eines Subjekts stets auf Andere bezogen ist. Individualität ist in diesem Sinne immer „*soziomorph* verfasst" (Gerhardt 1999, S. 220, Hervorhebung im Original, TB), d. h. involviert und in ihrer Differenz zugleich bezogen. Oder anders gewendet: „Der Andere ist der alleinige Adressat des Denkens. Ohne ihn hätte es keinen Sinn, sich überhaupt auf etwas zu beziehen, geschweige denn auf sich selbst" (Gerhardt 1999, S. 222). Erst durch die Bezugnahme auf die Anderen gewinnt das Allgemeine an Bedeutung und wird Handeln als eine von den eigenen Vorstellungen ausgehende und auf die Anderen zielende Bewegung sinnvoll. Individualität ist somit auf mit Anderen geteilte Begriffe sowie auf die Möglichkeit, geteilte Bedeutungen symbolisch zu repräsentieren, angewiesen.

In der Ausführung begrifflich gefasster Deutungen durch symbolisches Handeln, liegt noch eine weitere Bedingung der Individualität des Subjekts. Diese fundiert in seiner Interpretation geteilter Begriffe. Dass diese durch es selbst interpretativ erschlossen werden, kann das Subjekt jedoch erst durch eine Enttäuschung hinsichtlich der Annahme, die eigenen begrifflich gefassten Selbst- und Weltbezüge seien mit denen der anderen kohärent, erschließen. Die Vorstellung, Begriffe in einem universellen Verständnis zu gebrauchen, wird in der Interaktion mit der äußeren sozialen und kulturellen Welt enttäuscht. Das individuelle Subjekt „muss feststellen, das andere eben *dasselbe*, was es mit seinen Begriffen allgemein begreift, gleichwohl *anders* begreifen […] Es muss erfahren, dass es in seinen Begriffen und in seinem Willen jederzeit *allein* sein kann" (Gerhardt 1999, S. 274, Hervorhebungen im Original, TB). Mit anderen geteilte Begriffe ermöglichen dem Subjekt nicht nur, sich als in eine soziale und kulturelle Welt involviert zu erleben, sondern ermöglichen zugleich die Erfahrung der eigenen individuellen Differenz. Es ist die differente Interpretation geteilter Begriffe, die es dem Subjekt erlaubt, sich in der eigenen Individualität zu vergegenwärtigen und bewusst zu erleben, dass es aufgrund seines Verständnisses von sich und der Welt seinem eigenen Verstehen unterworfen und von den Anderen unterschieden ist. Individualität geht demnach nicht „der *Objektivität* voraus, sondern *sie folgt ihr nach*. Sie ist eine Reaktionsbildung auf die Enttäuschung in Erwartung eines realen Vollzugs; sie entsteht nur *im Medium der Objektivität*" (ebd., Hervorhebungen im Original, TB). Indem das Subjekt sich also bemüht, vermöge geteilter Begriffe sich in seinen Vorstellungen, seinem Wollen und Handeln die Welt zu erschließen, erfährt es sich zugleich mit dieser als nicht identisch. Dies ermöglicht es ihm, sich in seiner Individualität zu vergegenwärtigen und mit sich selbst als different und zugleich involviert umzugehen: „Der Einzelne kann die aus den Enttäuschungen – und natürlich auch die aus den unerwarteten Erfolgen – resultierenden Spannungen in sich selbst reflektieren. Er kann, ohne Verlust der Begrifflichkeit, mit sich selbst umgehen. Denn die nur als für ihn gültig erkannten Affekte und Emotionen, seine Empfindlichkeiten und Erwartungen können jetzt als Momente des eigenen Daseins aufgenommen und in Handlungsentwürfe eingebracht werden" (Gerhardt 1999, S. 278). Mit anderen geteilte Begriffe bilden somit die Voraussetzung, dass das Subjekt sich selbst in seiner von geteilten Sinnordnungen und begrifflich gefassten Bedeutungen differenten Individualität vergegenwärtigen kann. Dieses impliziert auch die Möglichkeit, durch seine individuelle Interpretation geteilter Begriffe „idiosynkratische Geschichten zu erzählen, das kontingente Selbst in Metaphern zur Sprache zu bringen" (Mollenhauer 1990a, S. 493). Nicht zuletzt können individuelle oder sogar idiosynkratische Interpretationen geteilter Begriffe anderer zudem ein Hinweis auf den Möglichkeitsausstand der eigenen Lebensführung und der sozial sowie kulturell geteilten Wirklichkeit werden. Es ist also die unauflösliche Involviertheit in das mit anderen geteilte Allgemeine, die es dem Individuum ermöglicht, *idiosynkratische Geschichten* (Mollenhauer 1990a) zu erzählen und sie auf sich selbst in der geteilten Welt zu beziehen. Sich von den „idiosynkratischen Geschichten des je anderen Selbst" (ebd.) berühren zu lassen bzw. andere durch die eigenen *idiosynkratischen Geschichten* zu berühren, bringt dem Individuum zudem die Potenzialität des geteilten Allgemeinen und der eigenen Interpretationen zur Erfahrung. Hierin liegt für das Individuum zugleich eine Erfahrung seiner eigenen Freiheit begründet. Denn es wird ihm erfahrbar, dass es die eigenen Vorstellungen zwar im Medium der auf die Anderen bezogenen allgemeinen Begriffe fasst, dass die Interpretation ihrer Bedeutungen aber gleichzeitig auf seinen eigenen Vorstellungen, Gründen und Motiven beruht.

4.2 Individualität und Entfremdung

Im Nachvollzug der Überlegungen Gerhardts (1999) konnte deutlich gemacht werden, dass das Prinzip der Individualität dem Prinzip des Allgemeinen nicht unverbunden gegenübersteht. Individualität zeichnet sich in diesem Sinne durch eine involvierte Differenz aus. Das Bewusstsein der eigenen Differenz ist zugleich auf die Artikulation in der mit Anderen geteilten physischen, sozialen und kulturellen Welt angewiesen. Individualität bedeutet demnach nicht nur, eigene Vorstellungen zum Ausdruck zu bringen, sondern ein Weltverhältnis auszugestalten, das wesentlich auf der Erfahrung von Differenz und Involviertheit beruht. Selbst- und Weltverhältnis des Subjekts sind auf diesem Wege im Prinzip der Individualität miteinander verschränkt. Die jede praktische Lebensführung bedingende Relation von Individuellem und Allgemeinem hat Gerhardt als „prinzipielle öffentliche Lebensform des Menschen" (Gerhardt 1999, S. 210) beschrieben. Enthalten ist auch die Annahme, dass eine Störung dieser Relation mit einem Schaden für das praktische Selbstverhältnis des Subjekts zu sich als Individuum verbunden ist. Eben dieser Situation geht Jaeggi (2005) mit dem Begriff der Entfremdung nach. Jaeggi zielt mit ihren Überlegungen auf eine „kritische Rekonstruktion" (Jaeggi 2005, S. 12) des Entfremdungsbegriffs, den sie als sozialphilosophisches Deutungsmuster entfaltet. Dabei unternimmt sie den Versuch, den Begriff der Entfremdung von essentialistischen Annahmen über die Natur des Menschen bzw. von Thesen über den sich im Zuge von Modernisierungsprozessen einstellenden Verlust einer ahistorischen Originalität zu entlasten. Stattdessen entwirft Jaeggi Entfremdung als eine „Beziehung der Beziehungslosigkeit" (Jaeggi 2005, S. 19). Sie diskutiert Entfremdung damit entlang der Frage nach der Möglichkeit zu einer eigenständigen Verhältnisbestimmung des Subjekts zu und in der mit anderen geteilten Welt. Jaeggi rahmt ihren „Rekonstruktionsvorschlag" (Jaeggi 2005, S. 16) zwischen einer historisch-systematischen Perspektive zum Entfremdungsbegriff einerseits sowie einer mikroanalytischen „Phänomenologie" (ebd.) von Situationen der Entfremdung andererseits. Als systematische Konsequenz ihrer Analysen schließlich kann sie „Entfremdung als verhinderte Welt- und Selbstaneignung" (Jaeggi 2005, S. 183) fassen. Damit läuft Jaeggis „Pointe" (Jaeggi 2005, S. 14) auf eine „unzertrennlich[e]" (ebd.) Verschränkung der Selbstentfremdung des Subjekts von sich mit der Entfremdung des Subjekts von der mit anderen geteilten physischen, sozialen und kulturellen Welt hinaus. Jaeggis Begriff der Entfremdung teilt sich mit der bei Gerhardt skizzierten Verhältnisbestimmung des Subjekts als Individuum den Gedanken der Relationalität. In diesem Sinne betont sie, dass „„sein eigenes Leben zu leben" bedeutet, sich auf bestimmte Weise mit sich und der Welt zu identifizieren, sich diese „aneignen" zu können" (ebd.). Auch wenn es nicht in Jaeggis Absicht liegt, den Begriff der Individualität näher zu bestimmen, so lässt sich anhand ihrer Überlegungen doch die mit Gerhardt begonnene Analyse der Relationalität von Individualität vertiefen. Im Folgenden werden Jaeggis rekonstruktiven Ausführungen zum Begriff der Entfremdung daher vor allem mit dem Ziel einer genaueren Analyse der Relationsbildung als Kernmoment von Individualität betrachtet. Auf dem Weg zur Gewinnung von Individualität als *Problematisierungskategorie* (Balzer 2014) ist daher weniger Jaeggis „*kategoriale Analyse der Grundbegriffe*" (Jaeggi 2005, S. 13, Hervorhebungen im Original, TB), auf welche das philosophische Deutungsmuster der Entfremdung verwiesen ist, von Interesse. Vielmehr soll die im Zuge der Beschreibung der in Jaeggis Entfremdungsbegriff konzeptionell angelegten Verschränkung von „individuelle[m] Selbstbezug und überindividueller Lebensform" (Jaeggi 2005, S. 15) eine weitere Ausdifferenzierung der Doppelbedingtheit von Individualität aus Differenz und Involviertheit erfolgen. Dies bietet sich deshalb an, weil Jaeggi ihren Begriff der Entfremdung wesentlich als eine Störung der Selbstaneignung des Subjekts im Medium der geteilten physischen, sozialen und kulturellen Welt begreift: „Entfremdung ist das Unvermögen, sich zu anderen Menschen, zu Dingen, zu gesellschaftlichen Institutionen und damit auch – so eine Grundsituation des Entfremdungsmotivs – zu sich selbst in Beziehung zu setzen" (Jaeggi 2005, S. 20). Im Kontext des bisher Gesagten bedeutet dies: Verliert das individuelle Subjekt die Möglichkeit, sich die Welt so anzueignen, dass sie zum *Medium* der eigenen Differenz und Eigenständigkeit wird, verliert es zugleich die Möglichkeit, sich selbst zu bestimmen. Die Aneignung des Allgemeinen erfolgt dann entfremdet, wenn dieses nicht als Grundlage individueller Vorstellungen und Gründe sowie eines selbstbestimmten Handelns erschlossen werden kann: „Von etwas entfremdet zu sein bedeutet […], sich von etwas entfremdet zu haben, in das man eigentlich involviert oder auf das man eigentlich bezogen ist" (Jaeggi 2005, S. 43).

Weil das Subjekt seine Individualität erst in seiner Beziehung zur physischen, sozialen und kulturellen Welt konstituiert, ist es entscheidend, wie es sich nach eigenen Gründen und Vorstellungen handelnd zum Ausdruck bringen kann. Die Möglichkeit, sich in seinem Handeln selbst zu bestimmen und auf die eigene Weise Welt und sich selbst in ihr aneignen zu können, wird zur Grundvoraussetzung einer Situation, in der sich das Individuum als mit sich selbst verbunden, d. h. als nicht-entfremdet erfährt. Diese Situation ist aber erst dann wirklich realisiert, wenn das Subjekt sein Handeln in der Welt reflexiv mit seinen eigenen Erfahrungen, Gründen und Motiven verbinden kann. Die Störung dieser Relationalität fasst Jaeggi unter dem Begriff der „Selbstentfremdung" und begründet ihn als einen spezifischen Modus des Handelns: „Man ist entfremdet nicht *von etwas* (dem eigentlichen Selbst), sondern *in* seinen Handlungsvollzügen, in dem also, *was* man tut bzw. *wie* man es tut" (Jaeggi 2005, S. 190, Hervorhebungen im Original, TB). Weil das individuelle Subjekt sich erst durch sein Handeln, indem es seine Erfahrungen, Gründe und Motive artikuliert, eine Wirklichkeit gibt (vgl. Jaeggi 2005, S. 191), ist in diesem Sinne, so Jaeggi, die Situation der Selbstentfremdung mit der Erfahrung der Weltentfremdung unzertrennlich: „Nicht-entfremdet „man selbst" ist man, wenn man in seinen Handlungen *präsent* ist, sein Leben *steuert*, statt von ihm getrieben zu sein, sich soziale Rollen eigenständig *aneignet*, sich mit seinen Wünschen *identifizieren* kann und in die Welt *verwickelt* ist" (Jaeggi 2005, S. 187, Hervorhebungen im Original, TB). Nicht-entfremdet ist das Subjekt also, das sich in seinem Handeln in seiner individuellen Verhältnis-bestimmung zugänglich ist.

In der bisherigen Zusammenführung der Überlegungen Gerhardts (1999) und Jaeggis (2005) ist Individualität als Differenzerfahrung im Medium des All-gemeinen, in das sie involviert ist, verständlich geworden. Erkenntlich wurde darüber hinaus, dass Individualität in prozesshafter Auseinandersetzung mit der physischen, sozialen und kulturellen Welt stattfindet. In diesem Sinne entsteht Individualität aufgrund ihrer Doppelstruktur aus Differenz und Involviertheit in einem fortwährenden Prozess aus „Finden *und* Erfinden, Konstruieren und Rekonstruieren zugleich" (Jaeggi 2005, S. 197, Hervorhebung im Original, TB). Das Subjekt entfaltet seine Individualität in der Auseinandersetzung mit der phy-sischen, sozialen und kulturellen Welt, in die es involviert ist, als die spezifische Art und Weise der Bewältigung eigener Handlungsabsichten wie auch äußerer Ansprüche und Zwecke. Zur Vergegenwärtigung seiner Individualität ist das Subjekt somit nicht auf ein störungs- und widerspruchsfreies Selbst- und Welt-verhältnis angewiesen. Es ist die praktische Bewältigung seiner Begegnungen mit sich und anderen in der geteilten Welt, in der es seine Individualität erfährt: „Das heißt: Ich bin auch dann „ich selbst", wenn ich *fundamental ambivalent* in Bezug auf wichtige und konstitutive Bedingungen bin [...] Was mich ausmacht [...], bestünde dann gerade in der spezifischen Art und Weise, in der ich mich mit diesen Ambivalenzen auseinandersetze" (Jaeggi 2005, S. 210, Hervorhebungen im Original, TB). Individualität ist in diesem Sinne nicht als eine einmalige und eindeutige Verhältnisbestimmung der Differenz zu gewinnen und zu bewahren, sondern sie stellt vielmehr einen *dynamischen Formverlauf*[11] dar, der sich jenseits seines prozesshaften Vollzugs nicht abschließend bestimmen lässt. Individuali-tät bleibt gegenüber möglichen Identitätsentwürfen ambivalent. Sie besteht nicht

---

11 Der hier gewählte Begriff des Formverlaufs erinnert an den von Dieter Henrich für die Beschreibung von Subjektivität verwendeten Begriff des „Distanzverlauf[s]" (vgl. Henrich 2001, S. 177 ff.). Henrich kennzeichnet Distanz des Subjekts zu sich sowie Distanz des Sub-jekts zu Gegenständen seiner Wahrnehmung als Grundlagen der sich in der Auseinander-setzung mit Selbst und Welt vollziehenden Subjektivität. „Selbstbewusstsein als Wissen von sich und das Wissen von jeglichem" (Henrich 2001, S. 191) sind, nach Henrich, „Grund-formen von Distanz" (ebd.), die es dem Subjekt ermöglichen, sich zu sich und der Welt als Subjekt zu verhalten. Henrich betont, dass das *Wissen von sich* und das „Wissen von Wirk-lichem" (Henrich 2001, S. 190) sich „wechselseitig ermöglichen und [...] nicht getrennt von einander eintreten können" (ebd.). Während Henrich Subjektivität durch das distanzneh-mende Wissen des Subjekts von sich in der Welt beschreibt, wird in der vorliegenden Studie Individualität als dynamischer Formverlauf verstanden. Während für Henrich das Subjekt als „Zentrum im Aufbau einer Weltbeziehung" (Henrich 2001, S. 191) fungiert, betont das hier verfolgte Verständnis von Individualität, deren prozesshafte Relationalität. Stellt Hen-rich Fragen des Wissens des Subjekts von sich als Subjekt in der Welt in den Vordergrund, so zielt die vorliegende Diskussion von Individualität vor allem darauf, deren Doppelbe-dingtheit aus Differenz und Involviertheit als Grundlage ihrer Prozesshaftigkeit herauszu-stellen.

darin, Ambivalenzen zwischen äußeren Zwecken und differenten Interessen und Bedürfnissen des Subjekts zu nivellieren, sondern liegt vielmehr in ihrer prozesshaften Fortschreibung. Es kommt nicht auf „substantielle „Ganzheit" oder Beständigkeit der Identifikation an", so Jaeggi, „sondern auf Integrations- und Aneignungsfähigkeit, d. h. auf die Zugänglichkeit der konfligierenden Anteile und deren Beweglichkeit untereinander" (Jaeggi 2005, S. 211). Die spezifische Anforderung der Individualität als sich in der Welt ereignender Formverlauf besteht somit darin, die prozesshaften und mitunter widersprüchlichen Ambivalenzen als Eigenes erfahrbar zu machen.

Es hat sich gezeigt, dass für ein nicht-entfremdetes Fühlen, Denken und Handeln ausschlaggebend ist, dass sich das Subjekt in diesen Prozessen in seiner prozesshaften Individualität wiedererkennen kann. Voraussetzung dafür ist, dass das Subjekt seine eigenen Gründe und Wünsche entwickeln und vor sich und anderen als differentes und zugleich in die soziale, kulturelle und physische Welt involviertes Individuum zum Ausdruck bringen kann. Denn erst dann ist es in der Lage, das eigene Handeln und von außen an es herangetragene Handlungssituationen darauf zu überprüfen, wie es sich in ihnen reflektieren kann. Für das Subjekt ist es daher notwendig, Handlungsspielräume zu erhalten, in denen es der Frage, was es aus seinen eigenen Gründen und Vorstellungen tun soll, nachgehen kann. Erst dann hat es die Möglichkeit, das eigene Handeln als Individuum zu gestalten bzw. sich zu Handlungsaufforderungen anderer zu verhalten (vgl. Jaeggi 2005, S. 238). Handlungssituationen, die aufgrund einer z. B. institutionellen Funktionslogik dem Subjekt die Möglichkeit entziehen, sich selbst über die eigenen Handlungen anhand „praktischer Fragen" (ebd.) der eigenständigen Lebensführung als Individuum zu bestimmen, enthalten ihm die Möglichkeit vor, sie als Moment seines eigenen Lebens zu erfahren.

Eine Identifikation des Subjekts mit seinem Handeln oder mit von ihm erwarteten Tätigkeiten ist daher nur möglich, wenn es seine eigenen Gründe und Absichten darin reflektieren kann. Gerade in der auf überindividuelle Anforderungen orientierten Institution Schule müssen demnach Voraussetzungen dafür geschaffen werden. Dies beinhaltet die Frage, inwiefern ein Subjekt schulische Anforderungen im Spiegel eigener Zwecke bewältigen kann, statt ihre Erfüllung lediglich instrumentell für ein konfliktfreies Leben in der Institution zu nutzen. „Man verfehlt sich bzw. das Ziel der Selbstverwirklichung nicht nur, wenn man seine Zwecke nicht selbst setzen kann, sondern auch dann, wenn man (selbst!) alle seine Tätigkeiten und letztlich sein Leben insgesamt ausschließlich als Mittel zum Zweck bestimmt", so Jaeggi (Jaeggi 2005, S. 246). Ist das Subjekt im institutionellen Gefüge z. B. der Schule dazu gezwungen, seine Handlungen stets auf der instrumentellen Ebene zu belassen, bzw. daran gehindert, sie anhand eines Ziels zu reflektieren, das unreduzierbar auf es selbst und das, was es aus eigenen Gründen tun will, verweist, gerät es in den von Jaeggi umschriebenen Zustand der Entfremdung.

4.3 Individualität und prozesshaftes Spannungsverhältnis

Individualität vollzieht sich in der Relation des Subjekts zur der es umgebenden physischen, sozialen und kulturellen Welt, von der es sich als different unterscheidet und in die es sich zugleich involviert erfährt. Anhand der Analysen Keupps (1999; 2013) zu Fragen individueller Identitätsarbeit lässt sich die Relationalität der Selbst- und Weltbezüge des Subjekts als prozesshafte Grundlage seiner Individualität weiter nachvollziehen. Nach Keupp geht das Begehren nach Identität „der Möglichkeit für eine lebensgeschichtliche und situationsübergreifende Gleichheit" (Keupp 2013, S. 4) nach. Er macht deutlich, dass sich das Subjekt selbst zu etwas bestimmen muss, um sich von den es umgebenden als sozial und kulturell anerkennbar geteilten Identitätsentwürfen unterscheiden bzw. um sich auf diese beziehen zu können. In diesem Sinne begreift Keupp Identitätsarbeit als eine prozessorientierte Form der Selbstreflexion des Subjekts, die um die Frage der Ausgestaltung des Spannungsverhältnisses von Individuellem und mit anderen geteiltem Allgemeinen arrangiert ist. Weil die Identität des relationalen Individuums nach Keupp vielmehr in der Spannung steht, „einerseits das unverwechselbar Individuelle, aber auch das sozial Akzeptable darstellbar machen" (Keupp 2013, S. 4) zu sollen, bleibt sie ein spannungsreicher Zustand, der auf einer fortwährenden „Kompromissbildung zwischen ‚Eigensinn' und Anpassung" (ebd.) basiert. Aufgrund der Aushandlungsbedürftigkeit aller Identitätsentwürfe in der Abwägung differenter Selbst- und Weltbezüge sowie sozial und kulturell geteilter Bedeutungsbildungen ist das Versprechen einer eindeutigen und statischen Identität somit nicht einzulösen.

Basierend auf einer Längsschnittstudie im Rahmen eines umfangreichen Forschungsprojekts zu „Identitätskonstruktionen" (Keupp et al. 1999) haben Keupp et al. ein Modell der Identitätsarbeit entworfen, das konzeptionell auf den Befund einer zunehmenden strukturellen, sozialen und kulturellen „Entsynchronisierung der Lebensbereiche" (Keupp et al. 1999, S. 15) wie z. B. „Arbeit, Partnerschaft, soziale Netzwerke und Kultur" (Keupp et al. 1999, S. 14) reagiert. Ausgehend von der Fragestellung, wie sich Subjekte in „dynamischen gesellschaftlichen Veränderungsphasen […] entwerfen" (Keupp et al. 1999, S. 9), können Keupp et al. Identitätsarbeit als eine „individuelle Verknüpfungsarbeit" (ebd.) konturieren. Identitätsarbeit als eigenständige Leistung des Individuums bündelt nach Keupp et al. „in prismatischer Form die Folgen aktueller Modernisierungsprozesse" (ebd.). Keupps et al. Entwurf der Identitätsarbeit nimmt nicht zuletzt deshalb seinen Ausgang in einer differenzierten Analyse aktueller „gesellschaftlicher Wandlungsdynamik" (Keupp et al. 1999, S. 14). Von den damit verbundenen strukturellen, sozialen und kulturellen Veränderungen gehen, so Keupp et al., Wirkungen aus, welche vor allem die Bearbeitung des Passungsverhältnisses von „subjektiver Innenwelt und den gesellschaftlichen Normalitätsanforderungen" (ebd.) zur zentralen Herausforderung im Selbst- und

Weltverhältnis des Individuums werden lassen. Aus der Analyse gesellschaftlicher Veränderungsprozesse einer „fragmentierten und widersprüchlichen Welt" (Keupp et al. 1999, S. 7) leiten Keupp et al. Herausforderungen an die individuelle Identitätskonstruktion ab und entwerfen anhand der empirischen Befunde ihrer Längsschnittstudie ein Modell „alltäglicher Identitätsarbeit in der Spätmoderne" (Keupp et al. 1999, S. 272). Dieses Modell zeichnet sich dadurch aus, das Identität als eine dauerhaft vom Subjekt zu erbringende „aktive Leistung" (Keupp et al. 1999, S. 7) zu verstehen ist, die in eine eigenständige und „selbstbestimmte Konstruktion" (ebd.) des eigenen individuellen Selbst- und Weltverhältnisses mündet. Das Modell beinhaltet aber auch, dass diese *Konstruktion* „minder stabil" (Keupp et al. 1999, S. 217) und stets aushandlungsbedürftig bleibt. Keuppt et al. unterscheiden hierbei vier Dimensionen der Identitätskonstruktion, die alle einem „fortlaufenden Veränderungsprozess" (ebd.) unterliegen:

- „Über die Reflexion situationaler Selbsterfahrung und deren Integration entstehen *Teilidentitäten.*
- Über die Verdichtung biographischer Erfahrung und Bewertung der eigenen Person auf der Folie zunehmender Generalisierung der Selbstthematisierung und der Teilidentitäten entsteht das *Identitätsgefühl* einer Person.
- Der dem Subjekt bewusste Teil des Identitätsgefühls führt zu einer narrativen Verdichtung der Darstellung der eigenen Person, den biographischen *Kernnarrationen.*
- Alle drei Ebenen der Identitätsarbeit schließlich münden in dem, was wir im weiteren als *Handlungsfähigkeit* bezeichnen" (ebd., Hervorhebungen im Original, TB)

Keupps et al. Modell der *Identitätsarbeit* kann in der vorliegenden Studie dafür genutzt werden, die Prozesshaftigkeit der Relationalität von Individualität näher auszuleuchten. Indem Keupp et al. die Gestaltung des Passungsverhältnisses innerer reflexiver Bilder und äußerer Bedingungen zu einem zentralen Motiv ihres Modells machen, ermöglichen sie es somit, die mit Jaeggi (vgl. Jaeggi 2005, S. 210) abgeleitete Ambivalenz von Individualität unter der Fragestellung zu diskutieren, anhand welchen Prinzips sie im spannungsvollen Verhältnis individueller Standards des Subjekts und sozial wie kulturell geteilter allgemeiner Ansprüche und Erwartungen stattfindet. Dies ist für den weiteren Gang der Untersuchung deshalb relevant, weil die Frage nach einer möglichen Anerkennung der Individualität von Kindern und Jugendlichen in der auf Allgemeingültigkeit ausgerichteten Institution Schule die Verhältnisbestimmung zwischen überindividuellen Normen der Anerkennung und individuellen Standards wird behandeln müssen. Die Ausgestaltung dieses Verhältnisses kann aber nur dann zur Anerkennung von Individualität beitragen, wenn es nicht allein die institutionellen Erfordernisse, sondern ebenso die Grundlagen von Individualität berücksichtigt. Im Folgenden erfahren daher nicht die von Keupp et al. identifizierten „Identitätsprojekte,

Identitätsstrategien und Identitätsziele" (Keupp et al. 1999, S. 14) eine Darstellung, sondern es wird vor allem das in Keupps et al. Modell inhärente Moment der spannungsvollen Prozesshaftigkeit als Motiv für die Betrachtung der Relationalität und Ambivalenz von Individualität erschlossen.

Aus Sicht der von Keupp et al. konturierten Identitätsarbeit wird dieses Spannungsverhältnis aus Differenzerfahrungen sowie Erfahrungen der sozialen wie kulturellen Involviertheit anhand eines „Suchraster[s]" oder einen „Konstruktionsrahmen[s]" (Keupp et al. 1999, S. 222) gesellschaftlich eingebettet. Dieser *Konstruktionsrahmen* beruht auf sozial und kulturell normierten und anerkennbaren „Identitätsentwürfen" (ebd.). Innerhalb dieses Rahmens werden die vielfältigen subjektiven bzw. von sozialen und kulturellen Normen sowie objektiven gesellschaftlichen Strukturen geprägten Selbst- und Weltverhältnisse des Individuums als zusammengehörig konstruiert. Arbeit an der individuellen Identität zeichnet sich demnach dadurch aus, dass in ihr Identitätsperspektiven konstruiert werden, die von individuellen Erfahrungen des Subjekts ausgehen und zugleich aber auch sozial und kulturell anerkennbar sein müssen. Sie sind als Produkt der Aushandlung anhand sozialer und kultureller Normen der Anerkennung „von gesellschaftlich vorgegebenen Fertigpackungen ebenso beeinflusst wie von Machtstrukturen" geprägt (Keupp et al. 1999, S. 216), so Keupp et al.. Gleichzeitig sind diese Identitätsperspektiven nicht aus ihrer Kompromisshaftigkeit zu befreien und müssen im Sinne des relationalen Selbst- und Weltverhältnisses des Individuums in situativem Erfahren wie auch im Laufe des Lebens (vgl. Keupp et al. 1999, S. 217) einem fortlaufenden Prozess der Reflexion und Überprüfung ausgesetzt werden. Diese Überprüfung vollzieht sich anhand innerer reflexiver Bilder des Subjekts sowie anhand sozial und kulturell geteilter Normen (vgl. Keupp et al. 1999, S. 222). Die Individualität eines Subjekts kommt demnach, so lässt sich folgern, weniger in seiner Identität, sei sie einheitlich oder disparat gedacht, zum Ausdruck. Sie realisiert sich vielmehr im Prozess des Umgangs mit zueinander in einem u. U. auch konflikthaften Verhältnis stehenden „Teilidentitäten" (Keupp et al. 1999, S. 217). Statt in einer widerspruchsfreien Einheit realisiert sich individuelle Identität prozesshaft in der Vielfalt der Lebensbezüge und der dort verankerten sozialen und kulturellen Normen ihrer Anerkennung. Individuelle Identität ist demnach als ein „intermediärer Raum" (Keupp et al. 1999, S. 217) zu verstehen, „der mit Vorstellungen über das Selbst und die Welt der Objekte „gefüllt" werden kann" (ebd.). In ihm können unterschiedliche Teilidentitäten mit unterschiedlicher Relevanz und Verweildauer existieren: „Identitätsarbeit zielt auf die Herstellung eines konfliktorientierten Spannungszustandes, bei dem es weder um Gleichgewicht und Widerspruchsfreiheit noch um Kongruenz geht, sondern um ein subjektiv definiertes Maß an Ambiguität und des Herausgefordertseins" (Keupp et al. 1999, S. 197). Wenn mit Keupp et al. somit verdeutlicht werden kann, dass Identität immer auch eine gestaltbare und disparate ist, dann liegt die Individualität des Subjekts wiederum im Prozess der Bewältigung dieser

Veränderbarkeit und Veränderung. Individualität erschöpft sich demnach nicht in der immer wieder zu konstruierenden Identität eines Subjekts, sondern zeichnet sich vielmehr als der Prozess aus, von den unterschiedlichen Konstruktionen lebensbereichsbezogener *Teilidentitäten* Abstand zu nehmen bzw. sie zu verbinden. Wenn Individualität im Sinne Gerhardts durch die Differenzerfahrung des Subjekts im Medium der allgemeingültigen Begriffe entsteht (vgl. Gerhardt 1999, S. 274) und Individualität im Sinne Jaeggis eben jenen Prozess beschreibt, in dem das Subjekt diese zutage tretenden Ambivalenzen als Wirkung für sich selbst zu beanspruchen vermag (vgl. Jaeggi 2005, S. 210), so kann aus der Reflexion des Modells der *Identitätsarbeit* bei Keupp et al. (1999) schließlich ein Verständnis von Individualität gefolgert werden, das diese als einen Prozess – nicht als das Produkt – der spannungsreichen Verhältnisbestimmung erfasst. Individualität liegt demnach im Prozess der Verhältnisbestimmung von sozial und kulturell anerkennbaren *Identitätsentwürfen* und differenten Erfahrungen, die das Subjekt sich selbst zuschreibt. Diese Erfahrungen umfassen „ein Set von angewandten Bedeutungen, die Personen entwickeln, und die definieren, wer man glaubt zu sein" (Keupp et al. 1999, S. 219). Sie münden in kognitive, soziale emotionale, körperorientierte und produktorientierte subjektive Standards (vgl. ebd.), anhand derer das Individuum sich und andere anerkennt.

Individualität als Prozess der Verhältnisbestimmung korrespondiert mit einem „Kohärenzgefühl" (Keupp et al. 1999, S. 227), in dem sich die Erfahrung des Subjekts verdichtet, in der mit anderen geteilten Welt als Eigenständiges existieren zu können. Das *Kohärenzgefühl* impliziert die Erfahrung, den Verhältnissen nicht ohnmächtig ausgeliefert zu sein, sondern sich zu ihnen als Individuum verhalten zu können. D.h., nicht trotz, sondern wegen der Doppelbedingtheit von Individualität durch Differenz und Involviertheit kann das Subjekt selbstbestimmt handeln. Das Passungsverhältnis von subjektiven Standards und sozial wie kulturell geteilten Normen der Anerkennung von Identitätsentwürfen wird damit im Sinne der Relationalität von Individualität zur Grundlage für ein selbstbestimmtes Handeln des Subjekts. Weil das *Kohärenzgefühl* Ergebnis eines prozessorientierten, d.h. nicht statischen Passungsverhältnisses ist, kann es ebenso als ein dynamisches, Widersprüche integrierendes verstanden werden: „Kohärenz kann für Subjekte auch eine offene Struktur haben, in der – zumindest in der Wahrnehmung anderer – Kontingenz, Diffusion im Sinne der Verweigerung von Commitment, Offenheit von Optionen eine idiosynkratische Anarchie und die Verknüpfung scheinbar widersprüchlicher Fragmente sein dürfen" (Keupp et al. 1999, S. 245). Grundiert wird das Kohärenzgefühl durch drei „Bewertungsdimensionen" (ebd.), die das Subjekt der eigenständigen Beurteilung seiner Erfahrungen zugrunde legt:

– Das Gefühl der „Sinnhaftigkeit" (Keupp et al. 1999, S. 227): Es „gelingt, Identitätsziele in Entwürfe und Projekte zu übersetzen, die in der Lage sind, Erfahrungen authentischer/positiver Selbstwertschätzung zu vermitteln" (ebd.).

– Das Gefühl von „Machbarkeit" (ebd.): Es „gelingt, aus Entwürfen Projekte und aus Projekten realistische Identitätsprojekte zu machen" (ebd.).

– Das Gefühl der „Verstehbarkeit" (ebd.): Es „gelingt, den Prozess der Zielübersetzung in Entwürfe, Projekte und realisierte Prozesse als einen Prozess zu reflektieren, der Außeneinflüssen unterliegt, letztlich aber selbstbestimmt ist" (ebd.).

In diesem Sinne bleibt das Subjekt zur Vergegenwärtigung seiner Individualität zum einen auf sozial und kulturell anerkennbare Formen von *Identitätsentwürfen* als Prozessbestandteile angewiesen. Dies impliziert die grundsätzliche Bezogenheit des Subjekts als Individuum auf andere, d. h. auf die anerkennende *„Aufmerksamkeit von anderen"* (Keupp et al. 1999, S. 256; Hervorhebung im Original, TB) sowie eine „[p]*ositive Bewertung durch andere"* (ebd., Hervorhebungen im Original, TB). Zum anderen bleibt, damit die prozesshafte Individualität auch eine selbstbestimmte Interpretation der Selbst- und Weltbezüge des Subjekts und sich daraus ableitendes selbstbestimmtes Handeln realisieren kann, ebenso eine *„Selbstanerkennung"* (ebd.) des Subjekts nach eigenen Standards unverzichtbar. Individualität als prozesshafte Verhältnisbestimmung bedarf in diesem Sinne auch der Möglichkeit des Subjekts, sich selbst und andere nach eigenen Standards anzuerkennen, d. h. in die interpretativen Prozesse der eigenen Selbst- und Weltverhältnisse integrieren zu können. Im Sinne einer „Art Saldo der Anerkennung" (Keupp et al. 1999, S. 228) mündet die *Selbstanerkennung* entlang individueller Standards in ein „Selbstgefühl" (Keupp et al. 1999, S. 226) des Subjekts. In ihm drückt sich „die Art bzw. die Entfernung (Nähe oder Distanz) der Selbstbeurteilung entlang der vom Individuum gesetzten Referenzpunkte (Standards) aus" (ebd.). Im *Selbstgefühl* verständigt sich das Subjekt über seine individuelle Verhältnisbestimmung zu sich in der mit anderen geteilten physischen, sozialen und kulturellen Welt. Individualität als Prozess dieser Verhältnisbestimmung unterscheidet sich von Identität darin, dass sie sich nicht in situativen oder lebensphasenbezogenen Manifestationen erschöpft. Sie zeichnet sich vielmehr als ein *dynamischer Formverlauf* aus, der „ein Gefühl von Gestaltbarkeit und positiver Selbstbewertung" (Keupp et al. 1999, S. 245) als Erfahrung erschließt, ohne diese auf den Begriff bringen zu können.

4.4 Zusammenfassung: Differenz und Involviertheit relationaler Individualität

Die Diskussion von Individualität anhand der unterschiedlichen Zugänge Gerhardts (1999), Jaeggis (2005) und Keupps et al. (1999) haben ihre Relationalität in der mit anderen geteilten physischen, sozialen und kulturellen Welt betont. Zugleich ist sichtbar geworden, dass diese Relationalität durch das Merkmal der

Doppelbedingtheit aus Differenz und Involviertheit sowie durch das Merkmal der Prozesshaftigkeit gekennzeichnet ist. Individualität, so lässt sich zusammenfassen, bedeutet ein Selbstverhältnis des Subjekts zu sich als Eigenständiges im Medium seiner Beziehung zu anderen. Es zeichnet sich durch die Möglichkeit zur eigenständigen Differenzbildung anhand der Aneignung mit anderen geteilter Begriffe und Sinnordnungen aus. Individuelle Eigenständigkeit kann sich also allein aufgrund der Involvierung des Subjekts in die physische, soziale und kulturelle Welt einstellen. Individualität als Verhältnisbestimmung kann im Sinne der praktischen Involviertheit jedoch nicht als statisches, in allen Lebenssituationen gleichförmiges Phänomen bestehen, sondern stellt sich als ein dynamischer *Formverlauf zusammengehöriger Ambivalenzen* dar. Damit wird ein Begriff von Individualität entfaltet, der in besonderer Weise sowohl die Verwiesenheit auf andere als auch eine auf sich selbstverweisende Eigenständigkeit betont. Für die Diskussion individueller Anerkennung von Kindern und Jugendlichen in der Schule ist damit eine *Problematisierungskategorie* (Balzer 2014) gewonnen, die es erlaubt, Normen der Anerkennung dahingehend zu diskutieren, inwiefern sie in der Schule ein Selbstverhältnis des Subjekts als differentes und zugleich involviertes berücksichtigen. In der Zusammenfassung der mit Gerhardt (1999), Jaeggi (2005) und Keupp et al. (1999) gewonnen Erkenntnisse sollen daher nun unentbehrliche Momente der Selbstbezugnahme des Subjekts auf seine Individualität benannt werden. Sie werden in der Entwicklung eines anerkennungstheoretischen Analyserahmens (vgl. Kapitel 5) weiter ausdifferenziert und bereiten diesen insofern vor.

Individualität basiert auf der Möglichkeit des Menschen, bewusst mit sich selbst umzugehen. Das bedeutet, dass er aufgrund der Aneignung allgemeiner Begriffe in der Lage ist, sich selbst im Medium der mit anderen geteilten physischen, sozialen und kulturellen Wirklichkeit wahrzunehmen, seine Unterschiedlichkeit in der Reflexion und Entwicklung eigener Vorstellungen festzustellen sowie seine Eigenständigkeit durch selbstbestimmtes Handeln in Bezug auf anderes und andere zu verwirklichen (vgl. Gerhardt 1999, S. 222). Das Prinzip der Individualität bedarf daher der *Gelegenheit zu*r Anderen*. Diese *Gelegenheit zu*r Anderen* realisiert sich durch die Möglichkeit, Begriffe in ihrer sozial und kulturell geteilten Bedeutung zu erlernen (vgl. Gerhardt 1999, S. 274). Das Erlernen allgemeingültiger Begriffe nimmt seinen Ausgang von den sinnlichen Wahrnehmungen. Die Möglichkeit einer in ein Verstehen einmündenden Reflexion ist jedoch auf eine Beurteilung und Einordnung des Wahrgenommenen angewiesen. Den Hintergrund für dieses Beurteilen und Verstehen bietet die geteilte soziale und kulturelle Sinnordnung der Lebensgemeinschaft. Peter Fauser und Hermann Veith (2006) verweisen in diesem Sinne auf eine kulturelle Täuschung der Sinne, die für das Subjekt lebensnotwendig ist: „Eine verlässliche Auskunft auf die Frage, ob das, was wir dabei erleben, angenehm und schön ist oder als Missempfindung Abwehr provoziert, geben uns die Sinne nicht. Ganz offenbar steht die Kulturbedeutung eines Objekts im Zusammenhang mit den lebensweltlichen Praktiken von Gemeinschaften" (Fauser/Veith 2006, Absatz 4). Hinter der scheinbar nur sinnlichen Informationsverarbeitung verbergen sich, so Fauser und Veith, „gesellschaftlich imprägnierte subjektive Konstruktionen, die nur im Kontext bestimmter sozialer Praktiken sinnvoll und verstehbar sind" (Fauser/ Veith 2006, Absatz 5).

Die kognitive Dimension von Individualität ist im Umkehrschluss in einem doppelten Sinne auf die *Gelegenheit* des Subjekts *zu sich* angewiesen. Damit das Subjekt sich zu sich selbst als Individuum bewusst verhalten kann, muss es seine Affekte, Emotionen und Erwartungen als nur für es selbst gültige vergegenwärtigen können (vgl. Gerhardt 1999, S. 278). Grundlage hierfür ist neben der genannten Differenzerfahrung im Medium allgemein geteilter Begriffe die Aufmerksamkeit für das Zustandekommen der eigenen individuellen Erfahrungs- und Vorstellungswelten. Aufgrund des von Veith beschriebenen Doppelcharakters aus sinnlicher Erfahrung sowie sozialer und kultureller Interpretation im Erlernen der Begriffe muss sich das Subjekt auch zu seiner physischen Existenz und ihren aisthetischen Prozessen als Voraussetzung seines Wollens und Könnens verhalten. Der kognitiven Dimension von Individualität ist in diesem Sinne eine aisthetische Dimension zu Grunde gelegt (vgl. Gerhardt 1999, S. 43; S. 200). Die kognitive wie die aisthetische Dimension von Individualität intendieren zwei Grundprinzipien, deren Realisierung die Verwirklichung einer sozial und kulturell relationalen Individualität bedingen: Die Möglichkeiten der von aisthetischen Erfahrungen ausgehenden Selbstaneignung der Welt sowie der eigenen Positionalität in ihr unter sozial und kulturell geformten Begriffen. Diese Selbstaneigungstätigkeit bedingt die Möglichkeit zur Selbstreflexion, in der das Subjekt sich selbst in seiner Individualität und deren elementaren Bezogenheit auf die Anderen in den Blick gerät.

Damit das Subjekt über sich selbst als Individuum verfügen kann, muss ihm die gesellschaftliche Imprägnierung seiner aisthetischen Wahrnehmung deutlich werden. Dies verlangt neben einer Intensivierung seiner aisthetischen Wahrnehmung zusätzlich eine Distanzierung von den durch sozial und kulturell geteilte Begriffe vermittelten Bedeutungen. Orientierung am Prinzip relationaler Individualität bedeutet in diesem Sinne daher auch, die physische Existenz als ausführendes Organ des eigenen Selbstbewusstseins zu erschließen (vgl. Gerhardt 1999, S. 208). Dieser Zugang des Subjekts zu sich selbst verbindet sich wesentlich mit seiner Aufmerksamkeit für seine Fähigkeit, Bedeutungen – sei es abgrenzend oder identifizierend – durch symbolisches Handeln zu repräsentieren. Die Fähigkeit, Bedeutungen zu repräsentieren, umfasst daher nicht nur die Verwendung geteilter Begriffe in der sprachlichen Kommunikation. Sie erstreckt sich auch auf gestisches Handeln sowie gegenständliche Produkte bzw. die Konstellation und Kombination gegenständlicher Produkte und gestischer sowie sprachlicher Repräsentationen. Diese kulturelle Dimension relationaler Individualität beinhaltet die Möglichkeit, das Involviertsein des eigenen Handelns, Denkens und Fühlens als Prozess zu verstehen, der „Außeneinflüssen unterliegt, letztlich aber selbstbestimmt ist" (Keupp et al. 1999, S. 22).

Die damit verbundene Erfahrung der eigenen Gestaltbarkeit (vgl. Keupp et al. 1999, S. 245) wird durch die Fähigkeit der Repräsentation zu der Erfahrung, den Verhältnissen nicht ohnmächtig ausgeliefert zu sein, sondern sich zu ihnen so verhalten zu können, dass die eigene Position für die Anderen erkennbar wird. Damit sich das Subjekt in Bezug auf die Anderen individuell verhalten kann, muss es in der Lage sein, anhand allgemeiner Begriffe soziale und kulturelle Wirklichkeiten zu verstehen und sich zu ihnen zu verhalten. Individualität als *dynamischer Formverlauf* ist zudem aber auch auf die Realisierung der Selbstentwürfe des Subjekts durch ein selbstbestimmtes, symbolisches Handeln angewiesen. D. h., sie ist nicht nur in der Differenz zu begrifflich gefassten Bestimmungen fassbar, sondern zeichnet sich auch durch eine performative Dimension aus. Realisierung eigener Identitäts- und Handlungsentwürfe ist im Sinne der Selbstgestaltung ein unverzichtbares Grundprinzip für die Orientierung am Prinzip der Individualität.

Die Fähigkeit zur symbolischen Repräsentation schafft in diesem Sinne für das Subjekt die Möglichkeit, ausgehend sowohl von der individuellen aisthetischen Erfahrung als auch von den sozial und kulturell vorgehaltenen Bedeutungszuschreibungen seine Individualität als selbstbestimmt und nicht als ohnmächtig unterworfene erlebbar zu machen. Sie wird erfahrbar in der Art und Weise, wie das Subjekt seine Sichtweisen auf sich selbst und die physische, soziale und kulturelle Welt symbolisch kommuniziert. Die Gestaltbarkeit der eigenen Individualität bedeutet die Gestaltbarkeit des Passungsverhältnisses des Subjekts zur physischen, sozialen und kulturellen Welt. Die Gestaltung der eigenen Individualität wird vom Subjekt dann als machbar erfahren, wenn idiosynkratische Abweichungen oder Neu-Interpretationen sozialer und kultureller Bedeutungszuschreibungen zugelassen und als Ausdruck der soziomorphen Identität eines Individuums anerkannt werden. So wie der kognitiven Dimension der Individualität eine aisthetische vorgelagert ist, so ist der Fremdanerkennung des Individuums unter den *kognitiven, sozialen, emotionalen, körperorientierten und produktorientierten Standards* (vgl. Keupp et al. 1999, S. 219) seines Lebensumfelds ein individuelles Selbstverhältnis vorgelagert. In ihm bewertet das Subjekt sich selbstbestimmt in seiner Individualität anhand eigener Interpretationen eben dieser Standards. Weil Individualität sich prozesshaft in *zusammengehörigen Ambivalenzen* (vgl. Jaeggi 2005, S. 210 f.; Keupp et al. 1999, S. 245) realisiert, überschreitet sie die kognitive Dimension geteilter, allgemeingültiger Begriffe. Es ist daher zu vermuten, dass auch die symbolische Repräsentation im Modus der Selbstanerkennung über eine rein diskursive Repräsentation hinausgeht. Sie wird auch und besonders körperliche Repräsentationen und gegenständliche Repräsentationen und Konstellierungen umfassen.

Die Relationalität von Individualität zeichnet sich durch einen prozesshaften wechselseitigen Verweis von Differenz und Involviertheit aus. Dieser Prozess konturiert sich an der Erfahrung der Wirksamkeit des eigenen Handelns in der Welt sowohl durch das Erleben von Widerstand, von Scheitern als auch von positiven Erfolgen. Alle Erfahrungen beinhalten für das individuelle Subjekt die Erkenntnis, durch und über die eigenen differenten Vorstellungen bzw. das eigene Handeln hinaus Teil der es ganz umfassenden physischen, sozialen und kulturellen Wirklichkeit zu sein. Die Orientierung am Prinzip relationaler Individualität beinhaltet zudem eine personale Dimension, in der das Subjekt sowohl von sich selbst als auch von anderen als selbstbestimmt handelndes anerkannt wird. Von einer personalen Dimension kann gesprochen werden, weil die Selbstbestimmung des Individuums in einem auf Anderes und andere gerichtetes Handeln umgesetzt wird, das auf Gründen und Vorstellungen beruht, die das Individuum im Medium der geteilten sozialen und kulturellen Wirklichkeit entwickelt hat. Diese Gründe und Vorstellungen schreibt sich das Subjekt als Individuum selbst zu, d. h. es kann sich in ihnen identifizieren und fühlt sich frei, sie zu bejahen (vgl. Gerhardt 1999, S. 198, S. 308; Jaeggi 2005, S. 52, S. 238). Auch die idiosynkratischen Besonderheiten müssen als soziomorphe Bezüge einbezogen werden. Denn nur, wenn die Zwecke, nach denen das Subjekt als Individuum handelt, nicht ausschließlich als Mittel auf soziale und kulturelle Wirklichkeit gerichtet sind, sondern das individuelle Subjekt auch nach Zwecken handelt, die es ausschließlich auf sich selbst bezieht, kann es als zur diskursiven Willensbildung fähige und aus moralischen Gründen handelnde individuelle Person auftreten, seine Individualität sichern und schützen (vgl. Jaeggi 2005, S. 245 f.; Honneth 1992, S. 211). Diese personale Dimension von Individualität beruht auf der Erfahrung der Sinnhaftigkeit des eigenen Handelns, die sich dadurch herleitet, dass eigene Selbst- und Weltbilder in ein Handeln übersetzt werden können, das den eigenen Zwecken, Gründen und Vorstellungen entspricht und diese abbildet. Sie mündet in ein kohärentes Selbstgefühl (vgl. Keupp et al. 1999, S. 226)

Relationale Individualität ist, so lässt sich zusammenfassend festhalten, auf Möglichkeiten der Selbstbezugnahme angewiesen, die sich als *dynamischer Formverlauf* in der mit anderen geteilten physischen, sozialen und kulturellen Welt durch Differenz und Involviertheit gleichermaßen auszeichnet:

– Die Möglichkeit zur von aisthetischen Erfahrungen ausgehenden Aneignung der Welt und der eigenen Positionalität in ihr unter sozial und kulturell geformten Begriffen (**Selbstpositionierung**).

– Die Möglichkeit zur Reflexion, in der das Subjekt sich in seiner Individualität und deren elementaren Bezogenheit auf die Anderen in den Blick gerät (**Selbstreflexion**).

– Die Herstellung von Verstehbarkeit der relationalen Bedingtheit des eigenen In-der-Welt-Seins (**Selbstverstehen**).

- Die Möglichkeit zu einer sozial und kulturell wirksamen **Selbstbestimmung**.
- Die Erfahrung der Gestaltbarkeit eigener Identitäts- und Handlungsentwürfe (**Selbstgestaltung**).
- Die Erfahrung der sinnhaften Kohärenz des eigenen Handelns, die sich dadurch herleitet, dass eigene Selbst- und Weltbilder in ein Handeln übersetzt werden können, das den eignen Zwecken, Gründen und Vorstellungen entspricht und diese abbildet (**Selbstgefühl**).

5. Anerkennung und Individualität

Im Mittelpunkt der Studie steht die Frage nach der institutionellen Regulierung des Selbst- und Weltverhältnisses von Kindern und Jugendlichen in der Schule. Hierbei soll besonders die Gestaltbarkeit des Verhältnisses überindividueller Ansprüche und individueller Bedeutungsbildungen, Gründe und Handlungsabsichten diskutiert werden. Damit ist die Absicht verbunden, Voraussetzungen zu ermitteln, die es Jugendlichen und Kindern ermöglichen, in der Schule in ihrer relationalen Individualität anerkannt zu werden. Dies impliziert zugleich die Frage, wie der allgemeingültige institutionelle Leistungsauftrag von Schule einerseits und individuelle Standards von Kindern und Jugendlichen andererseits in ein Verhältnis gesetzt werden können, das nicht auf die machtvolle Überwindung bzw. das idiosynkratische Unterlaufen des einen durch das andere ausgerichtet ist. Das Verhältnis allgemeiner Ansprüche und individueller Differenz soll nun anhand des Anerkennungsbegriffs näher ausgeleuchtet werden. Hierbei wird mit Krinninger angenommen, dass Praktiken der Anerkennung in besonderer Weise darauf ausgerichtet sind, die Individuation des Subjekts entlang sozialer und kultureller Normen zu formen (vgl. Kapitel 3.2, S. 25; Krinninger 2018, S. 100; 2013, S. 100). Im Fall der Schule hieße dies, dass institutionelle Anerkennung eine spezifische Verhältnisbestimmung der Individuen zur Institution beabsichtigt und davon abweichende Interpretation dieses Verhältnisses nicht anerkennbar sind. Im Folgenden wird die Diskussion von Anerkennung mit Blick auf die Relationalität von Individualität geführt. Dies dient dazu, neben der bereits generierten *Problematisierungskategorie* (Balzer 2014) differenter und involvierter Individualität Anerkennung für den Gang der Untersuchung als zweite Kategorie zu gewinnen, die in besonderer Weise auf das Spannungsverhältnis von allgemeingültigen Ansprüchen und individueller Verhältnisbestimmung bezogen ist.

Mit Gerhardt konnte Individualität als Differenzerfahrung im Medium begrifflich fundierter Sinnordnungen beschrieben werden. Dabei ist deutlich geworden, dass das Subjekt in seiner individuellen Differenz in die mit anderen geteilten Sinnordnungen nicht passiv involviert ist, sondern es sich zu diesen immer auch interpretativ verhält. Die individuelle Interpretation geteilter Bedeutungen kann sowohl in der diskursiven Verwendung von Begriffen (vgl. Kapitel 4.1, S. 39; Gerhardt 1993, S. 274) als auch in anderen Praktiken der symbolischen Repräsentation erfolgen (vgl. Kapitel 4.1, S. 39; Gerhardt 1993, S. 208). Der dynamische Aushandlungsprozess zur Konturierung der eigenen Individualität realisiert sich demnach nicht im Sinne der Herstellung einer ab einem bestimmten Zeitpunkt feststehenden Differenz, sondern ist immer mit dem Moment der Veränderbarkeit verbunden. So weist etwa Andreas Reckwitz (2003) darauf hin, dass sich in der Anwendung sozial und kulturell geteilter Praktiken „immer wieder eine interpretative und methodische Unbestimmtheit, Ungewissheit und Agonalität ergibt, die kontextspezifische Umdeutungen von Praktiken erfordert und eine ‚Anwendung' erzwingt und ermöglicht, die in ihrer partiellen Innovativität mehr als reine Reproduktion darstellt" (Reckwitz 2003, S. 294). Relationale Individualität ist demnach durch Begriffe und Praktiken in geteilte Sinnordnungen involviert, ohne zum einen ihre Überschreitung und Veränderung vermeiden zu können. Die Herleitung von Individualität als spannungsreiches Geschehen legt zum anderen aber ebenso die Vermutung nahe, dass auch die Anerkennung des Individuums durch Andere nicht eindeutig als dessen konfliktfreie Bestätigung gefasst werden kann. Vielmehr ergibt sich aus den bisherigen Überlegungen zur Individualität, dass Anerkennung mit einer prozesshaften und spannungsreichen Wirkung auf das Selbst- und Weltverhältnis des Subjekts verbunden ist bzw. sich das Subjekt als im Medium äußerer allgemeingültiger Normen Anerkanntes seltsam *vertraut als auch fremd zugleich* (Ricken 2013) ist. Anerkennung, so eine These auch der neueren erziehungswissenschaftlichen Forschung (vgl. Balzer 2014; Balzer/Künkler 2007; Balzer/Ricken 2010; Honnens 2017; Schäfer/Thompson 2010), ist weniger als eine soziale Handlung der Wertschätzung einzugrenzen, die stets und ausschließlich auf die positive Bejahung eines Individuums bezogen wäre. Anerkennung, so die These, ist als „ein spezifisches Strukturmoment einer jeden menschlichen Kommunikation und Praktik" (Balzer/Ricken 2010, S. 73) in unterschiedlichen Ausformungen zugrunde gelegt. In diesem Sinne betont Nicole Balzer, dass Anerkennung „mit Fragen der Inklusion ebenso wie mit Fragen der Exklusion, mit Fragen der Subjektwerdung ebenso wie mit Fragen der gesellschaftlichen Reproduktion, mit Fragen der Ethik und der Gerechtigkeit ebenso wie mit Fragen der Macht eng verknüpft" ist (Balzer 2014, S. 26 f.).[12] Die vorliegende Studie folgt in

---

12   Eine weitergehende Infragestellung des Anerkennungsbegriffs legen Maria do Mar Castro Varela und Paul Mecheril (2010) vor. Sie problematisieren aus einer macht- und herrschaftskritischen Perspektive das affirmative Potential des Anerkennungsansatzes. Anerkennung sei dann „Teil eines machtstrategischen Handelns der hegemonialen Unterscheidung" (Castro Varela/Mecheril 2010, S. 99), wenn die „politischen und kulturellen Bedingungen" (ebd.) hinter den Anerkennungskriterien und -praktiken nicht als solche identifiziert und reflektiert würden. In diesem Fall liege die herrschaftspolitische Funktion von Anerkennung darin, die „gegeben Verhältnisse zu fixieren und zu bejahen" (Castro Varela/Mecheril 2010, S. 89). Castro Varela und Mecheril setzen sich daher für ein relativierendes Moment in der Anerkennungsdebatte ein. Sie plädieren dafür, die im Anerkennungsgeschehen profilierten „Unterschiede und Identitätspositionen" (Castro Varela/Mecheril 2010, S. 98) in ihrem „Geworden-Sein" (ebd.) und ihrer „machtpolitische[n] Funktion" (ebd.) in den Vordergrund zu stellen. Andernfalls komme Anerkennung nicht nur die Funktion zu, die differenten „Anderen" als solche zu schaffen, sondern sie „darüber hinaus auf eine Position der Nicht-Zugehörigkeit" festzulegen (Castro Varela/Mecheril 2010, S. 99); vgl. Said (2003).

diesem Sinne dem Plädoyer Rickens und Balzers (vgl. Balzer 2014; Balzer 2007; Balzer/Ricken 2010; Ricken 2009), den Anerkennungsbegriff aus einer normativen Engführung auf ethisch-moralische Fragestellungen zu befreien, und ihn stattdessen als „Problem- und Problematisierungskategorie" (Balzer 2014, S. 28) zu gewinnen.

Balzer und Ricken kritisieren, dass ein im erziehungswissenschaftlichen Diskurs dominantes Verständnis von Anerkennung als ausschließlich positive Bestätigung und Wertschätzung verhindere, Anerkennung „in umfassender Weise als Kategorie der sozialen (und pädagogischen) Praxis auch analytisch zu nutzen" (Balzer 2014, S. 27). Durch ein dem alltagssprachlichen Gebrauch von Anerkennung verpflichtetes Verständnis werde Anerkennung auf explizit wertschätzende Bejahung verengt und damit in ihrer sozialen Machtförmigkeit unterschätzt. Vielmehr sei es aber so, dass im Anerkennungsgeschehen das Subjekt „als etwas oder als jemand bestätigt" (Balzer/Ricken 2010, S. 39) wird, „so dass Anerkennung immer eine dreistellige Relation bildet: x anerkennt y als z" (ebd.). Vom Prinzip der relationalen Individualität aus gesehen lässt sich also mit Balzer und Ricken vermuten, dass Anerkennung die Ambivalenzen von Individualität sozial und kulturell reguliert und in sozial und kulturell anerkennbare Subjektformen einpasst. Diese erzeugende und regulierende Dimension wird nach Balzer und Ricken in der Diskussion des Anerkennungsbegriffs jedoch häufig zugunsten einer ethischen Aufladung vernachlässigt. Der ethische Appell „Du sollst anerkennen; oder alltagsweltlicher: Du sollst nicht (unnötig) abwerten oder missachten" (Balzer/Ricken 2010, S. 41) leite sich aus der Erkenntnis der Unverzichtbarkeit von Anerkennung für die Subjektwerdung her und werde in dem Ringen um eine Pädagogik der Anerkennung[13] in einer subjektorientierten, emanzipatorischen Haltung als „Autonomiegarant" (Balzer 2014, S. 14) konzipiert. Eine ausschließlich ethisch-moralische Auslegung von Anerkennung verhindert in Bezug auf die relationale Individualität von Kindern und Jugendlichen in der Schule jedoch, von der gesellschaftlichen Funktion der Institution ausgehende regulierende Normen der Anerkennung als solche identifizieren zu können. Zwar sehen auch Balzer und Ricken die Notwendigkeit, Anerkennung in der pädagogischen Praxis als ethisch-moralische Grundbedingung sicherzustellen, jedoch kritisieren sie eine Verkürzung von Anerkennung auf einen ethisch-moralischen „Anwendungs- und Umsetzungsfall" (Balzer 2014, S. 16). Dadurch werde Anerkennung als eine spezifische pädagogische Methode stillgestellt und bliebe für weitere Analysen und eine Kritik des pädagogischen Handelns in pädagogischen Institutionen ungenutzt. Stattdessen fordern sie, Anerkennung als „ein Entwicklung *zugleich* ermöglichendes und regulierendes, ein *zugleich* bestätigendes und negierendes, ein *zugleich* belohnendes und sanktionierendes Handeln, ein Handeln nicht nur für und mit anderen, sondern

---

13 Vgl. Borst (2003); Hafeneger (2013); Prengel (2006); Scherr (2013); Stojanov (2006).

auch gegen andere" (Balzer/Ricken 2010, S. 55, Hervorhebungen im Original, TB) zu reflektieren. Das Plädoyer Balzers und Rickens für einen analytischen Anerkennungsbegriff richtet sich damit gegen die Verdrängung spannungsreicher, widersprüchlicher und begrenzender Eigenschaften der Anerkennung. Für die Fragestellung, ob und inwiefern schulische Funktionen und Strukturen Handlungsräume zulassen, innerhalb derer sowohl die reklamierte Freiheit von Funktionalisierungen von Kindern und Jugendlichen als auch die Verhandlung der subjektformenden Konstitutionskraft der Institution Schule thematisiert werden können, scheint dies zielführend.

Die grundlegende These Balzers und Rickens, dass Anerkennung „in ihrem Bedeutungsgehalt nicht eindeutig bestimmbar" ist (Balzer 2014, S. 23), sondern einer jeden Praxis nicht nur als ethische Norm, sondern als ein sie strukturierendes Moment konstitutiv zugrunde liegt (vgl. Balzer/Ricken 2010, S. 37), führt zu einer analytischen Verwendung des Anerkennungsbegriffs. Diese fußt darin, Anerkennung „aus einer allzu engen Identifikation mit Moral und moralischem Handeln zu lösen" (Balzer 2014 S. 23), so Balzer. „Anerkennung ist, so die leitende These, zwar *auch* als eine ethische Problematik zu verstehen, sie stellt aber *nicht nur* eine solche dar" (ebd., Hervorhebungen im Original, TB). Eine solche „Tieferlegung" (ebd.) des Anerkennungsbegriffs verschließt aber, so Balzer, zugleich das normative Festhalten an nur *einem* Begriff der Anerkennung. Stattdessen ist ein analytischer Gebrauch des Anerkennungsbegriffs darauf angewiesen, eine normative Einordnung von Anerkennung zu vermeiden, und sie stattdessen als „eine mehrdeutige und mehrdimensionale Kategorie wie auch Praxis" (ebd.) zu entdecken. Balzer und Ricken verfahren daher „[n]icht nur *ohne* die Absicht, sondern vielmehr ausdrücklich *entgegen* der Absicht einer (Re-)Konstruktion *eines* Anerkennungsbegriffs" (Balzer/Ricken 2010, S. 38, Hervorhebungen im Original, TB). In der Reflexion unterschiedlicher „Aufmerksamkeitsperspektiven" (vgl. Balzer/Ricken 2010, S. 77)[14] unterzieht vor allem Balzer (2014) verschiedene Theorien der Anerkennung einer Re-Lektüre, um auf diese Weise ein mehrdimensionales Verständnis von Anerkennung zu gewinnen und es auf vielgestaltige Anerkennungsproblematiken in pädagogischen Problemstellungen anwenden zu können.[15] Im Folgenden sollen Balzers und Rickens (Balzer 2014; Balzer/Ricken 2010) Analysen der unterschiedlichen *Aufmerksamkeitsperspektiven* verschiedener Theorien der Anerkennung zusammenfassend dargestellt werden. Dabei werden die jeweils spezifischen Analysen und Erkenntnisse Balzers und Rickens auf die mit Gerhardt (1999), Jaeggi (2005) und Keupp et al. (1999) erarbeiteten

---

14 Balzer und Ricken beziehen sich hier auf das Konzept der „recognitive lenses" nach Bingham (2001).

15 Vgl. Balzer und Ricken (2010, S. 37) zur Kritik einer Hypertrophie des Anerkennungsbegriffs bei Röhr (2009) und Gerhardt (2004).

Dimensionen und Bedarfe von Individualität bezogen und ausdifferenziert. Es sei jedoch bereits jetzt angemerkt, dass Balzer und Ricken in dem Bemühen um ein weder normativ geprägtes noch ethisch-moralisch vereindeutigtes Verständnis Anerkennung im Rückgriff auf Judith Butler als Geschehen von Adressierung und Re-Adressierung profilieren. Damit gewinnen sie zweierlei. Zum einen verdeutlichen sie Anerkennung als strukturelles Alltagsmoment menschlicher Interaktion in sozial und kulturell geprägten Kontexten, ohne es moralisch aufladen zu müssen: „Anders formuliert: mit Anerkennung ist die zentrale Frage berührt, als wer jemand von wem und vor wem wie angesprochen und adressiert wird und zu wem er/sie dadurch vor welchem (normativen) Horizont sprachlich bzw. materiell etablierter Geltungen gemacht wird" (Balzer/Ricken 2010, S. 73). Damit können sie auch verdeutlichen, „dass pädagogische Orte nicht erst – wie insbesondere medial vielfach gefordert – zu ‚Orten der Anerkennung' (gemacht) werden müssen, sondern dass sie dies immer schon sind" (Balzer/Ricken 2010, S. 76). Zum anderen erschließen sie mit Butler im Moment der Re-Adressierung für das Subjekt eine Möglichkeit, das Anerkennungsgeschehen weitergehend mitzubestimmen. Denn, „bezieht man dann auch mögliche Antworten mit ein, dann lassen sich diese analog dazu als Gegenadressierungen verstehen, in denen ihrerseits andere wieder als jemand angesprochen und -qua Verschiebung bzw. Akzeptanz etablierter Normen – zu jemandem gemacht werden" (Balzer/Ricken 2010, S. 73). Damit tangieren Balzer und Ricken auch das Moment der Selbstanerkennung (vgl. Kapitel 4.3, S. 49; Keupp et al. 1999, S. 256; Balzer/Ricken 2010, S. 75). Es ist davon auszugehen, dass die Prozesse der Selbstanerkennung, in denen sich das Subjekt zu sich als Individuum im Medium geteilter Normen der Anerkennung verhält und es sich zu anderen bewusst verhalten kann, nicht allein begriffliche sind, sondern im spontanen Rückgriff auf vorbegriffliche Dimensionen des Selbst- und Weltverhältnisses erfolgen. Die bisherigen Überlegungen zur Relationalität von Individualität legen nahe, dass die materielle Struktur, innerhalb derer Individualität verhandelt wird, nicht allein eine reflexiv-theoretische oder rein diskursive ist, sondern in der Vielgestaltigkeit sozialer und kultureller Praktiken auch auf physische, emotionale und schließlich auch auf die Dingwelt bezogene Dimension des Selbst- und Weltverhältnisses der Individuen betrifft. Das Wissen des Subjekts um sich als Individuum ist maßgeblich durch sein Bezogensein auf den Anderen geprägt. Diese Individualität vom *Anderen her* (Mead 1973) schließt aufgrund der sozialen und kulturellen Involviertheit des Individuums auch weitere Agenturen der Anerkennung mit ein: Körper, Naturgegenstände und Artefakte. Auch Reckwitz kritisiert aus praxeologischer Sicht entsprechend ein Konzept, welches das Wissen des Subjekt von sich als Individuum „ausschließlich als ein System expliziter kognitiver Regeln" (Reckwitz 2003, S. 290) verengt. Stattdessen betont er, dass ein sich in den sozialen und kulturellen Praktiken realisierendes Wissen „häufig gar nicht mit einer

Explizierungsfähigkeit oder Explizierungsbedürftigkeit dieses Wissens einhergeht" (ebd.). Sein Hinweis, dass soziale und kulturelle Praktiken „in aller Regel einen Umgang von Menschen mit ‚Dingen', ‚Objekten' bedeuten" (ebd.) ist mit Blick auf eine Kritik des Anerkennungsbegriffs vom Prinzip der Individualität insofern aufzugreifen, als angenommen werden kann, dass Relationalität sich nicht ausschließlich im Diskurs oder in der theoretischen Reflexion des Subjekts entfaltet. Zugleich muss im Folgenden aber auch nachgewiesen werden können, welche Rolle Dinge in einem über das diskursive Verständnis hinaus erweiterten Anerkennungsbegriff einnehmen können (vgl. Kapitel 5.1.5).

Es ist überraschenderweise Honneths normative Konzeption von Anerkennung, die im weiteren Verlauf der Untersuchung eine Erweiterung von Anerkennung über diskursive Praktiken hinaus plausibel macht. Honneths jüngere Schriften rücken in das Feld eines intersubjektiv geprägten Anerkennungsgeschehens weitere Mitspieler ein: von Individuen wertgeschätzte Gegenstände (vgl. Honneth 2005). Zunächst soll jedoch die frühe Anerkennungstheorie Honneths (2012) in den Vordergrund gestellt werden. Diese zeichnet sich durch den Grundgedanken einer sozialen Individuation anhand standardisierter und in diesem Sinne sozial und kulturell institutionalisierter Regeln wechselseitiger Anerkennung aus. Honneth entwirft eine „kritische Gesellschaftstheorie" (Honneth 2012, S. 8), in deren Mittelpunkt normativ regulierte Strukturen intersubjektiver Anerkennung stehen. Damit verknüpft er gesellschaftliche Wandlungsprozesse mit einer anhand institutionalisierter Formen der Anerkennung erfolgenden „individuelle[n] Selbstverwirklichung" (Honneth 2012, S. 278) der Subjekte. Indem Honneth „Prozesse des gesellschaftlichen Wandels mit Bezugnahme auf die normativen Ansprüche erklärt […], die in der Beziehung der wechselseitigen Anerkennung strukturell angelegt sind" (Honneth 2012, S. 8), parallelisiert er zugleich die „geglückte[ ] Selbstbeziehung" (Honneth 2012, S. 220) des Subjekts zu sich als Individuum mit dessen Integration in gesellschaftlich normierte Formen der Anerkennung. Die Engführung der Verbindung individueller Selbstbeziehung und standardisierter Formen der Anerkennung, die mit dem Versprechen auf Zugehörigkeit und Teilhabe aufgeladen sind, bietet in besonderer Weise Diskussionsanlässe für das Prinzip einer relationalen Individualität. Im bisherigen Verlauf der Untersuchung ist Individualität vor allem als Differenzerfahrung sowie als ambivalenzgeprägter Prozess der Involviertheit in die physische, soziale und kulturelle Welt deutlich geworden. Es stellt sich daher die Frage, inwiefern das auf standardisierte Formen der Anerkennung ausgerichtete Konzept Honneths diese dynamische Vorstellung von Individualität abbilden kann. Das auf standardisierten Formen der Anerkennung aufbauende Modell Honneths ist dahingehend kritisch zu befragen, inwiefern der ihm zugrundeliegende Gedanke von Anerkennung als positiver Bestätigung tatsächlich eine *geglückte Selbstbeziehung* nur sichert

oder ob mit ihm nicht auch Prozesse der sozialen und kulturellen „Konformisierung" (Düttmann 1997) verbunden sind, die individuelle Differenzen und
Abweichungen zugunsten überindividueller Normen und Werte verdecken.
Im Folgenden soll daher das Anerkennungsmodell Honneths nicht in seiner
Bedeutung als Gesellschaftsethik, sondern vielmehr als Individuationskonzept
diskutiert werden. Dies dient vor allem der vorbereitenden Problematisierung
eines anerkennungstheoretischen Analyserahmens, der die Prozesshaftigkeit
und Ambivalenz von Individualität aufgreifen und im weiteren Verlauf der Studie Anwendung finden soll. Die Konturierung des Analyserahmens erfolgt im
Anschluss an die zusammenfassende Darstellung ausgewählter Analysen Balzers und Rickens sowie deren Reflexion anhand des bereits gewonnen Begriffs
von Individualität.

5.1 Kritik der Anerkennung vom Prinzip der Individualität aus

Die eigenständige Verhältnisbestimmung des Subjekts zu sozialen und kulturellen Ansprüchen, die ihm als normative Erwartungen und Werte entgegen-
gebracht werden, zeitigt seine Differenz und bahnt den Weg zu einer kulturell
und sozial anerkennbaren Individualität. In diesem Sinne nimmt differente Individualität ihren Ausgang *vom Anderen her* (Mead 1973). Dieser Zusammenhang wirft mit Blick auf das Prinzip der Individualität sowohl Fragen nach einer
authentischen Selbstbeziehung als auch nach einem Erfassen de*r Anderen als
differentes Individuum auf. Mit Blick auf die zunehmende Institutionalisierung
des Aufwachsens von Kindern und Jugendlichen stellt sich zudem die Frage nach
dem Beitrag institutionalisierter Orte der Sozialisation zur Konturierung von sozial und kulturell relationaler Individualität. Mit Blick auf die mit Institutionen
im Allgemeinen und die mit Schule im Besonderen verbundenen konformisierenden Ansprüche drängt sich zudem die Frage nach Möglichkeits- und Abwei-
chungsräumen für Formen von Individualität auf.

5.1.1 Formalisierte Anerkennung und soziale Leistungserbringung

Vor diesem Hintergrund eignet sich die frühe Anerkennungstheorie Honneths
für eine Diskussion des Prinzips der Individualität im Spiegel von Prozessen ihrer sozialen und kulturellen Bedingung wie auch ihrer kulturellen und sozialen
Normierung gleichermaßen. Honneth zielt mit seiner Theorie der Anerkennung
darauf, ein „ungebrochene[s] Selbstverhältnis" (Honneth 2012, S. 196) des Subjekts durch die Teilhabe an standardisierten Reaktionen der Anerkennung und
ihrer gesellschaftlichen Institutionalisierung zu erreichen. Honneth formuliert

einen „Imperativ reziproker Anerkennung" (Honneth 2012, S. 148)[16], von dem aus er Gesellschaft „als Gefüge von *Anerkennungsordnungen* und *Anerkennungs-verhältnissen*" (Nullmeier 2003, S. 401, Hervorhebung im Original, TB) umreißt, welche die innere und äußere Freiheit der Subjekte sichern und schützen. Zugleich bindet er Anerkennung an den Beitrag, den Subjekte zur Aufrechterhaltung des gesellschaftlichen Gefüges leisten: „Die Reproduktion des gesellschaftlichen Lebens vollzieht sich unter dem Imperativ einer reziproken Anerkennung, weil die Subjekte zu einem praktischen Selbstverhältnis nur gelangen können, wenn sie sich aus der normativen Perspektive ihrer Interaktionspartner als deren soziale Adressaten zu begreifen lernen", so Honneth (Honneth 2012, S. 148). Subjekte sind in diesem Verständnis für die Realisierung ihrer Individualität nicht nur relational auf die Aneignung der physischen, sozialen und kulturellen Welt in geteilten Begriffen angewiesen. Sie müssen im Prozess ihrer Individuation innerhalb der sozialen und kulturellen Praxen zudem sozial standardisierte Reaktionen der Anerkennung umsetzen, um sich selbst als sozial und kulturell involviertes Individuum ausgestalten und von anderen als solches angenommen werden zu können.

Honneth beschreibt ausgehend von der frühkindlichen Mutter-Kind-Beziehung bis hin zum personalen Handeln in Rechtsverhältnissen einen Prozess der Individuation, der durch einen stetigen Zuwachs an Formen der positiven Selbstbeziehung und Handlungskompetenz gekennzeichnet ist. Er definiert drei Weisen der Anerkennung, mit denen jeweils spezifische Formen der reziproken Bezugnahme der Individuen verbunden sind. Für die Frage einer gelingenden Individuation ist dabei besonders hervorzuheben, dass mit jeder Anerkennungsweise eine spezifische praktische Selbstbeziehung verbunden ist. Wird den Subjekten eine der drei Anerkennungsweisen verweigert, so ist ihnen in der modernen Gesellschaft sowohl die Möglichkeit vorenthalten, sich vollumfänglich als Individuum auszugestalten, das nach personalen Gründen handelt, als auch ein positives Selbstgefühl als Individuum zu entwickeln (vgl. Keupp et al. 1999, S. 226). Emotionale Zuwendung, kognitive Achtung sowie soziale Wertschätzung stellen Dimensionen der Anerkennung dar, mit denen drei Handlungsrahmen korrespondieren, aus denen heraus das Subjekt die Sicherung seiner individuellen Freiheit ableiten und sich zu sich selbst verhalten kann: Primärbeziehungen, Rechtsverhältnisse und Wertegemeinschaften (Abb. 1).

---

16 Vgl. Honneths Herleitung des „Imperatives reziproker Anerkennung" (Honneth 2012, S. 148) aus der Analyse Hegels Argumentationsfigur eines „Kampfes um Anerkennung" vgl. Hegel (2001); (1988); (1986) in Honneth 2012 (S. 11 ff.), sowie in einer „empirischen Wendung" (Honneth 2012, S. 8) im Rückgriff auf die „naturalistische Transformation der Hegelschen Idee" (Honneth 2012, S. 114) mit Mead (1987); (1973) in Honneth 2012, S. 107 ff.

Abb. 1: Struktur sozialer Anerkennungsverhältnisse, Honneth 2012, S. 211

Anerkennungsweise	Emotionale Zuwendung	Kognitive Achtung	Soziale Wertschätzung
Persönlichkeitsdimension	Bedürfnis- und Affektnatur	Moralische Zurechnungsfähigkeit	Fähigkeiten und Eigenschaften
Anerkennungsformen	Primärbezie-hungen (Liebe, Freundschaft)	Rechtsverhältnisse (Rechte)	Wertgemeinschaft (Solidarität)
Entwicklungspotenzial		Generalisierung, Materialisierung	Individualisierung und Egalisierung
Praktische Selbstbeziehung	Selbstvertrauen	Selbstachtung	Selbstschätzung
Missachtungsform	Misshandlung und Vergewaltigung	Entrechtung und Ausschließung	Entwürdigung und Beleidigung
Bedrohte Persönlichkeitskomponente	Physische Integrität	Soziale Integrität	„Ehre", Würde

In diesem auf *Entschränkung* ausgerichteten Modell Honneths stellt die affektive *Primärbeziehung* die erste Stufe dar. In ihr bestätigen sich die Subjekte reziprok ihrer konkreten Bedürfnisnatur und erkennen sich als bedürftige Wesen an: „[I]n der reziproken Erfahrung liebevoller Zuwendung wissen beide Subjekte sich darin einig, dass sie in ihrer Bedürfnisnatur von jeweils anderen abhängig sind" (Honneth 2012, S. 153). Honneth sieht in der emotionalen Zuwendung als einer Fähigkeit zwischen Bindung und Selbständigkeit somit die Voraussetzung sowie das Ergebnis dieser Anerkennungsweise. In der Anwendung von Rechtsverhältnissen als Anerkennungsform sind die Subjekte hingegen darauf angewiesen, das individuelle Verhalten de*r Anderen zu erfassen und vor dem Hintergrund allgemeingültiger Rechte zu bewerten. Die Anerkennung als Inhaber*in allgemeiner, gesellschaftlich beanspruchbarer Rechte kann das Subjekt, so Honneth, mit dem Gefühl der Selbstachtung verbinden, weil es sein Handeln als von allen geachteten Ausdruck seiner personalen Autonomie erfährt: „Dass Selbstachtung für das Rechtsverhältnis das ist, was für die Liebeserklärung das Selbstvertrauen war, wird schon durch die Folgerichtigkeit nahegelegt, mit der sich Rechte in derselben Weise als Zeichen einer gesellschaftlichen Achtung begreifen lassen, wie die Liebe als der affektive Ausdruck einer auch über Distanz bewahrten Zuwendung aufzufassen ist" (Honneth 2012, S. 192). Wenn das Subjekt das Bewusstsein entwickeln kann, sozial akzeptierte Ansprüche stellen zu können, dann kann es sich nach Honneth als Person verstehen, die zu einer Mitgestaltung des Gemeinwesens berechtigt und aufgerufen ist. Die Diskussion von Entfremdungserfahrungen bei Jaeggi (2005) hat jedoch gezeigt, dass eine Selbstaneignung des Subjekts als Individuum nur dann möglich ist, wenn es sich in den sozialen und kulturellen Regeln mit seinen eigenen Gründen zugänglich ist und die Voraussetzungen von Sinnhaftigkeit, Machbarkeit und Verstehbarkeit (vgl. Keupp et al. 1999,

S. 227) gegeben sind. Selbstachtung als relationaler Prozess der Individuation ist in Anschluss an Jaeggi (2005) und Keupp et al. (1999) daher nicht in einer automatisierten Anwendung oder Befolgung rechtlicher Rahmenbedingungen zu erreichen. Rechtsverhältnisse tragen also zu einer Individuation vor allem dann bei, wenn die Subjekte sich in ihnen wiedererkennen.

Anders als im Modus der rechtlichen Anerkennung und kognitiven Achtung steht im Modus der sozialen Wertschätzung nicht die Orientierung auf überindividuelle allgemeingültige Begriffe und Rechte, sondern die Aufmerksamkeit für individuelle Eigenschaften und Unterschiede im Vordergrund. Während Rechtsverhältnisse nach Honneth darauf orientiert sind, dass sich die Subjekte reziprok als personale Träger von Rechten und Pflichten anerkennen, steht bei Honneth in der dritten Form der Anerkennung, der sozialen Wertschätzung, die Bewertung konkreter Eigenschaften, die das individuelle Subjekt von anderen unterscheiden, im Fokus. Diese Bewertung individueller Merkmale beinhaltet als Modus der wechselseitigen Anerkennung jedoch einen unauflösbaren Grundkonflikt: „Wie auch immer die gesellschaftlichen Zielsetzungen bestimmt sind, ob in der einen, scheinbar neutralen Idee der „Leistung" zusammengefasst oder als ein offener Horizont pluraler Werte gedacht, stets bedarf es einer sekundären Deutungspraxis, bevor sie innerhalb der sozialen Lebenswelt als Kriterien der Wertschätzung in Kraft treten können", so Honneth (Honneth 2012, S. 205). Das kulturelle Selbstverständnis einer Gesellschaft wird hier als Beurteilungskontext und wertebezogener Horizont der Normierung herangezogen. Dieser Horizont ist jedoch an die Frage gebunden, „welcher sozialen Gruppe es gelingt, die eigenen Leistungen und Lebensformen öffentlich als besonders wertvoll auszulegen" (ebd.). Honneth selbst hebt Anerkennung damit als eine prekäre Situation der sozialen Verhandlung von Wert und Leistung hervor. Er beschreibt die „sekundäre Deutungspraxis" (ebd.) als „kulturellen Dauerkonflikt" (ebd.) und „permanenten Kampf" (ebd.) innerhalb dessen die Bemessungsgrößen sozialer Wertschätzung verhandelt werden. In Honneths Konzept setzt Anerkennung einen Leistungsbeitrag des individuellen Subjekts zu den überindividuellen sozialen und kulturellen Kategorien voraus: „Wertschätzung des Einzelnen korrespondiert seinen Beitrag, seiner Leistung für die wertfundierte Kooperationsgemeinschaft" (Nullmeier 2003, S. 402 f.)., so Frank Nullmeier. Anerkennung bestätigt im Sinne Honneths demnach Potentiale des individuellen Subjekts innerhalb einer reziproken Leistungslogik gesellschaftlicher Stabilisierung. Dies hebt auch Balzer hervor: „Mit Anerkennung ist nach Honneth eine *spezifische* dreistellige Relation und Grundstruktur bezeichnet [...], deren Kernelement die Affirmation von positiven Eigenschaften menschlicher Subjekte darstellt [...] In der Anerkennung wird nach Honneth ein Subjekt (x) durch ein anderes Subjekt (y) in ‚seinen' Eigenschaften (z) als wertvoll bzw. als ein Subjekt von Wert positiv bestätigt" (Balzer 2014, S. 164, Hervorhebung im Original, TB). Dem von Honneth angestrebten bruchlosen Selbstverhältnis (vgl. Honneth 2012, S. 196) des

Subjekts zu sich als gesellschaftlich involviertes Individuum ist somit ein latenter Konflikt unterlegt. Dieser bezieht sich auf die gesellschaftliche Leistungsfähigkeit des Individuums bzw. auf seine Fähigkeit, sich der *sekundären Deutungspraxis* entsprechend in seinem Fühlen, Denken und Handeln in Normen der Anerkennung und in die von diesen begünstigten Bedeutungsstiftungen und Praktiken einzupassen.

5.1.2 Anerkennung, Bestätigung und Stiftung

Ausgehend vom Gedanken der Anerkennung durch Leistungserbringung lässt sich daher fragen, inwiefern das individuelle Subjekt durch seine Leistungserbringung erst als Anerkennbares hervorgebracht wird. Dies diskutieren Balzer und Ricken mit Alexander Garcìa Düttmann (1997), wie im Folgenden dargestellt wird. Sie stellen Düttmanns These heraus, „dass Anerkennung nicht in einer konstatierenden, reaktiven Bestätigung des Subjekts aufgeht" (Balzer/ Ricken 2010, S. 65), sondern dass „jedem Anerkennen ein – weder einfach positiv noch negativ markierbarer – Charakter der Hervorbringung wie auch der Einschränkung des Anderen" eigen sei (Balzer/Ricken 2010, S. 66). Anerkennung bedeute in diesem Sinne nach Düttmann einen Prozess der „voraussetzenden[n] Bestätigung und […] entwerfende[n] Stiftung des Anzuerkennenden" (Düttmann 1997, S. 52), in dem das Subjekt entlang der von den Anerkennenden angelegten Normen bestimmt werde. So betont Düttmann, das Verhältnis von *Bestätigung* und *Stiftung* sei „keines additiver Zusammensetzung, so, als würde zu der Bestätigung eine Stiftung hinzukommen und sich von ihr abheben: Was bestätigt werden soll, ist ja zugleich das, was das Anerkennen erst noch stiften muss", so Düttmann (Düttmann 1997, S. 53). Balzer und Ricken verdeutlichen so mit Düttmann Anerkennung als machtvolles Geschehen, in welchem das individuelle Subjekt weder in der Vorfindlichkeit seiner Eigenschaften, noch in seinen eigenen Standards bestätigt, sondern in der Entsprechung zu äußeren Ansprüchen gestiftet wird (vgl. Balzer/Ricken 2010, S. 66). Düttmann kritisiere das honnethsche Anerkennungskonzept als eines, in welchem Anerkennung auf ein festzuschreibendes und verlässlich vorherbestimmtes Resultat hinauslaufe. Ziel sei es „Gleichartigkeit" (Düttmann 1997, S. 144) zu überprüfen und – vor allem – durch die Bestimmung des Subjekts anhand sozial und kulturell geteilter Normen herzustellen: „[W]o das Moment der Gleichartigkeit […] mehr als bloß ein Moment ist; […] wo es den Anerkennungsbegriff bestimmt und ihm seine begriffliche Einheit verleiht, ist Anerkennung sowohl ein immer schon Vorausgesetztes und in seiner Voraussetzung Gesichertes, als auch ein immer schon Resultierendes und in seinem Resultieren Gewisses" (Düttmann 1997, S. 144). Anerkennung bedeutet demnach mehr als positive Bestätigung eines Individuums, sondern die verdeckte und Differenz verdeckende Einordnung in sozial und kulturell vorherbestimmte Ziele. Da, wo Anerkennung als „Geleistetes" (ebd.), als sozial und kulturell integratives Produkt beabsichtigt ist, wird sie in ihrer fortschreitenden Prozessualität verkannt: „Die Politik der Anerkennung, die im Zeichen eines solchen Philosophems der Einheit und Vereinheitlichung betrieben werden kann, bewegt sich in einem geschlossenen Horizont, in dem der andere letztlich nicht anerkannt wird, sondern in seiner Identität wiedererkannt wird, *als* dieser oder jener andere" (ebd., Hervorhebung im Original, TB). Aus dem Blickwinkel relationaler Individualität wird damit zum einen deutlich, dass Anerkennungsakte für das Subjekt Möglichkeiten der Verhältnisbestimmung entlang sozialer und kultureller Normen der Anerkennung eröffnen. Bleibt jedoch verdeckt, dass mit den Normen der Anerkennung eine *Stiftung* anhand vorgefasster Ansprüche verbunden ist, bleibt das Subjekt in seiner individuellen Verhältnisbestimmung machtlos. Was zu verhandeln wäre bzw. das, wozu sich das Subjekt als Individuum in Differenz setzen könnte, bleibt unerkannt. Dann lässt Anerkennung „die Differenz in dem Augenblick verschwinden, in dem das Anerkannte in seiner Differenz sich behaupten soll", so Düttmann (Düttmann 1997, S. 145). Im Gegenzug lässt sich daher folgern, dass die eigenständige Verhältnisbestimmung des Subjekts als Individuum also voraussetzt, dass Normen der Anerkennung als solche von ihm vergegenwärtigt und in ihrer begrenzenden Wirkung reflektiert werden können. Darüber hinaus unterstreicht Düttmanns Kritik, dass Anerkennung, insofern sie als bloße Bestätigung und nicht als *Stiftung* reflektiert wird, zugleich das Moment der Ambivalenz von Individualität übergehen muss, weil das Ergebnis der Anerkennung in ihren Normen bereits festgeschrieben ist. Vom Prinzip relationaler Individualität aus gedacht muss Anerkennung also stattdessen als spannungsvoller Vorgang hervorgehoben werden. Damit verbunden ist der Anspruch, dass sich das Subjekt in den sozial und kulturell geteilten Normen der Anerkennung nicht nur *seltsam vertraut und fremd zugleich* (Ricken 2013) ist, sondern es ebenso beginnt, sie in Frage zu stellen und den ihnen impliziten Entwurf der mit Anderen geteilten sozialen und kulturellen Wirklichkeit auf seine Veränderbarkeit hin zu prüfen beginnt. In diesem Sinne geben Balzer und Ricken mit Düttmann einen Hinweis auf die Ambivalenz von Anerkennungsprozessen. In dieser Perspektive ist auch eine vom Prinzip der Individualität ausgehende Kritik der Anerkennungstheorie Honneths anzulegen: Sie muss die Dimension der fortlaufend auszugestaltenden Relationalität des Individuums als *dynamischen Formverlauf* betonen.

Vor dem Hintergrund der inhärenten Ambivalenz von Anerkennungsprozessen erscheint die von Honneth vertretene Bruchlosigkeit des Selbstverhältnisses durch Anerkennung (vgl. Honneth 2012, S. 196) fragwürdig. Auch die an den Theorien Gerhardts (1999), Jaeggis (2005) und Keupps et al. (1999) orientierten Überlegungen haben deutlich machen können, dass nicht die Bruchlosigkeit zu geteilten allgemeinen Begriffen und Sinnordnungen, sondern vielmehr die Differenzerfahrung die Vergegenwärtigung der eigenen Individualität bewirkt. Statt die eigene Tauglichkeit allein an der individuellen Beitragsleistung zu überindividuellen Wertekategorien festzumachen, bemisst sich die Individualität des Subjekts an der Möglichkeit, eine ambivalente und widersprüchliche Struktur für sich selbst in dem Wissen ihrer Veränderbarkeit und Veränderungsnotwendigkeit beanspruchen zu können (vgl. Kapitel 4.2, S. 43; Kapitel 4.3, S. 48; Jaeggi 2005, S. 211; Keupp et al. 1999, S. 245).

5.1.3 Anerkennung und interpretative Reproduktion

Butler hat eben diesen Zusammenhang von sozialer Existenz, Unterwerfung unter Normen der Anerkennung und der Möglichkeit der Veränderbarkeit von Normen der Anerkennung in ihren Studien diskutiert. In ihrer Analyse der Schriften Butlers kennzeichnet Balzer Anerkennung als „die Bedingung der Entstehung eines Subjekts überhaupt" (Balzer 2014, S. 510). Sie hebt dabei hervor, dass Subjektsein im Sinne Butlers sich nur im Machtfeld und in der Auseinandersetzung mit sozialen Normierungen ereignen kann. Anerkennung sei in ihrer Konstitutionskraft daher explizit bezogen auf die „von *sozialer* Existenz und *gesellschaftlichem* Dasein" (Balzer 2014, S. 521, Hervorhebung im Original, TB) vermittelte Begrenzung des Subjekts. Mit Balzer kann Butler so interpretiert werden, dass überindividuelle Normen und Werte in diesem Sinne die Existenzgrundlagen des Subjekts als sozial und kulturell involviertes Individuum darstellen: „Ich kann nicht sein, wer ich bin, ohne aus der Sozialität der Normen zu schöpfen, die mir vorhergehen und mich übersteigen" (Butler 2009, S. 58). Die vorausgreifenden und das Individuum entwerfenden gesellschaftlichen Machtbedingungen stellen in diesem Sinne „Möglichkeitsbedingungen seiner Existenz" (Butler 2001, S. 13) dar. Sie formen die Anerkennung des Individuums entlang sozialer und kultureller Normen. Mit Balzer wird so nachvollziehbar, dass nach Butler Anerkennung mit der Bereitschaft des Subjekts zur Annahme der sozial und kulturell geteilten Normen der Anerkennung verbunden ist: „Das Subjekt ist genötigt, nach Anerkennung seiner Existenz in Kategorien, Begriffen und Namen zu trachten, die es nicht selbst hervorgebracht hat […] Anders gesagt: im Rahmen der Subjektivation ist Unterordnung der Preis der Existenz" (Butler 2001, S. 25). Aus der Perspektive des Prinzips einer relationalen Individualität formuliert bedeutet dies, das die individuelle Verhältnisbestimmung nur im Medium sozialer und kultureller Ansprüche erfolgen kann. Balzers Analyse kann in diesem Sinne verdeutlichen, dass nach Butler weder kognitive Leistungen noch kulturelle Zusatzdeutungen, Voraussetzungen der Anerkennung des Subjekts als involviertes Individuum sind, sondern vielmehr dessen Bereitschaft sich involvieren zu lassen, d. h. Machtbedingungen anzunehmen. Entscheidend ist hierbei, der Analyse Balzers folgend, dass die Normen der Anerkennung, die in sozialen und kulturellen Kategorien gefasst und als individuierende Zuschreibungen konkretisiert werden, von Butler als Angebote der sozialen und kulturellen Existenz des Subjekts erfasst werden.

Balzer und Ricken verdeutlichen, dass das Angebot der Anerkennbarkeit unter geteilten Normen der Anerkennung bei Butler als ein „Adressierungsgeschehen" (Balzer/Ricken 2010, S. 75) zu interpretieren sei. In diesem Sinne ist zu herzuleiten, dass Balzer und Ricken Anerkennung nicht als eindeutig abgrenzbare ethisch motivierte Handlung verstehen, sondern vielmehr als „Interaktionsstruktur und –medium gekennzeichnet" (ebd.) sehen. Sie stellen dar, dass Butler in Auseinandersetzung mit Louis Althussers Modell der Anrufung („Interpellation") (vgl. Althusser 1977) Anerkennung als eine Attribuierung des Subjekts nach sozial und kulturell geteilten Normen profilieren könne. Das Subjekt könne sich anhand der attribuierenden Adressierung durch andere erst zu sich bzw. zu Anderen verhalten. „Adressierungen", so Balzer und Ricken, sind „– ob gewollt oder nicht – immer Bestandteil sozialer Praktiken; sie haben insofern eine Anerkennungsrückseite bzw. einen anerkennenden Grundzug, als Subjekte in ihnen sowohl verbal als auch nonverbal als mehr oder weniger anerkennbar oder nicht anerkennbar markiert werden und weil sie […] durch diese dazu geführt werden, sich als spezifische selbst anzuerkennen" (Balzer/Ricken 2010, S. 75). Balzer hebt zudem hervor, dass das Adressierungsgeschehen nach Butler jedoch auch beinhalte, dass Anerkennung sich nicht allein auf den Akt einer zuschreibenden Bezeichnung reduzieren ließe, sondern dass sie die Rezeption der Bezeichnung und ihren reflexiven Nachvollzug voraussetze: „Das Subjekt muss die im Anerkennungsakt angebotenen Normen der Anerkennbarkeit annehmen, sie sich aneignen und verkörpernd wiederholen, um Subjekt zu sein oder bleiben zu können", so Balzer (Balzer 2014, S. 480). Sie betont, dass Anerkennung als Adressierungsgeschehen bei Butler jedoch auch ein Moment der Veränderung eingeschrieben ist, denn das das Subjekt „kann sich nie den Normen entsprechend verkörpern bzw. verhalten" (ebd.). D.h., in die individuelle Rezeption der Normen schreibe sich bei Butler stets auch eine individuelle Veränderung der Realität ein. Die Normen der Anerkennung werden in diesem Verständnis, anders als bei Honneth, nicht nur stabilisierend bestätigt, sondern auf dem Wege einer interpretativen Rezeption immer auch verändert. Balzer verdeutlicht, dass die den Anerkennungsakt nach Butler grundierende Aneignung der Normen der Anerkennung keine einfache Reproduktion der gesellschaftlichen Sinnordnung bedeute, sondern einen Vorgang beschreibt, mit dem „die Realität reproduziert *und* im Zuge der Reproduktion geändert wird" (Butler 2009, S. 346, Hervorhebung im Original, TB; vgl. Balzer 2014, S. 480 f.). Mit Butler erweitert Balzer somit den von Düttmann umrissenen doppelten Zug der Anerkennung aus *Bestätigung und Stiftung* (Düttmann 1997) um den Aspekt der produktiven Veränderung. Anerkennung, so Balzer, zeichne sich mit Butler durch den „doppelten Zug" von „Unterwerfung und Überschreitung als Paradoxie in der Sache aus" (Balzer 2014, S. 480). Balzer konturiert Anerkennung mit Butler als eine produktive aber gleichermaßen unabschließbare Praxis der Unterwerfung und der Veränderung zugleich. Diese Unabschließbarkeit beziehe Butler sowohl auf das Subjekt als auch auf die Normen der Anerkennung: „Anerkennung zu fordern oder zu geben heißt gerade nicht, Anerkennung dafür zu verlangen, wer man bereits ist. Es bedeutet, ein Werden für sich zu erfragen, eine Verwandlung einzuleiten, die Zukunft stets im Verhältnis zum Anderen zu erbitten" (Butler 2005, S. 62). Diese Darstellung einer Verschränkung von Unterwerfung und Selbstwerdung, von Anbindung an vorbestimmte Normen und ihre Überwindung fassen Balzer und Ricken als einen der zentralen Aspekte des ambivalenten, dynamischen Begriffs der Anerkennung bei Butler: „Auch wenn der in der Unterwerfung entstehende Bereich nicht als ein Bereich jenseits der Normen der Anerkennbarkeit zu denken ist, so eröffnet die Auseinandersetzung und Unterwerfung aber doch einen Spielraum, eine Differenz, die es schließlich auch erlaubt, die jeweiligen Normen in der Aneignung zu überschreiten oder gar zu überwinden" (Balzer/Ricken 2010, S. 68). Balzer und Ricken verdeutlichen damit, dass es Butler gelinge, Anerkennung ausgehend von der Notwendigkeit der Unterwerfung und Annahme sozialer und kultureller Normen als Möglichkeitsraum zu verstehen, weil sie die Unterwerfung an die Notwendigkeit einer verändernden subjektiven Rezeption der Normen knüpfe. Da die Wiederholung der normativen Kategorien nie identisch erfolgen kann, sondern immer scheitern muss, eröffnet sie „die Möglichkeit der Abweichung […] [und] die Chance auf eine Verschiebung" (Bedorf 2010, S. 86 ff.), so auch Thomas Bedorf. Im Anerkennungsgeschehen öffnet sich somit für das Subjekt die produktive Möglichkeit, als Individuum auf seine eigene und damit auf eine „ethischere Art zu sein" (Butler 2001, S. 123). Denn in der Möglichkeit der Abweichung durch produktiven Nachvollzug scheint die Frage auf, „Wer wird hier Subjekt sein und was wird als Leben zählen […]" (Butler 2002, S. 265)? In diesem „ethischen Fragen[ ]" (ebd.) liegt die Vergegenwärtigung des Möglichkeitsausstands der Normen der Anerkennung. Im Sinne des Prinzips der relationalen Individualität gilt es daher, Voraussetzungen zu ermitteln, die es ermöglichen, das Moment interpretativer Veränderung im Anerkennungsgeschehen hervortreten zu lassen.

Mit Balzer und Ricken konnte gezeigt werden, dass mit der Kennzeichnung des performativen Kerns von Anerkennungsprozessen Düttmann und Butler den Spannungsraum der Anerkennung dahingehend ausweiten, dass Individualität als eine werdende, mögliche und veränderbare im Medium der Normen ihrer Anerkennung zu erahnen ist. Indem sie Anerkennung über soziales und kulturelles Wiedererkennen hinaus erweitern, befreien sie das Subjekt aus der Abhängigkeit, sich durch die Einordnung in soziale und kulturelle Normen in seiner Individualität abschließend bestimmen lassen zu müssen. Weil sie Anerkennung als fortlaufenden und ungewissen Prozess und nicht als Resultat einer Leistungserbringung beschreiben, verhelfen sie jedoch auch der Verhältnisbestimmung des Subjekts zu Anderen zu einer neuen Relevanz. Indem das Selbstverhältnis des

Subjekts zu sich als Individuum nie ein ungebrochenes sein kann, sondern sich immer als Differenz im produktiven Nachvollzug der Anerkennungsnormen ereignet, bedarf es ebenso der differenten Positionen de*r Anderen (vgl. Benjamin 2002). Die Verhältnisbestimmung zu*r Anderen ist für die Anerkennung des individuellen Subjekts insofern entscheidend, weil es nur von Anderen *ein Werden für sich erfragen* (Butler 2005) kann. Um nicht selbst im sozialen und kulturellen Wiedererkennen verkannt zu werden, ist das Subjekt in der diskursiven und verkörpernden Wiederholung der Normen der Anerkennung zudem darauf angewiesen, die Anderen im Gegenzug nicht zu verkennen bzw. nicht „durch Identifizierung zu assimilieren" (Benjamin 2002, S. 104).

5.1.4 Anerkennung und Verkennung

Für eine vom Prinzip der Individualität ausgehende Kritik der Anerkennung ist daher auch Balzers Analyse der Studien Jessica Benjamins von Bedeutung. Balzer stellt Benjamins Anerkennungsperspektive der Honneths diametral gegenüber. Während sie in Honneths Theorie einer auf Leistungserbringung basierenden Anerkennung ein „um sich und seine ‚Bedürfnisbefriedigung' kreisende[s] zentrische[s] Subjekt[ ], das zum Anderen hin erst geöffnet, de-zentriert sowie belehrt werden muss" (Balzer 2014, S. 393 f.) zugrunde gelegt sieht, rezipiert sie Benjamins Positionen als eine radikalen Auslegung von Anerkennung anhand des Bezogenseins des Individuums auf die Anderen. Benjamin leite im Gegensatz zu Honneth, „den Wunsch und das Bedürfnis nach Anerkennung nicht nur aus dem Wunsch danach, anerkannt zu *werden*, sondern auch als Wunsch und Bedürfnis danach, andere anzuerkennen" her (Balzer 2014, S. 393, Hervorhebung im Original, TB), so Balzer. Sie kann verdeutlichen, dass der Wunsch, andere anzuerkennen, nach Benjamin mit dem Wunsch nach der Unversehrtheit der eigenen individuellen Differenz verbunden ist. Denn nur von differenten eigenständigen Anderen könne das „Gefühl" ausgehen, „Ich bin es, die etwas tut, ich bin die Urheberin meines Tuns" bzw. „Du bist, du hast getan" (Benjamin 1990, S. 24). Der Entwurf einer auf die Unversehrtheit de*r Anderen ausgerichteten Theorie der Anerkennung ist unter dem Blickwinkel des Prinzips relationaler Individualität deshalb interessant, weil sie das Moment der Differenz in Beziehung zu*r Anderen betont. Benjamin verdeutlicht aus dieser Perspektive, dass Individualität in ihrer Doppelbedingtheit aus Differenz und Involviertheit, wie sie in Rückgriff auf Gerhardt (1999), Jaeggi (2005) und Keupp et al. (1999) beschrieben werden kann, für das Subjekt nur zu haben ist, wenn es den*die Andere*n „als eine eigenständige Person anerkennen" kann (Benjamin 1990, S. 16). Um also das *positive Selbstgefühl* (Keupp et al. 1999) der eigenen prozesshaften Kohärenz seiner Individualität erreichen zu können, ist das Subjekt auf die selbständigen und von ihm unterschiedenen Anderen existenziell angewiesen.

Die eigene Individualität ist in diesem Sinne davon abhängig, die Anderen als Andere anzuerkennen, weil es die „Reaktion der anderen" ist, „die die Gefühle, Intentionen und Aktionen des Selbst überhaupt erst sinnvoll macht" (Benjamin 1990, S. 16).

Balzer stellt dar, dass Anerkennung bei Benjamin daher voraussetze, die Anderen als Eigenständige anzuerkennen, um selbst als unabhängig anerkannt werden zu können. Dies impliziere zugleich auch, für die eigene Unversehrtheit Sorge zu tragen: *Die primäre Verantwortung des Subjekts für das andere Subjekt ist es deshalb, dessen intervenierender oder überlebender Anderer zu sein*", so Benjamin (Benjamin 2002, S. 125, Hervorhebung im Original, TB). Hieran anschließend betont Balzer die Integration von Negation in die Anerkennungstheorie Benjamins (vgl. Balzer 2014, S. 399 ff.) und schließt damit ebenso an ihre mit Ricken formulierte Kritik an einer nur „positiven Auslegung" (Balzer/Ricken 2010, S. 55) von Anerkennung an. Balzer und Ricken fordern dazu auf, auch „regulierende, negierende und sanktionierende Handlungen" (Balzer/Ricken 2020, S. 55) als Bestandteile des Anerkennungsgeschehens zu reflektieren. Dies findet bei Benjamin eine Entsprechung, die sie ausgehend von ihrem Anspruch der Sicherung der eigenen Differenz und der de*r Anderen ausführt. Benjamins Frage „Welche Position ermöglicht es, Differenz oder besser vielfältige Differenzen zu respektieren?" (Benjamin 2002, S. 104) führt zu der Notwendigkeit der Negation von Haltungen und Handlungen, die diese Differenz gefährden. Benjamin sehe, so Balzer, „‚Negation' als *Voraussetzung* – und nicht bloß als *Gegenteil* – von Anerkennung" (Balzer 2014, S. 400, Hervorhebung im Original, TB). Sie problematisiere sowohl Handlungen der „projektiv-introjektiven Assimilation" (Benjamin 2002, S. 121) als auch Handlungen der Identifikation mit de*r Anderen als Strategien der „Einverleibung" (Benjamin 2002, S. 125). Diese „destruktive Verleugnung des Differenten" (Benjamin 2002, S. 121) bedeute den Verlust der Möglichkeit der Anerkennung. Dementsprechend kann das Subjekt Anerkennung „nicht bekommen […], ohne negiert zu werden" (Benjamin 2002, S. 103) bzw. selbst zu negieren. Benjamin konturiert damit einen Anerkennungsbegriff, der für das Prinzip relationaler Individualität deshalb besonders anschlussfähig ist, weil er Negation nicht als Missachtung de*r Anderen einordnet, sondern „intersubjektive Negation des/durch den Anderen" (Benjamin 2002, S. 126) als Bewegung versteht, die gleichermaßen Selbstanerkennung wie Fremdanerkennung des Subjekts als Individuum sichert. In der Abwehr von Assimilation und Identifikation wird das individuelle Subjekt bei Benjamin in seiner differenten Eigenständigkeit geschützt bzw. zu dieser aufgerufen. Benjamin, so kann mit Balzer nachvollzogen werden, gewinnt für den Anerkennungsbegriff ein Moment der Intersubjektivität wieder, indem sie im Aushalten des Spannungsverhältnisses der Differenz die Selbständigkeit der Individuen wahren und vor einem identifizierenden *Wiedererkennen* (Düttmann 1997) bewahren kann. Anerkennung muss sich im Sinne Benjamins immer in Konfrontation mit eine*r eigenständigen Anderen vollziehen, und kann nicht um das Selbstverhältnis des einzelnen Subjekts zentriert bleiben.

Honneths *reziproker Imperativ* (Honneth 2012) berücksichtigt zwar, dass Anerkennungsprozesse durch gesellschaftliche Strukturen bestimmt und ermöglicht werden. Er übersieht jedoch, dass eben aufgrund dieser Involviertheit eine reziproke Stützung eines bruchlosen Selbstverhältnisses der Subjekte nicht erreicht werden kann: „Anerkennungsbeziehungen sind nie rein zu haben, weil sie in Strukturen verwickelt sind, die die Form dessen, was anerkannt werden soll, vorab bestimmen", so Thomas Bedorf (Bedorf 2010, S. 95). Bedorf umreißt, dass Anerkennung sich immer als „*Verkennung*" (ebd., Hervorhebung im Original, TB) ereignet. Anhand der Überlegungen Benjamins konnte Balzer zeigen, dass eine identifizierende Anerkennung der Anderen diese nie in ihrem Möglichkeitsausständen erfasst. Bedorf betont gleichwohl, dass sich das Subjekt zu Anderen nur verhalten kann, wenn es diese nach sozial und kulturell geteilten Normen der Anerkennung bestimmt. Das „*Bedürfnis nach einem Selbst*" (Düttmann 1997, S. 52, Hervorhebungen im Original, TB) steht daher immer auch im Wissen um die Unausweichlichkeit der Identifizierung und damit auch des Scheiterns der Anerkennung: „*Wie* der Andere wahrgenommen wird, ist […] nicht dadurch festgelegt, *dass* der Anderen erscheint. Aber dass er auf eine *bestimmte* Weise gesehen werden muss, ist unausweichlich" (Bedorf 2010, S. 144 f., Hervorhebungen im Original, TB). Die sozialen und kulturellen Normen konturieren somit ein Medium der verkennenden Anerkennung, dass die Andersheit Anderer nie umfänglich erfassen lässt, sondern immer nur innerhalb der eigenen Kategorien abbildet und limitiert. „Zugleich ist aber klar, dass dieses Medium nicht die primäre Andersheit umfasst, sondern nur die sekundäre Andersheit abbilden kann. Das bedeutet, dass jede Anerkennung den Anderen *als* Anderen notwendigerweise verkennt, weil sie ihn ‚bloß' als diesen oder jenen in das Anerkennungsmedium integrieren kann" (Bedorf 2010, S. 145, Hervorhebung im Original, TB), so Bedorf. Die Verkennung de*r Anderen besteht nun also darin, dass er*sie immer für etwas Anderes gehalten werden muss, als er*sie ist oder jenseits des sozialen und kulturellen Mediums der Anerkennung sein könnte.

Anerkennung ist im Sinne Bedorfs in Folge immer auch als eine vorläufige und provisorische zu berücksichtigen (vgl. Bedorf 2010, S. 126). Den von Düttmann diagnostizierten doppelten Zug der Anerkennung aus *Bestätigung und Stiftung* (Düttmann 1997) deutet Bedorf als eine „*Verdopplung der Identität*" (Bedorf 2010, S. 121; Hervorhebung im Original, TB), in welcher der nicht erfassbaren primären Andersartigkeit der Anderen eine zweite hinzugestiftet wird: „*Als was* etwas oder jemand anerkannt wird, versteht sich nicht von selbst, sondern steht vielmehr in der Anerkennung auf dem Spiel. Dabei wird deutlich, dass die zweistellige Relation *x erkennt y an* das Verhältnis nur unzureichend beschreibt. Vielmehr handelt es sich um eine dreistellige Relation, in der *x y als z anerkennt*" (Bedorf, 2010, S. 122, Hervorhebungen im Original, TB). Mit Bedorf kann unterstrichen werden, dass Anerkennung nicht in der Bruchlosigkeit zu haben ist, wie sie von Honneth (2012) in einem positivistischen Anerkennungsbegriff in Aussicht gestellt wird: „Derjenige, als der ich anerkannt werden kann, bin ich ebenso wenig wie derjenige, der ich bin, in der intersubjektiven Relation abgebildet zu werden vermag" (Bedorf 2010, S. 125). Anerkennung birgt durch die Angewiesenheit auf ein sozial und kulturell geteiltes Medium der Anerkennung somit stets die Gefahr, einen „Riss im Selbstverhältnis" (ebd.) zu provozieren.

Mit Butler konnte Balzer (2014) verdeutlichen, dass Anerkennung nie als stillstellendes Resultat hingenommen werden muss, sondern gerade aufgrund der ihr eingeschriebenen Ambivalenz das Potential der Veränderung und Veränderbarkeit beinhaltet. Dies bedeutet auch, dass das Wissen um das unvermeidliche *Verkennen* der Anderen und die Erfahrung, durch Anerkennung verkannt zu werden, zugleich die Möglichkeit beinhaltet, sich für ein Handeln zu entscheiden, welches die Nichteinholbarkeit sowohl der Anderen als auch die eigene vergegenwärtigt. „Es muss eine winzige Öffnung in die Symmetrie, in die Reziprozität des Systems gesprengt werden," fordert Gerhard Gamm, „ein anökonomisches Moment in den Kreislauf einer auf Leistung und Gegenleistung basierenden Ökonomie der Anerkennung eingespielt werden. Anders gesagt, man muss die Reziprozität vergessen" (Gamm 1997, S. 130 f.). Die Angewiesenheit des Subjekts auf ein anderes, zu dem es sich als Individuum ins Verhältnis setzen kann, erschwert es jedoch, Andere „aus der Wechselseitigkeit der Erwartung" (Gamm 1997, S. 130) zu entlassen. Gamm schlägt daher eine Form des Vergessens vor, die ein bewusstes Absehen von der Ökonomie der Anerkennung bedeutet und den Willen zu einem Verstehen in den Mittelpunkt stellt: „Anders gesagt, man muss die Reziprozität vergessen. Aber die Radikalität des Vergessens, das verlangt wird, ist nicht nichts. Das Vergessen des Anerkennungskreislaufs darf nicht etwas sein, das verschwindet; seine Abwesenheit muss präsent bleiben" (Gamm 1997, S. 131). Die von Gamm intendierte *anökonomische* Anerkennung basiert auf dem Wissen um die „Unausdeutbarkeit" (Gamm 1997, S. 133) der Anderen, weshalb er nach einer Möglichkeit der „*bedingungs- oder selbstlosen* Freigabe des anderen" (Gamm 1997, S. 130, Hervorhebung im Original, TB) sucht. Zur Verdeutlichung bezieht er sich auf das sprachanalytische Prinzip des principle of charity: „Um gesprochene und geschriebene Sätze wirklich zu verstehen, reicht die analytische Rekonstruktion der logischen Strukturmomente, das heißt die Analyse von Syntax und Semantik, nicht aus. Sprecher und Hörer müssen sich wechselseitig guten Willen konzedieren. Das principle of charity erinnert uns daran, dass jemanden verstehen immer auch bedeutet, ihm gerecht zu werden; die Forderung, dem anderen Gerechtigkeit widerfahren zu lassen, macht augenblicklich auf den Tugendkern allen Verstehens aufmerksam" (Gamm 1997, S. 132). Anerkennung lässt sich, so Gamm, in Anbetracht der Unausdeutbarkeit der relationalen, sich als *dynamischer Formverlauf zusammengehöriger Ambivalenzen* vollziehenden Individualität eines Subjekts jedoch „nicht

mittels eines mehr oder minder stark differenzierten Katalogs von Prädikatsty-
pen (Kategorien) erschöpfen (z. B. ‚Verdienst‘ bzw. ‚Leistung‘, ‚Bedürfnis‘ und ‚erworbene Rechte‘)“ (Gamm 1997, S. 132). Anerkennung mündet in diesem Sinne
in die *Bestätigung und Stiftung* (Düttmann 1997) von Subjekten als sozial und
kulturell relationale Individuen, aber erschöpft sich, so Gamms Plädoyer, ebenso
wenig in dieser Einordnung. Sie beinhaltet ein Moment des Unbestimmten, das
als ein immer Ausstehendes die Subjekte dazu motiviert, *ein Werden für sich zu
erfragen* (Butler 2005). Die soziale Stabilisierung vollzieht sich demnach nicht
durch eine positive Bestätigung und Statusfestschreibung als z. B. liebenswürdi-
ges, sozial wertzuschätzendes und rechtlich respektiertes Individuum. „Indem
provisorische Anerkennung auf provisorische Anerkennung folgt, wird das Netz
des Sozialen geknüpft“ (Bedorf 2010, S. 189), betont demgegenüber Bedorf. Die
soziale Stabilisierung liegt also vielmehr im Prozess, d. h. in der nicht abschließ-
baren Notwendigkeit, Akte der Anerkennung immer wieder zu erneuern.

5.1.5 Selbstanerkennung und Objektbezug

Die Frage Gamms aufgreifend wird im Folgenden der Versuch unternommen –
ergänzend und die Re-Lektüren Balzers und Rickens überschreitend – Perspektiven für ein *anökonomisches* Moment in der Selbstanerkennung des Subjekts zu
erschließen. In seiner Suche nach einer *winzigen Öffnung in der Symmetrie der
Reziprozität* (Gamm 1997) des Anerkennungsgeschehens stellt Gamm die Frage
nach der Möglichkeit, Anerkennung zu erfahren bzw. anerkennen zu können,
ohne soziale und kulturelle Normen als absolute Bezugsgrößen setzen zu müssen. Gamm will das Anerkennungsgeschehen davor bewahren, als eine Überprüfung der Anerkennbarkeit sozial und kulturell genormter Individualitäten
verengt zu werden. Während Butler in der interpretativen Weiterentwicklung
bis hin zur Neudeutung von sozialen und kulturellen Normen der Anerkennung
eine Öffnung sieht, rückt Gamm mit seiner Fragestellung den Aspekt des Verstehens de*r Anderen in den Mittelpunkt der Anerkennungsfrage. Das von Gamm
intendierte Verstehen gleicht jedoch nicht dem von Düttmann (1997) kritisierten
Wiederkerkennen, sondern besteht in einer vorbehaltlosen Zuwendung zu Anderen. Diese Zuwendung erfolgt aus dem Wissen um das eigene *Verkanntwerden*
(Bedorf 2010). Indem Butler die Veränderbarkeit von Normen der Anerkennung
hervorhebt und damit auch die selbsttätige Veränderbarkeit des individuellen
Subjekts im Anerkennungsprozess als Möglichkeit beschreibt, entfaltet sie den
Anerkennungsbegriff in Korrespondenz zum Verständnis relationaler *Individualität als dynamischer Formverlauf*. Gamm betont nun die Dimension der Individualität *vom Anderen her* (Mead 1973), indem er verdeutlicht, dass das Subjekt ein Gegenüber benötigt, das vorbehaltlos seine *Unausdeutbarkeit* als einen
Standard von Anerkennung berücksichtigt. Obwohl Gamm sich durch die Kritik

an normativ aufgeladenen Kriterien der Fremdanerkennung wie Verdienst, Leistung, erworbene Rechte indirekt kritisch vom Anerkennungsbegriff Honneths abgrenzt, sind es überraschender Weise doch neuere Überlegungen Honneths, die einen Weg zu einer Form der Anerkennung weisen können, in der das Subjekt als Individuum in seiner relationalen Involviertheit und nicht in seiner sozialen und kulturellen Passfähigkeit anerkannt wird. Honneth entwirft den Modus einer *vorgängigen Anerkennung* (vgl. Honneth 2005, S. 76 f.; S. 87) als Grundlage aller Anerkennungsformen und allen epistemischen Erkennens. Dabei hebt er die Relationalität des Subjekts als dessen existentielle Voraussetzung hervor: „Uns ist die Welt nicht in Sorge um uns selbst erschlossen, vielmehr durchleben wir Situationen in Sorge um die Bewahrung einer fließenden Interaktion mit der Umwelt" (Honneth 2005, S. 42). Die Herstellung eines gelungenen Selbstbezugs, in dem sich das Subjekt zu sich selbst als Individuum verhält, d. h., in dem es sich selbst zum Objekt im Schnittfeld von Fremd- und Selbstanerkennung wird, ist unhintergehbar auf den Austausch mit der es umgebenden Welt angewiesen. Deshalb markiert Honneth das „Bekümmertsein um alle situationalen Gegebenheiten im Interesse eines möglichst reibungslosen, harmonischen Austauschs" (ebd.) als existentiellen Modus der Anerkennung: „[I]ch werde diese ursprüngliche Form der Weltbezogenheit im folgenden „Anerkennung" nennen" (ebd.). Er unterscheidet Anerkennung von einer „affektiv neutralisierten Haltung des Erkennens" und legt ihr die Haltung eines „existenziell durchfärbten, befürwortenden […] Bekümmerns" (ebd.) zugrunde. Er erweitert damit das Verständnis von Anerkennung über die Interaktion zweier Subjekte hinaus, indem er Anerkennung als Haltung „der Würdigung der qualitativen Bedeutung, die andere Personen oder Dinge für unseren Daseinsvollzug besitzen" (ebd.) beschreibt. In diesem elementaren Verständnis von Anerkennung ist es der als fraglos vorausgesetzte „Eigenwert" (ebd.) anderer Menschen und der von Objekten, von dem eine Aufforderung zur Anerkennung ausgeht. Der von Gamm erhofften *winzigen Öffnung* (Gamm 1997) in der Ökonomie der Anerkennung weist Honneth daher insofern einen Weg, als er mit dem Modus der *vorgängigen Anerkennung* zum einen Anerkennung als Haltung begreift (vgl. Bedorf, 2010, S. 68). Zum anderen hebt er hervor, dass für Subjekte Anerkennung ein „entscheidender Faktor ihrer Beziehung zu einer Welt von Objekten" (Seel 2009, S. 160) ist.

Honneth verdeutlicht seinen Gedanken einer *vorgängigen Anerkennung* vor allem in Gegenüberstellung zum Begriff der *Verdinglichung*. Diese umfasst für ihn den Verlust der Fähigkeit, andere Menschen in ihrem vorgängigen Subjektstatus wahrzunehmen und sich von ihnen als Gegenüber – im Sinne der Sicherung des Austauschs mit der physischen, sozialen und kulturellen Welt – zu einer anerkennenden Haltung aufgefordert zu sehen. Der Verlust eines „Verbundenheitsgefühls" führt, so Honneth, zum Verlust der Fähigkeit, „die Verhaltensäußerungen anderer Personen direkt als Aufforderung zu einer eigenen Reaktion zu verstehen" (Honneth 2005, S. 68). *Verdinglichung* stellt in diesem Sinne einen

Verlust des Wissens um die Prozesse einer *vorgängigen Anerkennung* dar. Dieses Vergessen, das Honneth als „Kern aller Vorgänge der Verdinglichung" begreift, führt im Ergebnis zu „einer perzeptiven Verdinglichung der Welt: Die soziale Umwelt erscheint [...] als eine Totalität bloß beobachtbarer Objekte, denen jede psychische Regung und Empfindung fehlt" (Honneth 2005, S. 68). Die *Verding- lichung* anderer Menschen stellt für Honneth die Gefährdung der „praktischen Voraussetzung dar, an die die Reproduktion unserer sozialen Lebenswelt not- wendig gebunden ist" (Honneth 2005, S. 76). Mit dem Modus der *vorgängigen Anerkennung* kann Honneth jedoch auch deutlich machen, dass auch die physi- sche Welt ein Gegenüber und eine Voraussetzung für die Relationalität des Sub- jekts als Individuum darstellt. Dies zeigt er auch mit Blick auf die Naturdinge und Artefakte anhand des Begriffs der *Verdinglichung*: „Dies[e] würde darin be- stehen, im Zuge des Erkennens von Gegenständen die Aufmerksamkeit für all die zusätzlichen Bedeutungsaspekte zu verlieren, die ihnen aus der Perspektive anderer Menschen zukommen. Wie im Falle der Verdinglichung von mensch- lichen Wesen ist auch hier eine „spezifische Art der Blindheit" im Erkennen am Werk: Wir nehmen Tiere, Pflanzen oder Dinge nur sachlich identifizierend wahr, ohne zu vergegenwärtigen, dass sie für die uns umgebenden Personen und für uns selbst eine Vielzahl von existentiellen Bedeutungen besitzen" (Hon- neth 2005, S. 75). Wenn Objekten keine *vorgängige Anerkennung* entgegenge- bracht wird, betreibt das Subjekt einen Verlust von Bedeutsamkeiten natürlicher oder künstlicher Objekte – und schränkt sie damit als äußere *Agenturen* seiner Anerkennung bzw. der Anerkennung anderer erheblich ein. Es beschädigt damit seine eigenen Voraussetzungen – oder schränkt sie zumindest erheblich ein –, andere Menschen in ihrer *Unausdeutbarkeit* anerkennen zu können, weil es die Bedeutsamkeiten, welche andere bestimmten Objekten zugeschrieben haben, nicht als zusätzlichen Zugang zu den individuellen Perspektiven Anderer wahr- nimmt. Auf diese *Unausdeutbarkeit* ist das Subjekt aber angewiesen, wenn es durch andere in seiner eigenen ambivalenten Individualität anerkannt werden will: „Wir verletzen zwar keine praktischen Voraussetzungen unserer kognitiven Beziehung zur Natur, wenn wir ihr gegenüber eine nur noch objektivierende Ein- stellung einnehmen, aber wir verletzen doch in einem indirekten Sinn die nicht- epistemischen Bedingungen unseres Umgangs mit anderen Menschen; denn wir „vergessen" unsere vorgängige Anerkennung dieser Personen auch dann, wenn wir in unserem objektivierenden Verhalten von den existentiellen Bedeutungen absehen, die sie den Bestandteilen ihrer natürlichen Umwelt zuvor verliehen ha- ben" (Honneth 2005, S. 77). Dass Honneth die Bedeutsamkeit natürlicher und künstlicher Objekte an die Bedeutsamkeiten bindet, die Objekte „für jene vor- gängig anerkannten Anderen" haben (Honneth 2005, S. 76), weist jedoch darauf hin, dass auch das vorgängige Anerkennungsgeschehen für Honneth an ein posi- tivistisches Verständnis von Bejahung und Befürwortung wertzuschätzender Ei- genschaften gebunden bleibt. Die von Gamm intendierte Anökonomisierung der reziproken Anerkennung kann so mit Honneth letztlich nicht gewonnen werden. Wenn die Bedeutsamkeit von Objekten von den Zuschreibungen und Interpretationen der vorgängig anerkannten Anderen abhängig ist, wie von Honneth vertreten, dann stellen die geliebten Objekte in letzter Konsequenz Repräsentanten der intelligiblen Qualitäten der anzuerkennenden Menschen dar, betont daher Balzer: Objekte sind in ihrer vielfachen Bedeutsamkeit für Honneth insofern anerkennungstheoretisch nur relevant, weil sie „auf die Freiheit intelligibler Wesen verweisende Werte symbolisch repräsentieren" (Balzer 2014, S. 163), so Balzer. Sie kann daher in ihren Analysen herausstellen können, dass auch der erweiterte Begriff einer elementaren *vorgängigen Anerkennung* dem normativen Anspruch, Anerkennung ausschließlich als ethisch-moralischen Vorgang zu fassen, verpflichtet bleibt: „[D]er entscheidende Unterschied zwischen der elementaren und der originalen Anerkennung" bestehe darin, „dass in der elementaren Anerkennung nicht spezifische, sondern unspezifische, gleichwohl *qualitativ wertvolle* Eigenschaften des jeweiligen Gegenübers *bejaht* bzw. *befürwortet* werden" (Balzer 2014, S. 156).

Unbenommen bleibt davon aber dennoch, dass durch Honneths Erweiterung des Anerkennungsbegriffs ein entscheidender Hinweis – eine *winzige Öffnung* (Gamm 1997) – für eine *anökonomische Anerkennung* gewonnen ist, in der Subjekte in der Prozessualität und Relationalität ihrer Individualität anerkannt werden. Dies gelingt, indem nicht mehr allein diskursive Handlungen Praktiken der Anerkennung darstellen, sondern die Bezugnahme auf Objekte und die damit verbundenen Praktiken in das Anerkennungsgeschehen hinzutreten. Indem „nicht allein die Adressaten in sozialen Interaktionen, sondern auch Gegenstände aus der Welt der Objekte als ein *Gegenüber* des eigenen Lebens erfahren werden können" (Seel 2009, S. 169, Hervorhebung im Original, TB), werden für Prozesse und Handlungen der Anerkennung viel- und mehrdeutige Agenturen hinzugewonnen. Seels Hinweis kann entsprechend als Plädoyer verstanden werden, Objekte als vielgestaltige Bedeutungsträger zu erhalten, statt sie auf die Perspektiven, die andere zu ihnen eingenommen haben, zu reduzieren. Denn in diesem Verständnis Honneths werde „Welt [...] lediglich als Anlass einer indirekten Anerkennung des Eigensinns anderer Subjekte gewürdigt [...], weswegen die objektive Anerkennung letztlich ein „bloßes Derivat" [...] der intersubjektiven Anerkennung erscheint" (Seel 2009, S. 168), so Seel. Er betont daher in Rückgriff auf Kants Kritik der Urteilskraft, dass die Individualität von natürlichen oder künstlichen Objekten zwar intersubjektiv kommuniziert und geteilt werden kann. Dies setze aber nicht voraus, dass ihre Individualität an bestimmte Perspektiven gebunden werde. Denn, „[w]ie Kant in § 7 der *Kritik der Urteilskraft* treffend bemerkt, muss man etwas nicht schön nennen, bloß weil es einem selbst gefällt. Genauso wenig jedoch muss man etwas schön nennen, weil einige oder viele andere ihm eine besondere Qualität beimessen" (Seel 2009, S. 169). Vielmehr erschließe sich die besondere Qualität von Objekten, wenn ihre Individualität sich nicht auf eine bestimmte Perspektive eingrenzen lasse, sondern, wenn sie einen besonderen Anlass zu Wahrnehmung und Kommunikation darstelle: „Als schön – oder auf andere Weise in einer phänomenalen Individualität achtenswert – werden vielmehr Objekte erfahren, bei denen zu verweilen sich lohnt, und das heißt hier: deren Beachtung und Achtung für *beliebige* andere lohnend wäre" (Seel 2009, S. 169, Hervorhebung im Original, TB). Seel schnürt daher die von Honneth geknüpfte normative Verbindung von Objekt und anzuerkennendem Individuum dahingehend wieder auf, indem er verdeutlicht, dass die Aufmerksamkeit für die Individualität eines Subjekts mit einer achtsamen Aufmerksamkeit für die Dinge korrespondieren kann. Die Pointe liege darin, „dass der Respekt vor der personalen Integrität anderer ein Vermögen der nichtinstrumentellen Aufmerksamkeit für die Besonderheit der übrigen Dinge des Lebens mit einschließt" (Seel 2009, S. 170). Diese *nichtinstrumentelle Aufmerksamkeit* für Objekte berührt schließlich die grundlegende Voraussetzung, die vom Prinzip der relationalen Individualität aus mit Honneths Vorhaben einer *vorgängigen Anerkennung* verbunden werden kann: Eine Bezugnahme des Subjekts auf sich und die Welt, die eine Artikulation seines individuellen Selbst- und Weltbezugs ermöglicht, ohne eine unmittelbare soziale und kulturelle Einpassung in fremdbestimmte Normen der Anerkennung.

Honneth selbst betont, dass entgegen einer Selbstverdinglichung, in der das Subjekt keinen Zugang zu seinen eigenen Wünschen und Bedürfnissen hat, „die individuelle Selbstbeziehung [...] eine spezifische Art der vorgängigen Anerkennung" voraussetze (Honneth 2005, S. 87). Das Subjekt bedarf, so Honneth, einer selbsttätigen „Anerkennung seiner selbst [...], in der wir uns mit unseren Wünschen und Absichten so identifizieren oder sie so bejahen, dass daraus geradezu zwangsläufig die Anstrengung einer Entdeckung unserer grundlegenden, eigentlichen oder eben „Second order"-Bestrebungen erwächst" (ebd.). Diese „Erkundung" (ebd.) seiner selbst vollzieht das Subjekt anhand individueller Standards, mit denen es sich in seinem Selbst- und Weltverhältnis erfasst und in seiner Individualität bestätigt und stiftet. Diese *Stiftung* (Düttmann 1997) der eigenen Individualität unterscheidet sich von der durch Fremdanerkennung jedoch dadurch, dass sich das Subjekt darin in seiner Unausdeutbarkeit nicht beschädigt sieht. Zugleich vollzieht sich diese *Selbsterkundung* als ein dynamischer, nicht abschließbarer Prozess der *Selbstanerkennung* der eigenen Individualität. Denn diese kann nur als ein *dynamischer Formverlauf* einer beständigen Bildung von Relationen des Subjekts in der geteilten physischen, sozialen und kulturellen Welt bestehen. Aus diesem Grund sieht es Honneth als unausweichlich an, dass das Subjekt sich im Modus der Selbstanerkennung auch zu seinen *Second order-Bestrebungen*, d.h. zu der Art und Weise seiner Bezugnahme auf die es umgebende Welt verhalten bzw. diese zum Ausdruck bringen will: „Diese Einstellung, die wir in einem solchen Prozess der Erkundung unseres Selbst gegenüber uns selbst einnehmen, nenne ich hier

„expressiv […]"" (Honneth 2005, S. 87). Keupp et al. hatten in ihrer Konzeption von Selbstanerkennung vor allem die Identität des Subjekts mit sich selbst innerhalb seiner individuellen Standards betont – „[…] das, was ich gut finde, müssen/sollen andere auch gut finden, ich fühle mich auch unabhängig von Bewertungen der anderen gut/schlecht […]" (Keupp et al. 1999, S. 256) – und die Artikulation dieser individuellen Standards durch das Subjekt vor allem gegenüber sich selbst, aber auch gegenüber anderen hervorgehoben. In diesem Verständnis von Selbstanerkennung verhält sich das Subjekt zu sich als Individuum anhand eigener Interpretationen der Standards der Fremdanerkennung. Indem Honneth jedoch Selbstanerkennung als ein *expressives Selbstverhältnis* fasst, unternimmt er eine Bedeutungsverschiebung. Honneth sieht im Modus der Selbstanerkennung für das Subjekt die Möglichkeit erschlossen, nicht nur seine individuellen Standards der Anerkennung und individuellen Bedeutungszuschreibungen, sondern auch seine individuellen Wege der Bedeutungsbildung, d. h. sein *Bekümmertsein* und das Bilden von Relationen als Grundlagen der Individualität des Subjekts zu artikulieren.

Eine **Selbstanerkennung erster Ordnung** ist demnach gegeben, wenn sich das Subjekt als Individuum anhand individueller Standards zu sich und zu der geteilten Welt verhalten kann. Die Selbstanerkennung erster Ordnung besteht in der Vergegenwärtigung und Anwendung individueller Standards der Anerkennung und setzt voraus, dass das Subjekt vollumfänglich über die Kernprinzipien der relationalen Individualität, wie sie mit Gerhardt (1999), Jaeggi (2005) und Keupp et al. (1999) erarbeitet wurden, verfügt. Diese können daher auch als Merkmale übersetzt werden, die eine *Selbstanerkennung erster Ordnung* rahmen:

- Die Möglichkeit, sich zu sich und zur mit anderen geteilten Welt anhand eigener Bedeutungsbildungen unter Interpretation sozial und kulturell geformter Begriffe und anderer Formen der Symbolisierung zu positionieren (**Selbstpositionierung**).
- Die Möglichkeit zur Reflexion, in der das Subjekt sich in seiner differenten Individualität und deren elementaren Bezogenheit auf die Anderen in den Blick gerät (**Selbstreflexion**).
- Die Herstellung von Verstehbarkeit der relationalen Bedingtheit des eigenen in der Welt seins (**Selbstverstehen**).
- Die Möglichkeit zu einer sozial und kulturell wirksamen **Selbstbestimmung**.
- Die Erfahrung der Gestaltbarkeit eigener Identitäts- und Handlungsentwürfe (**Selbstgestaltung**).
- Die Erfahrung der sinnhaften Kohärenz des eigenen Handelns, die sich dadurch herleitet, dass eigene Selbst- und Weltbilder in ein Handeln übersetzt werden können, das den eigenen Zwecken, Gründen und Vorstellungen entspricht und diese abbildet (**Selbstgefühl**).

Der **Selbstanerkennung erster Ordnung** ist durch die Artikulation individueller Standards eine expressive Qualität eigen. Diese besteht in der Artikulation und Veröffentlichung der individuellen Standards anhand von Bedeutungen, die durch das Individuum gestiftet und z. B. Gegenständen zugeschrieben werden. Die Bezugnahme auf ein Objekt, die Honneth im Begriff des *Bekümmertseins* diskutiert, ermöglicht es dem Individuum, in einen „expressiven Kontakt mit seinen mentalen Zuständen treten zu können" (Honneth 2005, S. 86). Am Gegenstand werden diese als artikulierbar erfahren, ohne dass sie bereits in einer sozialen und kulturellen Einpassung aufgehen. Der Gegenstand, auf welchen das Subjekt Bezug nimmt, fungiert als phänomenaler, nichtdiskursiver Vermittler, mit Hilfe dessen sich das Subjekt als relationales Individuum im Schnittfeld individueller Perspektiven sowie geteilter sozialer und kultureller Normen positioniert. Die Bezugnahme auf einen Gegenstand im Modus der *vorgängigen* Anerkennung bzw. des *Bekümmerns* leistet für das Subjekt zweierlei. Sowohl sich selbst als auch Anderen gegenüber kann es in seiner Bezugnahme seine Individualität zum Ausdruck bringen, ohne dass es anhand einer spezifischen Qualität im Sinne sozialer und kultureller Normen der Anerkennung vereindeutigt und damit verkannt werden könnte. Erfolgt eine besondere Bezugnahme auf einen Gegenstand, sei es ein Naturding oder Artefakt, im Sinne des *Bekümmertseins*, sind die Normen sozialer und kultureller Anerkennung zwar nicht zu jeder Zeit ausgeschlossen oder als in der Wahrnehmung des Subjekts als ausgesetzt zu betrachten. Der Gegenstand ermöglicht jedoch aufgrund seiner unreduzierbaren Phänomenalität einen Abstand, d. h. einen Freiheitsgewinn gegenüber sozialen und kulturellen Normen der Anerkennung. Von der Phänomenalität des Gegenstands gehen für das Individuum zwei Effekte aus, die sein Bezogensein bestimmen. Zum einen ist es gezwungen, sich den Gegenstand in seiner Beschaffenheit anzueignen und sich zu dieser in Beziehung zu setzen, da sie nicht zu überwinden ist. Zum anderen ist dem individuellen Subjekt dies nur möglich, wenn es dies selbst tut, d. h. die Bezugnahme auf einen Gegenstand, sei es ein visuelle, haptisch-taktile, auditive, geschmackliche, olfaktorische oder gedankliche, kann nur vom individuellen Subjekt selbst übernommen und nicht an andere abgegeben werden. Eine Bezugnahme auf einen Gegenstand findet also auch für das Individuum immer im Spannungsfeld sowohl seiner aisthetischen Wahrnehmung als auch seiner differenten sowie der sozial und kulturell geteilten Interpretationsmuster statt. Aus diesem Spannungsfeld ergibt sich, dass Gegenstände als sozial und kulturell aufgeladen erfahren und sogar als „*Träger* von in sie eingebauten sozialen Regeln verstanden werden können" so Robert Schmidt (Schmidt 2012, S. 64; Hervorhebung im Original, TB). Als „Depots sozialen Wissens, sozialer Fähigkeiten und Zweckmäßigkeiten" (Schmidt 2012, S. 63) tragen sie damit einerseits „zur sozialen Ordnung bei" (Schmidt 2012, S. 64). Andererseits kann jedoch gesagt werden, dass ihre unreduzierbare Gegenständlichkeit, Anlass gibt, „*in* einer Wahrnehmung und *bei* einem Objekt dieser Wahrnehmung" (Seel 1996b, S. 50) zu verweilen. In der von Honneth entworfenen *vorgängigen Anerkennung* wird Anerkennung als *Weltbezogenheit* im Modus des *Bekümmerns* gefasst. Im Verhältnis des Individuums zum Gegenstand bedeutet dies, dass eine besondere Bezugnahme auf ihn nicht unter Absehung, aber in einer gewissen Distanzierung von der Verbindlichkeit sozialer und kultureller Normen der sozialen und kulturellen Einordnung sowie bei gleichzeitiger Intensivierung der eigenen Selbstbeziehung des individuellen Subjekts vollzogen werden kann. Dies erschließt dem Subjekt Möglichkeiten seiner *Selbstanerkennung* als differentes und involviertes Individuum. Denn so wie eine *vorgängige Anerkennung* anderer Menschen nach Honneth die *praktische Voraussetzung für die soziale und kulturelle Lebenswelt* des individuellen Subjekts darstellt, ist in „einem vernehmenden Eingehen und Sicheinlassen auf das Hier und Jetzt von Objekten […] eine Erinnerung an das Hier und Jetzt und damit an die prekäre Zeit des eigenen Lebens enthalten" (Seel 2009, S. 175), so Seel.

Indem das Subjekt um ein Objekt *bekümmert* ist, tritt es sich selbst vermöge einer selbsttätigen Auseinandersetzung mit der Welt der Objekte in seiner Involviertheit gegenüber. Zugleich bietet es seine Selbstanerkennung als relationales Individuum anhand des *Bekümmerns* um einen Gegenstand auch gegenüber anderen dar. Entscheidend ist, dass die Bezugnahme auf einen Gegenstand im Modus des *Bekümmertseins* allein in der Entscheidung des Individuums liegt. Sie kann ihm zwar nahegelegt, d. h. angeboten werden, sie kann aber nicht erzwungen werden. Die Entscheidung, welche Gegenstände das Individuum sich als Gegenüber seiner Selbstanerkennung zuordnet, kann weder durch andere getroffen noch institutionell verordnet werden. Tilmann Habermas hat in seinen psychologischen Untersuchungen zu Gegenständen, die das Individuum sich selbst zuordnet, eine solche Entscheidung ausgeschlossen und nur hypothetisch als möglich angesehen: „Damit ist eine Fremddefinition persönlicher Objekte nur als Grenzfall möglich, bei dem ein Dritter über eine ausreichend intime Kenntnis des Individuums verfügt, um selbst die Bedeutung des Objekts für die Person abschätzen zu können" (Habermas 1999, S. 494). Habermas hat beschreiben können, inwiefern die emotionale Bezugnahme auf Gegenstände für das Individuum Spielräume erschließt, d. h. Freiheitsgewinne gegenüber Standards der eigenen Einordnung bzw. der sozialen und kulturellen Anerkennung vergrößert. Gegenstände, auf die das Individuum sich besonders bezieht, „verwandeln Gegensätze in Spielräume", so Habermas (Habermas 1999, S. 497), indem sie an Objekten, die Bestandteil sowohl der physischen als auch der sozialen und kulturellen Welt sind, individuelle Standards der Bezugnahmen anlegen.

„Persönliche Objekte", so Habermas, „vermitteln gegensätzlich erlebte Erfahrungsbereiche und Tendenzen miteinander und leisten somit einen Beitrag zur Integration der Persönlichkeit" (Habermas 1999, S. 497). Sie nehmen in der Begegnung des Subjekts mit der physischen, sozialen und kulturellen Welt vielfältige Funktionen ein, indem sie „als Drittes zwischen zwei einander opponierende

Elemente" Handlungsgrundlagen des Subjekts miteinander „verbinden" (ebd.). Gegenstände, auf die das Subjekt in besonderer Weise Bezug nimmt, überformen daher individuelle, soziale und kulturelle Standards nicht, sondern bewahren als gegenständliche Vermittler „zugleich ihre Eigenständigkeit" (ebd.). Indem Habermas eine umfängliche „Funktionstaxinomie" (Habermas 1999, S. 423) von persönlichen Objekten vorlegt, kann er verdeutlichen, dass ihre übergeordnete Funktion in der Artikulation des Verhältnisses des individuellen Subjekts zu sich selbst und zu der es umgebenden Welt liegt. Da, wo das diskursive und kognitive Vermögen des Subjekts überschritten ist, seine individuelle Involviertheit in sowohl eigene Idiosynkrasien und aisthetisches Erleben als auch in soziale und kulturelle Anforderungen zu artikulieren, setzt es Gegenstände, seien es Naturdinge oder Artefakte, als Vermittler ein. Vom Prinzip relationaler Individualität aus betrachtet leisten Gegenstände, auf die das Subjekt besonderen Bezug nimmt, einen spezifischen Beitrag zur Selbstanerkennung des Subjekts als Individuum, weil sie es ihm ermöglichen, sich über sich selbst im Schnittfeld individueller, sozialer und kultureller Anforderungen reflexiv zu verständigen, ohne sich den Verhaltensanforderungen der sozialen und kulturellen Normen der Anerkennung zu unterwerfen, sondern in seiner Aufmerksamkeit dem Gegenstand in seiner Phänomenalität verhaftet zu bleiben bzw. sich immer wieder auf den Gegenstand als solchen zurückziehen zu können. Dabei ist hervorzuheben, dass dieser Freiheitsgewinn gleichermaßen auch gegenüber den eigenen individuellen Standards gilt. Auch gegenüber diesen kann das Subjekt an Freiheit gewinnen, wenn es einen Gegenstand als Vermittler zwischen den eigenen Vorstellungen von sich und der Welt sowie den eigenen vorgängigen, nicht diskursiven Prozessen der Selbst- und Welterfahrung platziert. Individuen verwenden Gegenstände, denen sie sich besonders zuwenden „als frei […] verwendbares Drittes in ihrer Beziehung zur Natur, zur Kultur wie zu ihren konkreten Interaktionspartnern und zu den eigenen Antriebskräften" (Habermas, 1999, S. 502), so Habermas. Er unterscheidet vier Vermittlungsfunktionen von Gegenständen, die sich um das Moment der Zugehörigkeit zum Individuum sowie der Zugehörigkeit zur räumlichen aber auch sozialen und kulturellen Welt gruppieren (vgl. Habermas 1999, S. 498). Der Frage nach einer Vermittlung zwischen individuellen Standards und sozialen sowie kulturellen Normen ist zunächst die Funktion der Vermittlung zwischen Individuum und Natur vorgelagert. Hier ist die Vermittlung eine physische, und die Funktion des Gegenstands liegt in der Ausweitung des Handlungsspielraums des Individuums (vgl. ebd.). Mit Blick auf Fragen der Anerkennung ist vor allem relevant, dass das Subjekt durch eine individuelle Bezugnahme auf einen Gegenstand auch dessen sozialer und kultureller Bedeutung zusätzliche Bedeutungen hinzustiften kann, die es aus seinem individuellen Erleben ableitet. Ebenso können Gegenstände im Sinne einer kulturellen Vermittlungsfunktion „den Einzelnen in eine gemeinsame Geschichte und gemeinsame Weisen der Realitätskonstruktion" integrieren und „ihm zugleich einen Platz in der Kultur und eine Rolle in der Gesellschaft zuweisen" (ebd.). Auch lässt sich eine soziale Vermittlungsfunktion beschreiben. Hier können Gegenstände „(a) an einen signifikanten Anderen und damit zugleich immer auch an die Beziehung zu ihm erinnern oder ihn gar vertreten […] Sie können aber auch (b) als Medium dienen, mit anderen verbinden, indem sie als gemeinsames Objekt fungieren und gemeinsame Aktivitäten organisieren oder […] ermöglichen. Persönliche Objekte können in einer Beziehung auch (c) eine Art Pufferfunktion übernehmen, indem sie eine indirekte Kommunikation erlauben oder indem sie (d) Rückzüge in einer Beziehung ermöglichen. Sie können (e) die Kontaktaufnahme erleichtern, indem sie sie indirekter gestalten und einen Anknüpfungspunkt bieten" (Habermas 1999, S. 500). Ihnen kommt zudem eine Funktion zur Vermittlung der eigenen Tendenzen des Individuums zu: „Sie versichern gegen Ängste, indem sie einen vertrauten Punkt außerhalb eines selbst bilden, und sie können als vertrauter Begleiter den eigenen Radius erweitern. Sie können der kathartischen Entladung dienen, ohne dass die Person mit ernsten Konsequenzen zu rechnen hätte. Sie können bei Enttäuschungen und Traurigkeit trösten. In allen diesen Verwendungsweisen nutzt die Person das persönliche Objekt als Drittes, um seine Stimmungen und Gefühle zu verändern oder gar zu transformieren, so dass sie ihnen nicht mehr ausgeliefert ist oder ihnen blind handelnd folgen muss" (Habermas 1999, S. 500 f.). Mit Blick auf die Selbstanerkennung des Subjekts als Individuum ist zudem hervorzuheben, dass im Zuge einer intensiven Beschäftigung mit einem Gegenstand dieser für das Individuum und sein Selbst- und Weltverhältnis „zusehends an spezifischen Bedeutungen" gewinnt, „die es in die Geschichte des Individuums integriert" (Habermas 1999, S. 498), und die nicht unmittelbar in den sozialen und kulturellen Normen seiner Anerkennung aufgehen. Es ist vielmehr so, dass das Subjekt in seinem individuellen „Gebrauch des Dings" (Habermas 1999, S. 504), dessen vielfältige Bedeutungen verdichtet und verändert. So betont Habermas, das von Gegenständen „durch ihre physischen Merkmale und kulturellen Bedeutungen bestimmt, Aufforderungen" (ebd.) ausgehen. Die individuellen Bedeutungen „gehen aber weder in ihnen auf, noch erschöpfen sie sie, da das Individuum ausgehend von seiner Bedürfnislage und persönlichen Geschichte das Ding deutet und nutzt", so Habermas (ebd.).

Von *Selbstanerkennung* als einem *expressiven Selbstverhältnis* kann jedoch nicht nur mit Blick auf eine Vergewisserung individueller Standards gesprochen werden. Sondern durch „eine Vertrautheit und Verbundenheit mit Objekten einschließlich eines möglichen Fasziniertseins durch sie" (ebd.) macht das Subjekt eine Erfahrung, die es sowohl mit seinen individuellen Standards als auch mit seinen *second-order Bestrebungen* in Berührung bringt. *Selbstanerkennung* ist daher in doppelter Weise ein *expressives Selbstverhältnis*: In ihr tritt sich das Subjekt durch die Anwendung seiner individuellen Standards auf die geteilte physische, soziale und kulturelle Welt selbst gegenüber. Und es erfährt seine relationale Individualität dadurch, dass es in und zu der geteilten

Welt durch seine Wahrnehmung, seine Interpretation und seine Entscheidung selbst einen Unterschied machen kann. In einer *Selbstanerkennung* als *expressivem Selbstverhältnis* (Honneth 2005) bringt das Subjekt sich als Individuum also sowohl in individuellen Standards als auch durch das Vermögen der Anwendung individueller Standards gegenüber sich selbst und gegenüber anderen zum Ausdruck. Mit der von Honneth (2012) gegenüber Keupps et al. (2001) Konzept der Selbstanerkennung vorgenommen Bedeutungsverschiebung kann daher ebenso eine **Selbstanerkennung zweiter Ordnung** beschrieben werden. Mit ihr wird ein *expressives Selbstverhältnis* beschrieben, in dem das Subjekt sich nicht vordergründig im Medium individueller Standards anerkennt, sondern vor allem in seiner Fähigkeit, selbst individuelle Standards realisieren und ausdrücken zu können.

Die Bezugnahme auf ein äußeres Objekt im Schnittfeld seines gegenständlichen Erscheinens und seiner sozialen und kulturellen Bedeutungen kann also in doppelter Weise einen Freiheitsgewinn gegenüber sozial und kulturell normierten sowie gegenüber individuellen Standards ermöglichen. Die Praxistheorie weist zwar darauf hin, dass „gegenständliche Vorrichtungen und Artefakte [...] als Träger von in sie eingebauten sozialen Regeln verstanden werden können" (Schmidt 2012, S. 63). Dennoch bleibt es aber das Subjekt, welches schließlich den „Artikulationsversuch" der Gegenstände „vollstreckt" (Meyer-Drawe 2012, S. 20) und damit darüber entscheidet, welche soziale und kulturelle Bedeutung der Gegenstand für das eigene Selbst- und Weltverhältnis gewinnen kann. Welche Bedeutung der Gegenstand jedoch einnimmt, ist aus anerkennungstheoretischer Sicht deshalb wichtig, weil von dieser auch abhängt, welche Wirksamkeit und Verbindlichkeit die über es vermittelten Anerkennungsnormen für das Individuum erlangen können. Das Paradigma der Praxistheorie, dass Artefakte *Träger und materielle Vermittler* (vgl. Schmidt 2012, S. 63 ff.) sozialer und kultureller Handlungsaufforderungen darstellen, ist für die Frage des Freiheitsgewinns gegenüber Normen der Anerkennung wichtig, weil es vor Augen führt, dass der Aufforderungscharakter von Gegenständen deshalb Normen der Anerkennung impliziert, weil er das Subjekt dazu auffordert, sich zum Gegenstand in einer bestimmten Weise zu verhalten, z. B. *als* Verkehrsteilnehmer*in. Eine betonierte Straßenschwelle fordert das Subjekt dazu auf, sich auf eine bestimmte Weise zu verhalten. Bruno Latours bekanntes Beispiel der Straßenschwelle verdeutlicht, dass Gegenstände, hier Artefakte, nicht nur materielle Träger von Verhaltensaufforderungen darstellen, sondern in ihnen die Perspektiven sozialer und kultureller Akteursgruppen vermittelt werden:

> „In Artefakten und Techniken finden wir eben gerade nicht die Sturheit und Wirksamkeit der Materie, die den formbaren Menschenwesen ihre Ursache-Wirkungs-Kette aufzwingt. Letzten Endes besteht die Straßenschwelle eben doch nicht aus Materie; sie steckt voller Ingenieure und Rektoren und Gesetzgebern, deren Willen und

Geschichten hier untrennbar verwoben sind mit denen von Kies, Beton, Farbe und statischen Berechnungen. In diesem blinden Fleck, in dem Gesellschaft und Materie ihre Eigenschaften austauschen, findet die Vermittlung der technischen Übersetzung statt […]" (Latour 2002, S. 232).

Damit wird zugleich sichtbar, dass Gegenstände wie auch das relationale Individuum in sozialen und kulturellen „Netzwerken in ein je spezifisches, durch Komplementaritäten und Differenzen gekennzeichnetes Zusammenspiel mit anderen Trägern und Teilnehmern eingebunden" sind (Schmidt 2012, S. 65). Latour hat mit seinem radikalen Konzept der Akteur-Netzwerk-Theorie (ANT) (vgl. Latour 2002; 2017) aus Sicht des Prinzips der relationalen Individualität einen streitbaren Ansatz vorgelegt. Bei ihm erhalten Gegenstände, Artefakte und Techniken den Status von eigenständig Handelnden (vgl. Schmidt 2012, S. 68f.), wodurch der Subjektstatus und das Soziale in einer posthumanistischen Perspektive erweitert werden. Davon unbenommen leistet Latour jedoch einen wichtigen Beitrag, indem er darauf besteht, dass „eine Wissenschaft des Sozialen nicht einmal beginnen kann, wenn die Frage, wer und was am Handeln beteiligt ist" (Latour 2017, S. 124), nicht auch den Aufforderungscharakter von Gegenständen integriert: „Außer zu „determinieren" und als bloßer „Hintergrund für menschliches Handeln" zu dienen, könnten Dinge vielleicht ermächtigen, ermöglichen, anbieten, ermutigen, erlauben, nahelegen, beeinflussen, verhindern, autorisieren, ausschließen und so fort" (Latour 2017, S. 124).[17]

Gegenstände können also aus zwei Gründen zu einem Selbstanerkennung ermöglichenden Gegenüber des Subjekts werden. Zum einen, weil ihr Bedeutungsgehalt im Spannungsfeld ihres Aufgespanntseins zwischen Komplementaritäten und Differenzen mit anderen Trägern und Teilnehmern entsteht. Dies bildet eine Analogie zur relationalen Individualität, die involviert und different zugleich ist. Zum anderen eignen sie sich als Gegenüber der Selbstanerkennung des individuellen Subjekts, weil sie mit einer unreduzierbaren Phänomenalität der physischen Welt angehören und ihm ganz konkret gegenüberstehen – aber nur durch das Subjekt zu signifikanter Bedeutung gelangen können. „Denn Dinge blicken uns nicht an", so Meyer-Drawe, „und sie wispern uns auch nicht ihre Bedeutung zu. Ihre Expressivität entsteht in unserer Antwort auf den Anblick, den sie bieten, auf den Geruch, der von ihnen ausgeht" (Meyer-Drawe 2012, S. 17). Meyer-Drawe betont mit Maurice Merleau-Ponty, dass es des Eingriffs des individuellen Subjekts bedarf, „damit die Dinge ihren Sinn verwirklichen" (ebd.): „Ein Ding ist also in der Wahrnehmung nicht wirklich gegeben, sondern von uns innerlich übernommen [reprise intérieurement par nous], rekonstruiert und erlebt, insofern es einer Welt zugehört, deren Grundstrukturen wir in uns selbst tragen und von der es nur eine der möglichen

---

17 Vgl. zur praxeologischen Kritik an der ANT Schmidt 2012, S. 68f.

Konkretionen darstellt" (Merleau-Ponty 1966, S. 377). Gegenstände können also zu einem Gegenüber der Selbstanerkennung des Individuums werden, weil sie aufgespannt sind zwischen einem sozialen und kulturellen Aufforderungscharakter und zugleich einer unreduzierbaren Phänomenalität, welche die Grundlage aber auch Widerpart ihres kommunikativen Potentials ist. Weil sich die Phänomenalität von Gegenständen immer auch ihrer sozialen und kulturellen Bedeutung zu entziehen droht, haben Gegenstände ein weiteres Potential, nämlich die Interpretationsstandards des Subjekts, seien es seine individuellen, bisweilen idisosynkratischen, oder sozial und kulturell normierten zu verunsichern. Weil sie in diesem Sinne dem Subjekt die *Entscheidung überlassen*, ist dem Gegenstand ein *Anerkennungspotential* eigen: Die Aufforderung an das Subjekt, sich selbstbestimmt als Individuum zur Welt in Beziehung zu setzen. Die vorhergehenden Überlegungen haben in Kritik an Honneth gezeigt, dass vom Prinzip der relationalen Individualität aus gedacht die Bezugnahme auf einen Gegenstand nicht als Anerkennung einer intelligiblen Eigenschaft und Qualität Anderer, die sich auf diesen Gegenstand bezogen haben oder beziehen, erfolgt. Stattdessen kann gesagt werden, dass das Anerkennungspotential des Gegenstands in der Aufforderung zur Bezugnahme selbst liegt. Diese Bezugnahme ist aber nicht durch den Gegenstand herzustellen, sondern liegt in der Entscheidung des Subjekts. In diesem Sinnen betont Meyer-Drawe: „Die Beziehung zu den Dingen im Hinblick auf ihre Bedeutung ist asymmetrisch" (Meyer-Drawe 2012, S. 20). Nicht der Gegenstand bestimmt das Subjekt, sondern indem das Subjekt sich ins Verhältnis setzt, kann es den Gegenstand bestimmen. Das Subjekt verfügt über die Fähigkeit, den Gegenstand durch seine individuellen Bedeutungszuweisung und Interpretation zu artikulieren und sich dann von dem ihm durch den Gegenstand entgegenkommenden Bedeutungen selbst bestimmen zu lassen.

Gegenstände haben im Sinne des Prinzips der relationalen Individualität eine besondere Bedeutung für Selbstanerkennung als *expressives Selbstverhältnis*, in dem sich das Subjekt sowohl seiner individuellen Standards als auch seiner *second-order Bestrebungen* vergegenwärtigt, die seine relationale Individualität begründen. Im Moment der Selbstanerkennung am Gegenstand gibt sich das Subjekt Auskunft, für wen es sich selbst in der mit anderen geteilten physischen, sozialen und kulturellen Welt hält bzw. als wer es anerkannt werden möchte. Vor allem aber erfährt es seine Möglichkeiten, selbst Unterschiede zu machen und sein individuelles Verhältnis zu sich selbst und zur Welt selbst zu bestimmen. Selbstanerkennung als *expressives Selbstverhältnis* bedeutet ein *anökonomisches* Moment der Anerkennung, weil sie in der geteilten physischen, sozialen und kulturellen Welt auf die Grundlagen der Individualität orientiert ist: Wahrnehmen und Interpretieren des individuellen Subjekts. Damit ist die Selbstanerkennung als *expressives Selbstverhältnis* mit der Frage nach dem möglichen *Werden* (Butler 2005) für sich in der mit anderen geteilten physischen, sozialen und kulturellen Welt verbunden. Damit kann Selbstanerkennung als *expressives Selbstverhältnis* über die Ökonomie der anhand der Normen der Fremdanerkennung erfolgenden Reziprozität intersubjektiver Anerkennung hinausgehen. Diese Möglichkeit eines *expressiven Selbstverhältnisses*, in dem sich das Subjekt in seiner prozesshaften und dynamischen Individualität selbst anerkennt, kann in der Bezugnahme auf Objekte im Modus des *Bekümmertseins* „ein Bewusstsein zugleich des Möglichen im Wirklichen und zugleich des Wirklichen im Möglichen" (Seel 2009, S. 176) erschließen.

In der besonderen Vertrautheit, Verbundenheit und im Fasziniertsein durch Gegenstände ergibt sich jene winzige Öffnung in der Ökonomie der Anerkennung, nach der Gamm (1997) gefragt hat. Sie ergibt sich aber nur dann, wenn sie im Modus des *Bekümmertseins* das Paradox der Selbstanerkennung durch Hinwendung auf Äußeres wagt: Das *Bekümmertsein* des Subjekts „betrifft weder die Sorge primär um sich noch primär um andere, sondern um „anderes"" (Seel 2009, S. 175). Der *Selbstanerkennung* als *expressives Selbstverhältnis* kann am Gegenstand der Weg gebahnt werden, wenn der Aufforderungscharakter von Gegenständen durch das Subjekt als verfügbare und bestimmbare „Angebotsstruktur[ ]" (Reckwitz 2016, S. 93) erfahren wird. Dies ist dann möglich, wenn das Subjekt erfahren kann, dass Gegenstände „durch ihre immanente Struktur einen bestimmten Umgang nahe [legen]" aber zugleich „unterschiedliche Möglichkeiten der Nutzung offen [lassen]", so Reckwitz (ebd.). Dies setzt jedoch voraus, dass im Zentrum der Sorge des Subjekts ein vorübergehendes Vergessen der Absichten sozialer und kultureller Fremdanerkennung steht, so dass „Dinge und Ereignisse um ihrer selbst willen, und das heißt hier: in der Fülle ihres individuellen Erscheinens geschätzt werden können" (Seel 2009, S. 175).

Die mit Gamm aufgerufene Frage nach einem *anökonomischen Moment* der Anerkennung hat in Auseinandersetzung mit dem *Objektbezug* einer *vorgängigen Anerkennung* bei Honneth zum Modus der *Selbstanerkennung* als *expressives Selbstverhältnis* geführt. Angesichts der Erkenntnis, das von Gegenständen ein Aufforderungscharakter ausgeht, der durch das individuelle Subjekt in verschiedenen Bedeutungen interpretiert und artikuliert werden kann und dem über sozial und kulturell normierte Bedeutungen hinaus selbstbestimmt neue individuelle Bedeutungen hinzugestiftet werden können, ergeben sich drei Fragen: Welche Praktiken im Gebrauch von Gegenständen fördern in besonderer Weise eine selbstbestimmte Bedeutungsstiftung durch das individuelle Subjekt, die im Sinne einer Selbstanerkennung als *expressives Selbstverhältnis* wirkt? Gibt es Gegenstände die aufgrund ihrer Beschaffenheit mit einem besonderen Aufforderungscharakter versehen sind, der das individuelle Subjekt zu einer selbstbestimmten Bedeutungsstiftung anregt? Und: Gibt es Praktiken und Gegenstände, die dem individuellen Subjekt seine Beteiligung an der Bedeutungsstiftung zur Erfahrung bringen?

5.2 Ambivalenzen der Anerkennung

Die Auseinandersetzung mit dem Prinzip der Individualität hat unterschiedliche sowie miteinander in Beziehung stehende Dimensionen seiner Relationalität deutlich werden lassen. Neben aisthetischen und kognitiven Dimensionen betrifft dies auch kulturelle und performative Momente. Es lag mit Blick auf die Frage, wie diese Dimensionen von Individualität in Zeiten der Institutionalisierung des Aufwachsens berücksichtigt und gesichert werden können, nahe, ein Modell der Anerkennung aufzusuchen, das ebenso auf Fragen der Standardisierung und Institutionalisierung Bezug nimmt. Dieses liegt in der Anerkennungstheorie von Honneth (2012) vor. Darüber hinaus fokussiert Honneth seine Theorie der Anerkennung explizit auf die Sicherung und den Schutz eines positiven Selbstbezugs des Subjekts, das er als ein sozial und kulturell involviertes versteht. Die kritische Auseinandersetzung mit Honneths Theorie der Anerkennung hat entlang der Analysen Balzers (2014) und Rickens (Balzer/Ricken 2010) jedoch nicht nur standardisierte Anerkennungsreaktionen verdeutlicht, sondern auch den konformisierenden Charakter eines Anerkennungsbegriffs auffällig werden lassen, der vor allem auf einen strukturellen Rahmen ausgerichtet ist. Dies erlaubt es auch die identifizierten Ambivalenzen der Anerkennung herauszustellen. Die in Balzers und Rickens Re-Lektüren verschiedener Theorien der Anerkennung identifizierten Ambivalenzen sollen hier unter Bezugnahme auf das Prinzip einer relationalen Individualität reflektiert werden. Eine Kritik des Anerkennungsbegriffs vom Prinzip relationaler Individualität aus betont dessen Konflikthaftigkeit. Jedoch betrachtet sie den „Kampf der Anerkennung" (Honneth 2012) weniger im Sinne einer unter dem Deckmantel der Anerkennung sich vollziehenden Kampf um Verteilungsgerechtigkeit, der anhand von erbrachten Leistungen Zugänge zu einer vollumfänglichen, sich strukturell abbildenden sozialen und kulturellen Individuation verspricht.[18] Stattdessen richtet der vom Prinzip relationaler Individualität gelenkte Blick die Aufmerksamkeit auf den Aspekt der Verunsicherung, der mit Prozessen der Anerkennung einhergeht. In den zur Anwendung kommenden Normen der Anerkennung begegnet sich das Subjekt selbst in einem *seltsam vertrauten und zugleich fremden* (Ricken 2013) Individuum. In ihm findet es sich wieder, kann sich seiner selbst aber nie völlig sicher oder um seiner selbst beruhigt sein. Denn

---

18 Vgl. dazu die Debatte zum Verhältnis des Anerkennungsbegriffs Honneths zur Gerechtigkeitstheorie bei Fraser/Honneth (2003). Während Fraser befürchtet, der Anerkennungsbegriff verdränge ungelöste Fragen struktureller Umverteilungsnotwendigkeiten, plädiert Honneth für die normative Klärung dieser Fragen im Rahmen einer Anerkennungsdebatte. Vgl. dazu auch Nullmeiers (2003) Kritik an Honneths Theorie der Anerkennung bzgl. einer Vernachlässigung der „institutionell-rechtlichen Verfassung des Sozialstaats" (Nullmeier 2003, S. 404).

in der Anerkennung sieht es sich selbst sowohl *bestätigt* und als auch als Individuum *gestiftet* (vgl. Düttmann 1997). Dieser Prozess bleibt aufgrund des ihm eingeschriebenen Spannungsverhältnisses von **Fremdheit und Vertrautheit** ein offener und stets zu perpetuierender, ohne das die Reproduktion seiner Ergebnisse als gesichert prognostiziert werden kann.

Das *Bedürfnis nach einem Selbst* (Düttmann 1997) ist in diesem Sinne weder zu befriedigen noch lassen sich im Sinne relationaler Individualität autonome Definitionen ermöglichen, nach denen das Subjekt einen für sich selbst geltenden Anspruch auf Unverrückbarkeit seines Status und seiner Perspektiven als eigenständiges Individuum beanspruchen könnte. Vielmehr lässt sich das *Bedürfnis nach einem Selbst* durch die Bereitschaft des Nachvollziehens äußerer Ansprüche einholen, die diese als der eigenen Individualität vorausgehende Möglichkeiten der Individuation aufgreift. Damit verbindet sich die Erfahrung eines Zuwachses an Möglichkeiten der Individuation, die sich aus der **Überschreitung** der eignen Idiosynkrasien bzw. durch das Einlassen auf überindividuelle Normen herleitet. Denn in der Erfahrung der eigenen Differenz, die sich in der nicht identischen, sondern abweichenden Wiederholung der Anerkennungsnormen einstellt, wird das *Bedürfnis nach einem Selbst* nicht als Erfahrung des Mangels, sondern vielmehr als Erfahrung der eigenen Grenzen und des Möglichkeitsausstands präsent. Die Unterwerfung der eigenen Idiosynkrasien erschließt als paradoxe Wende eine doppelte Erfahrung der **Abweichung**: Zum einen von den eigenen idosynkratischen Vorstellungen, zum anderen vom konformisierenden Gültigkeitsanspruch der Normen der Anerkennung. Anerkennung aus dem Blickwinkel der Individualität beinhaltet demnach das Potential einer *ethicheren Art zu sein* (Butler 1997), wenn sie auf die riskanten Fragen des *Werdens* (Butler 2005) in der Auseinandersetzung mit den sozialen und kulturellen Ansprüchen der anderen ausgerichtet bleibt, statt mit der Sicherung eines normierten Status verwechselt zu werden.

Die Perspektive einer Individuation *vom Anderen her* (Mead 1973) beinhaltet in diesem Sinne ein Verständnis von Anerkennung, das auf der Relativierung eigener Deutungsansprüche aufbaut und ebenso die Assimilation unter die Normen der Anerkennung sowie die Verdeckungen von Differenz negiert. Die eigene Grenze wird somit zum Moment der Erfahrung der eigenen Individualität, wenn es um Fragen der Anerkennung geht. Die Konturierung der eigenen Grenzen, wird zum einen zur Voraussetzung, anerkannt zu werden. Zum anderen beinhaltet die Absicht, die eigene Grenze als statische Festschreibung zu fixieren, immer auch die Gefahr, verkannt zu werden bzw. andere zu verkennen. Die Gefahr des Verkennens und Verkanntwerdens beruht auf der Widersprüchlichkeit des prozesshaften Charakters der Individualität einerseits und der medialen Einbettung des Anerkennens andererseits. Weil die *primäre Andersheit* de*r Anderen (Bedorf 2010, S. 145) nie umfänglich erfasst werden kann, sondern immer nur innerhalb vorgegebener Kategorien abbildbar ist, muss Anerkennung vom

Prinzip der Individualität aus gesehen das mediale Moment der **Verdopplung** hervorheben, in welcher der nicht erfassbaren primären Andersartigkeit de*r Anderen eine zweite hinzugestiftet wird: Indem nachvollziehbar wird, wie im jeweiligen Anerkennungsmedium x y *als* z anerkennt (Bedorf 2010), wird die stiftende Qualität von Anerkennungspraxen sichtbar und der unaufhebbare differentielle Charakter der Individualität des*der Einzelnen erahnbar. Ein Anerkennungsbegriff vom Prinzip der Individualität aus gesehen, ist in diesem Sinne zum einen immer auch mit der Frage nach den Grenzen und Möglichkeiten des jeweiligen Anerkennungsmediums verbunden. Zum anderen wird der im Anerkennungseschehen spürbare *Riss im Selbstverhältnis* (Bedorf 2010) durch eine intersubjektiv erkaufte Handlungsfähigkeit lebbar. Anerkennung vom Prinzip der Individualität aus betrachtet verlangt die Bereitschaft und Fähigkeit, mit **Widersprüchen** leben zu können.

Das Leben mit Widersprüchen entspricht der Bewegung, „ein Werden für sich zu erfragen, eine Verwandlung einzuleiten, die Zukunft stets im Verhältnis zum Anderen zu erbitten" (Butler 2005, S. 62; vgl. Kapitel 5.1.3, S. 69). Anders gesagt: Nicht allein die Ökonomie der Handlungsfähigkeit erlaubt es den Individuen, ihre verkennende Verdopplung hinzunehmen. Das Bewusstsein der eigenen Unausdeutbarkeit erlaubt es, die *Stiftung* (Düttmann 1997) des eigenen Status im begrenzenden Medium sozial und kulturelle geteilter Normen der Anerkennung annehmen zu können. Annehmbar ist diese *Stiftung*, weil sie als vorläufige und nicht als endgültige verstanden werden kann. Anerkennung vom Prinzip der Individualität aus betrachtet bezieht sich implizit auf die Möglichkeit eines Verstehens de*r Anderen und der eigenen Individualität, das sich nicht im Medium der Anerkennungsnormen erfüllt. Nur wenn die **Unausdeutbarkeit** de*r Anderen wie auch der eigenen Individualität den anerkennenden Bestimmungen als Horizont hinterlegt wird, können Anerkennungspraxen Individualität als *dynamischen Formverlauf* erfassen.

Ein Anerkennungsbegriff, der sich auf das Prinzip relationaler Individualität bezieht und zugleich mit subjektiven Freiheitsgewinnen gegenüber den institutionellen Ansprüchen verbunden sein soll, muss sich daher darum bemühen, die beschriebenen Ambivalenzen explizit zu machen. Sie stellen Qualitäten von Anerkennungsprozessen dar, die berücksichtigt werden müssen, wenn diese dazu beitragen sollen, dass Subjekte die Erfahrung ihrer Individualität für einen Freiheitsgewinn gegenüber institutionellen Momenten der Standardisierung und Konformisierung nutzen können. Die Spannung von *Fremdheit und Vertrautheit*, die Bereitschaft zur *Überschreitung*, das Potential der *Abweichung*, die anerkennungsmediale *Verdopplung*, das Leben mit *Widersprüchen* und die *Unausdeutbarkeit* der eigenen Individualität und der anderer sind Qualitäten, die Anerkennungspraktiken dem Subjekt zugänglich machen müssen, wenn sie seiner Individualität entsprechen und seine Freiheit stärken wollen. Unverzichtbar ist aber ebenso eine **Selbstanerkennung erster und**

zweiter Ordnung, d. h. eine Selbstanerkennung, die sich sowohl in individuellen Standards als auch in der Erfahrung des Subjekts ausdrückt, dass es selbst es ist, das durch Wahrnehmen und Interpretieren über Bedeutungen von Normen der Anerkennung entscheidet.

5.3 Zusammenfassender Entwurf eines anerkennungstheoretischen Analyserahmens

Im weiteren Verlauf der Studie soll die vom institutionellen Leistungsauftrag von Schule ausgehende Begrenzung der Anerkennung der Individualität von Kindern und Jugendlichen diskutiert werden. Individualität konnte als in ihrer Relationalität durch das Merkmal der Doppelbedingtheit aus Differenz und Involviertheit sowie durch das Merkmal der Prozesshaftigkeit beschrieben werden. Damit liegt eine der beiden notwendigen *Problematisierungskategorien* (Balzer 2014) vor. Nun gilt es, die in der Diskussion von Anerkennung gewonnenen Erkenntnisse zusammenzufassen und zu einem anerkennungstheoretischen Analyserahmen zu verbinden, der in besonderer Weise das Prinzip relationaler Individualität berücksichtigt. Balzer und Ricken hatten sich gegen die Re-Konstruktion eines eindimensionalen Begriffs der Anerkennung gewandt (vgl. Balzer/Ricken 2010, S. 38) und sich stattdessen für die Gewinnung eines mehrdimensionalen Analysebegriffs ausgesprochen. Auch das gewonnene Verständnis von Individualität legt den Entwurf einer dynamischen, mehrdimensionalen *Problematisierungskategorie* nahe. Um Individualität in ihrer Relationalität aus Differenz und Involviertheit berücksichtigen zu können, wird es im Folgenden darum gehen müssen, einen Analyserahmen zu konturieren, der sowohl Dimensionen der Fremdanerkennung als auch der Selbstanerkennung des Subjekts impliziert. Die Prozesshaftigkeit von Individualität wie auch eine kritische Reflexion der Machtförmigkeit von Anerkennung machen es darüber hinaus notwendig, den Analyserahmen so auszugestalten, dass durch ihn auch die Ambivalenzen von Anerkennung aufgerufen werden. Damit wird für den weiteren Gang der Studie ein Instrument entwickelt, um die Begrenzungen und Potentiale von Schule bzw. von ästhetischer Erfahrung für die individuelle Anerkennung von Jugendlichen und Kindern identifizieren und problematisieren zu können.

Der Spannungsraum relationaler Individualität konnte in der Auseinandersetzung mit den Ansätzen Gerhardts (1999), Jaeggis (2005) und Keupps et al. (1999) durch Anerkennungsbedarfe umgrenzt werden, die mit zentralen Aspekten des Anerkennungsbegriffs bei Honneth korrespondieren. Sie überschreiten diesen jedoch dahingehend, dass sie auf dem Prinzip der Relationalität und nicht der Reziprozität aufsetzen. Dies bedeutet, dass sie dem Moment der prozesshaften Veränderbarkeit und Gestaltbarkeit ein ungleich höheres Potential einräumen als dies im Verständnis einer reziproken Bedingtheit eines bruchlosen Selbstverhältnisses bei Honneth der Fall ist. Im Verständnis Honneths werden Fähigkeiten und Handlungsorientierungen im Sinne von Leistungen, die es dem Subjekt ermöglichen, sich als gleichberechtigtes Mitglied der sozialen und kulturellen Welt selbst zu bestimmen, durch den Anerkennungsakt positiv als gegeben bestätigt (vgl. Kapitel 5.1.1). Die Auseinandersetzung mit dem Prinzip der relationalen Individualität hat jedoch zu einem Verständnis von Anerkennung geführt, in welchem dem Anerkennungsakt ein unkalkulierbares Gestaltungspotential innewohnt, das sich im Verhältnis von *Selbstvertrautheit und Fremdheit* (Ricken 2013) sowohl auf das Individuum als auch auf die Normen der Anerkennung selbst bezieht. Indem das Subjekt im Anerkennungsakt aufgrund seiner sozialen und kulturellen Relationalität sich selbst erst in seiner Individualität zugänglich wird, erhält es zugleich das Potential, die Normen seiner Anerkennung interpretativ zu verändern. Anerkennung unter dem Prinzip der relationalen Individualität bezieht sich daher auf dynamische Momente, innerhalb derer sich Individualität ereignet und die stets ein Moment der Kritik und Veränderung beinhalten. Ein solchermaßen kritischer Anerkennungsbegriff schließt neben der **Fremdanerkennung** des Individuums auch den Modus der **Selbstanerkennung** mit ein. In ihr anerkennt sich das Subjekt im Sinne eines *expressiven Selbstverhältnisses* sowohl in seinen individuellen Standards der Anerkennung als auch in seinem Vermögen, Bedeutungen stiften, d. h. Unterschiede machen zu können, die eine existenzielle Bedeutung für es selbst als involviertes und differentes Individuum haben.

Das Moment eines produktiven Gestaltungspotentials betrifft sowohl das Selbstverhältnis des Subjekts zu sich als Individuum als auch sein Verhältnis zu den seinen Handlungsraum in der Schule umgrenzenden Prinzipien und läuft damit auf eine doppelte Veränderungsperspektive hinaus. Das Moment des produktiven Gestaltungspotentials von Anerkennungsprozessen kann sich entfalten, wenn sich das Subjekt durch sie in seiner Individualität zugänglich wird und damit zugleich das Potential erlebt, die Normen seiner Anerkennung interpretativ zu verändern bzw. ihnen individuelle Standards der Anerkennung entgegenzusetzen. Ein erweiterter Begriff der Anerkennung reflektiert sowohl die soziale und kulturelle Involviertheit der Individualitäten als auch die sich aus seiner Involviertheit heraus ermöglichende Differenz von Individualität. Damit wird aber ebenso deutlich, dass Freiheitsgewinne gegenüber Verhaltenserwartungen nur um den Preis der Anerkennbarkeit unter sozial und kulturell geteilten Normen zu erlangen sind. Butler (2001) verdeutlicht entsprechend, dass die Möglichkeit zur Gestaltung der eigenen Individualität als auch der sie umgrenzenden Normen der Anerkennung von einem Akt der Unterwerfung, der auch als Annahmebereitschaft beschrieben werden kann, abhängig ist. Dieser *Preis der Existenz* (Butler 2001) lässt sich nicht ausschlagen. Er kann jedoch als Freiheitsgewinn entfaltet werden, wenn Anerkennung als Prozess des Anerkennens erfahren und ausdifferenziert werden kann. Dies verdeutlicht die existenzielle Bedeutung einer **Selbstanerkennung zweiter Ordnung**. In ihr erkennt sich das Subjekt in seiner Individualität an, indem es sich in seinem Vermögen, Bedeutungen zu stiften, erfährt. Nicht also nur individuellen Standards der Anerkennung, sondern auch die Möglichkeit, Bedeutungen aufzuschnüren und neu zu formen, zeichnen das Subjekt vor sich selbst als Individuum aus. Damit lenkt die Selbstanerkennung zweiter Ordnung den Blick auf die Prozessualität von Anerkennung und Individualität gleichermaßen und eröffnet ein Bewusstsein, in dem Veränderbarkeit eine Grundlage von Individualität darstellt.

Weder die eigene Existenz des Anerkennung begehrenden individuellen Subjekts, noch die Anerkennungsnormen bzw. Anerkennungshandlungen der anderen individuellen Subjekte können abschließend als gesichert gelten. Was bei Honneth als Gefahr des Umschlagens der Anerkennung in Missachtung gefasst wird, kann unter einem erweiterten, d. h. nicht standardisierten, Begriff der Anerkennung als allen Prozessen des Anerkennens inhärentes, durchaus riskantes Gestaltungspotential identifiziert werden. Düttmann beschreibt in diesem Sinne das Verhältnis zwischen dem anzuerkennenden Individuum und den Anerkennenden als „ein Verhältnis der Verhaltenheit, ein trennendes, ungehöriges Zusammengehören" (Düttmann 1997, S. 52). Beide, sowohl der*die Anzuerkennende als auch die*der Anerkennende, erleben im Prozess des Anerkennens ein Moment der Veränderung und der potenziellen Veränderbarkeit: „[…] jedes Anerkennen überrascht den anderen, indem es ein Anerkanntes stiftet, und lässt sich gleichzeitig von dem Entzug des anderen affizieren. Das Anzuerkennende weiß nicht, was ihm und was durch es dem Anerkennenden widerfährt. Umgekehrt weiß auch der Anerkennende nicht, was ihm und was durch es dem Anzuerkennenden widerfährt" (Düttmann 1997, S. 53). Der Prozess des Anerkennens läuft damit auf eine Situation hinaus, in der sowohl eine soziale und kulturelle Festlegung des individuellen Subjekts beabsichtigt wird als auch der Widerspruch gegen diese Festlegung unumgänglich ist. In diesem Sinne ist Anerkennung in ihrem Ergebnis immer auch unbestimmbar, d. h. nicht abschließbar, nie gewiss. Sie verspricht einen festen Grund, der dem Prozess des Anerkennens jedoch nicht innewohnt. Nicht zuletzt weil „Anerkennung ihrem Begriff nach der vollständigen begrifflichen Bestimmbarkeit sich entzieht, […] weil sie in sich selbst unbestimmt und ihrer wesentlichen Unbestimmtheit wegen polemischen Wesens ist" (Düttmann 1997, S. 67 f.), muss ein erweiterter Begriff der Anerkennung, der unter dem Prinzip relationaler Individualität steht und nach der Möglichkeit von Freiheitsgewinnen fragt, Anerkennung als ein dynamisches Geschehen darstellen. Dieses begründet sich aus der Relationalität von Individualität und dient zugleich ihrer Sicherung. Ein vom Prinzip des sozial und kulturell involvierten und differenten Individuums ausgehender kritischer Begriff der Anerkennung muss daher Dimensionen der **Fremdanerkennung**, Dimensionen der **Selbstanerkennung erster und zweiter Ordnung** sowie die mit Anerkennung für das individuelle Subjekt einhergehenden **Ambivalenzen** explizit machen.

Folgende Dimensionen der **Fremdanerkennung** lassen sich daher ausgehend vom Prinzip der Individualität festhalten:

- Individualität bedarf der Gelegenheit zum Anderen und damit der Fähigkeit der Reflexion und Kommunikation im Medium sozial-kultureller Begriffe. Sie ist daher auf eine **kognitive Anerkennung** angewiesen.
- Kognitive Anerkennung bedarf der Gelegenheit des Subjekts zu sich und damit der Fähigkeit aisthetische Prozesse als Voraussetzung seines Wollens und Könnens wahrnehmen zu können. In diesem Sinne bedarf Individualität ebenso einer **aisthetischen Anerkennung**.
- Ein selbstbestimmtes Handeln ist auf die Reflexion der Normen der Anerkennung als sozial-kulturelle Produkte und damit auf die Fähigkeit symbolisches Handeln zu repräsentieren angewiesen. Ein erweiterter Anerkennungsbegriff beinhaltet daher auch eine **kulturelle Anerkennung**, die das individuelle Subjekt als Adressat bzw. Adressatin sozialer und kultureller Zuschreibungsprozesse berücksichtigt.
- Das Subjekt muss in der Lage sein, seine individuelle Sinnstruktur durch die nachvollziehende Veränderung der sozialen und kulturellen Zuschreibungen in performativen Akten zu präsentieren und in diesem Sinne zu realisieren. Anerkennung unter dem Prinzip der Individualität meint daher immer auch eine **performative Anerkennung**.
- Ein selbstbestimmtes individuelles Subjekt handelt nach eigenen Gründen und Vorstellungen, die es sich selbst zuschreibt und in denen es sich wiedererkennt, und ist damit auf die Fähigkeit der Willensbildung angewiesen. Weil Anerkennungsprozesse nicht nur das Individuum betreffen, sondern von diesem ausgehend auch verändernde Wirkung für seine soziale, kulturelle und physische Umwelt beinhalten, beinhaltet ein erweiterter Anerkennungsbegriff neben der kognitiven Anerkennung auch seine **personale Anerkennung**.

Die sechs Dimensionen einer Orientierung am Prinzip relationaler Individualität können als Grundlagen einer **Selbstanerkennung erster Ordnung** übersetzt werden – *Selbstpositionierung, Selbstreflexion, Selbstverstehen, Selbstbestimmung, Selbstgestaltung, Selbstgefühl*. Sie bilden die Voraussetzungen, damit sich das Subjekt zu sich und zur Welt anhand individueller Standards in Beziehung setzen kann. Ein Freiheitsgewinn gegenüber den individuellen, sozialen und kulturellen Verhaltensaufforderungen kann das Subjekt jedoch nur erringen, wenn es sich zugleich über die *vorgängigen* Voraussetzungen seiner Individualität verständigen kann. D. h., ein Freiheitsgewinn mit einer Orientierung auf das *Mögliche im Wirklichen und das Wirkliche im Möglichen* (Seel 2009) bedarf einer Artikulation des Prozesshaften der eigenen Individualität. Demgemäß beruht Selbstanerkennung auch auf einer Repräsentation der Art und Weise wie das Subjekt seine Individualität im Gegenwartsbezug seiner sich fortlaufend verändernden Auseinandersetzung mit der physischen, sozialen und kulturellen Wirklichkeit als *dynamischen Formverlauf* realisiert. Hier kann von einer **Selbstanerkennung zweiter Ordnung** gesprochen werden.

Der pädagogische Rahmen einer Schule, die sich einem Anerkennungsbegriff unter Berücksichtigung des Prinzips relationaler Individualität verschreibt, müsste – der Kritik des 14. und des 15. Kinder- und Jugendberichts folgend – die institutionelle Rolle von Kindern und Jugendlichen in der Schule und die sich damit verbindenden Anerkennungsnormen schulischer Rationalität reflektieren. Eine solche Schule würde die *dominierende Lebensform* (BMFSFJ 2013) Schüler*in in ihrem Potential der Verkennung der in der Schule lebenden und lernenden individuellen Kinder und Jugendlichen reflektieren und in ihrem überschreibenden Charakter einschränken. Um diese Einschränkung dahingehend zu akzentuieren, dass Dimensionen der Anerkennung als Prozesse des Anerkennens dem Prinzip der Individualität Raum einräumen, müssten nicht nur die bereits beschriebenen Orientierungsdimensionen als Handlungsleitlinien berücksichtigt werden, sondern produktive Reflexionsräume ermöglicht werden, um Freiheitsgewinne gegenüber den konformisierenden Dimensionen der Anerkennung zu sichern. Daher ist zu ergänzen, dass dem individuellen Subjekt zugleich Erfahrungen zugänglich werden sollen, die sich um das Moment der Unabschließbarkeit von Anerkennung bzw. um die Potentialität und die Verdeutlichung eines verbleibenden Möglichkeitsausstands gruppieren:

- Die Erfahrung der Spannung von **Fremdheit und Vertrautheit** der eigenen sozial und kulturell involvierten Individualität,
- Die Förderung der **Überschreitung** eigener, idiosynkratischer Normen der Anerkennung und das sich Einlassen auf überindividuelle Normen der Anerkennung,
- Die Erfahrung der **Abweichung** vom Gültigkeitsanspruch von Anerkennungsnormen,
- Die Reflexion der verkennenden **Verdopplung** durch das Medium seiner Anerkennung,
- Die Erfahrung, **Widersprüche** tolerieren zu können, um so im Verstehen de*r Anderen fortschreiten zu können (*principle of charity*),
- Das Bewusstsein der **Unausdeutbarkeit** der eigenen Individualität und der anderer;

Diese vom Prinzip der Individualität aus identifizierten Ambivalenzen der Anerkennung formulieren Qualitäten eines erweiterten Anerkennungsbegriffs. Sie konturieren reflexive Prozesse des Anerkennens, welche sowohl die Anerkennungsnormen als auch die Anerkennungsprodukte in der sozialen und kulturellen Relationalität des Individuums als gestaltbare, d. h. veränderbare, zugänglich machen.

Wenn der 14. Kinder- und Jugendbericht eine zunehmende „pädagogische Inszenierung, Planung und Gestaltung größer werdender Teile der Lebenswelt und des Alltags von Kindern und Jugendlichen" (BMFSFJ 2013, S. 55) beklagt, so hatte dies in der einführenden Diskussion die Frage aufgeworfen, inwiefern mit dem Ausbau der öffentlichen Verantwortungsübernahme für das Aufwachsen von Kindern und Jugendlichen vor allem ein funktionalistischer Zugriff auf die junge Generation verbunden sei. Statt einer angemessenen Berücksichtigung gegenwartsbezogener differenter, sozialer und kultureller Bedürfnisse von Kindern und Jugendlichen stünden vor allem zukunftsbezogene gesellschaftspolitische Absichten im Vordergrund. Die sich daraus ergebende Diskussion von Freiheitsgewinnen junger Menschen gegenüber institutionellen Verhaltenserwartungen reflektierte zugleich die Relationalität der Individuationsprozesse. Eingangs wurde daher die Forderung nach der Ermöglichung von Anerkennungserfahrungen in der Schule aufgestellt, die nicht als ein funktionalisierendes Einhegen wirksam werden, sondern Individualität von Kindern und Jugendlichen berücksichtigen. Kinder und Jugendliche sind in diesem Sinne darauf angewiesen, dass ihnen Handlungsräume zur Verfügung gestellt werden, innerhalb derer sie sich über ihre eigene Existenz in Relation zu überindividuellen Kategorien verständigen können. Mit der Kritik des Anerkennungsbegriffs unter dem Blickwinkel der Individualität hat sich die Fragestellung dahingehend ausdifferenziert, dass eine Sicherung von Freiheitsgewinnen von Kindern und Jugendlichen in der Schule wesentlich mit der Entfaltung produktiver Veränderung durch Neu-Interpretation der Anerkennungsnormen, wie sie durch die schulischen Rahmenbedingungen und Funktionen gegeben sind, verbunden wird. Damit ist die Frage nach Rahmenbedingungen gestellt, die das produktive Gestaltungspotential von Anerkennungsprozessen berücksichtigen und als Prinzip im schulischen Regelungsgefüge pädagogisch und organisatorisch verankern.

Anders gefragt: Wie muss die Schule gestaltet sein, damit Subjekte sich als sozial und kulturell relationale und zugleich differente Individuen erfahren und sich dazu ermutigt fühlen, ihr Potential zu einer produktiven Interpretation sowohl der Schule als auch ihrer eigenen Positionalität in dieser zu nutzen und zu entfalten? Schule würde in diesem Sinne in ihrem Potential gestärkt, ein Ort der Selbstaneignung von Kindern und Jugendlichen, d. h. ein Ort des *Findens und Erfindens, Konstruierens und Rekonstruierens* (Jaeggi 2005) zu sein, an dem für Kinder und Jugendliche ihr Involviertsein in die Anerkennungsnormen der Schule zu einer Erfahrung der eigenen Relationalität wird. Die Erfahrung der Relationalität beinhaltet eben jenes Spannungsverhältnis aus dem Bewusstsein der elementaren Bezogenheit auf Andere einerseits und der Erfahrung der eigenen

Selbstbestimmung und unausdeutbaren Potentialität andererseits. Im Folgenden sollen daher als nächster Schritt aufbauend auf den Ergebnissen der Auseinandersetzung mit dem Prinzip der Individualität sowie der kritischen Betrachtung des Anerkennungsbegriffs Möglichkeiten und Grenzen der Schule für die Verankerung eines erweiterten Anerkennungsbegriffs diskutiert werden. Ebenso werden in einem weiteren Schritt die Potentiale ästhetischer Erfahrung und der ihr zugeordneten Praktiken für eine Anerkennung der Individualität von Kindern und Jugendlichen kritisch betrachtet.

6. Anerkennungstheoretische Perspektiven auf Schule

Die in der aktuellen Jugendforschung (BMFSFJ 2013; BMFSFJ 2017) geäußerte Kritik an einem Übergewicht der institutionellen Funktionalisierung von Kindern und Jugendlichen hat besonders eine Begrenzung und Überformung der differenten sowie sozial und kulturell involvierten Individualität junger Menschen hervorgehoben (vgl. BMFSFJ 2017, S. 333). Es wird befürchtet, dass sich Schüler*insein als *dominierende Lebensform* (BMFSFJ 2013) und damit eine Haltung der andauernden Kompetenz- und Leistungsoptimierung zulasten differenter, sozialer und kultureller Bedürfnisse von Kindern und Jugendlichen auswirkt. Die institutionellen Regulierungen in der Schule betonen demnach Praktiken der Lebensführung, die Prinzipien schulischer Rationalisierung, d. h. ein diszipliniertes, kontrolliertes, geplantes und zielorientiertes Handeln begünstigen. In der Perspektive der vorliegenden Studie auf Schule als gesellschaftlichem Ort der Individuation ist daher kritisch zu diskutieren, in welcher Weise im institutionellen Regelungsgefüge der Schule eine individuelle Verhältnisbestimmung von Kindern und Jugendlichen vorgesehen ist bzw. wie diese reguliert wird. Dass aber eine eigenständige Verhältnisbestimmung grundlegend und unverzichtbar für ein „zurechenbare[s] individuelle[s] Handeln" ist (Gerhardt 1999, S. 76), konnte mit Gerhardt gezeigt werden (vgl. Kapitel 4.1, S. 36 f.). Im nun folgenden nächsten Schritt der Untersuchung, wird Schule ausgehend von ihrem gesellschaftlichen Leistungsauftrag als institutionelles Anerkennungsgefüge reflektiert. Damit wird nachvollziehbar, welche *Sphären* (Krinninger 2018) der individuellen Verhältnisbestimmung in Schule bestehen und wie diese entlang institutioneller Normen der Anerkennung begrenzt werden. Auf diese Weise wird es möglich darzustellen, welche Anerkennungsordnung für Schule als unter einem gesellschaftlichen Leistungsauftrag stehende Institution konstitutiv ist. Anders gewendet: Es wird ersichtlich, welche Regulierungen von Individualität für Schule bestimmend sind. Durch die anerkennungstheoretische Diskussion der Verfasstheit von Schule wird zudem die Begründungslage für die Kulturschule weiter konturiert. Diese steht dem Anspruch der Studie nach vor der Herausforderung, im Kernbereich der Schule eigenständige Verhältnisbestimmung anhand individueller Standards von Kindern und Jugendlichen ermöglichen zu wollen, ohne den schulischen Leistungsauftrag, der konstitutiv mit der Begrenzung von Individualität verbunden ist, zu unterlaufen.

In der Diskussion des Anerkennungsbegriffs ist deutlich geworden, dass Prozesse der Anerkennung sich nicht nur zwischen zwei Individuen vollziehen, sondern unter Bezugnahme auf geteilte soziale und kulturelle Werte und Normen erfolgen. Wenn Balzer daher formuliert, Anerkennung erfolge „nie nur gegenüber einem Anderen, sondern immer gegenüber und *vor* (bisweilen vielen) anderen Anderen (Dritten)" (Balzer 2014, S. 593 f.), so verdeutlicht sie zweierlei. Zum einen unterliegt die Anerkennungspraxis der Individuen einer sozialen und kulturellen Regulierung. Diese bezieht sich sowohl auf inhaltliche Fragen der Anerkennbarkeit als auch auf Formen des Anerkennens. Zum anderen ist auch die Legitimierung des individuellen Subjekts als Anerkennendes davon abhängig, inwiefern es die geltenden Normen der Anerkennung in seinen Anerkennungshandlungen reproduziert. D.h., das Subjekt übt in seinem Anerkennen eine regulierende *Bestätigung und Stiftung* (Düttmann 1997) aus und ist ihr gleichermaßen selbst ausgesetzt. Die anderen Anderen oder Dritten sind in diesem Sinne Wächter*innen eines sozial und kulturell geteilten Anerkennungsgefüges. Dass diese intersubjektive Triade der Anerkennung in einem verstärkten Ausmaß gerade auch auf für schulische Anerkennungspraxen gilt, unterstreichen besonders Überlegungen aus dem sog. Neo-Institutionalismus (NI). Demnach kann davon ausgegangen werden, dass sowohl die Organisation des Schulsystems und der Einzelschule als auch das Handeln der Akteure auf den unterschiedlichen Ebenen des Schulsystems Regulierungen unterworfen sind, die sich nicht aus der intersubjektiven Begegnung unmittelbar für den konkreten Handlungszusammenhang begründen, sondern Regulierungen und Vorgaben durch Dritte unterliegen (vgl. Senge/Hellmann 2006b, S. 16 f.). Diese externen Akteure, vor denen sich Anerkennung in der Schule vollzieht, sind die dauerhaft und maßgeblich gültigen gesellschaftlichen Grundkonventionen und Interessen, die staatlich geschützt und gesichert werden. Die Anerkennung von Kindern und Jugendlichen in der Institution Schule muss deshalb so ausgestaltet sein, dass sie der Reproduktion und Kohäsion der zu vermittelnden gesellschaftlichen Sinnordnung dient. Weil das, was die Akteure im Schulsystem tun, durch den gesellschaftlichen Kontext und die institutionalisierten Vorgaben höherer Organisationseben bestimmt ist (vgl. Senge/Hellmann 2006, S. 18), ist die relationale Individualität von Jugendlichen und Kindern in der Schule daher nicht als solche, sondern nur unter gesellschaftlich funktionalen Kategorien von Bedeutung. Andreas Wernet hat der Schule daher ein „Pseudologie-Syndrom" attestiert (Wernet 2008, S. 237 f.). Er beschreibt damit die schulische Organisation als ein strukturelles Gefüge, das Fühlen, Denken und Handeln von Kindern und Jugendlichen vor allem vor dem Hintergrund der schulischen Funktionserfüllung reflektiert: „Es liegt im Wesen der Schule der modernen Gesellschaft, dass sie einen Handlungsrahmen schafft, dem das ihm unterworfene Subjekt gleichgültig ist. Um es in der Sprache des Spiels auszudrücken: Die Schule setzt die Schülerperspektive lediglich als ‚gute Mitspieler' voraus; sie müssen entlang der Regeln des Spiels handeln, sie müssen zeigen, dass ihnen dieses Spiel nicht gleichgültig ist und sie müssen den Ausgang des

Spiels akzeptieren. Die Schule prämiert diese Anpassungs- und Unterwerfungsfähigkeit des Subjekts" (Wernet 2008, S. 237 f.).

Auch wenn angenommen werden darf, dass die internen Prozesse der Kommunikation in der Schule durch die Interaktion von Kindern, Jugendlichen und Erwachsenen mitgestaltet und personalisiert werden können (vgl. Wiater 2016, S. 64 f.; Blömeke/Herzig/Tulodziecki 2007), so bleiben die schulischen Kategorien der Leistungsanforderung und -überprüfung doch an „universalistisch-unpersönliche" (Wernet 2008, S. 239) Kriterien gebunden, die nicht individuelle Differenz zum Gegenstand haben, sondern auf eine „Differenzierung der Schüler entlang der Leistungsachse" (ebd.) hinauslaufen. Zwar hat die Kritik des Anerkennungsbegriffs unter dem Prinzip relationaler Individualität auch die Überschreitung, idiosynkratischer Standards und das sich Einlassen auf überindividuelle Normen der Anerkennung als Voraussetzung der Anerkennbarkeit des Subjekts als Individuum ergeben. Ein erweiterter, kritischer Anerkennungsbegriff ist jedoch zugleich auch damit verbunden, die Eindeutigkeit von Normen der Anerkennung der Interpretation durch das Individuum auszusetzen. Es stellt sich nun die Frage, ob eine Orientierung an einem erweiterten Anerkennungsbegriff in der Schule vergleichbar anderen schulkritischen Reformvorschlägen tatsächlich „*gegen* die institutionalisierte Struktur schulischer Zuständigkeit gerichtet" ist und „eine *Negation* dieser Struktur" (Wernet 2008, S. 240, Hervorhebungen im Original, TB) darstellt, weil sie u. U. die Funktionslogik der Schule ignoriert. Desgleichen ist zu überprüfen, inwiefern die schulische Funktionslogik und ihre Organisation über eine Struktur tolerierter Widersprüche verfügen. Dieses Moment würde dann auf Möglichkeiten der Abweichung hindeuten, die Gestaltungsmöglichkeiten eröffnen, ohne die schulischen Funktionen zu unterlaufen und ohne die Voraussetzungen eines erweiterten Anerkennungsbegriffs zu blockieren.

6.1 Funktion und Dysfunktionalität

Wenn von den Funktionen der Schule die Rede ist, dann ist damit gemeint, dass Schule als Institution in einem Leistungsverhältnis zum Staat steht (vgl. Wiater 2009b, S. 65 f.). In Gesetzen und Verordnungen werden Regelungen getroffen, in denen festgeschrieben wird, wie das Instrument Schule dieser Leistungserbringung nachzukommen hat. Entsprechend ist die Schule den sozialen und kulturellen Grundwerten und Grundverhaltensweisen einer Gesellschaft verpflichtet. Die Kernfunktion der Schule als Institution ist daher wesentlich um die Reproduktion, Bestätigung und Sicherung dieser den gesellschaftlichen Zusammenhalt garantierenden Momente gruppiert. Die reproduktive Funktion von Schule ist damit in ihrer Ausgestaltung „*als ganze* auf soziale Beeinflussung ausgerichtet", so Helmut Fend (Fend 1981, S. 98).

Damit steht sie unweigerlich in einem Spannungsverhältnis zu einem erweiterten Anerkennungsbegriff, der auf Veränderung und Neuinterpretation der Anerkennungsnormen und damit auf die kritische Befragung gesellschaftlicher Grundwerte und ihrer sozialen, kulturellen und strukturellen Konkretisierung ausgerichtet ist.

Fend hat in seiner „Theorie der Schule" (Fend 1981) und in seiner fünfundzwanzig Jahre später vorgelegten „Neuen Theorie der Schule" (Fend 2008) die reproduktive Funktion der Schule in vier Dimensionen ausdifferenziert. Beruhte Fends erste Theorie der Schule vor allem in einer strukturfunktionalistischen Perspektive auf der Gegenüberstellung unterschiedlicher Subsysteme in der Gesellschaft im Allgemeinen und im Bildungswesen im Besonderen, so läuft seine zweite Theorie auf eine ordnungstheoretische Rahmung des Handelns der Akteure unterschiedlicher aufeinander bezogener „Gestaltungsebenen und Verantwortungsebenen" (Fend 2008, S. 171) hinaus. In seiner Analyse des Handelns der unterschiedlichen Akteursgruppen berücksichtigt er, wie weiter unten dargestellt wird, sowohl die Abhängigkeit der Akteure von den institutionellen Vorgaben als auch ihre Freiräume von diesen und identifiziert im Moment der Rekontextualisierung eine spezifische Gestaltungsstruktur in der Schule. Reflektierte die erste Theorie Fends also vor allem „die *Topographie* des Bildungswesens und seine *Funktionsweise* im gesellschaftlichen Zusammenhang" (Fend 2008, S. 17, Hervorhebung im Original, TB), so erfährt Schule in den Analysen seiner *Neuen Theorie* eine Dynamisierung. Diese Weiterentwicklung beruht wesentlich auf einer stärkeren Reflexion der Handlungsdynamik der Akteure des Bildungswesens. Sie läuft, so Fend, „auf die Konzeption des Bildungswesens als eines *institutionellen Akteurs* und damit auf ein reflektiertes Verständnis des Verhältnisses von Institution, Handeln und Akteur" hinaus (Fend 2008, S. 16, Hervorhebungen im Original, TB). Fend entwirft Schule damit in der Perspektive eines „akteurzentrierten Institutionalismus" (Fend 2008, S. 157). In dieser steht das individuelle Handeln der Akteure in der Schule im Mittelpunkt. Handeln der Akteure ist in dieser Interpretation sowohl ein verstehensgeleitetes und in diesem Sinne individuelles als auch durch institutionelle Regelungen vorstrukturiertes, d.h. begrenztes (vgl. ebd.). Im Sinne relationaler Individualität verdeutlicht Fends Ansatz zum einen die institutionelle Involvierung des Individuums. Zum anderen wird jedoch auch ersichtlich, dass die Verhältnisbestimmung des Individuums im Regelungsgefüge nur als eine funktional bedingte vorgesehen ist. Die individuelle Differenzbildung ist im Kontext der Institution eine regulierte. Diese Begrenzung leitet sich nicht zuletzt aus dem gesellschaftlichen Leistungsauftrag der Schule her, welcher auch in Fends *Neuer Theorie* fortbesteht. Im Folgenden soll jedoch nicht der von Fend analysierte Wirkungszusammenhang von Schule und Gesellschaft betrachtet werden (vgl. dazu anschaulich Fend 2008, S. 51). Stattdessen erfolgt die Darstellung der Funktionen von Schule in einer anerkennungstheoretischen

Kritik. Anhand des entwickelten Analyserahmens werden die Schulfunktionen in ihrem Potential bzw. in ihrer Begrenzung für unterschiedliche Dimensionen individueller Anerkennung diskutiert. Damit ist eine Erweiterung des von Fend beanspruchten Akteurbegriffs verbunden. Diesen wendet Fend vor allem auf die im Bildungswesen handelnden erwachsenen Akteure an. Diese sieht er in einer institutionellen Auftragslage und Handlungsnotwendigkeit. In der vorliegenden Studie wird dieser Entwurf einer Schule der erwachsenen Akteure auf die Positionen von Kindern und Jugendlichen in der Institution hingelenkt. Dies ist deshalb möglich, weil nicht das institutionelle Handeln der Akteure in den Verhältnissen des Mehrebenensystems des Bildungswesens in Mittelpunkt steht. Im Mittelpunkt steht stattdessen, die vom institutionellen Leistungsauftrag der Schule ausgehenden Begrenzungen der individuellen Anerkennung von Jugendlichen und Kindern. Anders gesagt: Schule wird als institutionelles Anerkennungsgefüge interpretiert. Indem Anerkennung eine notwendige Voraussetzung im verändernden Nachvollzug durch das anerkannte Individuum findet (vgl. Kapitel 5.1.3, S. 69; Butler 2009, S. 346), stellen Kinder und Jugendliche im institutionellen Anerkennungsgefüge der Schule ebenso institutionelle Akteure dar. Denn auch sie werden mit dem Anspruch adressiert, ihren Beitrag zur institutionellen Leistungserbringung zu erfüllen.

Fends Analyse und Darstellung der gesellschaftlichen Funktion von Schule im Verhältnis und in Abgrenzung zu anderen Subsystemen der Gesellschaft hat in vielfältigen theoretischen Reflexionen der Schule eine Fortführung und Weiterentwicklung gefunden (vgl. Blömeke/Herzig/Tulodziecki 2007; Leschinsky/Cortina 2005; Wiater 2016; Wiater 2009a), in Teilen aber auch Kritik erfahren (vgl. Duncker 1994, S. 29 ff.). Der Kern schulischer Reproduktion bezieht sich nach Fend auf eine umfassende „Humangestaltung" und „Menschenbildung" (Fend 2008, S. 169) durch die Förderung von Wissen, Kompetenzen und Werten. Schule fördert in diesem Sinne Subjektformen, die gesellschaftlich von Interesse sind. Die Reproduktionsfunktionen der Schule beziehen sich demnach auf die Reproduktion kultureller Systeme, die Reproduktion der Sozialstruktur sowie die Reproduktion von Normen, Werten und Interpretationsmustern, die, im Duktus der systemstrukturellen ersten fendschen Theorie der Schule, „zur Sicherung der Herrschaftsverhältnisse dienen" (Fend 1981, S. 16). Fend grenzt entsprechend die Enkulturation, die Qualifikation, die Allokation und die Selektion sowie die Legitimation als Funktionen der Schule voneinander ab.

Mit der Funktion der **Enkulturation** ist die Sicherung des hegemonialen Status bestimmter kultureller Sinnordnungen durch die Institution Schule angesprochen. Neben der Aneignung von kulturspezifischen Zeichensystemen und Praktiken ist auch die Reproduktion von Wertorientierungen Teil dieser Schulfunktion. Damit verdeutlicht sich in besonderer Weise der damit einhergehende Anspruch auf Subjektformung. Eine interessenlose wie auch immer umzusetzende Praxis der *vorgängigen Anerkennung* (Honneth 2005) steht nicht im primären Fokus der Schule. Vielmehr hat die Schule die Leistung einer Resubjektivierung (Wiater 2016, S. 153 f.) kultureller Sinnsysteme im Selbst- und Weltverhältnis der Individuen zu erbringen. Sie überschreitet individuelle Selbst- und Weltinterpretationen aufgrund ihrer funktionalen Orientierung durch die Absicht einer Beheimatung in einem allgemeinverbindlichen Werte- und Normengefüge. Diese vollzieht sich der Absicht nach durch die Reproduktion „grundlegender kultureller Fertigkeiten und kultureller Verständnisformen der Welt und der Person" (Fend 2008, S. 49 ff.). Sie geht damit zugleich mit dem Potential einer *kulturellen Anerkennung* einher, die das Individuum als Adressat sozialer und kultureller Zuschreibungsprozesse berücksichtigt. Ein selbstbestimmtes Handeln ist im Sinne des Prinzips relationaler Individualität auf die Interpretation der Normen der Anerkennung sowie auf die Fähigkeit, symbolisch zu handeln, angewiesen. Weil aber die Funktion der kulturellen Reproduktion voraussetzungsvoll, d. h. mit der Absicht der Resubjektivierung ausschließlich der hegemonialen kulturellen Werte, Normen und Praktiken erfolgt, besteht die Gefahr, dass abweichende individuelle Interpretationen und Praktiken diskriminiert bzw. allenfalls als bestätigende Reflexionsfolie dienen. Eine *kulturelle Anerkennung* des individuellen Subjekts schließt jedoch nicht nur die Aneignung eines kulturellen Repertoires an geteilten Bedeutungen und Praktiken mit ein, sondern verlangt gleichermaßen die Möglichkeit, diese performativ zu erproben und einer grundlegenden Infragestellung und Neuinterpretation auszusetzen. Dies kann sich jedoch mit dem Anspruch der Schule auf kulturelle Reproduktion nur begrenzt vertragen. Es wird daher im weiteren Verlauf zu überprüfen sein, inwiefern das Potential der Enkulturationsfunktion im Sinne der Dimension einer *kulturellen Anerkennung* aufgegriffen werden kann.

Wiater untersetzt die bei Fend betonte strukturelle Dimension der Reproduktion mit einer weiteren auf das Subjekt abgeleiteten Funktion, die er als „Personalisation" versteht (Wiater 2016, S. 147 ff.). Sie beschreibt die subjektive Seite der Enkulturation, indem sie auf Fragen der Individuation im Medium kultureller Grundwerte ausgerichtet ist. Im Mittelpunkt stehen nach Wiater Lernprozesse, mit deren Hilfe das Subjekt seine „individuellen Kompetenzen entfaltet und zur Um- und Mittelwelt in Beziehung setzt, damit e[s] selbstbestimmt, selbstverantwortlich, selbsttätig, sich selbst verpflichtend und sittlich autonom zu handeln imstande ist" (ebd.). Wiater verdeutlicht damit Bildungsprozesse, die der von Fend beschriebenen kulturellen Reproduktionsfunktion inhärent sind. Die Personalisationsfunktion stellt insofern eine Ableitung dar, als sie die sozial und kulturell bedingte Individuation in der Begegnung mit der schulischen Organisation, etwa mit Unterrichtsfächern und Lerninhalten, beschreibt (vgl. ebd.). Vor diesem Hintergrund verdeutlicht sich auch die enge Verbindung der Enkulturationsfunktion mit Fragen der *personalen Anerkennung*. Die Dimension der personalen Anerkennung reflektiert vor allem soziale und kulturelle Wirkungen, die dem Subjekt, das als nach eigenen Gründen handelndes Individuum anerkannt wird, zugeschrieben werden. Um aus eigenen Gründen und Vorstellungen, die es sich selbst zuschreibt und in denen es sich wiedererkennt, handeln zu können, ist das Individuum auf die Fähigkeit der Willensbildung angewiesen. Diese setzt eben jene Lernprozesse voraus, die sich mit Wiater aus Fends Funktion der Enkulturation ableiten lassen. Es wird jedoch zu diskutieren sein, wie für das Individuum in der Ausgestaltung der kulturellen Reproduktionsfunktion ausreichende Freiheitsgewinne zu ermöglichen sind, die es ihm erlauben, sich kulturelle Grundverständnisse als eigene Vorstellungen anzueignen bzw. zu solchen weiterzuentwickeln. Ebenso offensichtlich scheint jedoch, dass *personale Anerkennung* kultureller Voraussetzungen im Sinne eines Mediums der personalen Individuation bedarf.

In der **Qualifikationsfunktion** konkretisiert sich die Involviertheit des Individuums in die zu reproduzierenden kulturellen Dimensionen. Sowohl das sozial und kulturell involvierte Individuum als auch das Ziel einer Sicherung und Weiterentwicklung der gesellschaftlichen Sinnordnungen und Strukturen bedürfen der Vermittlung von Wissen und Fähigkeiten. Sie stellen die Grundlage dafür dar, dass sich das Subjekt im *Kampf um Anerkennung* sowohl im Sinne seiner Individuation als auch im Sinne des gesellschaftlichen Fortbestands bewähren und in ihm Wirksamkeit erzeugen kann. Dies bedeutet, dass die Qualifikationsfunktion auf die „Leistungspotenziale" (Fend 2008, S. 53) des individuellen Subjekts fokussiert ist, die ihm eine eigenständige, sozial und kulturell erfolgreiche Lebensführung ermöglichen. Die Qualifikationsfunktion ist damit jedoch weit mehr als, wie von Fend dargestellt, eine *Gelegenheitsstruktur* (Fend 2008) für den Erwerb von informationellem Wissen: Vielmehr umfasst sie gleichermaßen die Konkretisierung von Subjektformen, die den gesellschaftlichen Interessen entsprechen. Die Qualifikationsfunktion steht daher in unmittelbarem Zusammenhang mit Fragen der *kognitiven Anerkennung*, d.h. der Vermittlung und Voraussetzung der Fähigkeit zur Reflexion und Kommunikation im Medium geteilter Begriffe. Sie betrifft aber ebenso Fragen der *aisthetischen Anerkennung*, d.h. der Reflexion aisthetischer Prozesse als Voraussetzung des selbstbestimmten Handelns des Subjekts, sowie der *performativen Anerkennung*. Letztere bezieht sich auf den verstehenden Nachvollzug, der sich in den Handlungen des individuellen Subjekts realisiert und die darin implizierten individuellen (Neu-) Interpretationen von Anerkennungsnormen mit einschließt. Die Dimension der *performativen Anerkennung* reflektiert das Handeln des Subjekts als produktive Verarbeitung sozialer und kultureller Bedeutungskategorien und erkennt in der individuellen Art und Weise des Handelns eine Bedeutungsverschiebung bzw. -anpassung der Anerkennungsnormen an den Selbst– und Weltentwurf des Subjekts als differentes und involviertes Individuum. Damit geht der Blickwinkel der *performativen Anerkennung* über den einer Anerkennung von qualifizierten Kompetenzen im Sinne von Handlungsdispositionen des Subjekts deutlich hinaus. Auch die *kognitive* und die *aisthetische Anerkennung* sind nicht mit kognitiven Wissensbeständen oder aisthetischen Wahrnehmungsfähigkeiten zu verwechseln, die der Wettbewerbsfähigkeit des Individuums dienen. Vielmehr reflektieren diese Anerkennungsdimensionen Voraussetzungen, die der Ausgestaltung des Subjekts als sozial und kulturell involviertes sowie differentes Individuum zugrunde liegen. Auch hier zeigt sich, dass ein erweiterter Anerkennungsbegriff die schulischen Funktionen der Reproduktion überschreitet.

Der Widerstreit schulischer Funktionslogik und eines erweiterten Anerkennungsbegriffs, der die *Bestätigung und Stiftung* (Düttmann 1997) des relationalen Individuums als solche reflektiert, wird besonders vor dem Hintergrund jener schulischen Funktion deutlich, die am offensichtlichsten mit der Verteilung von gesellschaftlichen Freiheitsgraden befasst ist. Die **Allokationsfunktion** steht in unmittelbarer Korrespondenz mit der sozialen Gliederung der Gesellschaft, die sich nach „Bildung, Einkommen, Kultur und sozialen Verkehrsformen" (Fend 2008, S. 49 ff.) ausdifferenziert. Auch wenn Fend sich in der „Neuen Theorie" der Schule dagegen verwahrt, von einer Selektionsfunktion zu sprechen, „da nicht die Ausschließung aus erwünschten Bildungslaufbahnen im Vordergrund stehen kann" (Fend 2006, S. 50), so ist es doch mehr als fraglich, wie die Positionsverteilung durch das schulische System einer Anerkennung der relationalen Individualität von Kindern und Jugendlichen genügen könnte. Die Angemessenheit der über die allgemeinen Kriterien des schulischen Prüfungswesens vorgenommenen „Zuordnungen zwischen den Leistungen der Schülerschaft und ihren beruflichen Laufbahnen" (ebd.) relativiert auch Fend vor dem Hintergrund sozialer Reproduktionsprozesse von Teilhabe und Benachteiligung. Aus anerkennungstheoretischer Sicht ist zu überprüfen, inwiefern schulische Prozesse der Zuordnung eine eklatante Form der *Verkennung* der Individualität von Kindern und Jugendlichen durch institutionelle Anerkennungspraxen darstellen. Einzubeziehen wäre hier jedoch ebenso die Frage, ob diese Einschränkung der individuellen Selbstbestimmungsmöglichkeit eine tolerierbare Einschränkung oder einen unzumutbaren Zwang (vgl. Heidbrink 2007, S. 283) darstellt. Während bei tolerierbaren sozialen und kulturellen Einschränkungen die Möglichkeit besteht, diese dem eigenen Selbstverständnis zu integrieren und als Bestandteile der eigenen Individualität zu begreifen, ist dies, so Ludger Heidbrink, bei Zwängen nicht der Fall, da „der Anteil der Fremdbestimmung das erforderliche Maß der Selbstbestimmung übersteigt" (Heidbrink 2007, S. 283 f.). Die konkrete Notwendigkeit als Individuum sozial und kulturell handlungsfähig zu sein, lässt sich einerseits nur durch die Annahmebereitschaft äußerer Erwartungen und Ansprüche einholen. Diese Annahmebereitschaft beinhaltet das Potenzial durch eine Überschreitung der eigenen Idiosynkrasien über sozial und kulturell wirksame Gestaltungsmöglichkeiten zu verfügen. Diese notwendige *Verkennung* des Individuums hebt aus anerkennungstheoretischer Sicht die Grenzen des Anerkennungsmediums, hier die schulischen Beurteilungskriterien, hervor. Die Kriterien der Beurteilung stiften in der Ökonomie der reproduktiven Funktionslogik unweigerlich der „primäre(n) Andersheit" (Bedorf 2010, S. 145) des Individuums eine „sekundäre Andersheit" (ebd.) hinzu (vgl. Kapitel. 5.1.4, S. 72; Bedorf 2010, S. 119 ff.). Dieser Vorgang einer funktionalen *Stiftung* (Düttmann 1997), die konkrete soziale, kulturelle und ökonomische Folgen beinhaltet, lässt sich als eingrenzender und in diesem Sinne diskriminierender Vorgang allenfalls sichtbar machen. Sie lässt sich aber so lange nicht aufheben, wie die schulische Allokationsfunktion als gültig anerkannt wird. Lediglich durch eine Suspendierung der Funktionslogik lassen sich die mit der Allokationsfunktion verbundenen Prozesse und Produkte, wie z. B. Schulempfehlungen und Schulabschlüsse, als Akt der *Stiftung* (Düttmann 1997) und *Verdopplung* (Bedorf 2010) des Individuums explizit machen. Die Möglichkeit, Allokationsprozesse als solche sichtbar zu machen und in ihrer Beschränkung zu verdeutlichen, wäre nicht zuletzt deshalb von Bedeutung, weil die allokativen Prozesse und Produkte ihrer Wirkung als *Verkennung* des Individuums enthoben und stattdessen als soziale und kulturelle Hinzustiftung erkennbar würden. In dieser Funktion wären die schulischen Allokationspraxen durch das Individuum kritisierbar, als pragmatischer Vorgang annehmbar und somit im Sinne der Neuinterpretation gestaltbar. Der von Allokationsprozessen verstärkte *Riss im Selbstverhältnis* (Bedorf 2010) des Individuums wird dann als durch eine intersubjektiv erkaufte Handlungsfähigkeit erschlossen und vermittelt die Fähigkeit, mit *Widersprüchen* leben zu können, ohne von ihnen beherrscht zu werden. Dies wiederum ist eine Voraussetzung, damit das individuelle Subjekt sich selbst anerkennen und sich zu einem Leben mit *Widersprüchen* ermutigen kann.

Die **Integrations- und Legitimationsfunktion** schließlich lässt den an die Schule ergehenden Leistungsauftrag zur gesellschaftlichen Stabilisierung offensichtlich werden. Sowohl „die Schaffung einer kulturellen und sozialen Identität" als auch „die Schaffung von Zustimmung zum politischen Regelsystem und in der Stärkung des Vertrauens in seine Träger" (Fend 2008, S. 50) beschreibt Fend als die kohäsiven Wirkungen des Schulsystems. Schule als Institution ist demnach zentral auf eine soziale und kulturelle Stabilisierung der Individuen in ihrem Selbstverständnis aber auch in ihrem Verhältnis zur Gesellschaftsordnung und sogar zu den herrschenden politischen Verhältnissen ausgerichtet. Bemerkenswert ist jedoch, dass die Aufrechterhaltung der sozialen Systeme nicht nur auf die *Stiftung* (Düttmann 1997) von Individuen angewiesen ist, die innerhalb der gesellschaftlichen Interessen leistungsfähig sind. Die innere Kohäsion der Gesellschaft ist stattdessen ebenso darauf angewiesen, dass neben Qualifizierung und Allokation die gesellschaftliche Sinnordnung von den

Individuen internalisiert, d. h. von ihnen als gültige angenommen wird, um sich als anerkennbar adressieren zu lassen und andere als anerkennbar zu adressieren. In diesem Sinne ist auch die Schule selbst in den Kampf um die Anerkennbarkeit der von ihr repräsentierten Anerkennungsnormen gestellt. Sie ist also demnach auf den Nachvollzug durch die Individuen angewiesen und steht aufgrund des Abweichungspotentials der individuellen Reflexionsprozesse in der Spannung des immer potentiellen Widerspruchs und der Gefahr, in Frage gestellt zu werden. Die Anerkennungspraxen der Schule sind auch deshalb auf die Dimension der Anerkennung als vereinheitlichendes *Wiederkennen* verengt. Die Integrations- und Legitimationsfunktion ist ohne die Funktionen der Enkulturation, Qualifikation und Allokation nicht zu haben. Denn durch diese wird das Subjekt nach institutionellen Normen geformt, die schließlich durch seine Zustimmung legitimiert werden sollen. Dieses Spannungsverhältnis beruht auf dem *Verhältnis der Verhaltenheit*, dem *trennenden, un-gehörigen Zusammengehören* (vgl. Düttmann 1997, S. 52) des Anerkennens, in dem das Individuum als sozial und kulturell anerkanntes gestiftet wird. Dieser auf Dauer gestellten Ungewissheit des Anerkennens und der Anerkennung der Schule und der von ihr repräsentierten gesellschaftlichen Grundkonventionen wirft zum einen den Blick auf eine fundamentale Widersprüchlichkeit der reproduktiven Institution Schule. Sie ist, auf Stabilisierung und Kohäsion ausgerichtet, auf die ambivalente, sozial und kulturell relationale Individualität der Subjekte angewiesen. Zum anderen macht diese Widersprüchlichkeit die zentrale Bedeutung von Fragen der Schulorganisation und des Handelns der unter dem Auftrag der Schulfunktionen stehenden Akteure sichtbar.

Die zweckrationale Organisation der Schule kann sich daher nicht lediglich um die Reproduktion gesellschaftlicher Grundkonventionen und Ziele gruppieren, sondern muss als eine zweite Bezugsgröße Kinder und Jugendliche nicht nur als anzuerkennende, sondern auch als aktiv anerkennende Individuen berücksichtigen. Sie kann daher dem Drängen der gesellschaftlichen Ansprüche nicht ungefiltert nachgeben, sondern ist auch aus funktionaler Sicht ebenso dem Schutz der Kinder und Jugendlichen verpflichtet. Neben den gesellschaftlichen Erwartungen und Ansprüchen sind es, so Wiater, „das wachsende Reflexionsvermögen, die wachsende seelisch-körperliche Belastbarkeit der Kinder und Jugendlichen" (Wiater 2009b, S. 67), die Schule schützend zu berücksichtigen hat. Ihr ist als Institution in Bezug auf ihre Funktionen daher eine strukturelle „Dysfunktionalität" (Wiater 2009a, S. 39) eingeschrieben. Diese *Dysfunktionalität* der Schule beinhaltet eben jenes Gestaltungspotential, das für den intendierten Freiheitsgewinn gegenüber den mit Anerkennungsprozessen verknüpften Ansprüchen auf Denk- und Verhaltensweisen der Individuen entfaltet und für ihre Anerkennung nutzbar gemacht werden kann. Im Folgenden sollen daher anhand ausgewählter Theorien der Schule Gestaltungspotentiale des schulischen Handlungsrahmens dahingehend identifiziert werden, inwiefern sich aus den strukturellen Gegebenheiten der Institution Schule Möglichkeiten für Anerkennungspraxen bieten, die einem erweiterten Anerkennungsbegriff entsprechen.

6.2 Gelegenheitsstrukturen und Handlungsmöglichkeiten

Fends *Neue Theorie der Schule* ist für eine anerkennungstheoretische Kritik der Schule vor auch deshalb hilfreich, weil sie im Sinne eines *akteurzentrierten Institutionalismus* (Fend 2008) individuelle Verhältnisbestimmungen der Subjekte in einem allgemeingültigen Regelungsgefüge reflektiert. Fend fokussiert seine Analyse auf die erwachsenen institutionell beauftragten Akteure. Diese müssen die Prozesse zur Leistungserbringung der einzelnen Schule gegenüber den höheren Ebenen des Schulsystems erreichen und innerhalb einer regelhaft vorstrukturierten Umgebung vor Ort organisieren. Sie müssen dafür „Gelegenheitsstruktur[en]" (Fend 2008, S. 181) im institutionellen Regelungsgefüge für ein wirkungsvolles Handeln zu nutzen wissen. Damit sind, wie darzustellen sein wird, in Fends *Neuer Theorie der Schule* Momente der Veränderbarkeit präfiguriert. Im Folgenden soll die von Fend vorgenommene theoretische Grundlegung der Schule aus einer anerkennungstheoretischen Perspektive reflektiert und diskutiert werden. Von besonderem Interesse ist hierbei die Interpretationsbedürftigkeit von Schule, ihrer grundlegenden Prinzipien und deren regulativen Ausführungsformen. In der Angewiesenheit von Schule auf die Interpretationen der in ihr handelnden Individuen wird ein zentrales Moment ihres spezifischen Anerkennungsgefüges vermutet. Indem Schule im Folgenden als Anerkennungsgefüge reflektiert wird, können auch Kinder und Jugendliche als an der Leistungserbringung der Institution beteiligte institutionelle Akteure berücksichtigt werden.

Die anerkennungstheoretische Diskussion von Schule soll zusätzlich durch ein Instrumentarium untersetzt werden, welches die spannungshafte Situation zwischen *Gelegenheitsstrukturen* und Interpretationen durch die individuellen Subjekte einerseits und verpflichtend und regulierend wirkenden allgemeingültigen Regularien andererseits betont. Dabei soll besonders der Aspekt reflektiert werden, inwiefern von Schule aufgrund ihres Status als Institution konformisierende, Differenz begrenzende Ansprüche und Erwartungen ausgehen. Hierfür werden Hinweise aus dem Neo-Institutionalismus hinzugezogen, da diese, nach Fend, aus dem „Verhältnis von Institution und Handlung" (Fend 2006, S. 163) wichtige Hinweise für Gestaltungs- und Veränderungsmöglichkeiten ableiten. Für die Dynamisierung „einer neuen Architektur der Theorie der Schule" haben sie, so Fend, „eine entscheidende Rolle" gespielt (Fend 2008, S. 164). Vertreter*innen des Neo-Institutionalismus gehen davon aus, dass Organisationen ihr Handeln nicht völlig selbstbestimmt steuern können, sondern nur über eine eingeschränkte Möglichkeit der Selbstgestaltung verfügen.[19] Strukturen und Handeln der Akteure in Organisationen fußen demnach nicht ausschließlich auf rationalen Überlegungen und ökonomisch sinnvollen Entscheidungen, sondern unterliegen einer Regulierung durch externe Akteure: „Formale Organisationsstrukturen werden nicht als das Ergebnis von rationalen Strategien und Entscheidungen des Managements mit Bezug auf ein bestimmtes Problem verstanden, sondern als Ergebnis einer Anpassung an institutionalisierte Erwartungen in der Umwelt der Organisationen", so Ursula Mense-Petermann (Mense-Petermann 2006, S. 63). „So lässt sich z. B. die Organisation des Unterrichts an Schulen nach einem Stundenplan nicht als rationale Strategie einer effizienten Unterrichtsorganisation der einzelnen Schulleitungen, sondern durch Rekurs auf Vorgaben von Schulbehörden und -ministerien erklären" (ebd.). Aus neo-institutionalistischer Sicht steht jede Schule zwar unter dem Anspruch der Selbstorganisation und ist aufgrund ihrer Tradition, ihres Standortes und der konkreten in ihr zusammenhandelnden Menschen mit einer gewissen Eigenlogik ausgestattet (vgl. Kapitel 6.4; Helsper et al. 2001). Zugleich folgt sie in ihrer Struktur und Organisation jedoch Regularien, die ihr durch höhere Ebenen des Schulsystems als verbindliche Prinzipien verordnet werden, wie z. B. das Unterrichts- oder das Bewertungsprinzip. Diese Verordnungen bilden gesellschaftliche Leistungsaufträge an das Schulsystem strukturell ab und haben eine institutionalisierende Wirkung auf die Organisation der Einzelschule und das Handeln der Akteure. Institutionalisierend wirken die Regulierungen insofern, als sie „ein Spektrum von typischen Handlungsmöglichkeiten" (Senge 2006, S. 44) vorgeben und dauerhaft gültig sind. Sie beanspruchen daher die Wiederholung bestimmter Handlungen und sind durch Stabilität gekennzeichnet. Im Sinne des Neo-Institutionalismus können „Gesellschaft, Gesetze, Staat, Organisationen, formale Aspekte von Organisationen, Werte, Rollen, Glaubenssysteme etc." (Senge 2006, S. 40) als Institutionen bezeichnet werden. Dieser breite Institutionenbegriff fokussiert die handlungsgenerierende Wirkung gesellschaftlicher Grundkategorien. Er verdeutlicht jedoch auch, dass Strukturen von Organisationen zu sehr unterschiedlichen dauerhaften und stabilen externen Akteuren in Korrelation stehen können. Welche Akteure dies sind, hängt davon ab, ob sie für die betreffende Organisation maßgeblich sind. Sie bilden „Umwelten" (Senge/Hellmann 2006, S. 18), welche die Funktion der Handlungsregulierung und -generierung ausüben. Institutionelle *Umwelten* stellen also ein „organisationale[s] Feld[ ]" dar (Senge/Hellmann 2006, S. 18), dass die maßgeblichen Akteure umfasst, denen die Organisation verpflichtet ist und die sich dauerhaft und stabil regulierend auf sie auswirken können. Die strukturelle Anpassung der Organisation an die

---

19 Vgl. Meyer/Rowan (1977); Powell/DiMaggio (1991); Rowan (1982); Scott/Meyer (1994); Senge (2006).

Regularien der institutionellen Akteure konnten Paul DiMaggio und Walter Powell anhand dreier Motive begründen. Sie unterscheiden eine Strukturangleichung aufgrund politischen Zwangs („coercive isomorphism"), aufgrund der Reduzierung von Unsicherheiten („mimetic isomorphism") sowie aufgrund der hohen Akzeptanz von Normen und Werten („normative isomorphism") (DiMaggio/Powell 1991, S. 63 ff.). Da im Falle des öffentlich verantworteten Schulsystems der Staat einen hohen Grad der Verbindlichkeit verordneter Regularien herzustellen vermag und zugleich in der gesellschaftlichen Funktion der Garantie und Sicherung gesellschaftlicher Werte und Normen steht, ist davon auszugehen, dass das Schulsystem auch einen hohen Grad an Institutionalisierung aufweist. Dies hat zur Folge, dass die unterschiedlichen Ebenen des Schulsystems in der Lage sind, institutionalisierende Wirkung auf die jeweils untergeordneten Ebenen auszuüben. In diesem Sinne kann auch von Schule als Institution gesprochen werden.

Das Schulsystem kann als ein offenes System verstanden werden, das sich in einem dauerhaften „Konstitutionsverhältnis" (Senge/Hellmann 2006, S. 19) zu seinem gesellschaftlichen Umfeld befindet. Die Wiederholung und Stabilität der Handlungsregulierungen auf den unterschiedlichen Ebenen des Schulsystems stellen die prozessualen und strukturellen Grundlagen für die Bindung zwischen Schule, Staat und Gesellschaft dar. Neben diesem kohäsiven Charakter eines durch Konstanz geprägten Schulsystems, spielen jedoch auch die jeweiligen Konstellationen individueller Akteure und ihre Beziehungen zueinander auf den unterschiedlichen Schulebenen eine mitgestaltende Rolle. So verdeutlich etwa Fuchs (2010b) eine Vielfalt von Funktionen, die Schule für unterschiedliche Menschengruppen einnimmt, „die mit Schule regelmäßig zu tun haben (Schüler/innen, Lehrer/innen, Schulaufsicht, Handwerker, Hausmeister, Lieferanten, Verwaltungskräfte etc.)" (Fuchs 2010b, S. 48):

„Schule ist u. a.
- ein System institutionalisierten Lernens,
- eine Institution der Vergabe von Berechtigungen,
- ein Schonraum,
- eine Lebenswelt eigener Art,
- ein Arbeitsplatz,
- ein Ort der Begegnung der Generationen,
- ein Ort systematischen Lehrens und Lernens,
- ein Ort der Begegnung mit Gleichaltrigen und Jugendgesellligkeit,
- ein Moratorium,
- eine Instanz der Selektion,
- ein Ort der Umsetzung des Menschenrechts auf Bildung,
- eine Sozialisationsinstanz,
- ein Ort der Befreiung vom Elternhaus,

- ein Ort der Anerkennung und Demütigung,
- ein Ort, der in einer entscheidenden Lebensphase einen sehr hohen Zeitanteil in Anspruch nimmt mit einem bestimmten Zeitregime,
- ein räumlicher Kontext" (Fuchs 2010b, S. 48).

Trotz dieser Vielfalt an Bezugnahmen auf Schule geht von den institutionalisierenden Handlungsregularien eine normierende Wirkung auf die Akteure der unterschiedlichen Ebenen aus. Diese Regularien begrenzen die Vorstellungen und Handlungsroutinen aufgrund einer ihnen eigenen „Selbstverständlichkeit (taken-for-grantedness)" (Senge 2006, S. 40). Dies macht die subjektformende Dimension institutioneller Regulierungen insofern deutlich, als gesellschaftliche Institutionen in diesem Sinne zuletzt immer „kognitive[ ] Institutionen" (ebd.) sind. Sie ermöglichen die Vergesellschaftung der Subjekte als relationale Individuen und begrenzen zugleich Individualität in ihrer Varianz. Die *Selbstverständlichkeit* der institutionalisierten Regularien begründet sich jedoch nicht aus einer rationalen Einsicht der Akteure, sondern aus ihrer Legitimierung in institutionalisierten *Umwelten* der Organisation. Diese präfiguriert Prozess- und Strukturformate („prefabricated formulae"; vgl. Meyer/Rowan 1977, S. 344), anhand derer die Leistungserbringung der Institution gesichert werden soll: „Organisationen übernehmen nicht deshalb institutionalisierte Muster aus ihrer Umwelt, weil diese mit Selbstverständlichkeitsannahmen verbunden sind und als die selbstverständlich ‚richtige' Lösung wahrgenommen werden, sondern weil sie für diese Anpassungsleistung belohnt werden. Sie gewinnen dadurch Legitimität, Ressourcen und Überlebenschancen" (Mense-Petermann 2006, S. 66). Für die Frage, wie in Schule für Kinder und Jugendliche Freiheitsgewinne gegenüber den institutionellen Verhaltenserwartungen erreicht werden können, verdeutlich dies eine prekäre Situation: Wenn die *Selbstverständlichkeit* von Institutionen die Vorstellung von Möglichkeiten begrenzt und überformt, ist „ein Hinterfragen ihrer Geltung unwahrscheinlich" (Senge 2006, S. 40).

Schule steht also „im Auftrag externer Akteure" (Fend 2008, S. 169), deren funktionale Erwartungen sie erfüllen und in Auseinandersetzung mit den individuellen Menschen, die in einer Schule arbeiten und lernen, realisieren muss. Die reproduktive und kohäsive Funktion von Schule ist insofern sowohl auf die individuellen Interpretationsprozesse und die Annahmebereitschaft der Kinder, Jugendlichen und Erwachsenen angewiesen als auch in ihrem Erfolg von diesen wenn nicht bedroht, dann doch zumindest potentiell beschränkt. Im Folgenden kann nachgewiesen werden, inwiefern die schulische Organisation daher in ihren Prinzipien auf die weitestgehende Reduzierung differenter Bedeutungsbildungen bzw. die größtmögliche Ausweitung universalistischer Regularien angewiesen ist, ohne dass sie diese in einer kausalistischen Wirkung durchsetzen könnte. Vielmehr muss die Schule die Ansprüche ihrer institutionellen Umwelten vermitteln, die wiederum „selbstreferentiell und eigengesteuert von den Akteuren rekontext-ualisiert" werden können (Fend 2008, S. 183). Durch die Anwendung institutioneller Normen der Anerkennung kann es der Schule also gelingen, das von den individuellen Eigendynamiken ausgehende Risiko zu minimieren. Denn die institutionell geschaffenen Umwelten geben zwar zum einen Normen der Anerkennung von Individuen in der Schule vor. Zum anderen aber können sie erst durch die Interpretation der Individuen ihre institutionelle Wirksamkeit erlangen. Dies ist auch deshalb der Fall, weil die Akteure in der Schule durch die Interpretation der schulischen Regularien miteinander in Kommunikation treten und sich als anerkennbar adressieren.

Fends *Neue Theorie der Schule* beruht auf einer ordnungstheoretischen Rahmung des Handelns der Akteure unterschiedlicher aufeinander bezogener „Gestaltungsebenen und Verantwortungsebenen" (Fend 2008, S. 171). Sowohl das Handeln der Erwachsenen als auch das Handeln der Kinder und Jugendlichen ist in dieser Perspektive „gesellschaftlich vereinbarten und durchgesetzten Regelungen" (Fend 2008, S. 169) nicht nur unterworfen, sondern setzt diese in Form eines „normativ regulierte[n] Zusammenhandeln[s]" erst um (ebd.). Die Begünstigung gewünschter Subjektformen in der nachwachsenden Generation ist demnach an „institutionelle Regelsysteme, Programme des Lehrens und Lernens sowie Kompetenzen und ‚Techniken', das Programm auszuführen", gebunden (ebd.). Indem Erwachsene diese als z. B. Lehrer*innen ausführen und gestalten, tun sie dies nicht als individuelle Akteure, sondern normativ strukturiert im Auftrag der Institution Schule. Indem die Lehrpersonen die schulischen Regeln anwenden, setzen sie eine in der Institution gefasste soziale und kulturelle Machtkonstellation um, die als normative Perspektive der Schule Anerkennungsnormen realisiert. Der schulische Leistungsauftrag markiert damit auf den unterschiedlichen Ebenen des Schulsystems die Grenzen der Anerkennbarkeit der Kinder und Jugendlichen als Schüler*innen sowie als Individuen. Zugleich sind aber auch die institutionellen Akteure dem Rückwirken der Anerkennungskategorien der Schule als unter bestimmten Zielen, Werten und Normen stehenden gesellschaftlichen Institution ausgesetzt. Sowohl Lehrer*innen als auch Schüler*innen erleben in diesen Prozessen des institutionellen Anerkennens ein Moment der Veränderung und den Ausdruck ihrer eigenen Veränderbarkeit, da sie sich zueinander in Relation zu den schulischen Anerkennungsnormen in Beziehung setzen. Indem sowohl Kinder, Jugendliche und Erwachsene in der Institution Schule zwar als individuelle Akteure handeln, dies aber im Rahmen der institutionellen Ordnung tun, wird deutlich, dass Anerkennung in Institutionen einem besonderen Verhältnis zwischen „individuellem Handeln und sozialen Strukturen oder Systemen" (Fend 2008, S. 152 f.) unterliegt.

Schule als Institution steht demnach zwar unter einem staatlichen Leistungsauftrag und ist als ein Regelungsgefüge zu verstehen, welches die den „Akteuren offen stehenden Handlungsabläufe" strukturiert (Fend 2008, S. 157 f.). Dennoch hält sie für das Handeln der Individuen Gestaltungsmöglichkeiten bereit, innerhalb derer sich die Individualität der Erwachsenen, Kinder und Jugendlichen ausformen kann. In diesem Sinne geben institutionelle Regelungen „regulierte Möglichkeitsräume vor, die individuell ausgestaltet werden und die selber Veränderungen unterliegen können" (ebd.). Die Veränderbarkeit sowohl der Individuen als auch der Organisation einer Schule sind hierbei von zwei Faktoren abhängig. Während das Handeln der Akteure, ihre Kommunikation und Beziehungsgestaltung zu anderen Akteuren von den institutionellen Normierungen abhängig ist, spielt für die Veränderung der Regelkomplexe die Akteurskonstellation der einzelnen Schule eine wichtige Rolle. Die „Interaktionsformen, die Wahrnehmungen, Präferenzen und Fähigkeiten der Akteure […] bestimmen den Ablauf und den Ausgang des Spiels mit", so Fend (ebd.). Die soziale und kulturelle Relationalität differenter Individualität kommt also in der Aufrechterhaltung und Gestaltung institutioneller Regelungen in doppelter Weise zu tragen. Zum einen wird das Selbst- und Weltverhältnis des individuellen Subjekts durch institutionelle Normen der Anerkennung begrenzt. Zum anderen bedarf die Umsetzung der schulischen Regelausführung der individuellen und nur begrenzt steuerbaren Wahrnehmungs-, Interpretations- und Handlungsprozesse der Kinder, Jugendlichen und Erwachsenen. Die sich hieraus ergebende „Unschärfesituation" (Fend 2008, S. 31 f.) macht es erforderlich, dass die individuellen Handlungen im Sinne des Auftrags der externen Akteure arrangiert und gestaltet werden. Denn die gesellschaftlich verhandelten Interessen müssen nicht nur inhaltlich aufbereitet und pädagogisch vermittelt, sondern auch auf den unterschiedlichen Gestaltungsebenen des Schulsystems verankert werden: „Die erwünschten Lernprozesse werden in Schulsystemen über gesetzliche Normierungen, über die Entwicklung von Programmen, über die Bereitstellung materieller und personeller Ressourcen und vor allem über die Entwicklung der Kompetenzen des Lehrens, also über die Entwicklung eines Teaching-Knowhows, systematisch über viele Jahre arrangiert" (Fend 2008, S. 31). Der Regelungskomplex der Schule ist demnach so aufgebaut, dass auf den unterschiedlichen Gestaltungsebenen durch das Handeln der Akteure aus den strukturellen Vorgaben der externen Auftraggeber Umwelten der sozialen und kulturellen Relation und damit auch der Anerkennung mit spezifischen Prozessen des Anerkennens entstehen.

In der Schulforschung lassen sich trotz dieser Gestaltungsgelegenheiten mit begrenzten Handlungsspielräumen wiederkehrende Prinzipien von Schule beschreiben, die sowohl mit dem institutionellen Charakter von Schule als auch ihrer besonderen Wirkweise, nämlich dem institutionell gefassten Lernen der Subjekte, verbunden sind. So hebt etwa Fuchs (2010b) in seiner Analyse der subjektformenden Funktion der Schule den Zusammenhang zwischen institutioneller Funktion, Strukturprinzipien und normierender Wirkung als ein allgemeines Merkmal der Schule hervor: „Interessant ist, dass es offenbar Strukturprinzipien von Schule gibt, die sich überall dort durchsetzen, wo ein allgemeines Schulsystem installiert wird, und die daher mit der Institution Schule (und weniger mit raum-zeitlichen Besonderheiten) zu tun haben" (Fuchs 2010b, S. 49 f.). Mit der Institutionalisierung des Lehrens und Lernens wird somit eine Sicherheit in der Einwirkung auf die nachwachsenden Subjekte intendiert. Aus anerkennungstheoretischer Sicht lassen sich die schulischen Strategien in regelhafte Positionierungen der Schüler*innen durch institutionelle Normen der Anerkennung einerseits sowie in ausformbare Praxen des Anerkennens andererseits unterscheiden. Während die regelhafte Positionierung der Kinder und Jugendlichen als Schüler*innen unter allgemeinen Kategorien erfolgt, sind die Praxen der Anerkennung den institutionellen Anerkennungsnormen zwar verpflichtet, aber durch die Akteure so auszugestalten, dass die bestehende *Unschärfesituation* durch eigene Techniken und Methoden des Anerkennens reduziert werden kann. Sowohl die institutionellen Normen der Anerkennung als auch die individuell gestalteten Praxen des Anerkennens sind gleichermaßen der konformisierenden Ausrichtung der Schule verpflichtet. Sie unterscheiden sich allein darin, dass es sich hierbei um Strukturierungen des schulischen Handlungsrahmens einerseits und um handlungsorientierte Anpassungen der Individuen andererseits handelt. Die institutionellen Normen der Anerkennung schaffen den Rahmen, innerhalb dessen sozial und kulturell geteiltes Wissen tradiert und fixiert werden soll. Sie sind darauf ausgerichtet, sicherzustellen, dass *kognitive, aisthetische, kulturelle, personale* und *performative* Dimensionen der Anerkennung so eingegrenzt werden, dass sie unter dem Anspruch der gesellschaftlichen Kohäsion durch Konformisierung planbar und überprüfbar sind. In den Praxen des Anerkennens wiederum sind zwar die Normen der Anerkennung nicht überschreitbar, aber die Akteure können „Erfindungen" (Fend 2008, S. 181) machen, d.h. selbst Techniken und Methoden entwickeln, wie den Normen der Anerkennung entsprochen werden kann, so dass sie für die Individuen annehmbar sind: „Akteure handeln also nicht ‚bewusstlos', sondern ein entfaltetes Wissen im System reguliert ihre Handlungen mit" (ebd.). In ihren *Erfindungen* beziehen sie sich auf Normen der Anerkennung, unter denen sie im Sinne Butlers adressiert werden bzw. andere adressieren (vgl. Kapitel 5.1.3, S. 68; Butler 2009, S. 346). Zugleich impliziert dies, dass sie sich auch zu sich selbst als Individuen im *System* verhalten und die Normen der Anerkennung *verschieben und erweitern* (vgl. Balzer/Ricken 2010, S. 77). Die Akteure im Schulsystem „handeln über Beobachtungen, die in selbstreferentielle und fremdreferentielle Theorien münden. Diese ‚Theorien im System' werden zu einem wichtigen, von den objektiven Bedingungen und sozialen Ordnungsvorgaben nur teilweise bestimmten Handlungsfaktor" (Fend 2008, S. 182). Es sind also die institutionellen Anerkennungspraktiken, welche es Kindern, Jugendlichen und Erwachsenen in der institutionell gefassten *Umwelt* der Schule ermöglichen, sich als sozial und kulturell relationale Individuen zu reflektieren und zu positionieren. In der Analyse des Prinzips der Individualität sind notwendige Prinzipien für eine Selbstpositionierung des Individuums im Sinne einer *Selbstanerkennung* formuliert worden. Hierbei handelt es sich um die Möglichkeiten der *Selbstpositionierung*, der *Selbstreflexion*, des *Selbstverstehens*, der *Selbstbestimmung*, der *Selbstgestaltung* und des *Selbstgefühls*. In der Kritik des Anerkennungsbegriffs vom Prinzip der Individualität aus wurde nicht nur das Anerkennungsmodell Honneths erweitert und dynamisiert, sondern es wurden auch Ambivalenzen der Anerkennung identifiziert. Diese zu berücksichtigen zielt vor allem darauf, die soziale und kulturelle Relationalität des Individuums für dieses als gestaltbare und veränderbare Grundlage des eigenen Selbst- und Weltverhältnisses zu erschließen. Es stellt sich daher die Frage, welche Möglichkeiten die institutionelle Umwelt der Schule bietet, um die Praxen des Anerkennens entsprechend auszurichten. Zunächst gilt es, die Merkmale der schulischen Umwelt genauer zu beschreiben. Dies aber mit der Absicht und im Sinne Fends *Neuer Theorie der Schule*, die strukturellen Merkmale und sachlichen Prinzipien als Gestaltungsgelegenheiten für das Handeln der Akteure zu beschreiben.

Entsprechend der von Fuchs vorgenommenen Analyse übergreifender und wiederkehrender Prinzipien von Schule in öffentlichen Schulsystemen haben Achim Leschinsky und Kai Cortina allgemeine Schulprinzipien formuliert (vgl. Leschinsky/Cortina 2005). Diese umgrenzen im institutionellen Geltungsbereich der Schule gesellschaftliche Normen der Anerkennung, da sie den Handlungsrahmen definieren, innerhalb dessen eine regelhafte Positionierung der Schüler*innen stattfindet bzw. zu denen sich die individuellen Selbstpositionierungen der Kinder und Jugendlichen in der Schule in Relation befinden. D. h., *kognitive, aisthetische, kulturelle, personale* und *performative* Dimensionen der Anerkennung müssen bestimmten Kriterien entsprechen, um in der Schule als solche wirksam werden zu können. Anders gesagt: die Dimensionen der Anerkennung erfahren durch die Strukturprinzipien der Schule eine institutionelle Einpassung, die eine nur ausschnittsweise Umsetzung des Spektrums der jeweiligen Dimension der Anerkennung ermöglicht. Dieser Ausschnitt aber hat unter den institutionellen Geltungsbedingungen der Schule normative Gültigkeit.

So ordnet die Schule unter dem Prinzip des **Universalismus** Kinder und Jugendliche als Schüler*innen anhand bestimmter Kategorien wie Alter, Leistung und Zugehörigkeit zu bestimmten Schulklassen. „Es interessiert im Gegensatz zu außerschulischen, insbesondere familiären Sozialmilieus im Kontext der Schule nur ein Rollenausschnitt aus dem Gesamt identitätsbedeutsamer Lebensbezüge", so Leschinsky und Cortina (Leschinsky/Cortina 2005, S. 30). Was aus der Perspektive des Prinzips der Individualität wie auch im Sinne der Kinder- und Jugendberichterstattung als eine funktionalistische Diskriminierung individueller Bezüge der Subjekte verstanden werden kann, deuten Leschinsky und Cortina als eine Schutzfunktion vor dem institutionellen Zugriff auf „bedeutsame Erfahrungsräume auch außerhalb der schulischen Lebenswelt" (ebd.). Dieser Schutz ist jedoch um den Preis der Abstraktion „von den besonderen Umständen [der] eigenen Situation" (Leschinsky/Cortina 2005, S. 31) zu erkaufen. Mit dem Strukturprinzip des Universalismus ist insofern eine Einschränkung der *personalen Anerkennung* verbunden. Denn Gründe und Vorstellungen, die das Individuum sich selbst zuschreibt, in denen es sich wiedererkennt und von denen ausgehend es sich zu seiner Umgebung verhält, haben in Bezug auf innerschulische Regularien nur dann eine primäre Bedeutung, wenn sie sich aus der unmittelbaren Auseinandersetzung mit dem schulischen Regelwerk herleiten und sich auf dieses beziehen. Zugleich werden auch Funktionen der *Selbstanerkennung* erheblich eingeschränkt. Besonders *Selbstverstehen* und *Selbstgestaltung* werden somit im institutionellen Rahmen erschwert, wenn sie sich nicht auch auf außerschulische, nicht-institutionelle Gründe und Erfahrungswelten berufen können. Das ist auch der Fall, wenn diese gegenüber institutionellen Verhaltensaufforderungen nur im Sinne eines abweichenden, in den nicht-öffentlichen Teil des institutionellen Schullebens abgedrängten Verhaltens vollziehen können. Denn wie diese Auseinandersetzung zu erfolgen hat, ist durch ein weiteres Schulprinzip festgelegt. Die selbstbestimmte Verantwortungsübernahme, die dem individuellem Subjekt in der *personalen Anerkennung* zugestanden und vom ihm erwartet wird, ist in der Schule dem Prinzip der **Versachlichung** unterworfen. Sie impliziert, dass die Grundlagen der personalen Willensbildung aus sozialen und emotionalen Abhängigkeiten, z. B. der Familie, herausgelöst und in die Situation einer Vereinzelung überführt werden. Dieses Prinzip der Versachlichung, das emotionale Prozesse als Grundlagen der Willensbildung und des Verhaltens weitestgehend reduziert, läuft zugleich auf eine institutionelle Funktionalisierung der sozialen Interaktion hinaus. Diese ist nicht zuletzt als Grundlage für die regelhafte Umsetzung der Prinzipien des Universalismus und der Versachlichung unentbehrlich. Denn die soziale Interaktion ist grundlegender Bestandteil für Generierung und Anwendung geteilter Begriffe, ohne die weder die universalistischen Kategorien der Schule nachvollzogen noch der versachlichende Zugang zur Welt umgesetzt werden könnte. In diesem Sinne bedarf auch die schulische Regulierung der individuellen Handlungen einer Gelegenheit des Subjekts zu Anderen. Die damit verbundene *kognitive Anerkennung* des Individuums leitet sich in der Schule jedoch primär durch eine „sachliche Konfrontation mit schulischen Aufgabenstellungen" (ebd.) her, durch welche die reflexive Bezugnahme auf andere und die begriffliche Kommunikation mit ihnen hinsichtlich einer sachlich grundierten Leistungserbringung und nicht hinsichtlich ihrer emotionalen Qualitäten anerkannt wird. „Der Bezugspunkt ist die individuelle Arbeitsleistung und das dem Lernzweck dienende Sozialverhalten in der Lernsituation, deren Qualität gesteigert werden soll", so Leschinsky und Cortina (ebd.). Mit der Generierung und Aneignung geteilter Begriffe in der sozialen Interaktion sind jedoch unumgänglich auch emotionale Prozesse und Konflikte verbunden. Daher ist die Schule zur Erfüllung des Auftrags ihrer externen Akteure darauf angewiesen, auch diesen Prozessen Raum einzuräumen. Sie muss jedoch darum ringen, sie regelhaft einzubinden oder, wo dies nicht möglich ist, doch zumindest so zu reglementieren, dass die schulische Ordnung nicht gestört wird. **Interessenartikulation** der Schüler*innen ist daher weniger mit Blick auf die Inhalte von schulischem Interesse, sondern vielmehr hinsichtlich der Verfahren im Sinne einer „rationalen Aushandlung von Interessen und Wertkonflikten" (ebd.). Von der funktionalistischen Eingrenzung der Interessenartikulation gehen erhebliche Einschränkungen für die unterschiedlichen Dimensionen der *Selbstanerkennung* des Subjekts aus. Sie werden *Selbstpositionierung, Selbstbestimmung* und *Selbstgestaltung* zwar in regulierten Verfahren der Interessenartikulation eingefordert, jedoch wird ihnen nur eine begrenzte Wirksamkeit zugebilligt. Damit steht das Subjekt in der Situation, dass es zwar als selbstwirksames und differentes Individuum angefragt ist, die Wirkungsrichtungen und die Gültigkeit seiner Positionierungen in der Institution jedoch nicht seiner eigenen Entscheidung unterliegen. Damit erfährt das individuelle Subjekt eine Unterminierung und u. U. eine Verunsicherung seiner eigenen Selbstanerkennbarkeit.

Die versachlichende Eingrenzung der *kognitiven Anerkennung* ist in der Schule auf das Engste mit den Dimensionen der *kulturellen* wie auch der *performativen Anerkennung* verbunden. Schule als Ort der sozialen Beeinflussung und der „Menschenbildung" (Fend 2008, S. 179) durch ein kulturell geprägtes inhaltliches Programm der Vermittlung von Wissensbeständen und Praktiken adressiert zum einen Kinder und Jugendliche als Mitglieder einer kulturellen Gemeinschaft und erwartet einen performativen Nachvollzug der an sie ergehenden kulturellen Zuschreibungen. Da die Schule jedoch nicht nur unter dem Prinzip der Versachlichung sondern auch unter dem Prinzip des Universalismus steht, müssen sowohl der individuelle Nachvollzug der Anerkennung als Adressat*in kultureller Werte und Normen als auch ihre Präsentation in performativen Akten reguliert werden. Dies bedeutet, dass die Schule ein eigenes Regelsystem etablieren muss, um ihren Leistungsauftrag nicht durch differente und idiosynkratische (Neu-)Interpretationen gefährden zu lassen. Die Schule schafft daher „Situationen, in denen Aktivitäten nach einem Leistungsstandard organisiert sind" (Leschinsky/Cortina 2005, S. 32). Der individuelle Nachvollzug der Anerkennung als kulturell involviertes Individuum wird ausgehend vom Prinzip der Versachlichung in ein universalistisches System der Leistungsüberprüfung überführt. Das Prinzip, mit Hilfe dessen die kulturelle Adressierung der Schüler*innen sowie deren performativer Nachvollzug in der schulischen Umwelt gefasst und für eine Überprüfung im Leistungssystem operationalisiert wird, ist das **Primat simulierter und pädagogisch aufbereiter**

Erfahrungen. „Die Schüler lernen auf dem Wege stellvertretender Erfahrung sich selbst sowie die soziale und natürliche Welt in Bezug auf andere Kulturen und historische Epochen kennen" (Leschinsky/Cortina 2005, S. 34). Die *kulturelle Anerkennung* findet in der Schule daher ihre formale institutionelle Entsprechung sowohl in der Vermittlung kultureller Inhalte als auch in der Erbringung einer **individuellen kognitiven Leistung**, anhand derer der individuelle Nachvollzug der *kulturellen Anerkennung* nachweisbar und überprüfbar ist. Leistungserbringung ist in diesem Sinne der performative Ausdruck kultureller Anerkennbarkeit. Schule, so Leschinsky und Cortina, vermittelt die Erfahrung, „dass der eigene Status nach der individuellen Leistung vergeben wird aufgrund von Kriterien, die auf fairem Wettbewerb und somit auf dem Postulat zumindest der formalen Gleichheit beruhen" (Leschinsky/Cortina 2005, S. 32). Dieses Postulat formaler Gleichheit stimuliert zugleich **soziale Vergleiche**, die im Sinne der Leistungserbringung de*r Einzelnen zur statusbezogenen Unterscheidung von Anderen dient: „Die Arbeit der Schule basiert wesentlich darauf, dem Einzelnen zu einem Bewusstsein der eigenen Kompetenzen und ihren Entwicklungsmöglichkeiten, der individuellen Präferenzen und seiner Persönlichkeit zu verhelfen. Dies geschieht durch den jederzeit möglichen Vergleich mit anderen, die in der gleichen oder zumindest in einer vergleichbaren Situation stehen" (Leschinsky/Cortina 2005, S. 33). Weil der soziale Vergleich aber vor dem Hintergrund des Systems der kognitiven Leistungserbringung erfolgt, wird nicht die soziale und kulturelle Relationalität der Individualität des Subjekts im Sinne eines radikalen Bezogenseins auf Andere hervorgehoben. Statt dessen läuft der soziale Vergleich im Sinne der schulischen Funktionen auf ein institutionelles Leistungssubjekt hinaus.

Die Schule bietet neben diesen Prinzipien, die als institutionelle Normen der Anerkennung verstanden werden können, jedoch eine Kultur der **reflexiven Distanz**, die als institutionelle Grundlage für die Frage nach der Generierung von Freiheitsgraden von Kindern und Jugendlichen gegenüber den schulischen Verhaltenserwartungen dienen kann. Die schulische Reflexionskultur ist unmittelbar mit dem Auftrag verbunden, Qualifikation und Sozialisation durch institutionell gefasstes Lernen umzusetzen. Daraus ergibt sich im besten Fall ein „Klima offener Lernanstrengung und gemeinsamen Erkenntnisstrebens", mit dem „Chancen zu einer offenen Problematisierung von Realitätsbezügen, deren jeweilige Bewertung fortdauernder Diskussion unterzogen bleiben soll", gegeben ist (Leschinsky/Cortina 2005, S. 33). Das für einen Anerkennungsbegriff unter dem Prinzip relationaler Individualität ausschlaggebende Moment der individuellen (Neu-)Interpretation findet in der schulischen Reflexionskultur ein institutionell verankertes Moment, das auf Veränderung ausgerichtet ist. Eingegrenzt wird dieses jedoch durch das schulische Prinzip simulierter und pädagogisch aufbereiteter Erfahrung. Dieses leitet sich vor dem Hintergrund des Primats der Versachlichung aus der Annahme her, reflexive schulische Lernbezüge seien nur dann möglich, „wenn sie aus den aktuellen Lebenskontexten herausgelöst in einem intellektuell stimulierenden, pädagogisch gestalteten Freiraum betrachtet werden" (ebd.). Die kohäsive Funktion der Schule soll mittels dieses Prinzips von der Irritation durch begrenzende soziale und kulturell nicht-institutionelle Normen der Anerkennung aus den Herkunftsmilieus der Kinder und Jugendlichen entlastet werden. Stattdessen zielt das schulische Regelsystem darauf, einen Perspektivwechsel der Kinder und Jugendlichen zu erreichen: „Dieser Perspektivwechsel stellt die vertrauten Realitäts- und Sozialbezüge in Frage, in die die Schülerinnen und Schüler durch ihr Herkunftsmilieu förmlich eingebunden sind, und zwingt zu einer intellektuellen Form der Auseinandersetzung mit unterschiedlichen Sichtweisen" (Leschinsky/Cortina 2005, S. 34).

In der *Unschärfesituation* der Schule konturieren diese allgemeinen Prinzipien die institutionalisierende schulische *Umwelt* vor allem aus einer auf das institutionell gefasste Lehren und Lernen bezogenen Perspektive. Diese allgemeinen Prinzipien sind auf den unterschiedlichen Ebenen des Schulsystems mit steuernden und organisatorischen Regelungen untersetzt, die eine Sicherheit in der Aufgabenbewältigung der Schule herbeiführen oder zumindest unterstützen sollen. Dies betrifft z. B. Lehrpläne, Lehrgänge, die Lernziele und Lerninhalte über Wochen, Monate und Jahre gliedern (vgl. Fend 2008, S. 31 f.). Entsprechend sind ebenso Prüfungsregelungen vorzufinden. Sie regeln „den Durchlauf eines Schülers und einer Schülerin durch Lerneinheiten, die nach Schwierigkeitsgrad und Art der inhaltlichen Anforderungen geordnet sind. Sie legen fest, welche Qualifikationen jemand besitzt, d. h. was zu können ist, um in eine höhere Lerngruppe aufgenommen zu werden" (ebd.). Diese Regelungen werden auf einer Makroebene des Schulsystems festgelegt und sind durch eine organisatorische Aufbau- und Prozessarchitektur der einzelnen Schule umzusetzen (Mesoebene). Für die Einzelschule bedeutet dies in der Mikroorganisation der Interaktion von Lehrkräften und Schüler*innen:

- „Die globale Zielsetzung muss, wenn der Lernprozess sich über lange Zeit erstreckt, in Teilziele aufgegliedert werden, die systematisch aufeinander bezogen sind. Es muss also eine Aufgabenanalyse, d. h. eine differenzierte Analyse der Anforderungen erfolgen, die in eine Differenzierung der Lernziele mündet.
- Die Anforderungen müssen an den jeweiligen Stand der Lernfähigkeit einer Schülerschaft angenähert werden, indem die individuellen Lernvoraussetzungen berücksichtigt werden.
- Es muss eine Lernumwelt konstruiert werden, die Lernprozesse stimuliert. Dazu muss die interne Struktur dieser Lernprozesse im Individuum bekannt sein, d. h. man muss z. B. über den Aufbau kognitiver Schemata Bescheid wissen. Wenn sich der Lernprozess über viele Jahre erstreckt, dann werden entwicklungspsychologische Kenntnisse relevant.

– Es müssen Kontrollsysteme zur Festlegung des Lernfortschrittes vorhanden sein und korrektive Lernarrangements konstruiert werden, um Ausfälle auszugleichen" (ebd.).

Dieser Hinweis auf das Zusammenwirken mehrerer Ebenen im Schulsystem ist ausschlaggebend für die Beantwortung der Frage, ob und wie die Akteure in der Schule Prozesse des Anerkennens gestalten können. Eine Betrachtung des Schulsystems im Sinne eines Mehrebenensystems verdeutlicht, dass das Handeln der Erwachsenen aber auch der Kinder und Jugendlichen in der Schule in institutionellen Regelungszusammenhängen stattfindet, die durch Vorgaben der oberen Ebenen eine normative Grundlage erhalten. Sie befinden sich in einem „Gefüge normativ geleiteten Zusammenhandelns […], das sich nicht allein aus der Aggregation von Einzelhandlungen ergibt, sondern das aus aufeinander bezogenen Handlungen einer Vielzahl individueller Akteure auf verschiedenen Ebenen besteht" (Fend 2008, S. 180). Die Frage, wie die institutionellen Prozesse des Anerkennens in der Einzelschule gestaltet werden können, ist somit wesentlich an den Vorgang der „Rekontextualisierung" (Fend 2008, S. 174) gebunden. Mit diesem beschreibt Fend den Umgang der Akteure mit den institutionellen Regeln, die ihr schulisches Handlungsfeld konturieren. Das schulische Mehrebenensystem beinhaltet demnach eine strukturelle Verankerung von Prozessen der (Neu-)Interpretation des Regelungskomplexes Schule. D. h., die universale Gültigkeit der institutionellen Regelungen ist zugleich mit der Notwendigkeit verbunden, auf jeder Ebene „wieder „Anschlussfähigkeit"" herzustellen (Fend 2008, S. 175). Auf jeder Ebene des Schulsystems müssen die Rahmenvorgaben entsprechend der jeweiligen Handlungsbedingungen adaptiert und als Umwelten organisiert werden: „Auf jeder Handlungsebene, auf jener der Verwaltung, der Schulführung, der Lehrkräfte und der Schülerschaft werden somit die ‚Strukturen des Zusammenhandelns' auf übergeordneter Ebene (z. B. rechtliche Rahmenbedingungen und Inhaltsprogramme) zu Umwelten des Handelns" (Fend 2008, S. 176). Das Handeln der Akteure in der Schule ist daher auf allen Ebenen ein „normativ geleitete[s] Zusammenhandeln" (Fend 2008, S. 180), das sowohl Ergebnis als auch Maßnahme der Vergesellschaftung der Individuen und ihrer „sozialen Verbände[ ]" (ebd.) bedeutet.

Aus den allgemeinen wiederkehrenden Prinzipien von Schule in öffentlichen Schulsystemen lässt sich daher keine Kausalität der Anerkennungspraktiken ableiten. Zwar ist deutlich geworden, dass die Prinzipien der Schule Anerkennung normieren und Dimensionen der Anerkennung eingrenzen. Dies hat auch Konsequenzen für die Praktiken des Anerkennens. Es ist jedoch die Aufgabe der in der Schule agierenden Individuen, Praxen des Anerkennens sowohl entsprechend der Vorgaben der institutionellen Umwelt als auch entsprechend der eigenen Möglichkeiten und der Konstellation der beteiligten Individuen zu gestalten. Anerkennung in der Institution Schule erfolgt daher in der Szenerie der institutionellen Regularien und ist auf *Erfindungen* der Akteure angewiesen: „Schülerinnen bzw. Schüler handeln danach angesichts des schulischen Angebotes auf der Grundlage ihres Verständnisses und ihrer psychischen Eigendynamik. Dasselbe tun Lehrpersonen angesichts der Vorgaben der Institution und der perzipierten Handlungsweisen der Schülerschaft. Beide, Schülerinnen und Schüler und Lehrkräfte, treten über Beobachtungen und Kommunikation in Beziehung zueinander" (Fend 2008, S. 183). Bemerkenswert daran ist, dass Fend nicht nur strukturfunktionale Erfordernisse des Vorgangs der *Rekontextualisierung* betont, sondern neben institutionellen Vorgängen ebenso von „reflexiven Prozessen der Selbst- und Fremdwahrnehmung, von Kompetenzen der Aufgabenerfüllung und von situativen Konstellationen" als Parametern ausgeht (ebd.). Das Erfordernis der Rekontextualisierung ist daher auf jeder Ebene mit der aktiven Entwicklung von „Adaptionsformen, Bewältigungsformen von situativen Bedingungen" (Fend 2008, S. 176) verbunden. Diese sind zusätzlich „von Persönlichkeit und Kompetenz" (ebd.) der Akteure beeinflusst. In Anschluss an Fend kann mit dieser Interpretation der institutionell geprägten Situation von Schule eine Zentrierung auf die handelnden individuellen Subjekte als institutionelle Akteure im Anerkennungsgefüge der Schule vorgenommen werden. Damit gewinnt ein Moment, das für Anerkennung und Prozesse des Anerkennens konstitutiv ist, die Bedeutung eines konstitutiven Prinzips von Schule: Die (Neu-)Interpretation normativer Regularien. Diese Nähe zur Anerkennung und zum Anerkennen ist umso weniger überraschend, als Schule als Institution auf Prozesse der Vergesellschaftung des relationalen Individuums ausgerichtet ist.

So wie das Subjekt für die Anerkennung seiner Individualität auf die Unterwerfung seiner idiosynkratischen Positionierungen unter die Normen der Anerkennung angewiesen ist, so repräsentieren die Regularien des Schulsystems die „Opportunitäten und Restriktionen im Sinne von Entscheidungsräumen für die ebenenspezifischen Handlungsformen" (Fend 2008, S. 181): „Für die Bildungspolitik sind dies z. B. die jeweiligen politischen Handlungschancen und die gesellschaftlichen Erfordernisse wie z. B. Sparnotwendigkeiten oder fiskalische Entwicklungen. Für die Lehrkräfte sind es die institutionellen Rahmenvorgaben, die professionellen Handlungsressourcen, die strukturellen Handlungsbedingungen in Schulklassen und die psychischen Strukturen der Schülerinnen und Schüler, an denen zu arbeiten sie beauftragt sind" (ebd.). So wie das Subjekt seine Individualität nur in Relation zu Normen der Anerkennung realisieren kann, so entstehen durch die Annahme der Normen der oberen Schulebene Möglichkeiten der Gestaltung der Einzelschule. Als ordnungspolitische Rahmenvorgaben werden sie jedoch im Zuge der Rekontextualisierung zugleich überschritten, da sie durch die Anpassung an die Handlungsnotwendigkeiten der einzelnen Ebene des Schulsystems sowie durch die individuellen Kompetenzen der Akteure und das soziale Bedingungsfeld der

Akteurkonstellation verändert werden. Die Adaptionsformen der Akteure resultieren nicht zuletzt „auch aus Interessen [...], die eine ebenenspezifische Optimierung repräsentieren. Schulleiterinnen bzw. Schulleiter müssen übergeordnete politische Vorgaben an die örtlichen Besonderheiten anpassen und dabei mit den Kollegen ‚auskommen', Lehrkräfte die Lehrpläne und Lehrbücher an die Lernmöglichkeiten der Schulklasse anschlussfähig machen und dabei auch vor den Eltern bestehen" (ebd.). Dieser Vorgang korrespondiert insofern mit dem Anerkennungsgeschehen, als auch die Normen der Anerkennung durch das individuelle Subjekt durch Interpretation verändert werden. Auch sie bleiben in der individuellen Interpretation weiterhin präsent und werden zugleich einer den individuellen Positionierungen des Subjekts ausgesetzten Veränderung zugeführt. Auch das strukturelle Prinzip der Rekontextualisierung beinhaltet eine Veränderbarkeit der normierenden Regularien durch Selbstreferenzen, Interessen und Ressourcen der Individuen: „Das Handeln auf der jeweiligen Ebene impliziert immer, dass die übergeordnete Ebene für die untergeordneten als Kontext präsent ist, aber im Rahmen der ebenenspezifischen Umweltbedingungen und Handlungsressourcen reinterpretiert und handlungspraktisch transformiert wird. Die übergeordnete Ebene bleibt also erhalten, wird aber gleichzeitig verändert" (ebd.).

Entscheidend für das Erreichen eines Freiheitsgewinns von Kindern und Jugendlichen gegenüber institutionellen Verhaltenserwartungen bleibt, dass die schulischen Grundprinzipien an dem auf Reproduktion und Kohäsion ausgerichteten schulischen Leistungsauftrag ausgerichtet sind. Ihre Aufhebung und Veränderung würde auch im Sinne des Models der Rekontextualisierung eine veränderte gesellschaftliche Funktionsbestimmung von Schule voraussetzen. Zugleich ist aber ebenso deutlich geworden, dass die reproduktive Funktion der Schule auf das schöpferische Handeln der Akteure angewiesen ist. Denn Rekontextualisierung meint zwar die Vermittlung von Normen der Anerkennung durch ein regelhaftes Handeln „im Rahmen von Ordnungen des Zusammenhandelns angesichts gegebener Umwelten" (Fend 2008, S. 181). Es wird jedoch schlussendlich „durch die Selbstreferenz, die Interessen und Ressourcen der Handelnden" (ebd.) vermittelt. Dem Schulsystem ist somit ein grundsätzliches Moment der Veränderbarkeit und Interpretationsbedürftigkeit eingeschrieben. Es verfügt im Sinne des von Fend vertretenen *akteurzentrierten Institutionalismus* „über einen Raum von Gelegenheitsstrukturen, der gestaltbar ist" (ebd.). Diesen gilt es im Sinne eines erweiterten Anerkennungsbegriffs als Handlungsraum aufzugreifen. Dies setzt jedoch voraus, dass eine Reflexion dieses strukturell vorgesehenen Handlungsraums erfolgt. Diese Reflexion müsste zudem so geführt werden, dass den Akteuren Möglichkeitsausstände in der Rekontextualisierungspraxis ihrer Einzelschule bewusst werden können. Dies kann im Sinne der Aufgabenerfüllung der schulischen Akteure, d.h. Kinder, Jugendliche und Erwachsene, jedoch nur dann erfolgreich umgesetzt werden, wenn die Möglichkeitsausstände zugleich als potentielle Beiträge zur Aufgabenerfüllung im Regelungskomplex der Schule erkennbar werden. Ist dies nicht der Fall, geraten sie in den Verdacht funktionsloser Idiosynkrasien.

6.3 Einkreisung des Subjekts durch die Schuldisziplin

Der bisherige Gang der Untersuchung hat deutlich werden lassen, dass sich institutionelle Normen der Anerkennung aus dem Leistungsauftrag des Schulsystems ableiten, der auf Kohäsion und Reproduktion ausgerichtet ist. Normen der Anerkennung in der Schule umfassen daher nur insofern *kognitive, aisthetische, kulturelle, personale* und *performative* Dimensionen der Anerkennung, als diese im Sinne des Leistungsauftrags der Schule planbar und überprüfbar sind. Darüber hinaus ist sichtbar geworden, dass der Auftrag zur Vergesellschaftung des Subjekts nicht kausalistisch umgesetzt werden kann, sondern unhintergehbar auf eine Beteiligung der in der Schule handelnden Akteure angewiesen ist. Ein regelhaftes Handeln der Akteure in der Schule beinhaltet, dass die Normen der Anerkennung sowohl entsprechend der Vorgaben der institutionellen *Umwelten* (Senge/Hellmann 2006) als auch entsprechend der Interpretationen der Individuen ausgestaltet werden. Anerkennung in der Institution Schule ist auf *Erfindungen* (Fend 2008) der Akteure angewiesen. Aus anerkennungstheoretischer Sicht stellt sich jedoch die Frage, inwiefern die von den Akteuren erfundenen Praktiken des Anerkennens als Neu-Interpretation der schulischen Normen auch Reflexionsräume eröffnen, die einen reflexiven Abstand sowohl von den Anerkennungsnormen als auch vom Vorgang ihres interpretativen Nachvollzugs ermöglichen. Freiheitsgewinne gegenüber den institutionellen Verhaltenserwartungen lassen sich nur insofern herbeiführen, als die Neu-Interpretation der Anerkennungsnormen als eigenständige, auf dem Selbstverhältnis des individuellen Subjekts aufsetzende Rekontextualisierungshandlung sichtbar gemacht wird. Damit würde die Beteiligung der Individuen in ihrer Funktion als institutionelle Akteure sowie in ihrer differenten sowie sozial und kulturell relationalen Individualität an der Konstitution des schulischen Anerkennungsgefüges offengelegt. Dies würde Möglichkeiten eines schulöffentlichen Reflexions- und Gestaltungsraums bereitstellen. Es ist jedoch fraglich, inwiefern das implizite Prinzip der Veränderbarkeit der Schule eine *Gelegenheitsstruktur* (Fend 2008) darstellt, die auch den Kindern und Jugendlichen zugänglich gemacht wird. Denn der aus anerkennungstheoretischer Sicht notwendigen Veröffentlichung des konstitutiven Beitrags aller Individuen zur Leistungserfüllung der Schule steht der Befund einer strukturell vehement betriebenen „Entöffentlichung" (Holzkamp 1995, S. 389) entgegen. Holzkamp bettet seine radikale Schulkritik in die Entwicklung einer „Lerntheorie" (Holzkamp 1995, S. 15) ein, die er vom „Subjektstandpunkt" (ebd.) aus profiliert. In der „Reinterpretation" (Holzkamp 1995, S. 16) vorfindlicher psychologischer Lerntheorien entfaltet er Lernen als „Form der *Realisierung*" der „Selbständigkeit" des Subjekts (Holzkamp 1995, S. 11, Hervorhebung im Original, TB). Damit legt Holzkamp die Grundbegrifflichkeit einer umfassenden subjektwissenschaftlichen Lerntheorie vor. Indem er Lernen aus den „genuinen Lebensinteressen" (Holzkamp 1995, S. 15) des Subjekts im „Kontext gesellschaftlicher Handlungsmöglichkeiten" (ebd.) entfaltet, ist es ihm möglich, gleichermaßen Prozesse der institutionellen „Enteignung des Lernens" (ebd.) und damit der Kontrolle des Subjektstandpunktes von Lernenden zu kennzeichnen. Im Zuge dessen kann er differenziert die Mechanismen der Behinderung eines aus subjektiven Gründen, Motiven und Interessen erfolgenden Lernens in der Schule aufschlüsseln. Im Folgenden wird Holzkamps Konturierung von Schule als institutioneller Struktur der *Entöffentlichung* dargestellt. Hierbei wird auf eine ausführliche Darstellung des von Holzkamp entwickelten Lernbegriffs verzichtet. Stattdessen soll die von Holzkamp beschriebene machtökonomische Struktur der Schule anerkennungstheoretisch diskutiert werden. Das besondere Interesse ist hierbei auf die Frage nach Möglichkeiten der individuellen Verhältnisbestimmung des Subjekts gegenüber den schulischen Ansprüchen und Restriktionen gerichtet.

Holzkamp geht davon aus, dass die Schule „bei der Umsetzung ihrer „Erziehungsaufgaben" ein umfassendes Einverständnis der Schülerinnen/Schüler" (Holzkamp 1995, S. 389) nicht einholen kann. Stattdessen ist sie zur Sicherung ihres Leistungsziels als disziplinäre Struktur darauf angelegt, die individuellen Interessen der Kinder und Jugendlichen im offiziellen schulischen Handlungsplan zu verleugnen, und in den Bereich einer nicht-öffentlichen, inoffiziellen Handlungsebene der Institution zu verdrängen. Das von Wernet diagnostizierte *Pseudologiesyndrom* (Wernet 2008) der Schule hatte Holzkamp bereits in einer radikaleren Beschreibung vorweggenommen. Er kritisiert Schule vor allem als „„disziplinäre" Struktur" (Holzkamp 1995, S. 389), die unter dem Auftrag einer planbaren Qualifizierung von Kindern und Jugendlichen steht, und deren Output gesellschaftlich „bedarfsgerecht" (ebd.) zu sein habe. Schule stehe daher in der Spannung, „Problematisierung von Lernzielen durch die Schülerinnen/ Schüler am Maßstab von deren subjektiven Lebens- und Verfügungsinteressen keineswegs in relevantem Ausmaß zulassen" (ebd.) zu können. Holzkamp entwirft ausgehend von der Analyse des institutionalisierten Lehrens und Lernens eine schulische Grundsituation, die sich wesentlich durch eine „Entzweiung der Schule in einen öffentlichen und einen entöffentlichten Bereich" (Holzkamp 1995, S. 484) auszeichnet. Die „schuloffizielle Lehrlernplanung und flankierenden Strategien" (ebd.) haben demnach disziplinierende Intentionen in Bezug auf die eigenständigen Interpretationsleistungen der Schüler*innen. Die für die *Selbstanerkennung* der Kinder und Jugendlichen konstitutiven Reflexionsprozesse werden nicht als konstitutiver Beitrag zur Adaption institutioneller Normen herangezogen, sondern als potentielle Bedrohung der

Schuldisziplin eingestuft. Sie werden nicht als offizielle Gegenstände der Schule anerkannt, denn es gebe aus der Perspektive der Schuldisziplin „ja keinerlei Garantie dafür, dass die Lerngegenstände, zu denen die Schülerinnen/Schüler aufgrund ihrer Lebens-/ Verfügungsinteressen begründetermaßen Zugang finden wollen/können, ausgerechnet mit den Lerngegenständen übereinstimmen, die jeweils im Lehrplan benannt sind", so Holzkamp (Holzkamp 1995, S. 390). Die individuelle Verhältnisbestimmung von Kindern und Jugendlichen zu sich und anderen in der geteilten physischen, sozialen und kulturellen Welt sowie die sich daraus ableitenden Lerngründe, Lerninteressen und Lernziele stellen in dieser Perspektive zu regulierende Störpotentiale dar. „Die Zulassung bzw. (richtiger) das offizielle Zur-Kenntnis-Nehmen entsprechender Lernproblematiken vom Standpunkt der Schülerinnen/Schüler würde dementsprechend zu Dauerkonflikten führen, die die Reproduktion des schulischen Lebens unmöglich machen" (ebd.), problematisiert Holzkamp. Dass dadurch aber Reflexionsprozesse diskriminiert und verdrängt werden, die den Grundprinzipien der relationalen Individualität zugrunde liegen, nämlich *Selbstpositionierung, Selbstreflexion, Selbstverstehen, Selbstbestimmung* sowie *Selbstgestaltung* und *Selbstgefühl* (vgl. Kapitel 5.3, S. 94), kann mit Holzkamp durch widerständige Strategien der Schüler*innen als bestätigt angesehen werden. Weil ihre „subjektive Existenz […] vom Standpunkt der Schuldisziplin ignorier[t] und missachte[t]" (Holzkamp 1995, S. 484) wird, zeigen Kinder und Jugendliche „spezifische körperliche und mentale Ausweichbewegungen, Aussteigen, Sich-Totstellen, Sich-nach-innen-Zurückziehen, individuelle oder gemeinsame Manöver, um Lehrer wenigstens vorübergehend von einem abzulenken, aber auch dauernd bedrohte Versuche, ohne oder gegen die Schuldisziplin Räume der Besinnung, der Distanz, des Überblicks zu gewinnen und sich so der disziplinären Vereinnahmung zu entziehen" (Holzkamp 1995, S. 484 f.). Bemerkenswert ist Holzkamps Schulkritik u. a. auch deshalb, weil sie aufdeckt, dass das Schulsystem indirekt von einem reflexiven Nachvollzug der Schuldisziplin durch die Schüler*innen ausgeht, ihre Antworten jedoch mangels Planbarkeit zu kontrollieren und abzuwehren versucht. Holzkamp verdeutlicht dies anhand der schulischen Lehrpläne. Die „staatlicherseits der Schule abverlangte Planbarkeit des Output an Qualifikationsnachweisen" (Holzkamp 1995, S. 390) macht eine Verhandlung der Lerngegenstände durch die Kinder und Jugendlichen unmöglich. Hierin erkennt Holzkamp eine „klassische Konstellation der Konfliktverdrängung, hier durch administrative Ableugnung der Existenz bzw. der „Zulässigkeit" möglicher Eigeninteressen der Schülerinnen/Schüler an der lernenden Aufschlüsselung *für sie* problematischer Lerngegenstände" (Holzkamp 1995, S. 391, Hervorhebungen im Original, TB). Die Schulfunktion marginalisiert auf diese Weise nicht nur inhaltliche Interessen der Kinder und Jugendlichen als sozial und kulturell relationale Individuen, sondern verleugnet, so Holzkamp, die „Vermittlung von Lernaktivitäten durch subjektive Lerngründe" (ebd.). Lernen wird aus dieser Perspektive schulisch verordnet und unmittelbar an das Lehren als schulische Steuerungsmöglichkeit gebunden: „Man kann es nicht praktisch zulassen und deswegen auch nicht offiziell „denken", dass die Schülerinnen/Schüler *von sich aus*, aufgrund ihrer *eigenen* Interessenlage und Zielsetzung lernen können, weil derartige Lernprozesse ja von der Schule nicht kontrollierbar und planbar sind und damit die gesamte machtökonomische Anordnung des Lernens als abhängiger Größe der Schulorganisation/Lehrereinwirkung ins Wanken geraten müsste" (ebd., Hervorhebungen im Original, TB). Damit begrenzt Schule Individualität als *dynamischen Formverlauf* nicht nur bezüglich inhaltlicher Reflexion und sich daraus ableitender Positionen, sondern auch durch eine Reglementierung seiner grundlegend subjektiven Voraussetzungen.

Die schulische Machtökonomie sieht keine Veränderbarkeit der grundlegenden machtökonomischen Strategien vor, mit denen das Schulsystem die Schüler*innen einkreist. Die gesetzliche Schulpflicht wird ggf. mit Ordnungsmaßnahmen durchgesetzt. Sie mündet in eine Situation permanenter Aufsicht, die mit einem Zeitregime untersetzt ist, das festlegt, wann die Kinder und Jugendlichen sich körperlich wo aufhalten und welchem Gegenstand sie ihre mentale Aufmerksamkeit im Unterricht zuwenden (vgl. Holzkamp 1995, S. 442). Umfang und Leistung der mentalen Anwesenheit de*r einzelnen Schüler*in werden in homogenisierten Gruppen wie Klassen, Leistungs- und Altersgruppen überprüft, wobei die Einzelleistung der Kinder und Jugendlichen im Vordergrund steht und ihnen eine Kooperation während des Testverfahrens untersagt ist. Im Sinne einer „Bedeutungsanordnung" (ebd.) zielen die koordinierten schulischen Strukturen und Strategien darauf, „mich auf verschiedenen Ebenen und mit verschiedenen Mitteln derart *einzukreisen*, dass mir nichts anderes übrigbleibt, als mich dem „Unterricht" in einer Weise auszusetzen, die die individuelle Bewertung meiner Leistungen, darin potentielle Bewertung und Ausgrenzung meiner Person durch Vergleich mit anderen erlaubt" (ebd., Hervorhebung im Original, TB). Die schuldisziplinäre Einkreisung der Kinder und Jugendlichen zielt auf eine „Garantie „vergleichbarer" und „einheitlicher" Bewertung […] in allen bewertungsrelevanten Konstellationen" (Holzkamp 1995, S. 479). Die intendierte Vergleichbarkeit zeigt sich in Holzkamps Analyse der schulischen Machtökonomie jedoch in einer weitergehenden Perspektive. Sie läuft auf einen massiven Eingriff in die Möglichkeiten individueller Verhältnisbestimmung zur Schule und den dort vermittelten Sinnordnungen und Wissensbeständen hinaus. Individualität realisiert sich entsprechend der Möglichkeiten, sich zu Anderen in der geteilten physischen, sozialen und kulturellen Welt in Beziehung zu setzen. Anhand der „zentralen schuldisziplinären Strategie der Vereinzelung der Schülerinnen/Schüler" (ebd.) wird diese eigenständige Ausgestaltung der Relation sowohl intersubjektiv reglementiert als auch durch die Vorauswahl erlaubter „Hilfsmittel weitgehend reduziert und bestenfalls in minimalem Ausmaß in für alle uniformer Weise zugelassen" (ebd.). Indem Kinder und Jugendliche daran gehindert werden, eine den eigenen Gründen, Motiven und Absichten „gemäße Struktur von Informationsmöglichkeiten und Quellen" (ebd.) aufzubauen, vollzieht sich ihre institutionelle *Enteignung* von der Schule als Ort ihrer Individuation wie auch von ihren eigenen Lernprozessen: „Indem hier über die zu verwendenden Mittel, Quellen und Medien normalerweise *der Lehrer* vorentscheidet, wird den Schülerinnen/Schülern ein weiteres Mal bekundet, dass *dieser* das eigentliche Subjekt ihrer Lernprozesse ist und dass ihre eignen Lernproblematiken und die von da aus *für sie* jeweils notwendige individuelle Organisation ihrer Mittel/Quellen hier nicht interessieren" (ebd., Hervorhebungen im Original, TB). Statt einer Reflexion der Schüler*innen auf die schulische Bedeutungsanordnung, werden ihre Möglichkeiten, Bedeutungen zu stiften, gemäß den Zielen der Planbarkeit, Kontrollierbarkeit und Vergleichbarkeit diszipliniert. Schüler*innen werden in diesem Sinne „offiziell nur als Material, an dem diese Intentionen unmittelbar zu realisieren sind" (Holzkamp 1995, S. 443), wahrgenommen. Interpretationen der schulischen Regularien, die sich nicht auf deren Adaption als Prämissen für eigene Handlungsbegründungen beziehen, werden nicht weiter berücksichtigt und in den nicht-öffentlichen Teil des Schullebens abgedrängt.

Die Perspektive der *Rekontextualisierung* (Fend 2008) erfährt durch Holzkamps Perspektive damit eine Grundierung, die den Aspekt der Machtökonomie des Schulsystems betont und mit der Sicherung der reproduktiven Funktion der Schule begründet. Hatte das Konzept der *Rekontextualisierung* eine institutionelle Gelegenheitsstruktur für die Gestaltbarkeit schulischer Prozesse des Anerkennens durch die institutionellen Akteure des Schulsystems identifiziert, scheinen die von der Leistungsumgebung der Institution abweichenden bzw. für diese dysfunktionalen Gestaltungsmöglichkeiten für Kinder und Jugendliche in einem entöffentlichten Bereich der Schule angesiedelt zu sein. Insbesondere, wenn es darum geht, Freiheitsgewinne für Kinder und Jugendlichen gegenüber den an sie gerichteten institutionellen Verhaltenserwartungen zu erreichen. In der Kritik des Anerkennungsbegriffs vom Prinzip relationaler Individualität aus, wurde nicht nur das Anerkennungsmodell Honneths erweitert und dynamisiert, sondern es wurden auch *Ambivalenzen* der Anerkennung identifiziert. Diese umfassten die Reflexion des dem Anerkennungsgeschehen eigenen Spannungsverhältnisses zwischen der notwendigen Überschreitung eigener Idiosynkrasien durch die Unterwerfung unter die Normen der Anerkennung. Sie reflektierten auf Individualität als *dynamischen Formverlauf*. In diesem begegnet sich das Subjekt selbst in seiner sozial und kulturell involvierten Individualität in einer Situation der *Vertrautheit* bei gleichzeitiger *Fremdheit*. Die Fähigkeiten, mit *Widersprüchen* leben zu können sowie die Gefahr des *Verkennens* und Verkanntwerdens reflektieren zu können, sind grundlegende Voraussetzungen für das Individuum, um selbstbestimmt und selbstbewusst handeln zu können. Diese

Ambivalenzen sind somit sowohl auf Adaption der Normen der Anerkennung als auch auf ihre Überschreitung ausgelegt. Die scharfe Kritik Holzkamps weist nun darauf hin, dass eben diese expansiven Reflexionsräume in der Schule eingeschränkt und durch eine defensive Haltung der Kinder und Jugendlichen als Schüler*innen diszipliniert und dominiert werden. Zugleich beschreibt er, dass expansive, die schulische Disziplinaranordnung überschreitende Reflexionsprozesse in den nicht-öffentlichen Teil des Schullebens verdrängt werden oder aber die Schuldisziplin durch strategisch taktische Manipulationen der Schüler*innen unterlaufen wird.

Ausgehend von einem Lernverständnis, das auf eine schrittweise Reduzierung der Abhängigkeit von Erwachsenen und eine Erhöhung der individuellen Möglichkeiten der Selbstpositionierung ausgerichtet ist, kritisiert Holzkamp die Schule daher als Ort der „Lernbehinderung" (Holzkamp 1995, S. 476). Diese sieht er dadurch als gegeben an, als die sich aus dem Zusammenhang von „lernendem Weltaufschluss, Verfügungserweiterung und erhöhter Lebensqualität" (Holzkamp 1995, S. 445) ergebende Lernmotivation von Kindern und Jugendlichen wie auch ihre lebenswelt- und gegenwartsbezogenen Lerninteressen durch schulische Strategien eingegrenzt bzw. diszipliniert werden. Schule als ein von der „Gemeinschaft gestelltes Angebot, in dessen Wahrnehmung ich bei der Überwindung meiner Lebensproblematiken durch erweiterten und vertieften Weltaufschluss systematische Hilfe finde" (ebd.) wird durch ein „konträres „schuldisziplinäres" Lernverständnis" (Holzkamp 1995, S. 446) zersetzt, indem Lerninteressen von Kindern und Jugendlichen durch die schulischen Funktionen überlagert werden. Weil Schule, Schüler*innen auf diese Weise ein *„eigenes genuines Lerninteresse* zur Erweiterung […] [ihres] Weltzugangs und […] [ihrer] Lebensmöglichkeiten nicht zuerkennt" (ebd., Hervorhebung im Original, TB) vollzieht sie eine *Entöffentlichung* von Kindern und Jugendlichen als selbstbestimmte Lernsubjekte.

Die damit bewirkte Ausgliederung von individuellen Lerngegenständen beinhaltet deren Ersetzung durch den Unterrichtsstoff. Entscheidend ist aus anerkennungstheoretischer Sicht jedoch, dass nicht der individuelle „Zuwachs an Weltaufschluss im eigenen Verfügungsinteresse" (ebd.) als Prämisse des Lernens der Schüler*innen anerkannt wird, sondern durch eine Orientierung an den schulischen Bewertungssystemen und ihren Inhalten ersetzt werden soll. *Personale Anerkennung* setzt jedoch voraus, dass Kinder und Jugendliche aus eigenen Gründen und Vorstellungen, die sie sich selbst zuschreiben und in denen sie sich wiedererkennen, handeln können. Die mit dieser Dimension der Anerkennung verbundene potentiell verändernde Wirkung auf die soziale, kulturelle und physische Umwelt wird nun aber gerade durch eine schulische „Prämissenmanipulation" (ebd.) strategisch behindert. Dies ist insofern bedenklich, als auch die Prozesse der *Selbstanerkennung* umfänglich von der Ausgliederung der individuellen Lerngegenstände des Lernsubjekts betroffen sind.

Das Lernsubjekt muss sich „dem schuldisziplinären Bewertungssystem mit von ihm erbrachten Lernresultaten aussetzen […], wenn e[s] schulische Beeinträchtigungen und Bedrohungen seiner Verfügungs-/Lebensmöglichkeiten vermeiden will" (Holzkamp 1995, S. 447). Statt einer expansiven Lernorientierung wird Kindern und Jugendlichen in der Schule ein *„defensiv begründete[s] Lernen* als schulische *Normalform* des Lernens nahegelegt" (ebd., Hervorhebungen im Original, TB). Aus anerkennungstheoretischer Sicht könnte auch gesagt werden, dass Kindern und Jugendlichen in der Schule vermittelt wird, sich an der institutionellen Fremdanerkenung auszurichten und die Prozesse und Produkte der Selbstanerkennung zurückzustellen. Freiheitsgewinne, die sich über die Möglichkeit der *Abweichung* vom Gültigkeitsanspruch von Anerkennungsnormen ergeben, werden damit ausgeschlossen. Dies ist insofern bedenklich, als in der offiziellen Schulstruktur die Reflexion der *verkennenden Verdopplung* der Kinder und Jugendlichen im dominanten Medium der schulischen Anerkennung, d. h. in Leistungserbringung und -überprüfung, nicht schulöffentlich wird. Die schuloffizielle Gleichsetzung von Lernen mit defensivem Lernen hat Auswirkungen auf den Status von Kindern und Jugendlichen in der Schule. Schüler*in als *dominierende Lebensform* (BMFSFJ 2013) wird in ihrem Potential der *Verkennung* der in der Schule lebenden und lernenden individuellen Kinder und Jugendlichen nicht reflektiert und in ihrem überschreibenden Charakter nicht eingeschränkt, sondern angestrebt. Das Bewertungssystem stabilisiert die schulische Ordnung, indem es als Strategie institutioneller Anerkennung erfolgreiche bzw. weniger erfolgreiche Schülersubjekte stiftet. Dazu ist es erforderlich, dass *Selbstpositionierungen* der Kinder und Jugendlichen problematisiert und unter den Maßgaben der schulischen Inhalte und Leistungskriterien bewertet und in ihrer Relevanz für das jeweilige Individuum verkannt werden: „Die Schülerinnen/Schüler sehen sich durch solche Bewertungen immer wieder neu in Frage gestellt, vereinzelt, auf sich selbst zurückverwiesen: Nicht die inhaltlichen Probleme, die es von mir zu bewältigen gilt, stehen hier im Vordergrund, vielmehr bin ich (da ich laufend die Bewertungen des Lehrers auf mich ziehe) offensichtlich *selbst das Problem"* (Holzkamp 1995, S. 457 f., Hervorhebungen im Original, TB). Das Ausblenden individueller, nicht institutionell verankerter Lerninteressen von Kindern und Jugendlichen als relevante und anzuerkennende Lernproblematiken führt dazu, dass „sachbezogene Lernbemühungen der Schülerinnen/Schülern sowie die Unterstützung dieser Bemühungen" (Holzkamp 1995, S. 476) durch die Schulorganisation gestört und behindert werden: „Die Schule als Lernstätte wäre auch unter diesem Aspekt mindestens genauso gut als Stätte schulischer Lernbehinderung zu charakterisieren. Anders: In der offiziellen Schule wird die Erfahrungswelt des Lernens ignoriert und kann deswegen auch der Lernende *als* Lernender nicht respektiert werden" (ebd., Hervorhebung im Original, TB). Die fortlaufende und institutionell verankerte Bewertung des Handelns der

Schüler*innen beschränkt deren *kognitive, aisthetische, performative, kulturelle* und *personale* Anerkennung daher nicht nur dadurch, dass die Anerkennung von Lernproblematiken und -prozessen „kein möglicher Gegenstand gleichberechtigter Verhandlungen zwischen den Parteien ist" (Holzkamp 1995, S. 444), sondern macht es auch erforderlich, auf die *Prämissenmanipulation* der Schule mit „Gegenmanipulationen" zu antworten, so dass die „schulischen Einkreisungsmaßnahmen möglichst ins Leere laufen, mir gewisse Freiräume lassen, und insbesondere der terminale Akt der Leistungsbewertung samt seiner möglichen existentiell bedrohlichen Konsequenzen mich nicht mit voller Wucht treffen kann" (ebd.). Institutionelle Anerkennung in der Schule läuft in diesem Sinne darauf hinaus, eine möglichst gute Leistungsbewertung entsprechend der schulischen Anerkennungsnormen zu erhalten. Da diese aber individuelle, d. h. nicht institutionell verankerte Interessenlagen und Lernproblematiken nicht oder kaum berücksichtigen, lernen Schüler*innen, über eben diese hinwegzutäuschen.

Das Interesse am schulischen Lerngegenstand ist vornehmlich defensiv begründet und dient weniger der Überschreitung eigener Idiosynkrasien, sondern der Abwehr einer Verkennung der eigenen Individualität durch die Institution. Die Gelegenheit zur Reflexion des Spannungsverhältnisses von *Fremdheit und Vertrautheit*, das sich in Relation zur schulischen Umwelt konkretisiert, wird durch die Gegenstrategie der Täuschung ausgespart, umgangen und kann nicht produktiv ergriffen werden. Stattdessen werden Prinzipien der Selbstanerkennung, wie etwa *Selbstverstehen* und *Selbstgefühl*, diffus eingetrübt: „Indem ich [...] die aktuelle Leistungsbewertung des Lehrers manipuliere, beseitige ich ja nicht den Selbstzweifel, ob ich denn gekonnt *hätte*. Ich täusche hier nicht nur den Lehrer, sondern in gewissem Sinne auch mich selbst darüber, wozu ich im Vergleich zu den anderen tatsächlich fähig bin" (Holzkamp 1995, S. 461, Hervorhebung im Original, TB). Das von Holzkamp kritisierte Grunddilemma der „Entzweiung der Schule in einen öffentlichen und einen entöffentlichten Bereich" (Holzkamp 1995, S. 484) bringt symptomhaft „Widerständigkeit, Verweigerung, Täuschung etc. quasi als Rache (richtiger: als schulische Überlebensstrategien) derjenigen, deren subjektive Existenz man vom Standpunkt der Schuldisziplin ignorieren und missachten zu können meint" (ebd.) hervor. Aus diesen Gegenstrategien der Kinder und Jugendlichen spricht aus anerkennungstheoretischer Sicht jedoch indirekt die für das Selbst- und Weltverhältnis der Subjekte unverzichtbare Notwendigkeit, sich über die Anerkennung als sozial und kulturell relationales Individuum sowie das eigene Anerkennen und Anerkanntwerden reflexiv zu verständigen. Es stellt sich daher die Frage, wie reflexive Prozesse des Anerkennens, die auf Lebensinteressen und Lernproblematiken der Kinder und Jugendlichen Bezug nehmen und sie mit den institutionellen Normen der Anerkennung in Auseinandersetzung bringen, in der Schule veröffentlicht werden können.

6.4 Doppelte Bewährungsdynamik und kulturelle Homogenisierung

Mit Fend (2008) konnte Schule als eine durch externe Auftraggeber*innen gestaltete und zugleich als durch die Akteure der jeweiligen Ebenen des Schulsystems notwendig zu gestaltende Institution beschrieben werden (vgl. Blömeke/ Herzig 2009). Schule sind somit Handlungsspielräume und *Gelegenheitsstrukturen* (Fend 2008) für Anpassungsprozesse eingeschrieben, die mit den konkreten Akteuren, ihren individuellen Kompetenzen sowie der jeweiligen Akteurskonstellation korrespondieren. Die radikale Schulkritik Holzkamps (1995) hat jedoch problematisiert, dass eine Gestaltung der offiziellen Schulorganisation nicht von individuellen Lerngründen, Lerninhalten und Lernzielen von Kindern und Jugendlichen ausgehen kann. Stattdessen findet aus Gründen der Institutionalisierung des Handelns aller Akteure eine Verdrängung eben dieser individuellen und nicht dem universalistischen Anspruch und Auftrag der Institution verpflichteten Fragestellungen in einen nicht-öffentlichen Bereich des Schullebens statt. Jede Schule ist jedoch auf kreative Leistungen angewiesen, um institutionelle Normen der Anerkennung nicht nur für die formale Organisation des offiziellen Schullebens zu interpretieren. Werner Helsper et al. (2001) haben verdeutlichen können, dass Schule eine gemeinsame Interpretationsleistung aller am Leben der Einzelschule Beteiligten herbeiführen muss, um einem Auseinanderdriften öffentlicher und nicht-öffentlicher Bereiche des Schullebens entgegenzuwirken. Der Kern dieser Gestaltungsaufgabe liegt darin, neben den externen Leistungsaufträgen einerseits und individuellen, nicht-öffentlichen Selbstpositionierungen andererseits eine dritte Dimension der schulischen Organisation zu etablieren. Sie soll eine „institutionelle […] Selbstrepräsentanz" (Helsper et al. 2001, S. 25 f.) der einzelnen Schule ermöglichen. Sie muss insofern sowohl institutionell bindenden Charakter haben und Adaptionen der vorgeordneten institutionellen *Umwelten* (Senge/Hellmann 2006) implizieren als auch das adaptive Handeln der schulischen Akteure zu einzelschulspezifischen Produkten führen: Diese spiegeln auch die sozialen und individuellen Bedürfnisse der Akteure wider. Von dieser dritten Dimension des Schullebens kann insofern eine kohäsive Wirkung auf die Mitglieder der Schulgemeinschaft ausgehen, als sie sich nicht auf Fragen der institutionalisierenden Organisation beschränkt, sondern zugleich eine sinnstiftende Grundlage vermittelt. Dass einer angebahnten Sinndimension der einzelnen Schule gleichwohl disziplinierende und homogenisierende Intentionen unterlegt sind, kann anhand der Forschungen von Werner Helspers et al. zu Fragen der „Schulkultur" (Helsper et al. 2001, S. 25 f.) veranschaulicht werden. Helsper et al. entwickeln ihre Forschungen zur *Schulkultur* im Zuge einer „hermeneutisch-rekonstruktiven Institutionenanalyse" (Helsper et al. 2001, S. 7). Sie zielen damit auf die Grundlegung eines theoretischen Zugangs, mit Hilfe

dessen Institutionen als komplexe Sinnstrukturen erschlossen werden können (vgl. ebd.). In der Rekonstruktion „schulischer Transformationsprozesse"
(ebd.) in Ostdeutschland können sie anhand der zu beobachtenden Reproduktion tradierter Schulidentitäten *Schulkultur* als Modell eines „institutionalisierenden Handelns" (Helsper et al. 2001, S. 20) der Akteure profilieren. Hierzu legen sie eine umfangreiche Theoretisierung der anhand ihrer empirischen
Forschungen gewonnen Rekonstruktionen von *Schulkultur* vor. Diese Theoriebildung flankieren sie durch die Rekonstruktion des Verhältnisses von Schülerbiographie und *Schulkultur* anhand ihrer empirischen Untersuchungen. In
Resonanz zur Theoretisierung der „Passungsverhältnisse zwischen Institution
und Biographie" (Helsper et al. 2001, S. 7) unternehmen sie eine weitergehende Kommentierung ihrer Theorie der *Schulkultur*, anhand derer sie Schulen
als „komplexe symbolische, sinnstrukturierte Ordnungen" (Helsper et al. 2001,
S. 535) deuten können. Hierbei räumen sie den „schulischen Partizipations-
und Anerkennungsverhältnissen einen prominenten Stellenwert für die Ausgestaltung der jeweiligen Schulkultur" ein (Helsper et al. 2001, S. 567). Diese
sind in einen „Streit um die Durchsetzung unterschiedlicher, miteinander kon-
kurrierender kultureller Ordnungen" (Helsper et al. 2001, S. 27) eingebettet,
anhand derer die an der Schule Beteiligten versuchen, Struktur und Organisation der Schule sinnstiftend auszugestalten. Die auf der Ebene der Einzelschule
angesiedelten sozialen Aushandlungskämpfe zur Sinnstrukturierung reagieren
dabei auf „systemische Vorgaben" und „bildungspolitische Strukturentscheidungen" (Helsper et al. 2001, S. 25) vor dem Hintergrund sowohl „historisch
spezifischer Rahmenbedingungen" (ebd.) als auch der Selbstverständnisse und
Interessen der Mitglieder der Schulgemeinschaft. Die Arbeiten Helspers et al.
zur *Schulkultur* ermöglichen es, die Beteiligung von Kindern und Jugendlichen
an der Sicherung der institutionellen Leistungserbringung der Einzelschule
aus einem im bisherigen Gang der Studie nicht erschlossenen Perspektive zu
reflektieren. Diese bezieht sich auf die Generierung von symbolischen Sinnstrukturen, die nicht allein auf die formalen Regelungen der Schule begrenzt
werden können. Im Folgenden sollen in der Reflexion des von Helsper et al.
entwickelten Modells von *Schulkultur* jedoch nicht die Aushandlungskämpfe
der Akteure in den Vordergrund gestellt werden. Stattdessen soll anhand des
Begriffs relationaler Individualität *Schulkultur* mit Blick auf eine informelle
Konformisierung von Kindern und Jugendlichen in der Schule diskutiert werden. Hierbei wird auch zu überprüfen sein, ob die von Helsper et al. identifi-
zierte Widersprüchlichkeit der schulischen Grundsituation als Potential ihrer
Neu-Interpretation bzw. Veränderbarkeit entfaltet werden kann.

Indem Schule auf den reflexiven Nachvollzug der Vorgaben institutioneller
Umwelten durch die Akteure der jeweiligen Handlungsebene angewiesen ist,
adressiert sie die Interpretationsfähigkeiten der beteiligten Individuen. Weil
das Schulleben aber auf ein regelhaftes Handeln in der Institution ausgerichtet

ist, steht diese Interpretationsaufgabe unter der doppelten Anforderung der Beibehaltung des universalistischen Anspruchs schulischer Praxis einerseits sowie der einzelschulspezifischen Auslegung entsprechend der kollektiven bzw. individuellen Kompetenzen der beteiligten Akteure andererseits. Jede Schule hat insofern den Auftrag, auf der Grundlage universalistischer Vorgaben eigene kulturelle Formen zu entwickeln, welche institutionelle Gültigkeit beanspruchen und zugleich soziale und kulturelle Anknüpfungsmöglichkeiten für die in der Schule agierenden Individuen und Akteursgruppen ermöglichen. Es kann zum einen aufgrund des institutionellen und universalistischen Anspruchs der Schule dieser schulkulturelle Regelungskomplex nicht in „partikularen und lebensweltlichen soziokulturellen Milieus und Lebensformen" (Helsper et al. 2001, S. 21) aufgehen. Zum anderen wird jede *Schulkultur* aufgrund ihrer Akteurskonstellation und der beteiligten Individuen für unterschiedliche Milieus in einem unterschiedlichen Maße materiale Anknüpfungsmöglichkeiten durch favorisierte kulturellen Praktiken, Formen und Ausdrucksgestalten implizieren (vgl. ebd.).

Das von Helsper et al. vertretene Konzept von *Schulkultur* entwirft diese als Ergebnis „der kollektiven und individuellen Auseinandersetzung und Interaktionen der schulischen Akteure mit äußeren Vorgaben und damit als die über Handlungen einzelschulspezifisch ausgeformte regelgeleitete Struktur" (Helsper et al. 2001, S. 21). Die kulturelle Struktur einer Schule ist konstitutiv für ihre Organisation, weil sie die handlungsbasierte Adaption institutioneller *Umwelten* darstellt und zugleich soziale und kulturelle Normen und Werte der beteiligten Individuen und Gruppen beinhaltet. Aus einer Perspektive der Anerkennung unter dem Prinzip der Individualität ist besonders hervorzuheben, dass ausgehend von der Interpretation institutioneller Vorgaben kulturelle Adaptionen entwickelt werden, die strukturelle Rahmungen für das Handeln der Akteursgruppen beinhalten und Handlungsoptionen für die Individuen begünstigen, negativ sanktionieren und u. U. sogar ausschließen. In der Auseinandersetzung mit institutionellen Vorgaben der schulischen *Umwelten* konstituieren die Akteure der Schule Strukturen auf der organisatorischen Meso- wie auch Mikroebene. Schulkultur präfiguriert daher „Fallstruktur[en]", mit denen Gruppen oder „individuelle Akteure in den konkreten mikrosozialen Zusammenhängen konfrontiert werden" (Helsper et al. 2001, S. 21). Diese *Fallstrukturen* für die Handlungsoptionen der Individuen beinhalten im Sinne der von Meyer und Rowan beschriebenen *prefabricated formulae* (Meyer/Rowan 1977) Anpassungsleistungen der Einzelschule an institutionalisierte Muster ihrer *Umwelt*, welche die Akteure in eine einzelschulspezifische Variante transformieren. Dass diese institutionelle *Umwelt* nicht nur aus den politischen und strukturellen Vorgaben des Schulsystems besteht, bei Helsper et al. „das Reale" (Helsper et al. 2001, S. 24) genannt, sondern auch soziale und kulturelle Dominanten der Akteurskonstellation sowie den historischen Hintergrund der Schule beinhaltet, machen Helsper et al. mit einem Modell deutlich, das neben den gesellschaftlich erzeugten Strukturen des Schulsystems zwei weitere einzelschulinterne Bezugsebenen betont. Dabei wird offensichtlich, dass jede Schule sowohl gegenüber den formalen Institutionen des Schulsystems als auch gegenüber den kognitiven Institutionen ihrer *Umwelt* bestrebt ist, *Legitimität, Ressourcen und Überlebenschancen* (Mense-Petermann 2006) zu generieren. *Schulkultur*, so Helsper, „wird durch die handelnde Auseinandersetzung der schulischen Akteure mit systemischen Vorgaben, bildungspolitischen Strukturentscheidungen vor dem Hintergrund historisch spezifischer Rahmenbedingungen und sozialer Aushandlungen um die Durchsetzung und hierarchisierende Distinktion pluraler kultureller Ordnungen generiert" (Helsper et al. 2001, S. 25 f.). Neben dem *Realen*, „dass durch kein einzelschulspezifisches Handelns prinzipiell außer Kraft gesetzt werden" kann (Helsper et al. 2001, S. 24), betrachten Helsper et al. Kommunikationsprozesse und Handlungszusammenhänge der kollektiven und individuellen Akteure in der Schule als „spezifische Ausformung der Strukturvarianten in der Bearbeitung und Auseinandersetzung mit dem Realen" (Helsper et al. 2001, S. 25). Diese im Handeln der Akteure impliziten „latenten Sinnstrukturen" (ebd.), bei Helsper et al. „das Symbolische" (ebd.), sind konstitutiv für deren Interaktionen sowie für Handlungsoptionen, die in der Schule durch Organisation ermöglicht oder ausgegrenzt werden. Die symbolische Ordnung der einzelnen Schule konkretisiert sich in organisatorischen Regelungen und der strukturellen Ausgestaltung des Schulalltags, z. B. in der Organisation der Stundentafel aber auch formalen Strukturen der Selbstorganisation und Mitbestimmung von Akteursgruppen. Sie wird von den Akteuren und Akteursgruppen der Einzelschule bestimmt und grenzt zugleich deren Handeln ein. Damit die einzelne Schule jedoch eine kohäsive *institutionelle Selbstrepräsentanz* generieren kann, muss sie die in handlungsbasierte und handlungsleitende Sinnstrukturen transferierten institutionellen *Umwelten* darüber hinaus auf einer selbstreferentiellen Ebene verankern. Sie steht daher vor der Aufgabe, Repräsentanzen für das „Selbstverständnis der Institution bzw. der kollektiven und individuellen Akteure zu sich selbst" (Helsper et al. 2001, S. 25) zu fassen. „Das Imaginäre" (ebd.), das als dritte Bezugsebene der *Schulkultur* verstanden werden kann, bildet in schulkulturellen Produkten von der Schülerzeitung, öffentlichen Präsentationen bis hin zu pädagogischen Leitbildern und Programmen das Selbstverständnis der institutionell geprägten einzelnen Schule ab. *Schulkultur* ist in diesem Sinne als eine „symbolische Ordnung" (Helsper et al. 2001, S. 25) zu verstehen, die sich aus der interpretativen Auseinandersetzung der Individuen und Akteursgruppen mit den Ebenen des *Realen, Symbolischen und Imaginären* herleitet und in ein organisiertes regelgeleitetes Handeln einerseits und ein informelles sozial und kulturell spezifisch geprägtes Miteinander andererseits mündet: „In ihr sind die einzelschulspezifisch erzeugten Varianten der Bearbeitung der Strukturprinzipien des Bildungssystems und der daraus resultierenden Antinomien grundgelegt, die sich wiederum in einzelschulspezifischen Ausformungen konkreter

Strukturprobleme und -konflikte niederschlagen. Ebenso wie diese können die institutionalisierten Regeln, die institutionellen Wert- und Normvorgaben als Ergebnis institutioneller Prozesse verstanden werden, die Handlungsmöglichkeiten für die einzelne Schule wiederum strukturieren und durch das Handeln der schulischen Akteure wiederum transformiert werden können" (Helsper et al. 2001, S. 25 f.).

Da, wo diese „verbindliche, übergreifende, legitimatorische Sinnstiftung […] im Sinne einer kreativen, institutionellen Imagination" selbstillusionierend und über Widersprüche hinwegtäuschend auftritt, sprechen Helsper et al. vom „Schulmythos" (Helsper et al. 2001, S. 26). Die Interpretationsleistungen der Schulakteure werden insofern nicht allein in organisatorischen und strukturellen Aspekten der Schule konkretisiert, sondern erzeugen ein „kulturelle[s] Feld" (ebd.), das neben formalen auch gleichermaßen informell institutionalisierende Normen der Anerkennung definiert: „Die jeweils dominante einzelschulspezifischen Strukturen und der dominante Schulmythos erzeugen ein Feld von spezifisch ausgeprägten exzellenten, legitimen, tolerablen, marginalen und tabuisierten kulturellen Ausdrucksgestaltungen, Haltungen und Lebensformen" (ebd.). Die Verhandlung der Anerkennbarkeit von Kindern und Jugendlichen findet in der einzelnen Schule somit eine kulturelle Disziplinierung und Begrenzung: „Damit bietet das kulturelle Feld der jeweiligen Schule für Schülergruppen aus unterschiedlichen Herkunftsmilieus und mit unterschiedlichen Lebensstilen divergierende Bedingungen für die Artikulation und die Anerkennung ihres Selbst im Rahmen schulischer Bewältigungssituationen und Bildungsverläufe" (ebd.). Wie also Praktiken des Anerkennens ausgestaltet werden können, ist somit grundlegend von der *Schulkultur* und dem *Schulmythos* abhängig. Schule steht in ihrer universalistischen Orientierung einerseits in der Problematik, die Individualität von Kindern und Jugendlichen deshalb nicht zu berücksichtigen, weil Leistungsbewertung „unter Absehung der partikularen Besonderheiten einzelner Schüler erfolgen und damit alle – jenseits spezifischer Attribute, Lebensstile und Haltungen – ‚gleichgültig' aufgrund ihrer individuellen Leistung" bewertet werden sollen (Helsper et al. 2001, S. 34). Andererseits kann nach dem Konzept der *Schulkultur* davon ausgegangen werden, dass Selbstpositionierungen und Lebensstile, die nicht den kognitiven Institutionen einer Schule entsprechen, unter Druck geraten, weil sie nicht dem „Entwurf eines ideal-gebildeten Schülers" (Helsper et al. 2001, S. 83) nach den Maßgaben der jeweiligen Schulkultur folgen. In diesem Sinne stehen Schule und die in ihr handelnden Akteure unter einem doppelten Bewährungsdruck.

Die einzelne Schule muss durch Adaption der Vorgaben ihrer institutionellen *Umwelten* eine erfolgreiche Leistungserbringung des Schulsystems sicherstellen. Dies beinhaltet notwendig eine Eingrenzung der schulischen Leistungsüberprüfungen auf den institutionellen Raum der Schule. Der sich hieraus ableitende Schutz für außerschulische Lern- und Lebenswelten von

Kindern und Jugendlichen birgt zugleich die Gefahr, individuelle Lebens- und Lernproblematiken und damit die Individualität de*r jeweiligen Schüler*in im Schulalltag auszugrenzen. Dem zentralen Schulprinzip einer universalistischen Orientierung an einer individuellen Leistungserbringung als Anerkennungsnorm ist eine „rationale, selbstkontrollierte, langsichtige und leistungsorientierte Lebensform" eingeschrieben, die, so Helsper, „an Lebensführungsprinzipien einer modernisierten ‚protestantischen Ethik' bzw. einer säkularisierten ‚Leistungs-Askese' innerweltlicher Leistungsvervollkommnung" ausgerichtet ist (Helsper et al. 2001, S. 35). Helsper problematisiert daher, dass das schulische Leistungsparadigma per se kindlichen und jugendlichen Selbstpositionierungen und gegenwartsbezogenen Lebensformen immer mit einem gewissen Ausmaß an Anerkennungsverweigerung begegnet: „Diese Anerkennungsverweigerung gegenüber dem konkreten jugendlichen Selbst in Form von Abwertung und Beschämung verletzen dabei umso deutlicher, je jünger Schüler und daher noch nicht in der Lage sind, zwischen Rolle und Person umfassend zu trennen und je weniger kompensatorische Alternativräume der Erfahrung von Wertschätzung des konkreten, individuellen Selbst vorhanden sind" (ebd.). So wie die einzelne Schule sich gegenüber vorgelagerten institutionellen *Umwelten* des Schulsystems bewähren und sich das Schulsystem gegenüber seinen gesellschaftlichen Auftraggebern bewähren muss, so sind auch die Kinder und Jugendlichen in der Schule einer dauerhaften Bewährungssituation ausgesetzt. In dieser formalen Bewährungssituation wird die gegenwartsbezogene Individualität der Kinder und Jugendlichen durch das zukunftsgerichtete Versprechen der Schule, umfassende gesellschaftliche Handlungsoptionen zu eröffnen, überdeckt: „Bei entsprechender Bewährung sind die Zukunftsoptionen maximal geöffnet, jede soziale Positionierung ist möglich. Damit trägt die Schule zur Freisetzung moderner Individualisierungsprozesse bei, indem sie die Transformation der Herkunft (Vergangenheit) über die ständige schulische Bewährung (Gegenwart) in vielfältige nachschulische Optionen (Zukunft) verspricht" (Helsper et al. 2001, S. 78). Die institutionalisierte Anerkennung in der Schule begrenzt daher die gegenwärtigen Optionen individueller *Fremd–* und *Selbstanerkennung* von Kindern und Jugendlichen, weil die schulischen Anerkennungsnormen die soziale und kulturelle Involviertheit ihrer Schüler*innen nur als soziale und kulturelle Adresse der institutionellen Selbstreferenz der Schule berücksichtigt – sich nicht aber auf die soziale und kulturelle Relationalität der Individualität der Jugendlichen und Kinder hinsichtlich ihrer außerschulischen Lern- und Sinnwelten bezieht. Außerschulische Lebenswelten sind für die schulische Bewährungssystematik als Orte der Bewährung nicht anerkennbar. Die *kulturelle Anerkennung* von Kindern und Jugendlichen als Adressaten sozialer und kultureller Zuschreibungsprozesse wie auch die *performative Anerkennung*, die berücksichtigt, dass Kinder und Jugendliche soziale und kulturelle Zuschreibungen durch eigene Lebensformen und Ausdrucksweisen performativ präsentieren und in diesem Sinne realisieren, erfährt somit im Regelungszusammenhang der *Schulkultur* eine empfindliche Eingrenzung. Das universalistische Leistungsprinzip schränkt zudem die Möglichkeiten der *Selbstanerkennung* der Individuen ein, indem es individuelle Bewährungsleistungen im Allgemeinen marginalisiert und zum anderen entsprechend der jeweiligen *Schulkultur* ausgewählte Prinzipien der Lebensführung favorisiert. Diese Auswahl und Begünstigung kultureller Praktiken kann vor dem Hintergrund fachkultureller Traditionen und Schwerpunkte einer Schule eine weitere Zuspitzung erfahren: „Die Dominanz spezifischer Fächer und ihrer Lehrkräfte innerhalb jeweiliger Schulen ist dabei auch für andere Dimensionen der Schulkultur insofern relevant, als mit den unterschiedlichen Fachkulturen auch unterschiedliche Modi universitärer und beruflicher Einsozialisation verbunden sind, die umfassendere habituelle Auswirkungen besitzen" (Helsper et al. 2001, S. 37). Dies betrifft desgleichen pädagogische Konzepte und Deutungsmuster einer Schule wie auch die Partizipationsverhältnisse, die eine Schule in ihrer *Schulkultur* verankert. Besonders die Ausgestaltung von Beteiligungsmöglichkeiten eröffnet Chancen für eine gegenwartsbezogene Positionierung und Anerkennung von Kindern und Jugendlichen in der Schule nach eigenen Gründen und Vorstellungen. Sie berühren damit zentral die Dimension der *personalen Anerkennung*.

Darüber hinaus verlangt aber gerade der an die einzelne Schule und ihre Akteure ergehende Auftrag zur Leistungserbringung, dass Adaptionen der institutionellen Regularien für die jeweiligen Handlungszusammenhänge nicht nur in eine institutionelle Organisation und Struktur, sondern in eine institutionelle Kultur transferiert werden. Dies ist deshalb von entscheidender Bedeutung, weil das notwendige Interpretationshandeln der schulischen Akteure zwar auf die individuellen Kompetenzen der beteiligten Individuen angewiesen ist, aber nicht auf deren individuelle *Selbstpositionierungen* als Bewährungsgrößen bezogen werden soll. Stattdessen sollen die Interpretationsleistungen in einen imaginativen Kontext eingebunden werden, der auf die einzelne Schule als institutionelle Umwelt für die kreativen Leistungen der Individuen verweist. Um aber die individuellen Interpretationsleistungen dem Leistungsauftrag des Schulsystems zu unterstellen, wird ein einzelschulspezifischer Bewährungsmythos entwickelt. Dieser zeichnet sich durch eine dem Anerkennungsgeschehen verwandte triadische Struktur aus. Der Leistungsauftrag des Schulsystems, die Leistungserbringung der einzelnen Schule und der reflexive Nachvollzug der schulischen Regularien werden in ihrer Übersetzung in Normen und Werte der *Schulkultur* gefasst, die auf den Interpretationsleistungen der Individuen beruht: „Im Schulmythos wird so die jeweils spezifische ‚Bewährung' der Institution für alle Beteiligten als integrativer und legitimatorischer Entwurf formuliert" (Helsper et al. 2001, S. 81 f.). Diese „Konstruktion" (Helsper et al. 2001, S. 82) ermöglicht für die beteiligten Akteure eine imaginative Grundlage, von der aus die „Anerkennungs- und Ausschlussverhältnisse der jeweiligen Schule begründet" (ebd.) sind. Im Schulmythos wird eine gemeinsame sinnstiftende Grundlage vermittelt, „die zur Anerkennung der schulischen Bewährungsdynamik und damit nicht nur zur Einwilligung in die institutionellen Definitionen, sondern auch zur Einwilligung in Prozesse eigenen Scheiterns und Versagens führen soll" (Helsper et al. 2001, S. 84). Dies bedeutet, dass die Akteure in der Schule sich sowohl vor dem Anspruch einer universalistischen Orientierung der Schule als auch vor der schulkulturellen Interpretation des schulischen Leistungsauftrags bewähren müssen. Anerkennung findet in der Schule daher unter der Maßgabe einer funktionalen Eingrenzung der *Fremd-* sowie der *Selbstanerkennung* statt – und sie ist im Sinne der intendierten legitimatorischen Selbstreferenz der Schule in einem radikalen Sinne weniger auf die *Bestätigung* als viel mehr auf die *Stiftung* (Düttmann 1997) von Subjekten ausgerichtet. Durch eine schulkulturelle Ausformung der Anerkennungsnormen wird somit die verkennende *Verdopplung* (Bedorf 2010) der Individualität von Kindern und Jugendlichen über das Medium der formalen Leistungsbewertung und einkreisenden Schuldisziplin hinaus erweitert. Nicht nur das formale Leistungssystem der Schule, sondern auch das kulturelle Leistungssystem der einzelnen Schule ist den Funktionen der Reproduktion und Kohäsion unterstellt. *Schulkultur* ist in diesem Sinne nicht auf Differenz der Individualitäten der Kinder und Jugendlichen ausgerichtet, sondern auf Homogenisierung. Weil sie auf die Institutionalisierung des Denkens und Handelns der Schüler*innen ausgerichtet ist, etabliert sie kognitive Institutionen, die für die Akteure der Einzelschule bindend und *selbstverständlich* (Senge 2006) sind. Sie überformen zugleich die Vorstellung von Möglichkeiten der Anerkennbarkeit der Kinder und Jugendlichen. Indem die jeweilige Schulkultur eine Einwilligung der Akteure in eine kulturelle Adaption der institutionellen Normen der Anerkennung impliziert, begrenzt sie zugleich die Handlungsspielräume für die Ausgestaltung von Praktiken des Anerkennens.

Schulkultur zielt einerseits auf die Sicherung von *Legitimität, Ressourcen und Überlebenschancen* der einzelnen Schule gegenüber ihren institutionellen *Umwelten*. Andererseits ist sie ein Ergebnis von Auseinandersetzungen und Aushandlungen der Individuen und Akteursgruppen einer Schule. Sie ist damit grundlegend auf Fragen der Anerkennung und der Anerkennbarkeit bezogen. Diese sind zuvorderst auf die Auftragserfüllung der einzelnen Schule gerichtet und betreffen die Individualitäten der in der Schule agierenden Menschen insofern, als sie diese für die Organisation und Zielerreichung des institutionellen Auftrags benötigen. Die „Kernstruktur […] der jeweiligen Schulkultur" stellen in diesem Sinne „spezifisch ausgeformte Anerkennungsverhältnisse, zwischen Schulleitung und Kollegium, zwischen den Lehrern, zwischen Lehrern und Eltern und vor allem zwischen Lehrern und Schülern" dar (Helsper et al. 2001, S. 31). Die einzelschulspezifische Ausprägung von

Anerkennungspraxen wirken in diesem Sinne in beide Richtungen: Sie bilden zum einen die Grundlage, um die jeweilige Schulkultur als Anpassungsleistung der konkreten Akteure, die die schulischen Funktionen an die sozialen, kulturellen und konstellationsspezifischen Realitäten anpassen, herzustellen und zu sichern. Zum anderen bilden sie die Grundlage für die *Stiftung* im Rahmen der *Schulkultur* anerkennbarer und für sie leistungsstarker Subjekte. Dies hat unmittelbare Konsequenzen für die Ausdifferenzierung von Dimensionen der Anerkennung, was auch Helsper et al. (2001) mit Blick auf die drei Dimensionen der Anerkennung nach Honneth (2012) – emotionale, kognitive und soziale Anerkennung – verdeutlichen. Als Grundlage *emotionaler Anerkennung* in der Schule kann in diesem Sinne die Herstellung eines „professionellen Arbeitsbündnisses" (Helsper et al. 2001, S. 31) zwischen Lehrer*innen und Schüler*innen angesehen werden. Emotionale Anerkennung im institutionellen Gefüge der Schule unterscheidet sich „gegenüber der Familie als Primärgruppe" (ebd.) dadurch, dass sie nicht auf die affektive Besetzung der Individualität gerichtet ist, sondern in erster Linie auf die Unterstützung institutionell anerkennbarer Lernerfolge. Es besteht aus der Logik des Leistungsauftrags der Institution „die Notwendigkeit einer prinzipiell positiv getönten Haltung des Interesses an der Person, den Lernwegen, Lernkrisen und Bildungsprozessen der Schüler, die auf einem an der ‚Sache‘, also der Ermöglichung umfassender Bildungsprozesse, orientierten Vertrauen basiert" (Helsper et al. 2001, S. 32). Die „Vermeidung emotionaler Verletzungen, etwa in der Form systematischen Misstrauens, der Erzeugung oder Verstärkung von Angst, Verunsicherung, Hilflosigkeit etc., z. B. in Form von Beschämungen, Bloßstellungen oder Entwertungen in Lernkrisen und angesichts des Scheiterns von Aufgabenstellungen […]" erfolgt mit der Absicht, ein „Vertrauen in die Lehrer als Lernhelfer, -begleiter und Unterstützer von Bildungsprozessen" (ebd.) generieren zu können. Die *schulische Prämissenmanipulation* (Holzkamp 1995), wie sie von Holzkamp kritisiert wird, wird also im Sinne einer institutionellen emotionalen Anerkennung affektiv grundiert und abgesichert. Dies liegt nicht zuletzt darin begründet, dass der Zugang zu Lern- und Bildungsmöglichkeiten sowie die Eröffnung von gesellschaftlichen Partizipationsmöglichkeiten den Kern des schulischen Leistungsauftrags und Versprechens darstellen. Die *kognitive Anerkennung*, die auf die Frage der Zubilligung und Behandlung nach gleichen Rechten hinausläuft, stellt sich mit Blick auf Kinder und Jugendliche in der Schule vor allem als „die Herstellung der subjektiven Voraussetzungen, sich überhaupt an moralischen Anerkennungsprozessen umfassend beteiligen zu können, also um die Bildung moralischer Kompetenzen und Strukturen" (Helsper et al. 2001, S. 32) dar. Weil in diesem Sinne „pädagogische Stellvertretungen, Stützungen und stellvertretende Deutungen entsprechend dem jeweiligen Stand der Kompetenzentfaltung und Bildungsgeschichte erforderlich" (ebd.) werden, steht die *kognitive Anerkennung* in der Schule in einer besonderen Gefahr für „Entrechtung, Ausschließung und die Verletzung der soziomoralischen Integrität" (Helsper et al. 2001, S. 33) anfällig zu sein. Dies ist vor allem deshalb der Fall, weil das professionelle pädagogische Handeln an die Interpretation der institutionellen und damit auch immer schulkulturellen Normen der Anerkennung gebunden ist. D. h., „pädagogische[ ] Interaktionen" können „verhindern, dass die schulischen Bildungsprozesse zu einer umfassenden Entfaltung der subjektiven Kompetenzen und sozialkognitiven Strukturen führen, die Schüler erst in die Lage versetzen, an formal gleichen Rechten und Zugangsmöglichkeiten auch tatsächlich partizipieren zu können oder aber sich begründet zu verweigern" (ebd.).

Schulkultur als Anerkennungsgefüge ist zwar auf die Herstellung von Leistungserbringung der Einzelschule in ihren institutionellen *Umwelten* bezogen, bleibt aber auf die Einpassung der Individuen als *Mitspieler* (Wernet 2008) in das regelgeleitete Gefüge der schulkulturellen Anerkennung angewiesen. Umso herausfordernder ist für Schule, dass sie aufgrund der Reziprozität dieses Anerkennungsgefüges in der Gefahr steht, dessen performative Realisierung zu beschädigen und zu gefährden. Dies geschieht etwa durch das pädagogische Unterlaufen von grundlegenden Bedingungen der *kognitiven* Anerkennung von Kindern und Jugendlichen als moralisch eigenständigen Subjekten. Dies gilt jedoch auch für die *soziale Anerkennung* und Wertschätzung. Aufgrund der universalistischen Orientierung der Schule sind individuelle *Selbstpositionierungen* von Kindern und Jugendlichen, die in außerschulischen Lern- und Lebenswelten gründen, nicht anerkennbar, „mit der Konsequenz, dass das konkrete individuelle Selbst Jugendlicher im schulischen Raum ‚resonanzlos' bleiben kann […]" (Helsper et al. 2001, S. 34). Anstelle der Wertschätzung individueller Differenzen besteht in der Schule eine universalistische Bewertung anhand einer allgemeingültigen Leistungsachse. Daran ist jedoch besonders problematisch, dass die „universalistische, ‚gleichgültige' Praxis der Leistungsbewertung […] als Maskierung der partikularen Auf- und Abwertungen von Lebensformen fungieren kann. Denn […] die universalistische Leistungsbeurteilung ist mit zahlreichen partikularen Werturteilen von Pädagogen verflochten" (Helsper et al. 2001, S. 34). Das Leistungsprinzip selbst, so Helsper et al. ist an die Vorstellung einer *innerweltlichen Leistungsvervollkommnung* gebunden und stellt selbst eine „partikulare Lebensform neben anderen" (Helsper et al. 2001, S. 35) dar. Soziale Anerkennung kann daher in der Schule institutionell nicht unter dem Prinzip individueller Differenz erfolgen, sondern muss immer an universalistischen und allgemeingültigen Leistungskriterien orientiert bleiben. Auch schulkulturell ist individuelle Differenz nur sozial wertschätzend, wenn sie damit zur Sicherung und Erfüllung des schulischen Bewährungsdrucks beiträgt. Das Besondere der von Helsper et al. eingebrachten Einwände zielt insofern darauf, zu verdeutlichen, dass auch eine neutrale, universalistische Leistungsbewertung „zugleich eine Beurteilung jugendlicher

Lebensformen impliziert" (ebd.). Mit der Institutionalisierung von Lernprozessen und Bildungsverläufen in der Schule ist insofern unumgänglich eine „symbolische Gewalt" (Helsper et al. 2001, S. 24) verbunden. Sie äußert sich in der „Brechung, Zurückweisung und im Extremfall Negation primärer Habitusfigurationen und Selbstfigurationen mit der Konsequenz scheiternder schulischer Anerkennungsverhältnisse" (ebd.) und zielt auf die Formung der sozialen und kulturellen Relationalität der individuellen Subjekte.

Das von Helsper et al. (2001) ausformulierte Konzept einer aushandlungs- und konfliktbasierten *Schulkultur*, die sich in einem institutionell verankerten und zugleich einzelschulspezifisch kontextualisierten Anerkennungsgefüge realisiert, verdeutlicht zweierlei: Zum einen kann die sozial und kulturell relationale Individualität von Kindern und Jugendlichen deshalb keine vollumfängliche Anerkennung erfahren, weil Anerkennung in der Schule eine Leistung für die Bewältigung des formalen Bewährungsdrucks der Einzelschule als Institution erbringen muss. Zum anderen können Individuen in der Schule nicht in ihrer Differenz voll umfänglich anerkannt werden, weil die schulischen Prinzipien der Leistungsbeurteilung sowohl universalistischen Kriterien entsprechen müssen als auch im Sinne von *prefabricated formulae* (Meyer/Rowan 1977) einzelschulspezifisch für selbstverständlich erachteten spezifischen sozialen und kulturellen Praxis- und Lebensformen entsprechen müssen. Diese wiederum sind ebenso ausschnitthaft begrenzt, weil auch sie den institutionellen Bewährungsdruck nicht unterlaufen dürfen. Das Konzept der Schulkultur nach Helsper et al. macht aber auch deutlich, dass Schule in der Bewältigung der doppelten Bewährungsdynamik auf die aktive Interpretationsleistung der Individuen angewiesen ist. Sie kann daher auch nicht einen störungslosen Regelvollzug nach ihren Prinzipen erreichen, sondern bleibt immer auch ein in sich widersprüchliches Anerkennungsgefüge. In Rückgriff auf Oevermann (1999) und Schütze (1999) entwickeln Helsper et al. daher ein Modell, das auf vier Ebenen für das professionelle Handeln in Schule konstitutive, d. h. zwar reflektierbare aber grundsätzlich nicht veränderbare, Widersprüche darstellt (vgl. Helsper et al. 2001, S. 46 ff.). Für Anerkennung unter dem Prinzip relationaler Individualität, die darauf ausgerichtet ist, Freiheitsgewinne gegenüber dem verbindlichen Anspruch und dem Aufforderungscharakter von institutionellen Normen der Anerkennung zu erringen, ist dieses Analysemodell deshalb besonders interessant, weil es Schule als eine Institution hervorhebt, die nicht nur trotz der Widersprüchlichkeit ihrer institutionellen Praxen, sondern letztlich mit Hilfe ihrer tolerierten Widersprüchlichkeit ihrem Leistungsauftrag nachkommt. Für Anerkennung vom Prinzip der relationalen Individualität ausgehend deutet dies zum einen auf Gestaltungspotentiale, die allerdings nicht unbedingt in der vorgehaltenen Schulstruktur und ihren Prinzipien, sondern vermutlich in deren strukturellen Erweiterung gesucht werden können. Zum anderen bestärkt die tolerierte

Widersprüchlichkeit darin, die Strukturen und Prinzipien überschreitende oder u. U. sogar widersprechende Praktiken der *Selbstanerkennung* in der Schule stärken und ausbauen zu können.

Auf *der ersten Ebene sieht* Helsper die konstitutiven, nicht aufhebbaren Antinomien für die Alltagspraxis des professionellen Handelns angesiedelt. Mit Blick auf das Prinzip einer relationalen Individualität, hier besonders die der Kinder und Jugendlichen, werden diese Antinomien durch eine „widerspruchsvolle Gleichzeitigkeit von universalistisch-distanzierten, spezifisch-rollenförmigen und diffusen, affektiven Komponenten gekennzeichnet" (Helsper et al. 2001, S. 46). Auf der zweiten Ebene sind daraus resultierende Handlungsdilemmata gefasst, die sich im Sinne von Fallstrukturen spezifizieren. Hier betrifft dies besonders das Handeln von Lehrer*innen. Auf der dritten Ebene sind auf den Antinomien professionellen pädagogischen Handelns beruhende Handlungsdilemmata angesiedelt, die sich im Rahmen historischer wie auch sozialer Institutionalisierungsformen, hier besonders die Schule, ergeben. Sie sind grundsätzlich aufhebbar: Temporär in bestehenden Institutionalisierungsformen oder aber in der Transformation und grundlegenden Veränderung der Institution. Davon werden auf einer vierten Ebene Antinomien des professionellen pädagogischen Handelns unterschieden, die von grundlegenden Modernisierungs- und Rationalisierungsentwicklungen ausgehen. Die Interpretationsmöglichkeiten von institutionellen Normen der Anerkennung und ihren schulkulturellen Ausformungen sind somit von Antinomien gerahmt, die von den Akteuren nicht aufhebbar, allenfalls transformierbar, immer aber von ihnen reflektierbar sind. Für Anerkennung vom Prinzip der relationalen Individualität ausgehend ergibt sich somit die Herausforderung, den Einfluss der Antinomien auf die Interpretationsleistungen der Akteure zu reflektieren und zu ermitteln, inwiefern die individuelle Fremd- und Selbstanerkennung durch die antinomische Grundsituation von Schule begrenzt wird bzw. welche Freiheitsgewinne sich potentiell aus dem nur vermeintlich konsistenten institutionellen Regelungszusammenhang herleiten lassen. Helsper et al. beschreiben als nicht aufhebbare Antinomien des pädagogisch professionellen Handelns auf erster Ebene (vgl. Helsper 2001, 46 ff.):

Begründungsantinomie: Ausgehend von der Definition professionellen Handelns als stellvertretende Deutungen und stellvertretendes Handeln für eine noch zu entwickelnde Handlungskompetenz anderer (vgl. Oevermann 1999) ergibt sich die Antinomie, nicht Nicht-Handeln zu können, aber nur handeln zu dürfen, wenn ausreichende Begründungen vorliegen.

Praxisantinomie: Die für professionelles Handeln notwendigen wissenschaftlichen und theoretischen Erkenntnisse lassen sich nicht unmittelbar in pädagogische Praxis um- bzw. übersetzen.

Substitutionsantinomie: Professionelles pädagogisches Handeln gründet auf der Unter- und Einordnung individueller Erscheinungsformen in klassifikatorische Begriffe und Kategorien. Zugleich impliziert pädagogische Professionalität die Notwendigkeit zur Bereitschaft zum Scheitern der professionellen Routinen, um vorschnelle Typisierungen zu vermeiden.

Ungewissheitsantinomie: Das auf den Zugewinn lebenspraktischer und kognitiver Wissensbestände ausgerichtete pädagogische Handeln muss destabilisierende Krisen als produktive Öffnung bisheriger Gewissheiten herbeiführen, die durch die Lern- und Interpretationsleistungen der Kinder und Jugendlichen stabilisiert werden müssen, ohne das eine Stabilisierung und der Zugewinn einer höheren kognitiven und lebenspraktischen Stabilitätsebene gesichert ist.

Symmetrie- und Machtantinomie: Obwohl pädagogische Verhältnisse konstitutiv asymmetrische Handlungsstrukturen darstellen, ist die Wirksamkeit pädagogischen Handelns auf temporäre Herstellung symmetrischer und machtreduzierter Situationen angewiesen.

Vertrauensantinomie: Die Herstellung von Interaktion und längeren Handlungsabläufen bedarf des Vertrauens zwischen den beteiligten Personen. Dieses kann jedoch nur als ein grundsätzlich unterstelltes existieren und bleibt aufgrund der Symmetrie- und Machtantinomie immer fragil.

Die solchermaßen gerahmte Situation professionellen pädagogischen Handelns impliziert für die beteiligten Individuen Potentiale, die sich in der Auseinandersetzung mit dem Prinzip einer relationalen Individualität als *Ambivalenzen* der Anerkennung herausgestellt haben. Diese gruppieren sich um das Moment der Unabschließbarkeit von Anerkennung bzw. die Potentialität und den Möglichkeitsausstand der durch die Interpretation der Normen der Anerkennung gestifteten sozialen und – hier – schulkulturellen Situation. Wird die konstitutiv widersprüchliche Situation als solche reflektiert und sichtbar, wird die Veränderbarkeit von Situationen und Produkten der Anerkennung, d. h. von Zuschreibungen und Stiftungen von Individualität bis hin zur imaginären schulkulturellen Bedeutungsebene, erfahrbar. Hierbei handelt es sich um die Erfahrungen der *Fremdheit und Vertrautheit*, der *Überschreitung*, der *Abweichung*, der verkennenden *Verdopplung*, des Lebens mit *Widersprüchen* sowie der *Unausdeutbarkeit* der eigenen Individualität und der anderer. Weil die von Helsper et al. (2001) auf dieser ersten Ebene beschriebenen Antinomien konstitutiv für pädagogische Handlungszusammenhänge sind, können sie zwar reflektiert und thematisiert werden. Dies darf aber im Sinne der Sicherung pädagogischer Handlungsmöglichkeiten im Erfahren der Individuen nicht zu einer Delegitimierung des institutionellen

Regelungskomplexes führen. Aus dem Blickwinkel einer Anerkennung vom Prinzip der relationalen Individualität aus können daher mit der Reflexion der konstitutiven Antinomien der pädagogischen Handlungssituation zum einen auch Erfahrungen der *kognitiven* und *personalen Fremdanerkennung* der Individuen aber auch Erfahrungen der *Selbstanerkennung erster Ordnung* verbunden werden. Letztere impliziert *Selbstpositionierung, Selbstreflexion, Selbstverstehen, Selbstbestimmung, Selbstgestaltung und Selbstgefühl.* Sie werden jedoch im Sinne der Sicherung der institutionellen Legitimität und des institutionellen Regelungskomplexes eine notwendige Begrenzung erfahren. Diese Erfahrung der Begrenzung durch institutionelle Machtökonomien bei gleichzeitiger Erfahrung des Zuwachsens neuer individueller Handlungskompetenzen und damit verbundener Freiheitsgewinne für die eigene *Selbstpositionierung* läuft auf die Erfahrung, mit *Widersprüchen* leben zu können, als Kerndimension hinaus. Dies kann jedoch nur gelingen, wenn die institutionellen Machtökonomien und Asymmetrien als *zumutbare Einschränkungen* (vgl. Heidbrink 2007, S. 283 f.) und nicht als *unzumutbarer Zwang* (ebd.) erfahren werden können.

Auf der zweiten Ebene wird die für die Beziehungsstruktur des *schulischen Arbeitsbündnisses* konstitutive widersprüchliche Situation beschrieben, sowohl rollenförmigen als nicht-rollenförmigen Ansprüchen genügen zu müssen (Helsper et al. 2001, S. 48 ff.):

Nähe-Distanz-Antinomie: In der Initiierung krisenhafter Lernsituationen und deren individueller Bewältigung müssen Lehrer*innen auf die ganze Person des*r Schüler*in zielen. Sie stehen nicht zuletzt aufgrund der Machtantinomie in der Gefahr und im Konflikt, emotionale Abhängigkeiten erzeugen zu können und die für die universalistische Leistungsbeurteilung notwendige Distanz zu verlieren.

Sachantinomie: Die Möglichkeit eines tatsächlichen Lernzuwachses der*s Schüler*in steht in der Gefahr, durch die notwendige Orientierung an den individuellen, biographischen und lebensweltlichen Voraussetzungen und Begriffe die Sache zu verfehlen, und den Prozess der Vermittlung und des Lernens zu vereinseitigen.

Differenzierungs-/Pluralisierungsantinomie: Hier steht die Frage im Mittelpunkt, wie die universalistische und vereinheitlichende schulische Haltung mit den Anforderungen individueller Förderung sowie der Berücksichtigung sozialer und kultureller außerschulisch bedingter Differenzierungsbedarfe verbunden werden kann. Aus Fragen der kognitiv-moralischen Anerkennung soll eine „Gerechtigkeitshaltung" resultieren, ohne eine „soziale und Lerndesintegration" (Helsper et al. 2001, S. 52) zu riskieren.

Organisationsantinomie: Durch die organisatorische Institutionalisierung wird ein an rollenförmigen nach universalistischen Mustern ausgerichtetes Handeln ermöglicht und gesichert, was besonders durch die zyklische Organisation von Abläufen (Schuljahr) unterstützt wird. Davon geht jedoch zugleich eine Gefahr für eine fall- und situationsorientierte Flexibilität des pädagogischen Handelns aus.

Autonomieantinomie: Diese Antinomie umfasst den Widerspruch zwischen der „Erzeugung oder Konservierung von Unselbständigkeit" (Helsper et al. 2001, S. 56) durch die Erwartung einer dauerhaften Unterstützung durch die Lehrer*innen einerseits und der Überforderung von Schüler*innen mit Graden der Eigenverantwortlichkeit, die ihren Entwicklungsstand überschreiten, andererseits. Schüler*innen werden grundsätzlich als noch nicht selbständig und heteronom begriffen. Zugleich müssen Lehrer*innen ihr pädagogisches Handeln an der Autonomie von Schüler*innen ausrichten.

Die Konkretisierung der Handlungsdilemmata professionellen pädagogischen Handelns für den institutionellen Fall des Handelns von Lehrer*innen haben zweierlei verdeutlicht. Trotz des universalistischen Anspruchs der Schule ist die Individualität von Schüler*innen ein Faktor ihrer konstitutiven Grundsituation. Dies konnte bereits für die Sicherung der institutionellen Legitimation der Einzelschule verdeutlicht werden und ist nun auch für die Organisation und Gestaltung des Vermittlungsauftrags und der Einlösung des schulischen Versprechens nachvollziehbar geworden. Hierin liegt eine entscheidende Dimension der *kognitiven Anerkennung* von Kindern und Jugendlichen in der Schule. Es ist jedoch auch klar geworden, dass der konstitutive Widerspruch der Notwendigkeit von rollenförmigen und nicht-rollenförmigen Ansprüchen eine immerwährende Bedrohung für die Anerkennung der Individualität von Kindern und Jugendlichen in der Schule bedeutet. Sie bedeutet zwar insofern einen Schutz, als sie Jugendliche und Kinder dazu befähigt, sich als Individuen selbst zu positionieren. In der institutionalisierten Vermittlungs- und Lernsituation steht diese aber immer in der Gefahr, durch universalistische Verpflichtungen missachtet zu werden. Da, wo die Individualität der Schüler*innen für die Bewältigung des professionellen Bewährungsdrucks der Lehrer*innen nicht notwendig ist und auch keine schulkulturelle Leistung erbringt, ist sie im Sinne der institutionellen Normen der Anerkennung nicht anerkennbar. Die *Unausdeutbarkeit* der Individualität von Kindern und Jugendlichen erfährt eine radikale, funktionalistische Reduzierung. Ihre *verkennende Verdopplung* wird insofern billigend in Kauf genommen und u. U. sogar intendiert, wenn dadurch der Leistungsauftrag der Schule gesichert und anhand universalistischer Kriterien überprüfbar wird.

Die dritte Ebene ergänzt die beiden vorhergehenden Ebenen durch spezifische historische, kulturell ausgeformte und soziale Widerspruchsverhältnisse. Diese stellen zusätzliche Leistungserwartungen institutioneller *Umwelten* an das Handeln der Lehrer*innen (vgl. Helsper et al. 2001, S. 57 ff.):

In dem Fall, dass aus anderen gesellschaftlichen Teilsystemen spezialisierte Qualifikationsanforderungen an die Schule gestellt werden, entsteht ein Widerspruch zwischen Bildung und Qualifikation, weil damit die umfängliche Entfaltung allgemeiner Bildungsprozesse eingeschränkt zu werden droht. Ebenso gerät das professionelle Lehrer*innenhandeln durch den zentralen schulischen Widerspruch von Fördern und Auslesen unter Druck. Die Kopplung „der universalistischen Gerechtigkeitsorientierung und der personengebundenen Stützung und Sorge um Bildungswege und -möglichkeiten der Schüler" (Helsper et al. 2001, S. 58) führt zu einer unlösbaren und zu im Einzelfall unterschiedlich ausfallenden Entscheidungen, wodurch „Lehrer für die Schüler aber zu dominanten, tendenziell auch bedrohlichen und mit Sanktionierungs- und Kontrollmöglichkeiten ausgestatteten Personen [werden], die tiefreichend die aktuelle Situation und den weiteren Lebenslauf der Schüler bestimmen können" (Helsper et al. 2001, S. 59). Die Institutionalisierung der Lern- und Vermittlungssituation in der Schule führt dazu, dass von Lehrer*innen für Schüler*innen neben Unterstützung auch ein dauerhaftes Risiko ausgeht. Dies kann den Lern – und Bildungserfolg von Kindern und Jugendlichen gefährden: „Dies kommt besonders drastisch darin zum Ausdruck, dass Schüler, wenn sie sich offen und vertrauensvoll mit Lernproblemen, Unwissen, Nicht-Verstandenem, mit immer wiederkehrenden Fehlern etc. an ihre Lehrer wenden […], sie das Risiko eingehen, dass dies in negativen Bewertungen zu Buche schlagen kann und für sie zum Nachteil wird" (Helsper et al. 2001, S. 60). Diese Bedrohungslage der Schule verschärft sich für Kinder und Jugendliche schließlich aufgrund der Schulpflicht, die Helsper et al. als „fremdgesetzte *Zwangsförmigkeit*" beschreiben: „Mit dieser zwangsförmigen Rahmung des Schulbesuchs wird strukturell kein Arbeits- und Vertrauensbündnis zwischen Lehrern und Schülern generiert, sondern Schule als ‚Zwangsarbeit' installiert" (Helsper et al. 2001, S. 60).

Aufgrund dieser funktionalistischen Einbettung der Schule und somit auch des Handelns von Lehrer*innen erfahren sowohl die *Selbstanerkennung* von Kindern und Jugendlichen als auch ihre *kognitive* und *personale* aber auch mittelbar die *kulturelle* und *performative Fremdanerkennung* eine empfindliche Eingrenzung. Dies wirkt sich besonders auf den Gegenwartsbezug individueller Anerkennung von Kindern und Jugendlichen aus. Die Anerkennungsversprechen der Schule sind insofern nicht von der Zukunftsgerichtetheit ihrer institutionellen Wirkungslogik und Funktion zu trennen. Denn die für individuelle Differenz bedrohliche und von Zwangsförmigkeit gekennzeichnete Anerkennungsordnung verspricht den Individuen zugleich eine zukünftige, bestmögliche gesellschaftliche Teilhabe durch Passage der schulischen Ordnung.

Die auf der vierte Ebene beschriebenen Modernisierungsantinomien beeinflussen als Rahmen alle anderen Antinomie-Ebenen (vgl. Helsper et al. 2001, S. 63 f.):

Differenzierungsantinomie: Während sich Selbst- und Weltdeutungen sowie Lebensformen pluralisieren, nehmen auf institutioneller Ebene Standardisierungsprozesse und Vereinheitlichungstendenzen zu, nicht zuletzt auch in globalen Netzwerken.

Rationalisierungsantinomie: Die Machtförmigkeit von Organisationen vergrößert sich besonders dadurch, dass die Individuen aufgrund der zunehmenden Ausdifferenzierung von formalisierten und standardisierten organisationsförmigen Steuerungen diese immer weniger erfassen können.

Zivilisierungsantinomie: Hier wird der Widerspruch beschrieben, der sich aus zunehmenden Ansprüchen an die Freisetzung eigenen individuellen sinnlichen, erlebnishaften und emotionalen Erlebens einerseits und der Anforderungen einer zunehmenden rationalisierten Selbstkontrolle und -steuerung andererseits herleitet.

Individualisierungsantinomie: Aus einer größeren Freisetzung von Wahlmöglichkeiten ergibt sich die zunehmende Anforderung der von Keupp et al. benannten Selbsteinbettung (Keupp et al. 1999). Diese Situation birgt für das „individualisierte Individuum" jedoch insofern Risiken, als es „mit fern wirkenden, schwer durchschaubaren und kaum beeinflussbaren Zwängen und Abhängigkeiten konfrontiert" ist, „die seiner direkten Beeinflussung entzogen sind" (Helsper et al. 2001, S. 64).

Aus diesen Modernisierungsantinomien leitet sich aus anerkennungstheoretischer Sicht umso mehr ab, dass Schule ihrem Leistungsauftrag zur gesellschaftlichen Kohäsion wie auch zur umfänglichen gesellschaftlichen Teilhabe von Individuen nur dann nachkommen kann, wenn die institutionelle Ordnung der Schule so organisiert wird, dass sie das Subjekt dazu befähigt, mit den konstitutiven Antinomien so umzugehen, dass es sich zu sich selbst in seiner individuellen Differenz anerkennend verhalten kann und sich ebenso als sozial und kulturell relational, mit der Gesellschaft und ihren Institutionen verbunden, von diesen aber nicht abhängig erlebt.

6.5 Zusammenfassung: Dimensionen der Anerkennung im institutionellen Regelungsgefüge der Schule

Die Analyse schultheoretischer Konzepte Fends (2008), Holzkamps (1995) sowie Helspers et al. (2001) haben deutlich werden lassen, dass Schule für die

Erfüllung ihres gesellschaftlichen Leistungsauftrags auf die interpretative Reproduktion der Anerkennungsnormen des Schulsystems durch die individuellen Subjekte angewiesen ist. Schule steht aus Gründen der gesellschaftlichen Kohäsion unter dem Auftrag der Resubjektivierung der gesellschaftlichen und herrschaftsökonomischen Sinn- und Werteordnung. Daher müssen die in ihr agierenden Akteure durch ein regelhaftes Handeln dazu beitragen, dass die Selbst- und Weltverhältnisse Kindern und Jugendlichen in Bezugnahme auf die institutionellen *Umwelten* (Senge/Hellmann 2006) der Schule weiterentwickelt werden. Die Anerkennung sozial und kulturell relationaler Individuen unterliegt in der Schule daher einer Regulierung, die sich aus dem auf Reproduktion und gesellschaftliche Kohäsion ausgerichteten Leistungsauftrag des Schulsystems ableiten. Im Folgenden soll zusammenfassend für die verschiedenen Dimensionen des anerkennungstheoretischen Analyserahmens aus *Fremdanerkennung* und *Selbstanerkennung* unter Einbeziehung der *Ambivalenzen* der Anerkennung die institutionelle Umgrenzung von Anerkennung in der Schule nochmals verdeutlicht werden. Mit der zusammenfassenden Darstellung der Begrenzung individueller Anerkennung in der Schule werden zugleich die grundlegenden Problematiken konturiert. Vor ihnen muss sich eine anerkennungstheoretische Begründung der Kulturschule bewähren. Sie stellen vor allem deshalb Herausforderungen dar, weil sich die Begrenzungen aus der institutionellen Konstitution der Schule herleiten. Diese Konstitution wird auch für eine Kulturschule gelten müssen. Im weiteren Verlauf der Studie wird daher nicht nur zu diskutieren sein, worin der Beitrag ästhetischer Erfahrung und der ihr zugeordneten Praktiken für die Anerkennung von Individualität liegen kann. Es wird vielmehr auch darum gehen müssen, Grundlagen zu beschreiben, anhand derer eine Verhältnisbestimmung ästhetischer Erfahrung und institutioneller Ordnung so vorgenommen werden kann, dass im Kernbereich der Schule neue Möglichkeiten der Anerkennung der Individualität von Kindern und Jugendlichen erschlossen werden. Dies impliziert, dass individuelle Anerkennung in der Schule sich nicht allein in der Förderung und Veröffentlichung individueller Differenz erschöpft, sondern zugleich Involviertheit als Bedingung von Individualität reflektiert und praktisch zur Artikulation bringt. In der Schule ist die Bedingtheit von Individualität daher auch im Verhältnis zu den institutionellen Begrenzungen zu reflektieren. Anerkennung der relationalen Individualität von Kindern und Jugendlichen in der Schule verlangt daher auch, die sich aus dem schulischen Leistungsauftrag ableitenden Normen nicht zu ignorieren. Es wird stattdessen darum gehen, sie als *Hinsichten* (Seel 2002) bereitstellende *Medien* (Seel 2002) zu erschließen.

Die Kritik des Anerkennungsbegriffs hat ausgehend von den Erkenntnissen zum Prinzip einer relationalen Individualität **kognitive Anerkennung** als Gelegenheit zu*r Anderen verdeutlicht. Sie fußt auf der Fähigkeit der Reflexion und Kommunikation im Medium geteilter Begriffe und impliziert das Zugestehen gleicher Rechte. Die Schule leistet einen zentralen Beitrag zur kognitiven Anerkennung von Kindern und Jugendlichen, indem sie dem Recht auf Bildung entspricht und sie in Bezug auf die kulturellen Wissensbestände, die gesellschaftlichen Kohäsionsziele und im Rahmen des institutionellen Regelungskomplexes als zurechnungsfähig und lernfähig anerkennt. Allerdings erfolgt die kognitive Anerkennung in der Schule auf Grundlage einer Überprüfung der Resubjektivierung der kulturellen Wissensbestände, d.h. auf Grundlage des Leistungsprinzips. Dies wiederum impliziert aus Gründen der universalistisch orientierten Überprüfungs- und Bewertungsabsicht eine *Vereinzelung* des Individuums sowohl in der Institution als auch mit Blick auf die Beurteilung der individuellen Lernleistung unabhängig seiner außerschulischen sozialen und kulturellen Relationen. Kognitive Anerkennung ist in der Schule um das Prinzip des Leistungsaustauschs zentriert, weil sie der Überprüfung der individuellen Leistungsfähigkeit innerhalb der gesellschaftlichen Sinnordnung, ihrer Ziele und der Funktionen des institutionellen und schulkulturellen Regelungskomplexes dient. Dies zeigt sich vor allem daran, dass nicht-funktionale, idiosynkratische Sinnordnungen nicht als kognitive Leistungserbringungen anerkannt werden. Kognitive Anerkennung in der Schule befähigt Individuen zur **Selbstpositionierung** vermöge geteilter Begriffe, impliziert aber in der Lehr-/ Lernsituation auch die Missachtung darüber hinausgehender oder abweichender Bedeutungsbildungen. Daher sind Emotionen nur unter versachlichender Perspektive als Leistungsbeitrag zur Sicherung des Lernerfolgs, zur Resubjektivierung der gesellschaftlichen Sinnordnung und zum institutionellen und schulkulturellen Regelungskomplex anerkennbar.

Die Überlegungen zur relationalen Individualität haben gezeigt, dass kognitive Anerkennung der Gelegenheit des Subjekts zu sich und damit der Fähigkeit, aisthetische Prozesse als Voraussetzung seines Wollens und Könnens wahrnehmen zu können, bedarf. In diesem Sinne bedarf Individualität ebenso einer **aisthetischen Anerkennung**. Während aisthetische Erfahrungen sich vor allem durch einen unreduzierbaren Gegenwartsbezug auszeichnen, ist der institutionelle Leistungsauftrag der Schule sowohl hinsichtlich der Teilhabeversprechen gegenüber dem Individuum als auch bzgl. ihrer Reproduktions- und Kohäsionsfunktion durch einen besonderen Zukunftsbezug gekennzeichnet. In diesem Sinne wird aisthetische Erfahrung in Schule unter dem Prinzip der Versachlichung in ihrem Gegenwartsbezug diskriminiert und für zukunftsgerichtete Ziele funktionalisiert. D.h., aisthetische Anerkennung erfolgt in der Schule lediglich als Vorstufe der kognitiven Anerkennung. Für die schulische Alltagspraxis bedeutet das, dass aisthetische Prozesse diszipliniert und auf die Kohäsionsfunktion engeführt werden, indem Körper und Körperfunktionen örtlich und zeitlich kontrolliert werden. Der Körper wird anerkannt, insofern er die Bedingung der kognitiven Prozesse im Disziplinarraum der Schule darstellt. Jedoch werden dem Körper und aisthetischen Erfahrungen durch die in

Bezug auf subjektive Lerngründe erfolgende schulische *Präsmissenmanipulation* eine eigenständige Sinndimension, die allgemeingültige und geteilte Begriffe überschreitet, entzogen.

Ein vom Prinzip relationaler Individualität ausgehender Anerkennungsbegriff beinhaltet auch eine **kulturelle Anerkennung**, die das Individuum als Adressat*in sozialer und kultureller Zuschreibungsprozesse berücksichtigt, und die Normen der Anerkennung als kulturelle Produkte reflektiert. Die universalistische Orientierung des schulischen Leistungsprinzips als auch der schulkulturellen Interpretation des von den institutionellen *Umwelten* (Senge/Hellmann 2006) der Schule ausgehende Leistungsauftrags führen zu einer zweifachen Suspendierung der Anerkennbarkeit von außerschulischen kulturellen Relationen des Individuums: Zum einen aufgrund der gleichgültigen universalistischen Leistungsbeurteilung, zum anderen aus Gründen der kulturellen Selbstrepräsentanz der Einzelschule. Kulturelle Praxen und Lebensformen sind im schulkulturellen Sinne nur dann anerkennbar, wenn sie der Anerkennbarkeit der Bewältigung des einzelschulischen Bewährungsdrucks dienen. Neben der Resubjektivierung hegemonialer kultureller Werte, Normen und Praktiken mit Absicht der gesellschaftlichen Kohäsion bedeutet dies für die Individuen, dass **soziale Wertschätzung** in der Schule durch das universalistische Leistungsprinzip und seine schulkulturelle Ausformung, die eine Auf- bzw. Abwertung von sozialen und kulturellen Lebensformen transportieren, auf kohäsive Wirkungen reduziert wird.

Relationale Individualität vollzieht sich grundlegend durch die nachvollziehende Interpretation der sozialen und kulturellen Zuschreibungen und die Realisation von Bedeutungen in performativen Akten. Anerkennung unter dem Prinzip der Individualität meint daher immer auch eine **performative Anerkennung**. Die performative Realisation der Interpretationen wird in der Schule insofern institutionalisiert, als sie nur dann anerkennbar ist, wenn sie als Beitrag zum gemeinsamen Handeln im Regelungszusammenhang der Schule bzw. der verschiedenen Ebenen des Schulsystems wirken kann. Performative Praktiken werden demnach nicht als Interpretationen der relationalen Individuen anerkannt, sondern als Nachweis der Anerkennbarkeit der Einzelschule bzw. des institutionellen Gefüges des Schulsystems. Die performative Reproduktion der institutionellen Regelungen höherer Schulebenen stellt somit die Bewährungsgröße für performative Anerkennung in der Schule dar. Sozial-kulturelle Praktiken haben insofern eine performative Vermittlungsfunktion für die universale Gültigkeit der institutionellen Regelungen. Für Kinder und Jugendliche bedeutet das vor allem eine Begrenzung ihrer gegenwartsbezogenen, altersspezifischen Lebensformen und Ausdrucksweisen auf ihren Leistungsbeitrag zur kohäsiven und reproduktiven Funktion von Schule.

Mit dem Prinzip relationaler Individualität wird die Fähigkeit verbunden, nach eigenen Gründen und Vorstellungen, die sich das Subjekt als Individuum selbst zuschreibt und in denen es sich wiedererkennt, zu handeln. Weil von der Willensbildung des Subjekts auch verändernde Wirkung für seine soziale, kulturelle und physische Umwelt ausgehen können, wird neben der kognitiven Anerkennung auch eine **personale Anerkennung** explizit gemacht. Die machtökonomische Einkreisung des Subjekts in der Schule zielt auf dessen Einwilligung in seine Bewertung anhand der Leistungsachse. Die personale Willensbildung wird auf diesem Wege vor allem im Rahmen der Vereinzelung des Individuums vor den formalen und schulkulturellen Bewährungsoptionen anerkannt. Personale Handlungen sind vor allem als Beitrag zur *Rekontextualisierung* (Fend 2008) institutioneller Anforderungen und zur *Resubjektivierung* der zu vermittelnden Sinnordnung anerkennbar. Gründe und Vorstellungen des Individuums sind nur dann anerkennbar, wenn sie sich aus der unmittelbaren Auseinandersetzung mit der gesellschaftlichen Sinnordnung und dem institutionellen Regelungskomplex herleiten. Diese Orientierung des Denkens und Handelns an den schulischen Bewertungssystemen und Inhalten dominiert eine Orientierung an eigenen individuellen Gründen und Motiven (*Prämissenmanipulation*, Holzkamp 1995), was einer strategischen Behinderung der potentiell verändernden Wirkung einer Orientierung an eigenen Gründen und Motiven gleichkommt (*Schule als Lernbehinderung*, Holzkamp 1995). Die durch das zukunftsgerichtete Teilhabeversprechen der Schule begründete Zwangsförmigkeit, unterminiert somit die personale Anerkennung der gegenwärtigen Individualität von Kindern und Jugendlichen (*Schule als Zwangsarbeit*, Helsper et al. 2001).

Die Relationalität von Individualität zeichnet sich dadurch aus, sich zu sich und zur geteilten Welt anhand eigener Bedeutungsbildungen unter Interpretation sozial und kulturell geteilter Begriffe und anderer Formen der Symbolisierung als different und eigenständig zu positionieren. Die Involviertheit in die soziale, kulturelle und physische Welt wirkt in der **Selbstpositionierung** auf die Formierung der Individualität wie auf die Veränderung und Gestaltung ihrer *Umwelten* (Senge/Hellmann 2006) gleichermaßen. Im Mehrebenensystem der Schule werden Handlungen der Selbstpositionierung in institutionell gerahmte Rekontextualisierungshandlungen überführt. Neu-Interpretationen der institutionellen Normen der Anerkennung müssen unter dem Anspruch der gesellschaftlichen Kohäsion und der Konformisierung sowie der Sicherung des schulischen Leistungsauftrags verbleiben. Selbstpositionierungen sind in der Schule anerkennbar, wenn sie sowohl im Sinne einer formalen als auch einer schulkulturellen Leistung einen kohäsiven Beitrag leisten. Dies bedeutet, dass sie grundsätzlich unter den Maßgaben der schulischen Inhalte und Leistungskriterien bewertet werden. Individuelle Lerngegenstände und Reflexionsprozesse werden nicht als konstitutiver Beitrag zur Adaption institutioneller Anerkennungsnormen herangezogen, sondern als potentielle Bedrohung der Schuldisziplin eingestuft und durch *Universalisierung, Versachlichung* und *Leistungsprinzip* reguliert. Damit werden Selbstpositionierungen in ihrer Relevanz für das jeweilige Individuum verkannt bzw. durch das Prinzip des Universalismus entöffentlicht, d. h., ihre Produkte sind nicht institutionell anerkennbar. Dies gilt auch für den außerunterrichtlichen Bereich der Schule. Denn Selbstpositionierung kann auch außerunterrichtlich nur erfolgreich sein, wenn sie den kognitiven Institutionen der Schulkultur entspricht.

Die Relationalität von Individualität realisiert sich nicht zuletzt über die Reflexion der eigenen elementaren Bezogenheit auf die Anderen. Die **Selbstreflexion** des Individuums erhält in der Schule durch die Vermittlung geteilter Begriffe und gesellschaftlicher Sinnordnung eine kommunikative Grundlage. Im institutionellen Regelungszusammenhang dient die Selbstreflexion als Funktion zur *Resubjektivierung* der gesellschaftlichen Sinnordnung und zur *Rekontextualisierung* (Fend 2008) der institutionellen Regelungen. Damit unterliegt sie der Versachlichung und den Kriterien der formalen und schulkulturellen Bewährungsoptionen. Selbstreflexion der eigenen Relationalität erfolgt im Sinne der schulischen Funktionen als sozialer Vergleich der Leistungssubjekte und wird von außerschulischen emotionalen, sozialen und kulturellen Bezügen des Individuums abgetrennt. Selbstreflexion erfolgt in der Schule nicht anhand individueller Standards, sondern anhand formaler und schulkultureller nicht veränderbarer Leistungskriterien.

In diesem Sinne wird die Verstehbarkeit der relationalen Bedingtheit des eigenen In-der-Welt-Seins anhand der Vermittlung geteilter Begriffe, gesellschaftlicher Sinnordnung und institutionellen Regelungen ermöglicht. Das **Selbstverstehen** des Individuums wird im öffentlichen Bereich der Schule im Rahmen formaler und schulkultureller Leistungskriterien eingegrenzt. Selbstverstehen in der Schule bedeutet Verstehen des eigenen Akteurstatus im Sinne des institutionellen *Zusammenhandelns*. Außerschulische Sinnstrukturen werden im öffentlichen Bereich daher unter dem Prinzip der *Versachlichung* anerkannt und zugleich ihrer individuellen Bedeutsamkeit enthoben. Außerschulische Sinnstrukturen können nur im entöffentlichten Bereich in ihrer emotionalen Qualität und individuellen Bedeutsamkeit vollumfänglich für das Selbstverstehen des Individuums herangezogen werden.

Eine sozial und kulturell wirksame **Selbstbestimmung** des Subjekts ist innerhalb der Institution Schule im Rahmen seiner funktionalen Aufgaben als Akteur für das *Zusammenhandeln* (Fend 2008) in der schulischen Machtökonomie anerkennbar. Die institutionelle Gültigkeit individueller Positionierungen unterliegt damit nicht der selbstbestimmten Entscheidung des Subjekts, sondern der Bewährungsprobe durch formale und schulkulturelle Leistungskriterien. Verfahren der Selbstbestimmung werden somit eingefordert, bleiben aber als pädagogisch simulierte im institutionellen Regelungszusammenhang der Schule nicht wirksam. Vielmehr werden sie durch umfängliche Maßnahmen eingegrenzt: Institutionell anerkennbare Lerngegenstände werden nicht vom Individuum bestimmt. Entscheidungen über körperliche Präsenz und deren zeitlichen Umfang können ebenfalls nicht vom Individuum bestimmt werden. Mentale Präsenz wird durch das Leistungs- und Sanktionssystem erzwungen.

Auch für die Erfahrung der Gestaltbarkeit eigener Identitäts- und Handlungsentwürfe werden durch die Vermittlung geteilter Begriffe sowie durch die Vermittlung einer gesellschaftlichen Sinnordnung soziale und kulturelle Grundlagen erschlossen. In der Gegenwart der Institution Schule ist **Selbstgestaltung** vor allem im Sinne der Ausgestaltung des eigenen Handelns als Akteur im institutionellen Regelungskomplex anerkennbar. Damit verbleibt Selbstgestaltung in der Schule innerhalb der Bewährungsoptionen der auf sozialen Vergleich ausgelegten formalen wie auch schulkulturellen Leistungsprinzipien. Verfahren der Selbstgestaltung werden pädagogisch eingefordert, bleiben aber im institutionellen Regelungszusammenhang der Schule nicht wirksam, insofern sie nicht dem institutionellen *Zusammenhandeln* (Fend 2008) dienen. Die Selbstgestaltung der Individuen findet in Schule in weiten Teilen auch jenseits von institutionellen Regelungen, Leistungsprinzip und *Schulkultur*, d.h. im entöffentlichten Bereich statt.

Das Individuum ist in seiner Relationalität auf eine weitere Grundierung seiner *Selbstbestimmung, Selbstreflexion* und *Selbstgestaltung* angewiesen. Es bedarf der Erfahrung der sinnhaften Kohärenz des eigenen Handelns. Dieses **Selbstgefühl** leitet sich dadurch her, dass Selbst- und Weltbilder in ein Handeln übersetzt werden können, das den individuellen Zwecken, Gründen und Vorstellungen des Subjekts entspricht und diese abbildet. Die Herstellung von Kohärenz wird in der Schule durch die *Erfindung* von institutionellen Praktiken des *Zusammenhandelns* (Fend 2008) ermöglicht. Individuelle Sinnordnungen sind nur anerkennbar, wenn sie als *Rekontextualisierungsleistungen* institutioneller Normen einen Beitrag erbringen. Diese Begrenzung wird durch die Suspendierung von Emotionen durch deren *Versachlichung* verstärkt, was zu Verunsicherung statt zu Kohärenzempfinden im institutionellen Regelungskomplex führt. Erfahrungen der *Selbstanerkennung* aufgrund eines kohärenten Selbstgefühls kann in der Schule zum einen durch die Verfolgung subjektiver Lerngründe im entöffentlichten Bereich und zum anderen durch die Manipulation der Ordnungsstruktur und widerständiges Verhalten eingeholt werden.

Selbstpositionierung, Selbstreflexion, Selbstverstehen, Selbstbestimmung, Selbstgestaltung und *Selbstgefühl* bilden im Sinne einer **Selbstanerkennung erster Ordnung** die Voraussetzungen, damit sich das Subjekt anhand individueller Standards zu sich und zur Welt in Beziehung setzen kann. Ein Freiheitsgewinn gegenüber den institutionellen Verhaltensaufforderungen kann das Subjekt für sich jedoch nur erschließen, wenn es sich zugleich auch über die vorgängigen Voraussetzungen seiner Individualität verständigen kann, die es ihm erst ermöglichen, sich anhand eigener Standards in Beziehung zu setzen. Für das Subjekt als Individuum ist es grundlegend, dass es Bedeutungen selbst bilden kann – anders gesagt: Für die Relationalität der eigenen Individualität hat es eine Bedeutung, dass das Subjekt Unterscheidungen, die eine Bedeutung machen, treffen kann. Daher bedarf die Selbstanerkennung des Subjekts auch der Artikulation der prozesshaften Grundlagen der Relationalität seiner Individualität. Hier kann von einer **Selbstanerkennung zweiter Ordnung** gesprochen werden. Die gegenwartsbezogenen Erfahrungsprozesse der Individualität der Kinder und Jugendlichen erfahren durch das zukunftsgerichtete Versprechen der Schule eine Überdeckung. Die Absicht, Kinder und Jugendliche im Regelungskomplex der Institution und damit der in ihr rekontextualisierten gesellschaftlichen Sinnordnungen zu beheimaten, zielt auf die Distanzierung des Subjekts von seinen individuellen Interpretationen der institutionellen Normen der Anerkennung. Dies bedeutet in seiner Konsequenz, dass das Subjekts sich nicht nur von seinen individuellen Bedeutungsbildungen distanzieren soll, sondern dass es sich auch seiner expansiven Fähigkeit zu Bedeutungsbildung jenseits der institutionellen Standards und Sinnordnung nicht mehr als Grundlage des eigenen In-der-Welt-Seins vergegenwärtigt. Die Differenzierung der Individuen entlang der universalistischen Leistungsachse fußt auf allgemeingültigen Bedeutungsbildungen und kann eine Anerkennung von Individualität als *zusammengehörige Ambivalenzen*, die sich durch prozesshafte Bedeutungsbildungen formt, institutionell nicht berücksichtigen. Weil Kinder und Jugendliche in ihren individuellen Lerngründen in der Schule entöffentlicht werden, kann die Institution die Fähigkeit der Individuen zu Bedeutungsbildung nicht als solche, sondern nur in ihrem kohäsiven Beitrag anerkennen. Eine zweckfreie Selbstanerkennung zweiter Ordnung kann daher nicht Gegenstand schulisch institutioneller Anerkennung sein.

Um Freiheitsgewinne gegenüber den konformisierenden Dimensionen der Anerkennung in der Schule zu sichern, sollten dem Subjekt zugleich Erfahrungen zugänglich werden, die sich um das Moment der Unabschließbarkeit von Anerkennung bzw. um die Potentialität und die Verdeutlichung eines verbleibenden Möglichkeitsausstands gruppieren. Diese *Ambivalenzen* der Anerkennung können als produktive Reflexionsräume genutzt und ausgestaltet werden. Dies ist vor allem deshalb der Fall, weil die *Ambivalenzen* zugleich konstitutiv für das Prinzip der relationalen Individualität sind. Die Erfahrung der immanenten Spannung von **Fremdheit und Vertrautheit** der eigenen sozial und kulturell involvierten Individualität erfährt in der Schule eine institutionelle Kontextualisierung, die sich besonders auf das Verhältnis des Individuums zu sich in den vermittelten Sinnordnungen bezieht. D. h., die Spannung von Fremdheit und Vertrautheit wird im Rahmen der institutionellen Kohäsions- und Reproduktionsabsichten anhand der vermittelten sozialen und kulturell geteilten Wissensbestände anerkannt. Dabei bleibt eine entsprechende produktive

Spannung zu nicht institutionell verankerten Lerngegenständen nicht anerkennbar. Vielmehr wird eine Homogenität der Lerngegenstände des Subjekts mit den Leistungszielen der Institution simuliert bzw. durch das regulierende Leistungs- und Bewertungssystem überdeckt. Eine erfolgreiche Bewährung im schulischen Bewertungssystem ist für die Individuen daher vor allem dann zu erreichen, wenn sie sich selbst als einem Akteur in der institutionellen Regulationsordnung mit der Aufgabe der *Rekontextualisierung* (Fend 2008) gegenübertreten können.

Die Ausgestaltung der Relationalität von Individualität ist zugleich auf die **Überschreitung** eigener, idiosynkratischer Standards und das sich Einlassen auf überindividuelle Normen der Anerkennung angewiesen. Schule ermöglicht dem Subjekt durch geteilte Begriffe und die *Resubjektivierung* der gesellschaftlichen Sinnordnung die Überschreitung individueller Idiosynkrasien und auf diesem Wege sozial und kulturell wirksame Handlungsmöglichkeiten. Zugleich stellt auch die Initiierung von produktiven Krisen als Vorgänge des institutionell ermöglichten Lernens eine Förderung der Überschreitung dar. Allerdings sind Überschreitungen institutionell nur anerkennbar, insofern sie der Reproduktion des Regelungskomplexes der Schule durch ebenenspezifische Anpassung der Normen der Anerkennung dienen. Das Lernen der Individuen wird daher als Grundlage der Kohäsions- und Reproduktionsfunktion von Schule geplant, überprüft und eingegrenzt. Das Subjekt wird somit an der Überschreitung nichtkohäsiver Grenzen gehindert. Lernen, das sich mit Blick auf die Kohäsions- und Reproduktionsfunktion als nicht planbar erweist, wird als Bedrohung der Schulorganisation sanktioniert.

Die Erfahrung, vom Gültigkeitsanspruch von Anerkennungsnormen abweichen zu können, wird in der Schule dementsprechend eingegrenzt. Anerkennungspraktiken der Schule sind auf die Dimension der Anerkennung als vereinheitlichendes *Wiederkennen* der institutionellen Normen und Leistungssubjekte verengt. Individuelle **Abweichungen** von den institutionellen Anerkennungsnormen müssen möglichst verhindert werden, um die performative Realisierung der schulischen Anerkennungsordnung nicht zu gefährden. Individuelle Abweichungen sind insofern möglich, als sie sich dem schulischen Prinzip simulierter und pädagogisch aufbereiteter Erfahrung unterordnen. Abweichungen sind ebenso anerkennbar, wenn sie vor dem Hintergrund des Primats der *Versachlichung* als schulische Lernanlässe erschlossen und überschritten werden können. Ist beides nicht möglich, werden Abweichung vom Gültigkeitsanspruch der institutionellen Anerkennungsnormen nicht als Lernen aus eigenen Gründen, Motiven und Vorstellungen institutionell anerkannt, sondern sanktioniert und in den entöffentlichten Teil der Schule abgedrängt. Weil Schule zugleich der Annahmebereitschaft und der Anerkennung durch die Individuen bedarf, muss sie von den funktionalen Erwartungen ihrer *Umwelten* (Senge/Hellmann 2006) insofern abweichen, als sie diese mit einem alterspezifischen Filter an Kinder und Jugendliche weiterleitet.

Der Leistungsauftrag der Schule bedingt eine **verkennende Verdopplung** der Individualität von Kindern und Jugendlichen. Prozesse und Produkte der Allokationsfunktion stellen einen Akt der *Stiftung* (Düttmann 1997) und verkennenden Verdopplung des Individuums dar. Durch das Anstreben von *Schüler*in* als *dominierender Lebensform* (BMFSFJ 2013) werden die in der Schule lebenden und lernenden Kinder und Jugendlichen in ihrer sozial und kulturell relationalen Individualität verkannt. Formales und schulkulturelles Leistungssystem sind nicht auf Differenz der Individualitäten der Kinder und Jugendlichen ausgerichtet, sondern auf Homogenisierung durch Differenzierung an der Leistungsachse bzw. an den kognitiven Institutionen der Schulkultur. Diese erweitert schulische Anerkennung als Leistungserbringung auf informelle soziale und kulturelle Praktiken. *Schulkultur* als kulturelle Adaption der institutionellen Normen der Anerkennung überdeckt die soziale und kulturelle Relationalität der Individuen jenseits des institutionellen Rahmens. Die Abwehr einer Verkennung der eigenen Individualität durch die Institution kann nur durch Täuschung oder defensives Lernen erreicht werden. Expansive, die verkennende schulische Disziplinarordnung überschreitende Reflexionsprozesse, werden in den entöffentlichten Teil des Schullebens abgedrängt.

Die Erfahrung, **Widersprüche** tolerieren zu können, wird in der Schule besonders durch zwei Aspekte profiliert. Zum einen ist das Wissen darum, verkannt zu werden, aufgrund der gewonnenen Handlungsfähigkeit in der Institution ertragbar und hilfreich. Die gewonnene Handlungsfähigkeit erschließt die Möglichkeit, von den institutionellen Normen der Anerkennung nicht völlig beherrscht zu werden, sondern sie durch *Erfindungen* (Fend 2008) von Praktiken der Anerkennung im Rahmen des institutionellen Regelungskomplexes zu interpretieren. Zum anderen wird die konstitutive Widersprüchlichkeit der schulischen Grundsituation in der schulischen Lebenspraxis immer wieder für die Erschließung von Möglichkeitsräumen genutzt. Ein defensiver Umgang mit Widersprüchen verstärkt hingegen den Wunsch ihrer Auflösung durch simulierte Handlungen, Manipulation und Täuschung. Werden die Möglichkeitsräume nicht betreten, und werden expansive Reflexionsräume für die Kinder und Jugendlichen in der Schule nachhaltig eingeschränkt, führt dies in Bezug auf den öffentlichen Teil des Schullebens, und damit auch mit Blick auf Möglichkeiten der institutionellen Anerkennung, zum Gefühl der Hilflosigkeit.

Das Bewusstsein der **Unausdeutbarkeit** der eigenen Individualität und der anderer stellt in diesem Sinne eine der wichtigsten Grundlagen sowohl für die *Selbstanerkennung* des Subjekts als auch für die *Fremdanerkennung* Anderer dar. Die Homogenisierung im schulischen Leistungssystem reduziert die anerkennbaren Bedeutungsbildungen auf die institutionellen Normen und ist auf Vereindeutigung ausgerichtet. Der damit einhergehende Ausschluss von außerschulischen Bedeutungsdimensionen reduziert die Individualität auf Schüler*in als Leistungssubjekt. Das Leistungs- und Kontrollsystem zielt im Sinne von Kohäsion und Reproduktion auf Reduzierung von Unausdeutbarkeit zugunsten von Vereindeutigung, Überprüf- und Planbarkeit. Dies bedeutet auch, dass das Prinzip der *Versachlichung* emotionale und aisthetische Dimensionen nur unter kognitiven und überprüfbaren Kriterien einschließt und nicht planbare emotionale oder aisthetische Dimensionen suspendiert.

7. Anerkennungstheoretische Perspektiven auf ästhetische Erfahrung

Eine anerkennungstheoretische Begründung der Kulturschule muss sich der Herausforderung stellen, dass sie die Regulierungen von Individualität in ihrer für Schule konstitutiven Qualität weder delegitimieren noch ignorieren kann. Die vorliegende Studie steht daher unter dem doppelten Anspruch, sowohl den institutionellen Leistungsauftrag der Schule zu berücksichtigen als auch Möglichkeiten zu identifizieren, die es erlauben, institutionelle Begrenzung der Anerkennbarkeit von Kindern und Jugendlichen im Kernbereich der Schule einer Öffnung auszusetzen. Individuelle Anerkennung in der Schule kann vor diesem Hintergrund bedeuten, überindividuelle Ansprüche als Medium der eigenständigen Verhältnisbestimmung entlang individueller Standards von Kindern und Jugendlichen zugänglich zu machen. Ästhetische Erfahrung und die ihr zugeordneten Praktiken können hierfür, so die Annahme, den Weg ebnen. Im Folgenden soll ästhetische Erfahrung zunächst anhand der *Problematisierungskategorie* (Balzer 2014) relationaler Individualität diskutiert werden. Diese Diskussion dient der Entfaltung von ästhetischer Erfahrung als ein reflexives Moment, das in besonderer Weise auf die Relation von Differenz und Involviertheit bzw. Selbstbestimmung und Bestimmtwerden verweist. Hierbei ist zu prüfen, inwiefern mit ästhetischer Erfahrung Prozesse der Vergegenwärtigung verbunden sind, die auf die Interpretierbarkeit und Veränderbarkeit der mit anderen geteilten physischen, sozialen und kulturellen Welt verweisen. In einem zweiten Schritt werden die gewonnenen Erkenntnisse zusammenfassend anhand des vorliegenden anerkennungstheoretischen Analyserahmens aus *Fremdanerkennung*, *Selbstanerkennung* und *Ambivalenzen* der Anerkennung reflektiert. Dies führt zu einer Interpretation ästhetischer Erfahrung, die sowohl auf die Relationalität von Individualität bezogen ist als auch den spezifischen Beitrag ästhetischer Erfahrung zu den unterschiedlichen Dimensionen individueller Anerkennung ausführt. Für die im anschließenden Kapitel erfolgende Diskussion der Kulturschule kann ästhetische Erfahrung so als auf individuelle Anerkennung bezogenes reflexives Moment in die Verhältnisbestimmung von institutionellem Anspruch einerseits und Individualität von Jugendlichen und Kindern andererseits eingebracht werden.

Der mit Gerhardt (1999), Jaeggi (2005) und Keupp et al. (1999) entwickelte Begriff eines relationalen Individuums unterlegt diesem eine Doppelstruktur aus Differenz und Involviertheit. Die Involviertheit des Individuums in die physische, soziale und kulturelle Welt erschließt ihm in geteilten Begriffen wie auch in geteilten sozialen und kulturellen Deutungen Möglichkeiten, sich zu diesen und zu sich selbst in individueller Differenz zu verhalten. Gerhardt weist entsprechend darauf hin, dass das Individuelle als Differenz dem „Objektiven" nicht vorausgeht, sondern ihm nachfolgt (vgl. Gerhardt 1999, S. 274). Gerhardts Hinweis birgt eine weitere entscheidende Bedingung bzgl. der Realisierung von Individualität. Diese liegt nicht allein in der Angewiesenheit auf sozial und kulturell geteilte Begriffe und Deutungen, die dem Subjekt als „intersubjektive[ ] *Medien*" „Hinsichten der Artikulation seiner selbst und der Welt vorgeben" (Seel 2002, S. 287). Sondern Gerhardts Hinweis kennzeichnet auch die Fähigkeit, differente Bedeutungen bilden zu können, als Grundlage von Individualität. Diese Fähigkeit wurde in der Diskussion der Anerkennung im Moment einer nachvollziehenden und zugleich verändernden Interpretation der Normen der Fremdanerkennung besonders relevant (vgl. Kapitel 5.1.3, S. 69). Die Bildung von Bedeutungen, die für das Subjekt einen Unterschied machen, stellt eine entscheidende Bedingung in der individuellen Verhältnisbestimmung des Subjekts zu sich selbst und zu der es umgebenden physischen, sozialen und kulturellen Welt dar. In der Möglichkeit, das Verhältnis zu sich und zur Welt durch eigene Bedeutungsbildungen selbst zu bestimmen sowie sie in sozialen und kulturellen Praktiken symbolisch zu realisieren, erfährt die Doppelstruktur aus Differenz und Involviertheit als Moment der Individualität eines Subjekts ihre spezifische Ausführung.

Mit Blick auf die Involviertheit des Individuums hat Seel das „*materiale* Bestimmtsein" sowie das „*mediale* Bestimmtsein" (Seel 2002, S. 289, Hervorhebungen im Original, TB) seiner differenten Bedeutungsbildungen hervorgehoben. Während Seel im *medialen Bestimmtsein* die Angewiesenheit auf sozial und kulturell geteilte „Begriffe" (ebd.) der sozialen und kulturellen Welt fasst, impliziert das *materiale Bestimmtsein* für ihn die unhintergehbare Bezugnahme auf die physische Welt. Die Involviertheit des Individuums bezieht sich also nicht nur auf sozial und kulturell geteilte Begriffe und Deutungen, sondern ebenso auf die unreduzierbare Phänomenalität der physischen Welt. Dieses doppelte *Bestimmtsein* des Individuums hat zugleich Konsequenzen für die Wege seiner Bedeutungsbildungen. Der Aneignung geteilter Begriffe entspricht eine kognitive Dimension der relationalen Individualität, die sich einem *medialen Bestimmtsein* aussetzen muss, um sich selbst bestimmen zu können (vgl. Seel 2002, S. 287 f.). Das *Bestimmtsein* in Begriffen sowie sozial und kulturell vorfindlichen Deutungen stellt für das Subjekt eine Voraussetzung dar, seine individuelle Unterschiedlichkeit in der Reflexion und Entwicklung eigener Bedeutungsbildungen festzustellen und seine Eigenständigkeit durch selbstbestimmtes Handeln in Bezug auf Anderes und Andere zu verwirklichen. Ebenso impliziert aber auch das *materiale Bestimmtsein* für das Subjekt die Gelegenheit, die eigenen, von der Begegnung mit der physischen Welt differenten Vorstellungen, als Ausdruck der eigenen Individualität zu erfahren. Denn ebenso wie der Versuch, individuelle Standards in sozial und kulturell geteilten Begriffen zu erfassen, führt auch die Widerständigkeit und Unhintergehbarkeit der physischen Welt gegenüber Vorstellungen und Absichten des Subjekts zu unvermeidbaren Differenzerfahrungen. Neben dem *materialen Bestimmtsein* des Individuums im Verhältnis zu der es umgebenden phänomenalen Welt kommt auch der aisthetisch-physischen Existenz des Subjekts selbst eine entscheidende Bedeutung in seiner Verhältnisbestimmung zu sich und zur Welt zu: Sowohl in der bewussten Erfahrung der materialen Grundlagen von Welt als auch in einem physischen Handeln des Subjekts liegen Möglichkeiten, die eigene Individualität sozial und kulturell zu vermitteln (vgl. Gerhardt 1999, S. 43). Dem *materialen Bestimmtsein* korrespondiert insofern eine aisthetische Dimension von Individualität wie dem *medialen Bestimmtsein* eine kognitive Dimension korrespondiert. Das *materiale Bestimmtsein* in der physischen Welt, wie auch die körperliche Existenz des Subjekts und die mit ihr verbundenen aisthetischen Vollzüge, stellen eine Grundlage dar, die eigene Individualität sozial und kulturell zu positionieren und in der physischen, sozialen und kulturellen Welt über sich zu verfügen (vgl. Kapitel 4.1, S. 38; Gerhardt 1999, S. 43, S. 208). Aber auch physisches Handeln und aisthetische Erfahrungen können nur dann als Repräsentationen eigener Vorstellungen bedeutungsvoll werden, wenn sie in Identifikation oder Differenz zu „möglichen Gesichtspunkten der anderen" (Gerhardt 1999, S. 202) artikuliert und als artikuliert positioniert werden. Dies bedeutet zugleich, dass physische Handlungen, insofern sie der Fremd- und Selbstanerkennung des sozial und kulturell relationalen Individuums verfügbar sein sollen, nicht als ein „komplementär bereicherndes präsemiotisches Vermögen" (Zirfas 2014, S. 138) verstanden werden können, sondern zumindest als „selbst von spezifischen Kategorien und Begrifflichkeiten durchkreuzt" (ebd.) gedacht werden müssen. Mit Reckwitz konnte dargestellt werden, dass die physische Organisation des Individuums in geteilten sozialen und kulturellen Praktiken handlungsbezogene Wissensformen impliziert, die sich begrifflich nicht angemessen bestimmen lassen bzw. begrifflich gefasstes Wissen überschreiten (vgl. Kapitel 5, S. 59; Reckwitz 2003, S. 290). Dies weist darauf hin, dass auch die aisthetische Dimension der relationalen Individualität Möglichkeiten beinhaltet, Bedeutungen zu bilden. Bedeutungsvoll sind physische Handlungen bzw. die Gestaltung von Wahrnehmungsgegenständen nicht deshalb, weil sie unabhängig von geteilten Begriffen wären, sondern weil sie durch die Hervorhebung der Materialität die Verbindlichkeit sozial und kulturell geteilter Deutungen zu neuen Möglichkeiten hin öffnen.

Sowohl die diskursive Bestätigung oder Neu-Interpretation der Bedeutungen von Begriffen als auch die Entdeckung der aisthetischen Prozesse als Möglichkeiten der bedeutungsvollen physischen Selbstorganisation des Subjekts in der mit anderen geteilten Welt sind somit gleichermaßen zwischen dem *materialen* und *medialen Bestimmtsein* des Individuums aufgespannt. Sich bestimmen zu lassen, sei es *medial* oder *material*, ist in diesem Sinne Voraussetzung, damit das Individuum sich selbst in der mit anderen geteilten Welt bestimmen kann: Denn, „wer überhaupt etwas bestimmen will, sei es in theoretischer oder praktischer Absicht, muss sich in mehrfacher Hinsicht bestimmen lassen: durch die Materie, durch das Medium und durch das Motiv seiner Bestimmung" (Seel 2002, S. 287), so Seel. Für die Anerkennung der relationalen Individualität von Kindern und Jugendlichen ist es daher maßgeblich, dass die Doppelstruktur von Differenz und Involviertheit in der Repräsentation von Bedeutungen nicht übergangen, sondern durch die Artikulation ihres *medialen* und *materialen Bestimmtseins* als Grundlage der individuellen Differenz deutlich wird. Denn nur wenn auch das *Bestimmtsein* artikulierbar ist, kann es für die selbstbestimmte Ausgestaltung von Individualität so genutzt werden, dass sich das Individuum nicht mit einer verkennenden, weil Bedeutungen begrenzenden *Verdopplung* (Bedorf 2010) unter den Normen der Anerkennung begnügen muss. Vielmehr ist eine Anerkennung unter dem Blickwinkel der relationalen Individualität darauf angewiesen, eben dieses Spannungsverhältnis zwischen Bestimmt-werden und Selbst-Bestimmen als Kernmoment von Individualität auffällig werden zu lassen.

Zirfas identifiziert das Spannungsverhältnis zwischen Bestimmt-werden und Selbst-Bestimmen als das Kernmoment ästhetischer Erfahrung. Sie ist, so Zirfas, gekennzeichnet durch ein „Sich-Aussetzen" bei gleichzeitigem „Erleiden und Hinnehmen, in der Widerfahrnis von Dingen und Sachverhalten" (Zirfas 2018, S. 136). Damit weist er auf ein besonderes reflexives Moment ästhetischer Erfahrung hin. Ästhetische Erfahrung sowie die ihr zugeordneten Praktiken eröffnen dem Subjekts demnach ein distanzierendes Moment der Selbst-Bestimmung, das sich eben erst durch das Paradox einer bewussten Involvierung bzw. eines intensivierten sich Bestimmenlassens durch die umgebende Welt einstellt. Zirfas weist darauf hin, das ästhetische Erfahrung im doppelten Sinne auf „‚Machen' einer Erfahrung" (ebd.; vgl. Kapitel 3.3, S. 30) angewiesen ist. Dieses Machen einer Erfahrung bedeutet auf die Relationalität von Individualität hin bezogen, sich selbstbestimmt einem *Sich-Bestimmen-lassen* (vgl. Seel 2002) auszusetzen, um so dem eigenen differenten In-der-Welt-sein als eines *dynamischen Formverlaufs*, der sich in fortlaufenden Bedeutungsbildungen vollzieht, habhaft werden zu können. Im Folgenden soll daher diskutiert werden, inwiefern ästhetische Erfahrung zum einen in besonderer Korrespondenz zu Merkmalen einer relationalen Individualität steht. Zum anderen soll betrachtet werden, inwiefern ästhetische Erfahrung und die ihre zugeordneten Praktiken Formen der Darbietung anbieten, die in der geteilten physischen, sozialen und kulturellen Welt *Hinsichten* (Seel 2002) der Artikulation erschließen, die die Relationalität von Individualität vergegenwärtigen können.

7.1 Ästhetische Vergegenwärtigung von Individualität

Die Kritik eines formalisierten Anerkennungsbegriffs bei Honneth hat mit Blick auf eine relationale Individualität zu einem Verständnis von Anerkennung geführt, das die soziale und kulturelle Involviertheit des Individuums im Verhältnis zu seiner Differenz von geteilten Normen der Anerkennung berücksichtigt. Aufgrund der Notwendigkeit, sich im Medium sozial und kulturell geteilter Normen der Anerkennung bestimmen lassen zu müssen, um sich selbst bestimmen zu können, steht sich das Subjekt als Individuum in der Spannung von *Fremdheit und Vertrautheit* gegenüber. Es sieht sich stets dazu herausgefordert, sich seiner Vereindeutigung immer wieder aufs Neue zu entziehen. Dies greift für den Modus der Fremdanerkennung wie auch für den Modus der Selbstanerkennung gleichermaßen, denn in beiden Fällen ereignet sich eine Bestimmung des Individuums, die dem *dynamischen Formverlauf* seiner Relationalität nicht vollumfänglich entsprechen kann. Indem sich Individualität als *dynamischer Formverlauf* vollzieht, bleibt daher auch Anerkennung in ihrem Ergebnis immer ungewiss und unabschließbar. Die Absicht, das Individuum (selbst-)anerkennend abschließend bestimmen zu können, ist in diesem Sinne ein bewusster Akt der (Selbst-) *Verkennung*. Allein die Betonung der Vorläufigkeit bzw. die Artikulation der Unterbestimmtheit der anerkennenden Bestimmung, die im Sinne einer verkennenden Verdopplung des Individuums wirkt, kann dem dynamischen Charakter seiner zwischen Differenz und Involviertheit aufgespannten Relationalität entsprechen. Anerkennung unter dem Blickwinkel relationaler Individualität steht demnach vor der Herausforderung, „etwas erstens als ein *bestimmtes* einzelnes herauszuheben und es zweitens so aufzufassen, dass es nicht unter dieser oder jener Bestimmung, sondern in seiner *Individualität* zur Anschauung kommt" (Seel 2000, S. 76). In eben diesem Sinne kann, wie im Folgenden zu zeigen sein wird, ästhetische Erfahrung mit Seel als eine Erfahrung der Anerkennung und des Anerkennens verstanden werden.

In Seels Ästhetik konzentriert sich das Subjekt in der ästhetischen Wahrnehmungseinstellung ganz auf das „Erscheinen" (Seel 2000, S. 82) eines Wahrnehmungsgegenstandes. Während Seel im Begriff des „SoSeins" (ebd.) „das in propositionaler Erkenntnis aspekthaft fixierbare phänomenale Soundsosein eines Gegenstands" (ebd.) oder einer Situation fasst, beschreibt er mit dem Begriff des *Erscheinens* einen offenen Prozess der „Interaktion" der mannigfaltigen phänomenalen Eigenschaften eines Gegenstands: „Diese Interaktion ist als ein „Spiel" von Qualitäten zu verstehen, die an einem Gegenstand aus einer jeweiligen Warte und zu einem jeweiligen Zeitpunkt vernehmbar sind" (Seel 2000, S. 82f.). Die Bestimmung eines Gegenstands oder einer Situation in der Orientierung auf das *SoSein* erfolgt unter „theoretischen und praktischen Interessen" (Seel 2000, S. 92), welche die Anerkennbarkeit seiner Besonderheit begrenzen. Gegenstand und Situation bleiben somit immer unterbestimmt, denn „wir können zwar gelegentlich alles jeweils Relevante, aber niemals alles Mögliche an ihm bestimmen" (Seel 2000, S. 93). Die ästhetische Orientierung auf das *Erscheinen* eines Gegenstands oder einer Situation läuft jedoch auf die gegenteilige Erfahrung hinaus. Ausschlaggebend für die Wahrnehmung des *Spiels* der Erscheinungen eines Gegenstandes oder einer Situation ist der Entschluss des Subjekts, sich für eine gewisse Zeit des

Bestimmens und Stiftens von Bedeutungen zu enthalten. Diese zweckhaften Bestimmungen stellt das Subjekt zugunsten einer unreduzierten Aufmerksamkeit für die sinnliche Gegenwart eines Gegenstands oder einer Situation zurück und setzt damit die alltagspraktische Begrenzung seines Bestimmens und Stiftens von differenten Bedeutungen, die es im Prozess seiner Individualität vornimmt, aus und seine Selbstbestimmung zugleich aufs Spiel. Indem die Wahrnehmung in der ästhetischen Erfahrung nicht auf unter bestimmten Zwecken eingegrenzte Aspekte des *Erscheinens* eines Gegenstands fokussiert, sondern von jeglicher Begrenzung absieht, konzentriert sie sich auf die „Wahrnehmung der *Gegenwart* des Objekts […] [und] verweilt in einem sinnlichen Verfolgen" (Seel 2000, S. 90, Hervorhebung im Original, TB). Dieses *sinnliche Verfolgen* kann jedoch nicht als propositionale Erkenntnis auf einen bestimmten Begriff des Gegenstands hinauslaufen, sondern führt stattdessen zu einer nichtpropositionalen prozesshaften Anschauung einer am Gegenstand oder in einer Situation erscheinenden Gegenwart. Der Gegenstand der Wahrnehmung wird „nicht als ein überschaubarer Zusammenhang, sondern als eine Quelle von Erscheinungen, die gleichzeitig an ihm vernommen werden, aber weder simultan noch sukzessive mit Bestimmtheit erfasst werden können" (Seel 2000, S. 92) erfahren: „Man könnte hier paradox von einer *Überbestimmtheit* des in seiner unreduzierten phänomenalen Präsenz aufgefassten Gegenstands sprechen. Das Spiel von Erscheinungen macht eine kognitive Verfügung unmöglich – nicht allein wegen der Vielzahl von Aspekten, die an ihm unterschieden, und Interessen, die auf ihn gerichtet werden können, sondern wegen der Gleichzeitigkeit und Augenblicklichkeit von Facetten und Nuancen, in der es hier zur Beachtung kommt. All dies zugleich macht die *Besonderheit* seiner individuellen Erscheinung aus" (Seel 2000, S. 93, Hervorhebung im Original, TB). Statt einer begrifflichen *Stiftung* (Düttmann 1997) des Gegenstands, die ihn als verlässlichen Vermittler von Handlungsaufforderungen und Verhaltenserwartungen verfügbar machen könnte (vgl. Kapitel 5.1.5, S. 87; Latour 2002, S. 232; Schmidt 2012, S. 63 f.), folgt die ästhetische Wahrnehmung spielerisch dem sinnlichen Erscheinen des Gegenstands. „In diesem Wahrnehmungsspiel bildet sich ein Sinn für die phänomenale Individualität dessen, was hierbei zur Wahrnehmung kommt" (Seel 2000, S. 60). Das „Verweilen *in* einer Wahrnehmung und *bei* einem Objekt dieser Wahrnehmung" (Seel 1996b, S. 50, Hervorhebung im Original, TB) eröffnet dem Subjekt eine Erfahrungssituation, in der es sich in eine Welt involvieren lässt, in der es Individualität durch die nunmehr erscheinende *Gleichzeitigkeit und Augenblicklichkeit von Facetten und Nuancen* als *dynamischen Formverlauf zusammengehöriger Ambivalenzen* erfahren kann. Ästhetische Erfahrungen eröffnen dem Subjekt somit Gegenwarten eines *expressiven Selbstverhältnisses* (vgl. Kapitel 5.1.5, S. 79; Honneth 2005, S. 87), weil sie ihm sein aktives Wahrnehmen als unabschließbaren, nicht in begrifflichen Bedeutungen fixierten, sondern über sie hinauslaufenden Prozess vergegenwärtigt. Denn in der ästhetischen Wahrnehmung, ist „[u]nsere Wahrnehmung

[…] so auf ein Objekt oder eine Situation gerichtet, dass zugleich die Position der Wahrnehmung spürbar bleibt; es kommt hier […] zugleich auf das Vernehmen eines Objekts und auf die Spürbarkeit dieses Vernehmens an" (Seel 1996b, S. 52), so Seel. Indem also die ästhetische Aufmerksamkeit für die „Gegenwart eines Gegenstandes" (Seel 2000, S. 60) für das Subjekt zugleich damit verbunden ist, seiner eigenen vernehmenden „Gegenwart inne zu werden" (ebd.), bezieht sie sich auf das Kernmoment einer Selbstanerkennung zweiter Ordnung. Dieses liegt nicht in der Artikulation der für das Subjekt bedeutsamen individuellen Standards, sondern in der Artikulation von Individualität als *dynamischen Formverlaufs.* In der ästhetischen Wahrnehmungseinstellung werden aufgrund des Aussetzens einer zweckbestimmten Ordnung der Wahrnehmung „Grade der relativen perzeptiven *Anästhesie,* denen die Sinne in vielen Handlungsvollzügen notwendigerweise unterliegen", (Seel 2000, S. 59, Hervorhebung im Original, TB) zurückgenommen. Ist das latente oder offenkundige Ineinanderwirken der Sinne für alle Wahrnehmung maßgeblich, so wird es „in Situationen der ästhetischen Wahrnehmung häufig auf die eine oder andere Weise auffällig: wir *spüren* uns hören und sehen uns fühlen" (ebd., Hervorhebung im Original, TB). Mit der Aufmerksamkeit für das Erscheinen des Gegenstands ist zugleich eine nichtpropositionale Reflexion verbunden, die sich als ein „spürendes Sich-gegenwärtig-Sein" (Seel 2000, S. 60) für das Subjekt in der Wahrnehmung des Gegenstands einstellt. Die unreduzierte, aus dem Verbindlichkeitsanspruch geteilter Begriffe gelöste ästhetische Wahrnehmung, zeichnet sich durch eine „besondere Gegenwärtigkeit des *Vollzugs* der Wahrnehmung" aus: „Wir können nicht auf die Gegenwart eines Gegenstands achten, ohne unserer eigenen Gegenwart inne zu werden" (ebd., Hervorhebung im Original, TB). Dieser sich aus der spielerischen Wahrnehmung des Erscheinens einstellende Rückstoß auf die eigene Wahrnehmungstätigkeit bedeutet eine unmittelbare Vergegenwärtigung der Relationalität der differenten und involvierten Individualität. Die Aufmerksamkeit für das Erscheinen eines Gegenstands oder eine Situation lässt für das Subjekt ein Bewusstsein von einer sich ereignenden Gegenwart entstehen, die als die eigene Gegenwart aufscheint.

Mit dieser Intensivierung der Selbstwahrnehmung ist eine „Distanz zweiter Stufe" (Henrich 2001, S. 93) im Selbstverhältnis des Subjekts zu sich verbunden. Die ihr vorgängige erste Distanz beschreibt Henrich als das Wissen des Subjekts von sich selbst und versteht sie als das elementare Moment, von dem aus menschliches Lebens sich vollzieht. In der ästhetischen Situation wird sich das Subjekt des Prozesses seines Wahrnehmens und Handelns in der Welt, der, so Henrich, von seinem Wissen von sich seinen Ausgang nimmt und durchzogen bleibt, spürend inne: „Das Subjekt erfasst und erfährt sich selbst nämlich nunmehr ganz ausdrücklich in dieser neuen Distanz, die dem Vollzug der ästhetischen Betrachtung nicht abzulösen ist. Es verweilt zwar in der Betrachtung des Gewahrten und kann dabei von ihm befangen sein. Aber dabei weiß es doch zugleich von sich als von dem, das in einer Weltbeziehung steht und das nunmehr zugleich über sie hinausgeführt ist" (ebd.). Henrich verdeutlicht, dass die ästhetische Erfahrung das Subjekt aus den alltagspraktischen Begrenzungen befreit, ohne deren Notwendigkeit für die Realisierung der Individualität des Subjekts aufzuheben. Vielmehr hebt er darauf ab, dass sich das Subjekt in seiner *Weltbeziehung* bestimmen lassen muss, um sich zu sich selbst als Individuum verhalten zu können. In der ästhetischen Erfahrung öffnet sich ihm jedoch die Möglichkeit, seiner verkennenden Verdoppelung inne zu werden, und – *über seine Weltbeziehung zugleich hinausgeführt* – sich von ihrem abschließenden Gültigkeitsanspruch für das eigene Selbst- und Weltverhältnis zu befreien. Diese gesteigerte Distanz, die das Subjekt in der Intensivierung der ästhetischen Erfahrung erlebt, kann die Verbindlichkeit der es bestätigenden und stiftenden Normen der Anerkennung in Frage stellen, weil sich das Subjekt in der ästhetischen Erfahrung in einem die begrifflichen Fixierungen überschreitenden Erleben selbst zugänglich sein kann, ohne dabei das begrifflich propositionale Wissen ganz zu verlieren. Entsprechend verdeutlicht Seel: „Der Sinn für das Besondere ist ein begrifflich ausgebildeter Sinn, der die Fixierung auf die begriffliche Fixierung verlässt. Er muss seinen Gegenstand aus allen anderen Objekten herausheben und von ihnen abheben können, um ihn in seiner Individualität würdigen zu können. Für diese Würdigung muss er die Bindung an das begriffliche Erkennen zwar in einem mehr oder weniger großem Maße lockern, ohne sie doch verlassen zu können" (Seel 2000, S. 93 f.). Das Subjekt steht in der ästhetischen Erfahrung damit zwar im Wissen, dass es auf die stiftende Anerkennung durch andere wie auch auf seine begrenzte und begrenzende Anerkennbarkeit angewiesen bleibt. Jedoch wird ihm in der ästhetischen Wahrnehmung zugleich die Unausdeutbarkeit seiner Lebenssituation zur Erfahrung gebracht. Weil in der nichtpropositionalen ästhetischen Erfahrung dieses Wissen nicht vom Vollzug der Erfahrung abzulösen ist, ist die Erkenntnis der Unausdeutbarkeit der Lebenssituation zugleich verbunden mit der Unausdeutbarkeit der eigenen Individualität. Der von Butler für das Anerkennungsgeschehen beschriebene *Preis der Existenz* (Butler 2001) wird in der ästhetischen Erfahrung zwar nicht grundsätzlich in Frage gestellt, es werden den von den geteilten Normen der Anerkennung ausgehenden Begrenzungen der Individualität jedoch weitere Möglichkeiten verfügbar. Denn im ästhetischen *Sinn für das Besondere* wird „etwas *Bestimmtes* (und damit vielfach Bestimmbares) in seiner phänomenalen *Unbestimmbarkeit*" (Seel 2000, S. 94, Hervorhebungen im Original, TB) zur Erscheinung gebracht. In der ästhetischen Erfahrung kann sich das Individuum somit nicht nur in seiner prozesshaften Gegenwärtigkeit erfahren, sondern die Gegenwart seiner Wahrnehmungssituation wird ihm in ihrem Möglichkeitsaustand bewusst: „Der ästhetische Sinn lässt sich daher als ein Sinn für die Potentialität derjenigen Wirklichkeiten verstehen, die wir als Gegenwarten unseres Lebens erfahren oder imaginieren" (Seel 2000, S. 162). Weil diese Möglichkeiten in einem von externen Zwecken entbundenen Erfahren des

Subjekts aufscheinen, versprechen sie eine „positive Freiheit" (Seel 1996a, S. 23) für ein Handeln nach den individuellen Standards des Subjekts. Damit werden im Horizont der ästhetischen Erfahrung zugleich Möglichkeiten für eine Selbstanerkennung erster Ordnung ahnbar. Weil diese positive Freiheit jedoch nur im Rahmen der „vollzugsorientierten Ausrichtung" ästhetischer Erfahrung, „die sich durch eine sinnenhafte Selbstbezüglichkeit von allen anderen Arten zweckfreien Daseins auszeichnet" (Seel 1996, S. 23), aufscheint, stellt sich die Frage, inwiefern ästhetische Erfahrung mehr sein kann als eine Erinnerung und Ermutigung, nach eigenen Standards zu denken und zu handeln, um so die unbemerkt nicht ergriffenen „Möglichkeiten des Tuns und Lassens" (Seel 2000, S. 162) zu ergreifen? Ein tatsächliches Ergreifen würde aber auch davon abhängen, inwiefern sich die gewonnenen Freiheiten gegenüber den Normen der Fremdanerkennung bewähren können. Diese aber sind nicht frei von Begrenzungen, sondern auf Begrenzung und soziale wie kulturelle Bestimmung des *dynamischen Formverlaufs* der Individualität eines Subjekts ausgerichtet.

Indem die ästhetische Erfahrung einerseits durch eine „sinnengeleitete *Intensivierung*" eine Vergegenwärtigung des *dynamischen Formverlaufs* von Individualität ermöglicht und zugleich „eine anschauungsbezogene *Distanzierung* gegenüber der übrigen Lebenspraxis" (Seel 1996, S. 23, Hervorhebung im Original, TB) beinhaltet, bestärkt sie das Subjekt darin, Normen der Anerkennung, von denen nicht nur eine bestätigende Wertschätzung, sondern ebenso ein bestimmend stiftender Anspruch ausgeht, neu zu interpretieren. Dieser Impuls zur verändernden Neu-Interpretation jedoch kann nicht unmittelbar in das alltagspraktische Handeln des Subjekts übersetzt werden. Dies nicht zuletzt, weil die ästhetische Erfahrung das Subjekt anregt und zugleich ratlos zurücklässt. Denn das Subjekt fordert sich in der ästhetischen Wahrnehmungseinstellung selbst heraus, seinen Wahrnehmungsgegenstand als *besonders herauszuheben*, ohne ihn jedoch abschließend zu bestimmen. Vielmehr zielt die ästhetische Situation darauf, dass das Individuum nicht zu einer abschließenden Bestimmung gelangen kann und soll. Damit führt das Paradox der ästhetischen Erfahrung, nämlich die Absicht, *sich bestimmen zu lassen* um eine Erfahrung zu *machen*, d. h., sich als Individuum bestimmen zu können, in eine krisenhafte Situation. Eine Krise ist die ästhetische Erfahrung nach Ulrich Oevermann deshalb, „weil mit zunehmender Dauer der Wahrnehmung eines Gegenstandes um ihrer selbst willen die Wahrscheinlichkeit zunimmt, auf etwas aufmerksam zu werden, das man an dem an sich vertrauten und in bewährten Routinen bestimmten Gegenstand noch nie wahrgenommen hat, und das einen überrascht, so dass auf dieser erweiterten Stufe wiederum die Forderung einklinkt, dass man *nicht nicht reagieren kann auf ein X, das der Bestimmung harrt*" (Oevermann 2004, S. 168, Hervorhebung im Original, TB). Weil sich das Individuum in der ästhetischen Einstellung dazu anhält, sich des abschließenden Bestimmens zu enthalten, kann es die Erfahrung machen, seine Individualität an seinem Wahrnehmungsgegenstand zu erfahren, ohne selbst abschließend bestimmt zu werden. Der Rückstoß auf die eigene Gegenwart realisiert sich jedoch nicht allein durch die sinnengeleitete Intensivierung, sondern zugleich durch die anschauungsbezogene Distanzierung. Dies wiederum stellt jedoch eine Reaktion auf die nicht abschließbar zu bestimmende Individualität im Erscheinen des Wahrnehmungsgegenstands dar. Das Subjekt sieht sich damit herausgefordert, „getreu der Maxime: man kann nicht nicht reagieren, das Unerwartete und insofern Unbestimmte zu einem bestimmten zu machen, also die Erfahrung zu erweitern, *Erkenntnis um ihrer selbst willen* zu betreiben" (Oevermann 2004, S. 169 f., Hervorhebung im Original, TB). Weil die ästhetische Erfahrung sich in ihrem Gehalt einer begrifflichen Bestimmung entzieht, ist das Wissen, das sie vermittelt, kein propositionales, sondern ein prozesshaftes. Es bezieht sich nicht auf aussagbare Bestimmungen, sondern reflektiert in erster Linie die Wahrnehmung des Subjekts als Ort des Wissens. Ästhetische Erfahrung „vermittelt also Wissen über (den Erwerb von) Wissen bzw. Nichtwissen", so Fuchs (Fuchs 2011, S. 107). Der krisenhafte Charakter ästhetischer Erfahrung beruht auf ihrer gewollten Unabschließbarkeit, die darauf zielt, dem Subjekt die Möglichkeit zu eröffnen, *sich bestimmen zu lassen* ohne abschließend bestimmt zu sein, indem es sich selbst des abschließenden Bestimmens enthält. Weil die ästhetische Erkenntnis nicht abschließend auf den Begriff gebracht werden kann, liegt ihr Gewinn für das Subjekt also in der Vergegenwärtigung der Möglichkeit, als Individuum selbst Unterschiede machen zu können. Für die Anerkennung des relationalen Individuums stellt die ästhetische Erfahrung somit ein Moment der krisenhaften Reflexion von Bestimmungen und Bedeutungen zur Verfügung, die mit Normen der Anerkennung immer verbunden sind.

Für die *Fremdanerkennung* des Individuums bleibt es jedoch entscheidend, wie eine Repräsentation von Bedeutungen und Bedeutungsbildungen ermöglicht werden kann, die Individualität als *dynamischen Formverlauf* sowie als *zusammengehörige Ambivalenzen* gegenüber anderen artikuliert. Denn *Fremdanerkennung* bleibt in dem von Honneth beanspruchten Vorrang der Intersubjektivität auf einen kommunikativen Austausch oder zumindest ein kommunikatives Angebot des Subjekts gegenüber anderen angewiesen. Wenn sich also in der ästhetischen Erfahrung als ein dem Modus der Selbstanerkennung nahes Moment der Umgang mit der aisthetisch-physischen Welt ändert, stellt sich ableitend die Frage, wie sich eine ästhetische Gestaltung von Objekten und Situationen auszeichnete, die als Grundlage der Selbst- aber auch einer nachvollziehenden Fremdanerkennung vermittelnd eingesetzt werden könnte? Ließe sich eine entsprechende ästhetisch-kommunikative Konstellierung von Situationen und Objekten nicht umsetzen, bliebe das Subjekt ausschließlich auf das Wohlwollen anderer angewiesen, es aus einer ästhetischen Wahrnehmungseinstellung heraus in seiner Relationalität zu entdecken. Stattdessen bedarf die Anerkennung von Individuen der Möglichkeit „selbstbestimmter Praktiken" (vgl. Bertram 2014, S. 218), durch die das Subjekt als Individuum Abstand nehmen kann von der Verbindlichkeit geteilter Begriffe und Bedeutungen, um so deren Neu-Interpretationen als Ausdruck seiner involvierten und differenten Individualität darbieten zu können. Mit Gerhardt (1999) konnte nachgewiesen werden, dass die Fähigkeit zur Repräsentation von Bedeutungen mit der Erfahrung verbunden ist, Zuschreibungen nicht ohnmächtig ausgeliefert zu sein, sondern sich zu ihnen so verhalten zu können, dass die eigene Position für die Anderen erkennbar und somit potentiell anerkennbar wird (vgl. Kapitel 4.1, S. 37; Gerhardt 1999, S. 208). Habermas hat die Möglichkeit hervorgehoben, Objekte aus der Verbindlichkeit ihres sozial und kulturell imprägnierten Aufforderungscharakters zu lösen und als vermittelnde Agenten einzusetzen, indem das Subjekt die Bedeutung von Objekten durch die Art und Weise ihrer Verwendung transformiert. Es ist ein bestimmter Umgang mit der aisthetisch-physischen Welt, der es dem Subjekt ermöglicht, eigenen Stimmungen und Gefühlen aber auch Ansprüchen und Zuschreibungen anderer nicht mehr ungemindert ausgeliefert zu sein und ihnen ohnmächtig folgen zu müssen (vgl. Kapitel 5.1.5, S. 85; Habermas 1999, S. 500 ff.). Der Kern ästhetischer Erfahrung liegt, wie dargestellt, darin, dass dem Subjekt seine perzeptive Beteiligung an der Realisierung seines Selbst- und Weltbezugs auffällig wird. Entsprechend müsste das bedeutungsstiftende Moment einer ästhetischen Praxis der Artikulation, die sich auf die im Selbst- und Weltverhältnis des Subjekts inhärenten Bedeutungen bezieht, in der kommunikativen Erschließung der Art und Weise des Selbst- und Weltbezugs liegen. Ästhetisch-kulturelle Praxis kann in diesem Sinne die Fremdanerkennung des Individuums durch andere auf dessen Relationalität hinlenken, wenn es in ihr gelingt, Objekte und Situationen so zu konstellieren, dass deren Wahrnehmung durch andere die individuellen Verhältnisse eines Subjekts in der Bedeutsamkeit artikuliert, die sie für das Subjekt selbst besitzen. Diese Form ästhetisch-kultureller Praxis wäre eine absichtsvoll auf ein intersubjektives Verstehen hin ausgerichtete (vgl. Seel 2000, S. 158 f.; Schmücker 2012, S. 23 f.) und würde sich von der bisher beschriebenen „elementarästhetischen" (Henrich 2001, S. 131) Praxis in einem „kommunikativen Kalkül" (Seel 2000, S. 158) unterscheiden. Im Folgenden soll dargestellt werden, inwiefern in diesem Sinne eine als künstlerisch zu begreifende ästhetisch-kulturelle Praxis sowie die ihr zugeordneten Objekte und Situationen als Kunstwerke eine kommunikative Praxis darstellen, die eine auf die Relationalität von Individualität orientierte *Fremdanerkennung* ermöglicht.

7.2 Kunstwerke als Darbietungen

Reinhold Schmücker unterscheidet einen allgemeinen ästhetischen Aufforderungscharakter von Kunstwerken und eine ihnen eigene „kunstästhetische[ ] Funktion" (Schmücker 2012, S. 24). Kunstwerken ist, so Schmücker, wie allen anderen Wahrnehmungsgegenständen eine allgemeine „ästhetische Funktion" eigen (Schmücker 2012, S. 23). Diese liegt in dem Potential, die Wahrnehmung de*r Betrachter*in „um die Gewahrung der Einheit dieses Gegenstands willen" (ebd.) bei diesem verweilen zu lassen. Diese „elementarästhetische" Dimension (Henrich 2001, S. 131) ermöglicht die oben beschriebene Intensivierung der Aufmerksamkeit des Subjekts für die eigene individuelle Gegenwart durch eine gesteigerte Aufmerksamkeit für die Gegenwart des Gegenstands der Betrachtung. Die *kunstästhetische Funktion* baut auf dieser auf. Sie zielt jedoch darauf, die Wahrnehmung de*r Betrachter*in ausgehend von einer besonderen Aufmerksamkeit für die Gegenwart des Gegenstandes zugleich über die Gegenwart des eigenen Lebens hinaus zu anderem zu führen: „Die ästhetische Kunsterfahrung unterscheidet sich nämlich von der ästhetischen Erfahrung anderer Sinnesdinge dadurch", so Schmücker, „dass sie in ein Verstehen einmünden kann und will" (Schmücker 2012, S. 23f.). Die *kunstästhetische Funktion* von Kunstwerken ist mit einer kommunikativen Absicht unterlegt, die auf eine besondere Aufmerksamkeit für Gegenwarten zielt, die nicht mit den Selbst- und Weltbezügen de*r individuellen Betrachter*in identisch sind, sondern sich zu diesen sogar in einer gewissen Differenz befinden (vgl. Seel 2001, S. 159). Soll diese Differenz jedoch in einer ästhetischen Kommunikation so überbrückt werden, dass die Wahrnehmung in ein *Verstehen einmündet*, dann kann dies gleichwohl nicht im Sinne einer propositionalen Wissensvermittlung geschehen. Denn dem Wesen ästhetischer Erfahrung folgend, muss dieses Verstehen anhand von Bedeutungsbildungen ermöglicht werden, die an den perzeptiven Prozessen des adressierten Individuums anknüpfend unreduzierte bedeutsame Erfahrungen ermöglichen.

In diesem Sinne versteht auch Seel Kunstwerke als „vornherein interpretierte und auf Interpretation hin angelegte Objekte" (Seel 2000, S. 158), die „Gegenwarten des menschlichen Lebens *unabhängig* von der jeweiligen Lebenssituation ihrer Betrachter oder Leser oder Hörer" vergegenwärtigen (Seel 2000, S. 159, Hervorhebung im Original, TB). Indem ästhetische Erfahrung *Hinsichten* (Seel 2002) der Artikulation anbietet, deren Spezifik gerade darin liegt, dass die Artikulation nicht in begrifflichen Bestimmungen abschließend stillgestellt wird, ist die *kunstästhetische* Kommunikation eine darbietende Kommunikationsform. Sie regt das Subjekt in der ästhetischen Wahrnehmungseinstellung durch die Präsentation von Materialien, die absichtsvoll in bestimmter Weise konstelliert sind, dazu an, sich von diesen so bestimmen zu lassen, dass Selbst- und Weltbeziehung anderer Individuen für es in ihrer spezifischen Bedeutsamkeit zur Erfahrung erfahrbar werden. Seel präzisiert die „primäre Funktion" von Kunstwerken darin, „sich in der genauen Organisation ihres Materials aus[zustellen], um auf diese Weise etwas zur Darbietung zu bringen" (Seel 2000, S. 176). Spezifisch ästhetisch ist diese Form der Darbietung deshalb, weil die von Kunstwerken kommunizierten Bedeutsamkeiten nicht von der nachvollziehenden Aufmerksamkeit für die Präsentation des Mediums der Präsentation zu trennen ist: „Alle Arten der Zeichenverwendung *bedürfen* eines sinnlichen Mediums, aber nicht alle *präsentieren* es. Nicht alle präsentieren das, was sie präsentieren, auf dem Weg der Präsentation ihres Mediums [..] [Kunstwerke, TB] bieten *etwas* nur dar, indem sie *sich* darbieten", so Seel (Seel 2000, S. 183, Hervorhebung im Original, TB). Kunstwerke können individuelle Verhältnisse so darbieten, dass diese in ihrer existenziellen Bedeutung für das sie rezipierende Subjekt erfahrbar werden. Dies ist deshalb möglich, weil das Verfahren der Darbietung nicht von der zur Erfahrung gebrachten Gegenwart zu unterscheiden ist. In diesem Sinne kann die Wahrnehmung eines Kunstwerks nur in ein Verstehen einmünden, wenn die Aufmerksamkeit de*r Rezipient*in darauf gerichtet ist, „wie es zeigt, was es zeigt" (Seel 2000, S. 271). Jedes Kunstwerk ist ein in diesem Sinne „individuelle[s] Zeichenmedium[ ]" (ebd.), das „synonymlos" bleibt (vgl. Koppe 2012, S. 134) und nur deshalb auf die Gegenwart einer Weise der Welterschließung deutet, weil es auf sich selbst verweist. Am Kunstwerk verdichtet sich das Prinzip relationaler Individualität, indem die individuelle Bedeutsamkeit einer Weltsichtweise als von der de*r Rezipient*in different und zugleich als durch die Involviertheit in die Materialität des Kunstwerks unauflöslich bedingte *ausgestellt* wird. Kunstwerke involvieren Individuen also in aisthetisch-physische Konstellationen, um so individuelle „Weisen der Welterschließung" Anderer in ihrer „*Bedeutsamkeit*" darbieten zu können (Seel 2016, S. 54, Hervorhebung im Original, TB). Die Herstellung unreduzierter Erfahrungen der Bedeutsamkeit ist durch Kunstwerke vor allem deshalb möglich, weil sie in ihrer darbietenden Kommunikationsform die doppelte Bedingtheit von Individualität zu ihrem expliziten Wirkungsprinzip macht. So wie individuelle Differenz Involviertheit voraussetzt bzw. Selbstbestimmung auf Sich-bestimmen-lassen angewiesen ist, ist die Darbietung der „besonderen Gegenwart" (Seel 2000, S. 158) einer Weise der Welterschließung in das Erscheinen des individuell konstellierten Materials involviert. Kunstwerke erzeugen Bedeutung also nicht dadurch, dass sie auf etwas propositional verweisen, sondern indem sie das Verfahren, wie Bedeutsamkeiten entstehen, als bedeutsam ausstellen. Kunstwerke bringen ihren Rezipient*innen ihre eigene Verfasstheit als relationale Individuen daher in doppelter Weise zur Erfahrung. Zum einen greifen sie die Relationalität von Individualität als Dynamik ihres Lebens auf. In den stets prozesshaften Kunstwerken können wir, so Henrich, daher „unsere eigene Lebensbewegung wiedererkennen und uns so zu uns selbst befreit finden" (Henrich 2001, S. 131). Zum anderen macht das Kunstwerk als „Erfindung" der Darbietung von Weltsichtweisen (vgl. Seel 2016, S. 63 f.) gleichermaßen deutlich, dass diese *Lebensbewegung* von Individualität jedoch nicht nur eine „nichtthematische" (vgl. Seel 2016, S. 63), sondern gleichermaßen in sozial, kulturell und physisch konkretisierten Wirklichkeitsgehalten entfaltete ist. Indem das Kunstwerk eine an den perzeptiven Prozessen anknüpfende unreduzierte und zugleich ästhetisch reflektorische Erfahrung ermöglicht, öffnet es de*r Rezipient*in einen Möglichkeitsraum, in dem sie*er sich sowohl von der Prozesshaftigkeit als auch von der vergegenwärtigten Weltsichtweise gleichermaßen betroffen fühlt.

Weil sich das Subjekt, welches das Kunstwerk wahrnimmt, in der ästhetischen Erfahrung jeder einordnenden Bestimmung des Dargebotenen enthalten muss – es sei denn, es möchte die Verlaufsform der ästhetischen Erfahrung unter- oder abbrechen –, liegt die anerkennungstheoretische Dimension von Kunstwerken in der Anerkennung der je unterschiedlichen Möglichkeiten im Kontext bestimmter Weisen der Welterschließung ein relationales Individuum zu sein bzw. sich selbst als solches zu erfahren. Indem in der *kunstästhetischen Wahrnehmung* die Relationalität des anzuerkennenden Individuums als eine Grundlage von Anerkennung reflektiert wird, bezieht sich der *kunstästhetische* Aufforderungscharakter von Kunstwerken auf die Dimension einer vorgängigen Anerkennung de*r Urheber*in und de*r Rezipient*in gleichermaßen. Mit Seel kann hierfür die Formulierung des „Angehens" (Seel 2016, S. 63) beansprucht werden. In ihr fasst er die Potentialität des Dargebotenen, das den*die Betrachter*in, den*die Zuhörer*in etc. in der Verfasstheit als differentes und involviertes Individuum betreffen und im doppelten Sinne des Wortes *angehen* könnte. Das Kunstwerk betrifft das es wahrnehmende Individuum zuvorderst, indem es ein relationales Geschehen als Erfahrung vergegenwärtigt: „Solche nichtthematischen, komplexen, situationsverwobenen Weisen des Angehens artikulieren die Werke der Kunst", so Seel (Seel 2016, S. 63). Die darbietende Kommunikationsform von Kunstwerken birgt also ein Moment der Anerkennung, weil sie zwar die Bedeutsamkeit von *Weisen der Welterschließung* zur Erfahrung bringt, diese aber nicht als „werthafte[ ] *Gegebenheiten*", im Sinne eines honnethschen Anerkennungsverständnisses bestätigt, sondern als „Artikulation von *Gegenwarten* der menschlichen Existenz-in-Situationen" (Seel 2016, S. 64, Hervorhebung im Original, TB) zugänglich macht. Für Anerkennung unter dem Blickwinkel relationaler Individualität liegt daher ein zentraler Beitrag von Kunstwerken darin, dass sie als *individuelle Zeichenmedien* „Arten der Begegnung mit Weltbegegnung" ermöglichen und aufgrund ihrer vollzugsorientierten Form die „Prozessualität menschlichen Inderweltseins" artikulieren (Seel 2000, S. 184). Kunstwerke ermöglichen in diesem Sinne nicht nur einen Abstand von der eigenen Weltsichtweise, sondern stellen für Prozesse der gleichermaßen bestätigend und stiftend wirkenden Fremdanerkennung eine reflektorische Ebene zur Verfügung, die über eine normative Einpassung des anzuerkennenden Individuums hinausweist.

In der *kunstästhetischen Wahrnehmung* halten sich die Rezipient*innen dazu an, sich einer verkennenden Verdopplung zu enthalten. Insofern ist für den Zusammenhang *kunstästhetischer Wahrnehmung* und relationaler Individualität paradigmatisch, dass diese Enthaltung als Moment einer Anerkennung, die über die Wirksamkeit des Gültigkeitsanspruchs von geteilten Normen der Anerkennung hinausgeführt wird, auf die *Erfindung* der Darbietung von Weltsichtweisen angewiesen ist. So wie relationale Individualität als *dynamischer Formverlauf* sich an der sozialen, kulturellen und physischen Wirklichkeit ereignet, vergegenwärtigt das Kunstwerk in der von ihm dargebotenen *Weise der Welterschließung* die

Bedeutsamkeit von Weltsichtweisen als notwendige und zugleich überschreitbare Involvierungen des Individuums: „Die Kunst vergegenwärtigt uns Prozesse des bewussten Lebens in einem wirklichen Vollzug und zugleich doch so, dass sie nicht auch schon wirklich von uns vollzogen sind. Die Distanz in der Betrachtung wird also nicht aufgehoben. Aber sie wirkt nunmehr dahin, dass deren Gehalte uns ergreifen können" (Henrich 2001, S. 132). Die Vergegenwärtigung von *Weisen der Welterschließung* in einer *kunstästhetischen Wahrnehmung* führt das relationale Individuum somit zu einer Überschreitung seiner individuellen Standards der Anerkennung. Die Überschreitung eigener, bisweilen idiosynkratischer Normen der Anerkennung und das sich Einlassen in eine Konstellation, die den individuellen Normen oder überindividuellen Normen Anderer folgt, ist für das Individuum in der kunstästhetischen Erfahrung deshalb leicht, weil sich das rezipierende Individuum in ihr mit einer vorgängigen Anerkennung versorgt sieht. Die kunstästhetische Erfahrung knüpft an dem *dynamischen Formverlauf* als das Prinzip an, das Individualität ausmacht. Sie macht es sogar zu einer Grundlage ihres Modus der Darbietung.

In diesem Sinne stellt die ästhetische Erfahrung eine „Unterbrechung, Spiegelung oder Überschreitung unserer lebensweltlichen Existenz" dar, so Marcus Düwell, verweist aber „in elementarer Weise auf diese außerästhetische Existenz zurück" (Düwell 2012, S. 169). In der *kunstästhetischen Wahrnehmung* vergegenwärtigt die Potenzialität der ästhetischen Erfahrungssituation anhand der dargebotenen *Weisen der Welterschließung* den Möglichkeitsausstand des Individuums, das sich durch das Kunstwerk in einen Moment der *Selbstreflexion* versetzt sieht. Indem sich das Subjekt in der Wahrnehmung künstlerisch dargebotener Weltsichtweisen anderer erfahren kann, eröffnen sich ihm Möglichkeiten der *Selbstreflexion* die nicht seinen individuellen Standards verpflichtet sind, sondern im Medium der Artikulation von Bedeutsamkeiten anderer erfolgt. Diese Erfahrung ist deshalb eine Erfahrung der Selbstreflexion, weil das Subjekt sowohl von der dargebotenen Gegenwart ergriffen wird als auch in der Distanz zu seinem Erfahren verbleibt, weil es sich zwar *angegangen* fühlt aber nicht als existenziell betroffen sieht. Es ist damit sowohl in den Erfahrungszusammenhang des Kunstwerks involviert, aber bleibt von ihm auch different. Das Subjekt setzt sich somit anhand der Darbietung des Kunstwerks mit den ergriffenen und nicht ergriffenen Handlungsmöglichkeiten seiner Alltagspraxis als Individuum auseinander. Die künstlerische Artikulation der Bedeutsamkeit von Weisen der Welterschließung lässt auf diesem Wege die Bedürfnisse des Individuums in seinen eigenen Blick geraten. Zugleich aber, so betont Düwell, kann ebenso ein Verständnis fremder Bedürfnisse, die in der Weise der Welterschließung dargeboten werden, entstehen (vgl. Düwell 2012, S. 173). Diese reflektieren in der erfahrungszentrierten Darbietung zugleich seine realisierten bzw. unrealisierten eigenen Bedürfnisse.

Dass Kunstwerke auch Fremdanerkennung erschließende Darbietungsformen sein können, welche die von Düwell erhoffte Aufmerksamkeit für die

Bedürfnisse anderer erzeugen, ist wesentlich mit einem besonderen Dingbezug ihrer Urheber*innen verbunden. Als konstellierte Gegenstände bringen Kunstwerke, so Franz Koppe, einen besonderen „Dingbezug" (Koppe 2012, S. 113) zur „Geltung" (ebd.), der unmittelbar „von Eigenart und Eigensicht der Person" (ebd.) abhängig ist, die sich dem Kunstwerk gleichsam „eingebildet" hat (vgl. Koppe 2012, S. 117; S. 127). Koppe betont, dass der Geltungsanspruch des Kunstwerks anderen nur deshalb zur Erfahrung gebracht werden kann, indem sowohl Erfinder*in als auch Rezipient*in bereit sind, den spezifischen Dingbezug miteinander zu teilen. Weil das Kunstwerk auf den verstehenden Nachvollzug durch Andere angewiesen ist, kann sein Geltungsanspruch, so Koppe, nur einer sein, „der anderen ‚Bestimmung bloß ansinnt'" (Koppe 2012, S. 113). Das Kunstwerk, so lässt sich folgern, gründet in diesem Sinne nicht nur auf einem Moment der *vorgängigen Anerkennung*, sondern in doppelter Weise auf dem Grundsatz der *personalen Anerkennung*. Nach dieser handelt ein Subjekt nach eigenen Gründen und Vorstellungen, die es sich selbst zuschreibt und in denen es sich wiedererkennt. „Denn der Dingbezug, der hier zur Geltung gebracht wird, ist ja offenbar nicht personenneutral, weder auf der produktiven noch auf der rezeptiven Seite, sondern abhängig von Eigenart und Eigensicht der Personen, die ihn zur Geltung bringen, und derjenigen, die den zur Geltung gebrachten Dingbezug [...] rezeptiv mit seinen Urhebern teilen", so Koppe (ebd.). Während das künstlerische Tun demnach auf der Absicht basiert, Gründe und Vorstellungen des Individuums als Person zum Ausdruck zu bringen, können diese in der Rezeption als solche erfahrend nachvollzogen werden. Dies setzt jedoch zugleich voraus, dass auch die Rezipient*innen als Personen anerkannt werden, die Gründe und Vorstellungen *als* Gründe und Vorstellung deshalb anerkennen können, weil diese als Grundformen zu ihrer eigenen relationalen Existenz gehören. Auch deshalb kann die *personale Anerkennung* in der kunstästhetischen Wahrnehmung nur eine *ansinnende* bleiben und darf keine *normative* werden. Würde das Kunstwerk durch den*die Urheber*in für geteilte oder idiosynkratische Normen der Anerkennung den Anspruch auf Verbindlichkeit und Eindeutigkeit erheben, dann würde dies dem *kunstästhetischen* Modus der Darbietung zuwiderlaufen. Hinzu kommt, dass entsprechend der vollzugsorientierten Gegenwärtigkeit *kunstästhetischer* Darbietungsweisen der „personale Dingbezug [...] nicht auseinander zu dividieren [ist] als ein Bezug zum dargestellten Gegenstand einerseits und zum darstellenden Kunstgebilde andererseits" (Koppe 2012, S. 127). Dies bedeutet, dass das einer personalen Anerkennung immer unterlegte Handeln nach eigenen Gründen und Vorstellungen des Individuums in der künstlerischen Praxis zwar für den*die Urheber*in eines Kunstwerks zwar angenommen werden kann, im Kunstwerk aufgrund der vollzugsorientierten und prozesshaften Darbietungsform jedoch nicht begrifflich vereindeutigt, sondern stets nur ansinnend vergegenwärtigend zugänglich wird. Diese Unschärfe betrifft sowohl die Situation der *kunstästhetischen* Wahrnehmung als auch die der aktiven Gestaltung des

Kunstwerks gleichermaßen. Denn beide Seiten der *kunstästhetischen* Einstellung sind einem prozesshaften Geschehen ausgeliefert, innerhalb dessen sich die Gründe und Vorstellungen de*r Urheber*in im Wechselspiel der mannigfaltigen Erscheinungen des konstellierten Materials gegenseitig bedingen: „Damit ist gemeint, dass nicht nur das Kunstgebilde sich als ein synonymlos signifikantes Sinnending entfaltet, indem es hervorgebracht wird, sondern dass sich auch sein Urheber als Person entfaltet, indem er es hervorbringt", so Koppe (Koppe 2012, S. 134). In der *kunstästhetischen* Produktion wie Rezeption verwirklicht sich der *personale Dingbezug* als ein offener und nie abschließbarer aber zugleich absichtsvoller Prozess. Für die personale Anerkennung unter dem Blickwinkel des Prinzips einer relationalen Individualität realisieren *kunstästhetische* Produktion und Rezeption somit ein Anerkennungsgeschehen, dass der Prozesshaftigkeit von Individualität als *Formverlauf* und der sich daraus zwingend ableitenden Vorläufigkeitsforderung an Anerkennung entspricht. Das Kunstwerk kann in diesem Sinne die personale *Fremdanerkennung* im größtmöglichen Maße davor bewahren, eine *verkennende Verdopplung* (Bedorf 2010) des Individuums zu befördern. *Fremdanerkennung* am Kunstwerk ist eine *ansinnende*, weil sich durch eine Gleichberechtigung begrifflicher Reflexion und aisthetischer Prozesse eine Sinnhaftigkeit der Erfahrung einstellt, die prozesshaft und unreduziert unmittelbar zugleich ist.

Es kommt hinzu, dass *personale Anerkennung* zugleich auf die Fähigkeit des Subjekts angewiesen ist, sein Denken und Handeln im Medium geteilter Begriffe zu reflektieren. Diese mit der Dimension der *kognitiven Anerkennung* verknüpfte Grundlage *personaler Anerkennung* ist zugleich auf aisthetische Prozesse als Voraussetzungen des Wollens und Könnens des Subjekts verwiesen. Damit werden ebenso Fragen der *aisthetischen Anerkennung* des Subjekts am Kunstwerk aufgeworfen. Im kunstästhetischen Prozess von Rezeption und Produktion erfahren kognitive und aisthetische Dimension des Subjekts eine Verschränkung, nach der auch die kognitive Anerkennung als eine ansinnende erschlossen werden kann. Dies ist deshalb der Fall, weil der begrifflich bestimmten Wahrnehmung die aisthetische nicht mehr nur zu Grunde gelegt wird, sondern als gleichberechtigt gegenübertritt. In der *kunstästhetischen* Wahrnehmungssituation erfährt das Subjekts, sein absichtsvolles aus eigenen Gründen und Vorstellungen erfolgendes Handeln „als seinem Willen und seiner Kontrolle entzogen, als ihm nicht vollkommen frei verfügbar, zugleich aber als bewusst vollzogen", so Erika Fischer-Lichte (Fischer-Lichte 2004, S. 258). Der Grund hierfür liegt in der *Widerständigkeit* des Materials, das sich im Gestaltungsprozess sowohl dem Handeln aus eigenen Gründen und Vorstellungen nicht vollkommen unterwerfen lässt als auch zu Erscheinungen führt, die sich in der Rezeption der vollständigen begrifflichen Bestimmung entziehen. So verändert sich zum einen „unter dem Druck und dem Eigensinn des Darstellungsmediums, der Umstände und der Zufälle der zuvor gefasste Plan oder die Idee zu einem Kunstwerk" (Gamm 2007, S. 37). Das Kunstwerk entsteht vor den Augen, unter den Händen etc. de*r Urheber*in in diesem Sinne in einer „feedback-Schleife" (Fischer-Lichte, 2004, S. 301), in der personale Absichten und sinnliche Materialität wechselseitig aufeinander einwirken. Diesen Prozess beschreibt Koppe als eine die kognitive Verfasstheit des Subjekts vorantreibende Herausforderung, in der willentliche Absichten und ihre *materiale Bestimmtheit* in einen Entfaltungsprozess eintreten, in dem das Wissen des Subjekts um sich als Individuum und seine Absichten nicht abreißt, aber zugleich ihre Veränderbarkeit als bedeutungsvoll erleben kann (vgl. dazu auch Henrich 2001, S. 93). Es sind, so Koppe, gleichermaßen begrifflich grundierte Absichten und der „Widerstand des zu gestaltenden Materials (im weitesten Sinne, vom harten Granit oder weichem Blei bis hin zum verfügbaren Motiv- und Wortmaterial), die beide, mit- oder gegeneinander, sich einer Gestaltungsintention in den Weg stellen und diese so neue Wege erkunden und entdecken lässt" (Koppe 2012, S. 134). Dem Kunstwerk als gestalteter Konstellation sind somit Gründe und Vorstellungen eingebildet, die sowohl begrifflich grundiert als auch aisthetisch bestimmt sind. In einer kognitiv-aisthetischen *feedback-Schleife* werden beide die personale Dimension des Individuums bedingenden Ordnungen der Wahrnehmung fortgeführt, ohne dass es zur Stabilisierung einer der beiden Ordnungen kommt. Stattdessen entfalten sich im beständigen Umspringen der Wahrnehmung in der *kunstästhetischen feedback-Schleife* immer neue Bedeutungsbildungen und neue aisthetische Erscheinungen: „Die Dynamik des Wahrnehmungsprozesses nimmt bei jedem Umspringen, bei jeder Instabilität eine neue Wendung. Er verliert die Zufälligkeit und wird zielgerichtet bzw. büßt umgekehrt seine Zielgerichtetheit ein und fängt an auszuschweifen. Jede Wendung führt mit großer Wahrscheinlichkeit zur Wahrnehmung von etwas anderem – nämlich jeweils dessen, das sich in die sich neu stabilisierende Ordnung einfügen lässt und zu ihrer Stabilisierung beiträgt – und damit zur Erzeugung jeweils anderer Bedeutungen" (Fischer-Lichte 2004, S. 260 f.). Die *kunstästhetische* Rezeption sowie die *kunstästhetische* Produktion suchen beide einen Wahrnehmungszustand der „perzeptiven Multistabilität" (Fischer-Lichte 2004, S. 260) auf, in dem Individualität prozesshaft als *zusammengehörige Ambivalenzen* dargeboten wird. Weil für das sich in der *feedback-Schleife* aisthetischer, kognitiver und personaler Dimensionen ereignende fortlaufende Umspringen der Wahrnehmung jede dieser Dimensionen unverzichtbar ist, keine aber dominant sein darf, mündet das Kunstwerk in ein Verstehen ein, das die *Unausdeutbarkeit* von Individualität anerkennt. Die kunstästhetische Wahrnehmungseinstellung ermöglicht somit eine *aisthetische, kognitive* und *personale Fremdanerkennung* des Individuums, allerdings ohne diese im Sinne einer abschließenden stiftenden Bestimmtheit versichern zu können. Die aus der *Multistabilität* der *kunstästhetischen* Wahrnehmungssituation gewonnene Sicherheit zerfällt in dem Augenblick, in dem die *feedback-Schleife* zugunsten der verbindlichen Orientierung auf eine der beteiligten Ordnungen unterbrochen wird. Die Fremdanerkennung des Individuums kann für die Zwecke geteilter Normen der

Anerkennung in der *kunstästhetischen* Wahrnehmung zwar eine Ahnung aber keine Sicherheit finden. Die Individualität eines Subjekts bleibt auch hier uneindeutig. „Hier keinen gesicherten Ort zu finden", so Seel, „ist gerade die Pointe ästhetischer Praxis [...] Es ist das Kennzeichen der ästhetischen Praxis, dass sie sich in der Allgemeinheit fragloser Orientierungen auf Dauer nicht zu Hause fühlt" (Seel 1993, S. 49).

7.3 Kunstwerke und selbstbestimmte Praktiken

Die bisherigen Überlegungen haben gezeigt, dass Kunstwerke Fremdanerkennung auf die Relationalität sich prozesshaft vollziehender Individualität hin zu lenken vermögen. *Fremdanerkennung* vollzieht sich in der *kunstästhetischen* Wahrnehmungssituation im Wechselspiel aisthetischer Erscheinungen und begrifflicher Bestimmungen, so dass das Anerkennen immer nur *ansinnend* aber nie verlässlich auf wiedererkennbare, geteilte Normen der Anerkennung begrenzt werden kann. In diesem Sinne steht auch eine unter Prinzipien der *kunstästhetischen* Wahrnehmungseinstellung erfolgende *Fremdanerkennung* von Individuen in der von Oevermann beschriebenen krisenhaften Situation. Das Subjekt muss sich in seiner Wahrnehmung einer Vereindeutigung enthalten, weil es die ihm entgegentretenden *ansinnenden* Bedeutungen nicht negieren kann. Zugleich verlangt es danach, *das Unerwartete und insofern Unbestimmte zu einem bestimmten zu machen* (vgl. Oevermann 2004, S. 169 f.). *Fremdanerkennung* erfährt in der *kunstästhetischen* Situation eine krisenhafte Entgrenzung, in der die geteilten Normen der Anerkennung in der *feedback-Schleife* des Kunstwerks Resonanzen finden. Weil diese Resonanzen aber an den Erfahrungsprozess des Subjekts gebunden bleiben und nur im Vollzug dessen zu haben sind, gerät das rezipierende Subjekt im Prozess des Umspringens der *feedback-Schleife* als das in den eigenen Blick, von welchem der Versuch ausgeht, sich über die am Kunstwerk erscheinende Individualität anhand der Bezugnahmen auf geteilte und bestimmende Normen der Anerkennung zu verständigen. Die krisenhafte Situation der in ein *Verstehen einmünden* wollenden *kunstästhetischen* Erfahrung löst die Verbindung des Individuums mit den außerästhetischen Zwecken und Normen der Anerkennung nicht auf. Stattdessen konfrontiert das Kunstwerk das Subjekt mit seiner eigenen Beteiligung an der Konstitution der *kunstästhetischen* Wahrnehmungssituation als einem Wechselspiel zwischen zwei Wahrnehmungsordnungen: der Präsenz der kunstästhetischen Vergegenwärtigung einerseits und der begrifflichen Repräsentanz andererseits. Während die Präsenz der Vergegenwärtigung von Bedeutsamkeiten daran gebunden ist, dass das Subjekt sich in seiner Wahrnehmung und seinen Praktiken von der Konstelliertheit der Erscheinungen am Kunstwerk leiten lässt, fragt die begrifflich gefasste Repräsentation nach kognitiven Institutionen, die jenseits des *kunstästhetischen* Zusammenhangs verwurzelt sind. Geteilte Normen der Anerkennung sind solche kognitiven Institutionen, denen sich das Individuum in seinem Bestimmen verpflichtet sieht. In der *kunstästhetischen feedback-Schleife* gerät das Individuum in einen Zustand der Instabilität seiner Orientierung, den Fischer-Lichte in Reminiszenz zu Victor Turners (2005) Theorie von Ritual und Liminalität als „einen Zustand des „betwixt und between‟‟ (Fischer-Lichte 2004, S. 258) beschreibt. In diesem werden sowohl die mit den geteilten Begriffen verbundenen Bedeutungen als auch die Praktiken, denen das Individuum kognitiv verbunden ist, einer Neu-Interpretation ausgesetzt: „Zwar kann er [i. e. der Wahrnehmende, TB] immer wieder intentional versuchen, seine Wahrnehmung neu „einzustellen" – auf die Ordnung der Präsenz oder auf die Ordnung der Repräsentation. Ihm wird jedoch sehr bald bewusst werden, dass das Umspringen ohne Absicht geschieht, dass er also, ohne es zu wollen oder es verhindern zu können, in einen Zustand zwischen den Ordnungen gerät" (Fischer-Lichte 2004, S. 258).

Indem im Prozess der *kunstästhetischen* Wahrnehmungssituation Sehen, Hören, Bewegung, Stimme und Sprache sowohl in der Hervorbringung aber gleichwohl auch in der erfahrenden Aneignung eines Kunstwerks gleichberechtigter Bestandteil der Bedeutungsbildung in der *feedback-Schleife* sind, erfahren geteilte Praktiken und begrifflich gefasste Bedeutungen eine verändernde Neu-Interpretation. Weil das Kunstwerk die Artikulation von *Weisen der Welterschließung* an den erfahrungsbezogenen Nachvollzug seines materialen Erscheinens bindet, involviert es das Individuum nicht nur in die Neu-Interpretation von Bestimmungen, die ihren Ausgang von geteilten Normen der Anerkennung nehmen, sondern es bezieht auch die Praktiken der Erschließung des Kunstwerks mit ein und setzt diese einer *kunstästhetischen* Reflexion aus. Kunstwerke beanspruchen die verschiedensten Praktiken des Individuums durch die Konstelliertheit ihres Materials in unterschiedlichsten Dimensionen, um *in ein Verstehen einmünden* zu können. In diesem Sinne kann mit den Überlegungen von Georg W. Bertram im Folgenden „Kunst als menschliche Praxis" der Selbstverständigung des Individuums konturiert werden (vgl. Bertram 2011; 2014; 2016). Durch die Konstelliertheit ihres Materials leiten Kunstwerke „in sehr unterschiedlicher Weise menschliche Praktiken" an (Bertram 2016, S. 110), mit denen das individuelle Subjekt sich über das Kunstwerk zu verständigen versucht. Indem von der Konstelliertheit der erfahrungsbezogenen Situation des Kunstwerks spezifische Anleitungen ausgehen, besitzt die *kunstästhetische* Wahrnehmungssituation ein Veränderungspotential, das über die nachvollziehende Erfahrung des Kunstwerks hinausweist, d. h., „[d]ie Spezifik der Aktivitäten, die ein Kunstwerk beziehungsweise ästhetisches Geschehen evoziert, ist die Grundlage einer besonderen Möglichkeit der Neuprägungen unserer Praxis" (Bertram 2014, S. 143). Kunstwerke sind, so Bertram, ein dynamisches Geschehen, in dem „Bestimmungen menschlicher Praktiken neu ausgehandelt" (ebd.) werden, indem die aisthetischen Grundlagen von Praktiken eine veränderte Ausführung erfahren und somit Potential für eine veränderte Position des Individuums in der geteilten physischen aber auch sozialen und kulturellen Welt beinhalten: „Wir sehen anders, wenn wir uns intensiver mit Cézanne auseinandergesetzt haben. Wir bewegen uns anders, wenn Michael Jackson uns mit seinen Basslinien erfasst hat" (Bertram 2016, S. 111). Kunstwerke, so verdeutlicht Bertram, leiten die Praktiken, mit denen das Subjekt an der prozesshaften Entfaltung des Kunstwerks beteiligt ist, anhand ihrer individuellen Konstelliertheit so an, dass sie von anderen Verläufen abweichen, um so Bedeutsamkeit von *Weisen der Welterschließung* zu vergegenwärtigen. Die Veränderung von Praktiken stellt somit die Grundlage für die Veränderung des in geteilten begrifflichen Bedeutungen gefassten individuellen Selbst- und Weltbezugs des Subjekts dar. Die *kunstästhetische* Wahrnehmungssituation stellt somit eine Situation der „Selbstverständigung" des Subjekts her, die sowohl seine individuelle Relationalität reflektiert als auch in die Bestimmung seiner sozial und kulturell involvierten Individualität eingreift (vgl. ebd.): „Sinnlichkeit, Affektivität, Bewegung und symbolische Artikulation [...]. Die Dimensionen menschlicher Praxis, die durch Kunstwerke herausgefordert werden, gehören den Subjekten grundsätzlich an. Sie sind nicht nur der Weg, auf dem sich Selbstverständigung in den Künsten realisiert, sondern zugleich der Gegenstand dieser Selbstverständigung", so Bertram (Bertram 2016, S. 110). Diese angeleitete Abweichung von begrifflich gefassten Bedeutungen durch eine angeleitete Veränderung der Praktiken bedeutet zugleich eine Beteiligung des Subjekts an der Präsentation von Bedeutsamkeiten in performativen Akten. Da das Individuum seine Doppelbedingtheit aus Differenz und Involviertheit und somit seine Relationalität anhand eben derselben Praktiken realisiert, beinhaltet die vollzugsorientierte Reflexion am Kunstwerk bei gleichzeitiger Neu-Interpretation der begrifflichen Bestimmungen eine nachvollziehende Veränderung, die in die außerästhetischen Lebenswirklichkeiten des Individuums eingreift. „Die Reflexion hat vielmehr den Charakter eines Eingriffs" (Bertram 2016, S. 111), weil mit der Veränderung der Praktiken auch eine Veränderung der Sinnstrukturen verbunden ist, aus denen heraus sich das Subjekt als Individuum zu anderen in der geteilten physischen, sozialen und kulturellen Welt verhält. In der Rezeption von Kunstwerken wie auch in der Herstellung *kunstästhetischer* Konstellationen erfährt das Subjekt daher ein Moment seiner *performativen Anerkennung*. Diese bezieht sich auf das Vermögen, Sinnstrukturen in performativen Akten zu präsentieren und in diesem Sinne zu realisieren. Eben in dieser Dimension wird der*die Rezipient*in vom Kunstwerk dazu angeleitet, die Bedeutsamkeit der dargebotenen *Weisen der Welterschließung* nachvollziehend zum Ausdruck zu bringen und in seinen Praktiken auch außerästhetisch eine Resonanz finden zu lassen. Für den*die Urheber*in eines Kunstwerks stellt die aktive Konstellierung selbst den performativen Akt der Realisierung einer bedeutsamen Selbst- und Weltsichtweise in Relation zu der es umgebenden geteilten physischen, sozialen und kulturellen Welt und der in ihr geteilten Normen der Anerkennung dar. Performative Anerkennung bezieht sich auf das Individuum als ein Verstehendes, das eine mit anderen geteilte Sinnstruktur oder individuell differente Sinnstruktur in Handlungen darbietet.

Mit Gamm (vgl. 2007, S. 37) und Koppe (vgl. 2012, S. 134) konnte bereits darauf hingewiesen werden, dass sowohl Absichten als auch Verstehen des Individuums am Kunstwerk einer Veränderung ausgesetzt werden. Für die *kunstästhetische* Wahrnehmungssituation ist konstitutiv, dass sich das Verstehen des Individuums durch die Widerständigkeit des Materials der künstlerischen Darbietung als „brüchig" erweist (vgl. Bertram 2011, S. 167). Die in der geteilten physischen, sozialen und kulturellen Wirklichkeit wurzelnden Weisen des Verstehens des Individuums erfahren am Kunstwerk eine besondere *materiale* und *mediale Bestimmtheit*. Der Charakter des Kunstwerks als *individuelles Zeichenmedium* bedeutet, dass ein Verstehen der zur Darbietung gebrachten Bedeutsamkeiten nicht vom erfahrungsorientierten Nachvollzug des Kunstwerks zu trennen ist. Wir können „vom Zeichen nicht einfach zu dem übergehen […], wofür das Zeichen steht", sondern wir müssen uns „mit dem Zeichen als solchem auseinandersetzen" (Bertram 2011, S. 198 f.). Durch diese Unhintergehbarkeit des materialen *Erscheinens* des Kunstwerks für dessen auf ein Verstehen hin angelegtes *individuelles Zeichenmedium* erfahren bisherige Einstellungen des Individuums eine „Infragestellung" (Bertram 2011, S. 164): „Die Widerstände von Materialien wie Farbauftrag, Klängen oder körperlichen Gesten rufen die Spannung unterschiedlicher Aspekte hervor" (ebd.), weil sie sich als der kognitiven Bestimmung gleichrangig nicht abschließend begrifflich fassen lassen. Der Versuch, die spezifische „Sprache" eines Kunstwerks zu verstehen (vgl. Bertram 2011, S. 258; S. 296 f.), ist immer dann zum Scheitern verurteilt, sobald das Individuum rezipierend oder gestaltend versucht, abschließend alle Erscheinung am Kunstwerk begrifflich zu integrieren und einer kohärenten, auf eine Bedeutung hinauslaufenden Strukturierung zu unterwerfen. So können etwa die ikonischen Elemente eines gemalten Bildes mit verschiedenen Bildelementen unterschiedliche Beziehungen eingehen. Bedeutsam und sinnvoll werden die einzelne Elemente erst durch ihre wechselseitigen Verweise: „Weder Cézannes einzelnem tache noch gar Mondrians geometrischem Element, weder Cy Twomblys skripturalem, palimsestartig überdecktem Krakel, noch Jackson Pollocks dripping-Spur entspricht etwas Greifbares und Eindeutiges", so Gottfried Boehm. „Jede Bedeutung, die wir im Bilde realisieren, bleibt an diese Alterität der Elemente gebunden. Sinndichte lässt sich nur sehen, sie lässt sich als anschauliche Erfahrung vollziehen, aus ihrer Metaphorizität befreien können wir sie schon deshalb nicht, weil hinter ihr nichts ist" (Boehm 1990, S. 476). Das von Gamm erinnerte *anökonomische Moment* des *principle of charity* (vgl. Kapitel 5.1.4, S. 73; Gamm 1997, S. 132) wird somit in der *kunstästhetischen* Wahrnehmungseinstellung zum leitenden Prinzip. Sowohl zwischen den einzelnen Bestandteilen eines Kunstwerks als auch in dem Versuch, die einzelnen Bestandteile in bestimmbaren Aussagen zu fassen und auf Grundlage dessen zueinander in Beziehung zu setzen, tun sich zwangsläufig zahlreiche

Widersprüche für ein propositionales Verstehen auf. Weil das Individuum sich in der *kunstästhetischen* Wahrnehmung auf ein *brüchiges* Verstehen einlässt, kann es die Erfahrung machen, dass sich ein Verstehen dadurch einstellt, dass sich in einer prozesshaften Orientierung, die von begrifflichen Bestimmungen absieht, propositionale Widersprüche zugunsten einer *anschaulichen Erfahrung* auflösen.

Kunstwerke führen auf diesem Wege das Verstehen des Individuums auf die Grundlagen seiner *kognitiven Anerkennbarkeit*, nach der es in dem Versuch der Bestimmung der Aussagen des Kunstwerks strebt: seine aisthetischen Wahrnehmungsprozesse. Weil in der *kunstästhetischen* Wahrnehmungseinstellung das „Material […] als besonderer Träger von Verständnissen hervor[tritt]" (Bertram 2011, S. 258), wird der Versuch, den *Preis der Existenz* (Butler 2001) anhand einer Unterwerfung der anschaulichen Bedeutsamkeit der konstellierten *Weise der Welterschließung* unter geteilten Norme der Anerkennung zu entrichten und eine Vereindeutigung hinzunehmen, krisenhaft unterlaufen. Die Synonymlosigkeit von Kunstwerken als *individuelle Zeichenmedien* lässt diese „in besonderer Weise Grenzen des Verstehens exponieren" (Bertram 2011, S. 258), weil sie *auf Interpretation angelegt* sind (vgl. Seel 2000, S. 158), aber nicht in propositionale Aussagen münden. Stattdessen erschließen sie ein Verstehen, das an den Verständnissen, „die Menschen von sich und der Welt haben" (Bertram 2011, S. 167), ansetzt. Zugleich werden diese Verständnisse aber anhand der vollzugsorientierten Struktur der *feed-back Schleife* infrage gestellt. Weil das Verstehen von Kunstwerken jedoch auf die Spannung zwischen „ihrer komplexen sinnlich-materialen Gestalt" (ebd.; vgl. S. 258) und den begrifflich gefassten Vor-Verständnissen der Individuen angewiesen ist, wird deutlich, dass das Verstehen von Kunstwerken nicht losgelöst von den außerästhetischen Praktiken der Welterschließung der Individuen erfolgt. Vielmehr setzen sie das Individuum in ein besonderes Verhältnis zu diesen, indem sie an ihnen anknüpfen und sie zugleich infrage stellen. Im nachvollziehenden Verständnis von Kunstwerken sieht sich das Individuum somit zur Reflexion seiner Praktiken und der mit anderen geteilten Begriffe herausgefordert. Das Kunstwerk geht das Individuum als an dieser Welt beteiligtes an (vgl. Seel 2016, S. 63) und weist es auf seine Involviertheit in die sozial und kulturell geteilten Praktiken und die diese umgrenzenden Normen der Anerkennung hin. Kunstwerke stellen Konstellierungen dar, die das Individuum in seiner aisthetischen und kognitiven Verfasstheit gleichermaßen als anerkennbar voraussetzen und herausfordern. Sie implizieren darüber hinaus eine *ansinnende kulturelle Anerkennung*, weil sie die sozial und kulturell geteilten Praktiken, von denen das Individuum als Adressat sozial und kulturell geteilter Bedeutungen betroffen ist, als Grundlage ihres Herausforderns beanspruchen. Kunstwerke sind in ihrer *kunstästhetischen* Konstelliert in das „Gefüge der Welt" (ebd.) involviert, weil sie zum einen die soziale und kulturelle Involviertheit des Individuums zum Ausgang nehmen und zum anderen die „Neuaushandlungen menschlicher Praktiken" (ebd.) anstoßen, stehen sie „in einem wesentlichen Zusammenhang mit der sonstigen Praxis" (Bertram 2014, S. 144) des Individuums. Mit Bertram können Kunstwerke in diesem Sinne vor allem als „Gegenstände von Selbstverständigung" und als solche zugleich „als Gegenstände eines besonderen Verstehens" (Bertram 2011, S. 162) erschlossen werden. Dieses Verstehen folgt dem Prinzip der relationalen Individualität, das in der Doppelbedingtheit aus Involviertheit und Differenz besteht: „Ohne den Bezug zu den eingespielten Formen unseres Verstehens herauszufordern, fehlt der Kunst die Möglichkeit, Perspektiven und Utopien unseres Verstehens zu entwerfen. In der ästhetischen Selbstverständigung sind diese zwei Seiten verbunden: dass wir in unseren Verständnissen angesprochen sind und herausgefordert werden" (Bertram 2011, S. 162). Das Verstehen von Kunstwerken mündet in der kunstästhetischen Wahrnehmungseinstellung somit in ein Selbstverstehen des Subjekts als Individuum, in dem es sich sowohl in seiner Begrenzung in den geteilten Praktiken und Bedeutungen als auch in seiner Möglichkeit, sich zu diesen durch differente Bedeutungsstiftungen selbstbestimmt verhalten zu können verständlich wird.

In diesem Sinne ermöglichen es Kunstwerke ihren Urheber*innen und Rezipient*innen, sich über ihre Positionalität als differentes und in die physische, soziale und kulturelle Welt involviertes Individuum zu verständigen. So können Individuen, die einen Wahrnehmungsgegenstand nach *kunstästhetischen* Prinzipien gestalten, eine Darbietung schaffen, mit der sie sich nicht mit propositionalen Aussagen, sondern in ihrer Relationalität zu der sie begrenzenden sozial und kulturell gefassten *medialen* bzw. *materialen Bestimmtheit* artikulieren. Entsprechend involviert *kunstästhetische* Selbstpositionierung Rezipient*innen eines Kunstwerks in die Bedeutsamkeitserfahrung einer *Weise der Welterschließung*, und sie vergegenwärtigt für Urheber*innen ihre individuelle Differenz in Relation zur Bestimmung durch geteilte Normen der Anerkennung. In beiden Fällen ist die *kunstästhetische* Selbstpositionierung um das Moment der *Infragestellung* konstelliert. Diese *Infragestellung* bezieht sich für Rezipient*innen auf ihr eigenes Selbst- und Weltverhältnis. Sie kann wirksam werden, weil sie an die Erfahrung der Bedeutsamkeit der dargebotenen Selbst- und Weltverhältnisse gebunden ist. Jedoch auch für den*die Urheber*in ist das Moment der *Infragestellung* zentral. Denn die *kunstästhetische Selbstpositionierung* bringt die Differenz des Individuums als dynamischen Prozess in der *feedback-Schleife* zur Darbietung, so dass das Individuum sich in seiner eigenen *Selbstpositionierung* nicht abschließend selbstbestimmen kann. Stattdessen bringt das Individuum in der *kunstästhetischen* Darbietung zur Anschauung, dass sich seine Positionierung in der mit anderen geteilten physischen, sozialen und kulturellen Welt als ein *dynamischer Formverlauf* in der Auseinandersetzung mit sozial und kulturell geteilten Bedeutungen und den mit ihnen verwobenen Normen der Anerkennung realisiert. *Kunstästhetische Selbstpositionierung* ist somit auf die Potenzialität des Selbst- und Weltverhältnisses des Individuums, d.h. auf Möglichkeiten zu sein, hin ausgerichtet. Weil sie als *Selbstpositionierung* Individualität als Differenz darbietet, muss sie sich zum einen zu begrenzenden Bestimmungen verhalten und ihre Differenz zu diesen zum anderen als dynamischen Prozess darbieten. Weil in der kunstästhetischen Wahrnehmungssituation Darbietung anhand individueller Zeichenmedien erfolgt, die auf den erfahrenden Nachvollzug angewiesen sind, bleibt die kunstästhetische Selbstpositionierung eine bedingte. Ihre Bedingtheit findet die kunstästhetische Selbstpositionierung somit wesentlich in der Angewiesenheit auf den Erfahrungsprozess anderer. Dies können konkrete andere Individuen oder nur imaginierte Individuen oder Gruppen sein. Ihr Ansatz liegt darin, durch die Darbietung der Art und Weise ihrer Bedingtheit als Selbstpositionierung für den*die Urheber*in erfahrbar bzw. durch die nachvollziehenden Rezipient*innen anerkannt werden zu können.

Weil Kunstwerke durch ihre*n Urheber*in *interpretierte und auf Interpretation durch andere angelegte* Wahrnehmungsgegenstände sind (vgl. Seel 2000, S. 158), ist offensichtlich, dass sie durch die Darbietung von *Weltsichtweisen im Modus ihrer Bedeutsamkeit* die Grenzen der Anerkennbarkeit aufsuchen und zugleich auf Anerkennung durch andere angewiesen sind. Schmücker (2011) verdeutlicht diesen Zusammenhang für die sich im *kunstästhetischen* Gestaltungszusammenhang eröffnenden Möglichkeiten der Selbstbestimmung des Subjekts als Individuum. Indem das Kunstwerk durch das urhebende Individuum so konstelliert wird, dass es eine spezifische *Weise der Welterschließung* in ihrer Bedeutsamkeit erfahrbar machen kann, ist es in seiner Gestaltung ganz den individuellen Standards des künstlerisch tätigen Individuums verpflichtet. Es ist, so Schmücker, das „Privileg der Künstler, die Normen festzulegen, denen ihre Werke genügen sollen, und darüber zu entscheiden, ob ihr Werk fehlerhaft ist oder nicht. Die Autonomie der Kunst ist mithin eine Autonomie der Künstler: Sie besteht in ihrer Fähigkeit, jedem einzelnen ihrer Werke und ihrem Oeuvre insgesamt Gesetze zu geben" (Schmücker 2011, S. 113). Weil Kunstwerke synonymlos bleiben sollen, kann ihre jeweilige Konstellierung zwar Abweichungen von Normen der Anerkennung artikulieren, jedoch ohne dass dies in der *kunstästhetischen* Wahrnehmungseinstellung als fehlerhaft gelten könnte. Künstler*innen kommt nach Schmücker eine *„normative künstlerische Kompetenz"* (Schmücker 2011, S. 114, Hervorhebung im Original, TB) zu, die nur ihnen die Entscheidung darüber zugesteht, Abweichungen als „Fehler", Störungen und Widerstände als etwas anderes als absichtsvolle Interpretationsanlässe zu bewerten. „Nur wenn der Künstler der Betrachterin beistimmt und einen Fehler einräumt, kann deshalb von einem fehlerhaften Werk die Rede sein. Es ist, mit anderen Worten, das *Privileg des Künstlers, nur solche Fehler begehen zu können, die er selbst als Fehler begreift"* (Schmücker 2011, S. 111, Hervorhebung im Original, TB). Weil aber diese *normative künstlerische Kompetenz* auf den kunstästhetischen Zusammenhang der selbstgestalteten Wahrnehmungsgegenstände begrenzt bleibt, ist auch die *Selbstbestimmung* des künstlerisch tätigen Individuums eine begrenzte. Es kann über die Konstellierung der Erscheinungen nur insofern selbst bestimmen, als dadurch das Kunstwerk als Darbietung einen Beitrag zur *Selbstverständigung* anderer leisten kann. Indem ein Individuum die *kunstästhetische* Gestaltung eines Wahrnehmungsgegenstands so anlegt, dass dieser in ein *Verstehen einmünden kann und soll*, ist es darauf angewiesen, dass sein Kunstwerk auch als eine solche Darbietung anerkannt wird: „Wer sich künstlerisch betätigt, macht die Erfahrung, dass ihm eine spezifische normative Kompetenz zuwächst: Sie – er – entdeckt ihre – oder seine – Fähigkeit, etwas hervorzubringen, was den Stempel von Normen und Regeln trägt, die man als künstlerisch Tätiger ihm aufgeprägt hat. Wer sich künstlerisch betätigt, entdeckt aber auch, dass es das Produkt des eigenen produktiven Handelns ist – das von dem Betreffenden selbst produzierte KUNSTstück –, das diesen unsichtbaren Stempel trägt. Und sie – oder er – stellt fest, dass der Wirkungsbereich der durch das eigene gestaltende Handeln meist gar nicht ausdrücklich, sondern implizit gesetzten Regeln nur insoweit erweitert werden kann, wie das eigene gestaltende Handeln von Dritten Anerkennung erfährt" (Schmücker 2011, S. 118). Erweist sich das Kunstwerk für die *Infragestellung* von Praktiken und begrifflich gefassten Bedeutungen, d. h. für die Weiterentwicklung oder Bestätigung der Möglichkeiten, zu sein, als stumm, endet zugleich das „Fehler-Privileg" (Schmücker 2011, S. 111). In der kunstästhetischen Gestaltung bleibt die Selbstbestimmung des Subjekts als Individuum durch seine Involviertheit in die mit anderen geteilte Welt bzw. durch seine Bezogenheit auf andere bedingt und umgrenzt. Diese Relationalität der Selbstbestimmung auffällig werden zu lassen und sie an Gegenständen der Wahrnehmung darbietend verfügbar zu machen, stellt einen besonderen Beitrag der kunstästhetischen Selbstbestimmung dar.

In der *kunstästhetischen* Rezeption von Kunstwerken setzen sich Subjekte nicht nur selbstbestimmt einem *Sich-Bestimmen-lassen* aus, um den *dynamischen Formverlauf* ihrer Individualität spürend inne zu werden. In der *kunstästhetischen* Rezeption von Kunstwerken sind Individuen darüber hinaus darauf aus, sich einem *Eingriff* in ihre Praktiken und in ihr Selbst- und Weltverhältnis so auszusetzen, dass ihre Lebensführung deshalb eine Neuausrichtung oder Bestätigung erfahren könnte. „Vielmehr geht es Menschen in der Auseinandersetzung mit Kunstwerken darum, aus sich selbst etwas zu machen," so Bertram (Bertram 2016, S. 119). Indem sich Individuen anhand der Konstelliertheit von Kunstwerken zu der Erfahrung von Bedeutsamkeit anderer *Weisen der Welterschließung* bestimmen lassen, suchen sie eine Situation auf, die ihren besonderen Wert nicht nur im Rahmen der *kunstästhetischen* Wahrnehmungssituation, sondern über diese hinaus entfaltet. Kunst kann daher ausgehend von ihrem Beitrag zur *Selbstverständigung* des Subjekts als ein „Geschehen" bestimmt werden, „das als eine spezifische Aushandlung von Bestimmungen menschlicher Praktiken wertvoll ist" (Bertram 2014, S. 218). Kunstwerke betreffen daher das Individuum als in seinen Alltagspraktiken *differentes* und *involviertes*. Im *„betwixt und between"* der *kunstästhetischen feedback-Schleife* (Fischer-Lichte 2004) sind diese nicht verloren, sondern nur ihrer Verbindlichkeit enthoben. Daraus ergibt sich, dass das Wechselspiel der Rezeption zugleich von Stellungnahmen des Individuums zu den Herausforderungen des Kunstwerks an ihre Praktiken und Begriffe begleitet ist. Diese sind es, so Bertram, durch die die Individuen an der „Aushandlung von Bestimmungen ihrer Praktiken in der Auseinandersetzung mit Kunstwerken mitwirken" (Bertram 2014, S. 214). Das sich anhand von *Infragestellungen* vollziehende *kunstästhetische* Verstehen ist demnach auf das rezipierende Individuum als eines angewiesen, welches durch seine Interpretation des auf Interpretation angelegten Wahrnehmungsgegenstands diesen seinerseits *infrage stellt*: „Erst diese Stellungnahmen machen Kunst als Praxis der Selbstbestimmung verständlich. Mittels ihrer evaluieren Rezipierende die Herausforderungen, die sie in der Auseinandersetzung mit Kunstwerken erfahren" (ebd.). Durch interpretative Stellungnahmen des Individuums folgt dieses also nicht nur dem Formverlauf des Kunstwerks, sondern greift selbst in seine durch das Kunstwerk veränderten Praktiken und Bedeutungsbildungen ein. Indem Bertram hervorhebt, dass es sich bei den interpretativen Stellungnahmen des Individuums somit um „Praktiken zweiter Stufe" handelt, „die einen reflexiven Charakter haben" (Bertram 2014, S. 145), weil sie die vom Kunstwerk ausgehenden Neubestimmungen interpretieren und vor dem Hintergrund ihres Selbst- und Weltverhältnisses bewerten, kann er verdeutlichen, dass Kunstwerke in ihrem *kommunikativen Kalkül* auf die selbstbestimmte Mitwirkung der rezipierenden Individuen angewiesen sind. Weil die selbstbestimmten Stellungnahmen der Individuen aber gleichermaßen durch die vom Kunstwerk ausgehenden Neubestimmungen angeregt sind, haben sie das Potential, das Individuum darin zu unterstützen, sich aus den Bestimmungen seiner Alltagspraxis und der ihr unterlegten Normen der Anerkennung durch Neu-Interpretationen selbst zu befreien. *Kunstästhetische Selbstbestimmung* eröffnet somit einen Freiheitsgewinn gegenüber Anforderungen und Verhaltenserwartungen, indem das Individuum neue, selbstbestimmte Praktiken (vgl. Bertram 2014, S. 218) entwickeln kann.

Kunstwerke halten das Subjekt daher dazu an, sich selbst als Individuum zu gestalten, d. h. ausgehend von Prozessen der *Selbstreflexion* an dafür konstellierten Gegenständen eine Veränderung seiner Praktiken und Bedeutungsbildungen vorzunehmen (vgl. Bertram 2014, S. 148 f.). Die Herausforderung von Kunstwerken an das Verstehen der Individuen mündet in die Frage, „welche Ausprägung einzelne menschliche Praktiken haben sollen" (Bertram 2014, S. 216) oder anders gesagt: wie das Subjekt als Individuum leben will. Die *Selbstreflexion* des Subjekts in der *kunstästhetischen* Wahrnehmungssituation vollzieht sich durch die Herausforderung der geteilten Praktiken und begrifflich gefassten Bedeutungen, von denen ausgehend das Individuum seine Involviertheit wie auch seine Differenz im alltagspraktischen Handeln realisiert. Indem Kunstwerke als Wahrnehmungsgegenstände so gestaltet sind, dass sie Praktiken und Bedeutungen durch absichtsvolles Konstellieren in Frage stellen, fordern sie das individuelle

Subjekt auf, sich an ihrer *Neuaushandlung* zu beteiligen. In der *kunstästhetischen Selbstreflexion* gerät das Subjekt in seiner Involviertheit in Praktiken und Bedeutungen in den eigenen Blick. In der *kunstästhetischen feedback-Schleife* wird diese Beteiligung des Subjekts in ihrem Potenzial für eine *Neuaushandlung* bedingt selbstbestimmter Praktiken und Bedeutungen auffällig. Die Stellungnahmen des Individuums zu den vom Kunstwerk an seine eingeübten Praktiken und die mit anderen geteilten, begrifflich gefassten Bedeutungen ausgehenden Herausforderungen, verlängern die *kunstästhetische Selbstreflexion* auf Fragen der praktischen Lebensführung. Kunstwerke besitzen als vermittelnde Objekte einen Aufforderungscharakter, der darauf ausgerichtet ist, die sozial und kulturell geteilten Praktiken so auszugestalten, dass dem Individuum ein Freiheitsgewinn gegenüber den von diesen Ausgehenden normativen Verhaltenserwartungen zuwächst. Indem Kunstwerke dem Individuum Anlass geben, die Potentialität an unergriffenen Möglichkeiten für die Ausgestaltung von Praktiken zu erkennen und darüber hinaus eine Beteiligung am Kunstwerk durch interpretative und bewertende selbstbestimmte Stellungnahmen einzufordern, ist die „Praxisform der Kunst auf einen besonderen Beitrag zur menschlichen Praxis der Freiheit hin ausgerichtet" (Bertram 2014, S. 218). Künstlerische Verfahren vergegenwärtigen dem Individuum zum einen die Verwobenheit seiner Bedeutungsstiftung mit geteilten Praktiken. Zum anderen leiten sie das Individuum in der Entdeckung und Ausgestaltung „selbstbestimmte[r] Formen der Praxis" (Bertram 2014, S. 218) an. Von ihnen geht also ein Impuls aus, sich gegenüber Anforderungen und Verhaltenserwartungen insofern frei zu verhalten, indem das Individuum am Kunstwerk erfahren hat, dass es selbst alternative Bestimmungen bzw. Neu-Interpretationen bestehender Bestimmungen und Normen der Anerkennung vornehmen kann. Voraussetzung für diesen Freiheitsgewinn ist, dass Individuen ihre Selbständigkeit für den Moment *kunstästhetischer* Wahrnehmungseinstellung selbstbestimmt aufgeben. Denn erst indem sie sich vom Kunstwerk anleiten lassen, eröffnen sich ihnen Perspektiven für eine Neu-Interpretation der geteilten Praktiken und begrifflichen Bedeutungen. Durch Stellungnahmen zu den vom Kunstwerk ausgehenden Herausforderungen vermögen Individuen die entworfenen Neu-Interpretationen zu geteilten Normen der Anerkennung selbstbestimmt ins Verhältnis zu setzen und ihre relationale Individualität gegenüber diesen zu behaupten. „Kunst bietet der menschlichen Praxis eigene Bestimmungen an, die über die Unselbständigkeit der selbständigen Aktivitäten Rezipierender wirksam werden", so Bertram (Bertram 2014, S. 215). Dies bedeutet, dass Kunstwerke Wahrnehmungsgegenstände sind, „mittels deren Menschen sich durch Aktivitäten, in denen sie unselbständig sind, selbst bestimmen" (ebd.). Das *mediale* und *materiale Bestimmtsein* des Individuums erfährt somit am Kunstwerk nicht nur als Voraussetzung seiner Differenz eine Artikulation, sondern wird für die selbstbestimmte Ausgestaltung von Individualität in der geteilten physischen, sozialen und kulturellen Welt als Moment der eigenen *Selbstgestaltung* nutzbar.

Kunstwerke ermöglichen es dem Individuum, durch eine vollzugsorientierte Darbietung der Neuaushandlung von Praktiken, diese und die ihnen unterlegten Normen der Anerkennung verändernd zu deuten, d.h. sich und sein Verhältnis zur physischen, sozialen und kulturellen Welt selbst zu bestimmen.

7.4 Zusammenfassung aus anerkennungstheoretischer Perspektive

Nachdem im bisherigen Verlauf der Studie ästhetische Erfahrung und die ihr zugeordneten Praktiken mit Blick auf die Relationalität von Individualität diskutiert wurden, werden sie nun anhand des anerkennungstheoretischen Analyserahmens aus *Fremdanerkennung*, *Selbstanerkennung* und *Ambivalenzen der Anerkennung* auf ihren Beitrag zu einer individuellen Anerkennung überprüft. Dies ermöglicht es, in der im nächsten Kapitel erfolgenden Diskussion der Kulturschule, den für die Schule als konstitutiv ermittelten Regulierungen individueller Anerkennung (vgl. Kapitel 6) im Modus der ästhetischen Wahrnehmungseinstellung einen gegenläufigen Entwurf individueller Anerkennung gegenüber zu stellen. Während die schulischen Begrenzungen unter dem Prinzip einer institutionell funktionalen Subjektformung erfolgen, liegt in der ästhetischen Erfahrung unter Absehung von funktionalen Zwecken eine Orientierung auf die bedeutungsvolle Vergegenwärtigung der Relationalität von Individualität vor. Letzteres kann im Folgenden anerkennungstheoretisch entfaltet werden. Im weiteren Verlauf der Studie wird jedoch zu klären sein, worin die jeweiligen Potentiale und Begrenzungen schulischer bzw. ästhetischer Ausführungen von Anerkennung liegen. Für die Diskussion der Kulturschule als Ort der Individuation, der sowohl dem schulischen Leistungsauftrag verpflichtet ist als auch die Begrenzung der Anerkennbarkeit von Kindern und Jugendlichen im Kernbereich der Schule einer umfassenden Öffnung aussetzt, ist es unerlässlich, die Begrenzungen und Potentiale beider Anerkennungsprofile zueinander in ein Verhältnis zu setzen. Die vorliegende Studie steht damit vor der Herausforderung, ein Moment der Verhältnisbestimmung vorzuschlagen, das weder den schulischen Leistungsauftrag ignoriert noch Grundlagen der ästhetischen Wahrnehmungseinstellung unterläuft. Diese Verhältnisbestimmung wird es daher auf die Relationalität von Individualität und damit in besonderer Weise auf eine Reflexion der Relation von Selbstbestimmung und Bestimmtwerden bezogen sein müssen. Im folgenden Kapitel wird Kulturschule daher als ein reflexives Spannungsfeld diskutiert und entworfen werden. Zunächst folgt jedoch die anerkennungstheoretische Diskussion ästhetischer Erfahrung.

Die Frage, wie Kinder und Jugendliche im öffentlichen, d.h. im institutionell nicht abgedrängten Bereich des Schullebens in ihrer die schulischen Normen der Anerkennung überschreitenden Relationalität anerkannt und sich zu einer aktiven Einbringung ihrer Individualität auch institutionell aufgefordert sehen können, hat die Diskussion auf die Notwendigkeit von *Medien* (Seel 2002) der Artikulation von Individualität verwiesen. Vor dem Hintergrund der Doppelbedingtheit relationaler Individualität aus Differenz und Involviertheit ist deutlich geworden, dass eine anerkennungstheoretische Kritik, die ausgehend vom Prinzip der Individualität auf Schule bezogen werden soll, den institutionellen Regelungszusammenhang der Schule selbst als Medium erschließen muss. Denn wenn eine veränderte Anerkennung der Individualität von Kindern und Jugendlichen in der Schule stattfinden können soll, dann ist es notwendig, das Spannungsverhältnis des *medialen* und *materialen Bestimmtseins* (Seel 2002) von Kindern und Jugendlichen in der Schule als Grundlage ihrer individuellen Differenz in der Institution verfügbar zu machen. Nur wenn auch das institutionell regulierte *Bestimmtsein* artikulierbar ist, werden Kindern und Jugendlichen *Hinsichten* (Seel 2002) zugänglich, sich nach eigenen Gründen und Absichten in der Institution als differente und involvierte Individuen zu artikulieren und sich gegenüber den institutionellen Verhaltenserwartungen nach eigenen Gründen zu positionieren. Die Doppelbedingtheit von Individualität aus Involviertheit und Differenz hat jedoch ebenso auffällig werden lassen, dass nicht nur eine Selbstbestimmung nach individuellen Standards, sondern gleichermaßen die Art und Weise, *wie* das Individuum seine Relationalität ausgestaltet, Grundlage eines *expressiven Selbstverhältnisses* (Honneth 2005) ist, aus dem heraus sich das Subjekt als Individuum zu den Denk- und Verhaltensaufforderungen der Institution Schule verhalten kann. Mit Honneths Hinweis auf eine **vorgängige Anerkennung** des Subjekts wurde die Möglichkeit erschlossen, nicht nur individuelle Standards der Anerkennung und individuellen Bedeutungszuschreibungen, sondern auch individuelle Wege der Bedeutungsbildung, d. h. das *Bekümmertsein* (Honneth 2005) um Relationen, als Grundlagen der Individualität des Subjekts in die Diskussion einzubeziehen (vgl. Kapitel 5.1.5, S. 75; Honneth 2005, S. 42 f.). Damit geht Honneth über die Erkenntnis hinaus, dass Subjekte sich bestimmen lassen müssen, um sich selbst als Individuum bestimmen zu können, wie es mit Gerhardt anhand des Verhältnisses von „Objektivität" (Gerhardt 1999, S. 274) und Individuellem (vgl. Kapitel 4.1, S. 37) bzw. mit Seel anhand der Diskussion einer kognitiven und einer aisthetischen Dimension von Individualität nachgewiesen werden konnte (vgl. Kapitel 7, S. 160; vgl. Seel 2002, S. 287 f.). Indem Honneth ein „Bekümmertsein um alle situationalen Gegebenheiten" (Honneth 2005, S. 42) als Grundlage eines *expressiven Selbstverhältnisses* versteht, sieht er nicht nur in der Hinwendung des Individuums auf Äußeres die Grundlage, damit dieses sich als differentes und involviertes erfahren kann. Vielmehr verdeutlicht er, dass in der „Sorge um die Bewahrung einer fließenden Interaktion mit der Umwelt" (Honneth 2005, S. 42) eine allen begrifflichen Bestimmungen wie auch allen physischen Verhältnisbestimmungen des Individuums vorgängige Dimension von Individualität liegt. Neben der diskursiven Bestätigung oder Neu-Interpretation der Bedeutungen von Begriffen wie auch neben aisthetischen Prozessen als Möglichkeiten der physischen Selbstorganisation und Bedeutungsstiftung des Individuums in der mit anderen geteilten Welt (vgl. Kapitel 4.1, S. 39; Gerhardt 1999, S. 202) bedarf es einer dritten Artikulationsform. Diese bezieht sich auf eine prozesshafte Darbietung der Relationalität von Individualität. Weil jede Artikulation jedoch *Hinsichten* eröffnen will, bleibt auch die Darbietung von Relationalität auf Medien angewiesen. Mit Reckwitz konnte verdeutlicht werden, dass einem *expressiven Selbstverhältnis* des Individuums der Weg gebahnt werden kann, wenn die Orientierung auf das dem Individuum äußere, d. h. auf die es in der geteilten physischen, sozialen und kulturellen Welt umgebende Wahrnehmungsgegenstände unter einem vorübergehenden Vergessen der Absichten sozialer und kultureller Fremdanerkennung steht (Reckwitz 2016, S. 93). Diese Aufmerksamkeit für „Dinge und Ereignisse um ihrer selbst willen, und das heißt hier: in der Fülle ihres individuellen Erscheinens" (Seel 2009, S. 175), kann auch auf die Relationalität von Individualität als *dynamischer Formverlauf* gelenkt werden. Dies ist der Fall, wenn Wahrnehmungsgegenstände nicht nur als Angebotsstruktur für differente Deutungen des Individuums erschlossen werden, sondern auch die Praktiken, mit denen sich das Individuum als different und zugleich involviert in der geteilten Welt erfährt, durch den Wahrnehmungsgegenstand selbst *angeleitet* werden (vgl. Bertram 2016, S. 110). Dieser Zusammenhang, in dem das Individuum sich selbst in seiner Relationalität verfügbar wird, konnte als Kernmoment ästhetischer Erfahrung nachgewiesen werden. Die Überlegungen zur *kunstästhetischen* Wahrnehmung haben darüber hinaus jedoch ein besonderes Potential auffällig werden lassen, mit dem ästhetisch-kulturelle Praxis ihrerseits über Honneths Verständnis einer **vorgängigen Anerkennung** hinausgeht. Dieses liegt im Moment einer **ansinnenden Fremdanerkennung**, die mit dem *kommunikativen Kalkül* (Seel 2000) der künstlerisch konstellierten Wahrnehmungsgegenstände verbunden ist. Künstlerische Praxis kann im Verhältnis zur *elementarästhetischen* Erfahrung als kulturelle Praxis verstanden werden, die Gelegenheiten der Anerkennung herbeiführt, anhand derer Individualität in ihrer Differenz und ihrer Involviertheit als bedeutsam und synonymlos aber ebenso sowohl als keiner geteilten Norm der Anerkennung als auch keinem individuellem Standard subsumierbar erfahren werden kann. Im Folgenden soll zusammenfassend für die verschiedenen Dimensionen des anerkennungstheoretischen Analysemodells aus Fremdanerkennung und Selbstanerkennung unter Einbeziehung der Ambivalenzen der Anerkennung die Potentiale *elementarästhetischer* und *kunstästhetischer* Erfahrung nochmals verdeutlicht werden.

In der *kunstästhetischen feedback-Schleife* (Fischer-Lichte 2004) erfahren die kognitive und aisthetische Dimension von Individualität eine Gleichberechtigung. Aus dieser leiten sich die vielfältigen Anerkennungspotentiale konstellierter

Wahrnehmungsgegenstände ab. Gleichwohl liegt auch für die Relationalität von Individualität in der *kunstästhetischen* Wahrnehmung das Potenzial für eine **vorgängige Anerkennung**. Dies ist vor allem deshalb der Fall, weil *Weisen der Welterschließung* (Seel 2016) durch Kunstwerke im Modus ihrer Bedeutsamkeit zur Erfahrung gebracht werden können, da die *kunstästhetische* Darbietungsform diese nicht unter geteilten Normen der Anerkennung einpassen und bewerten, sondern *vergegenwärtigen* soll. Die Erfahrung einer vorgängigen Anerkennung am Kunstwerk als *individuelles Zeichenmedium* (Seel 2000) besteht darin, dass die Grundlage von relationaler Individualität, nämlich die prozesshafte „Existenz-in-Situationen" (Seel 2016, S. 64) als solche zugleich die Existenzgrundlage der *kunstästhetischen* Darbietungsform bedeutet. Kunstwerke bringen im Kontext dargebotener *Weisen der Welterschließung* zur Erfahrung, was es heißt, ein relationales Individuum zu sein.

Ausgehend von der Relationalität von Individualität konnte dargestellt werden, dass Individuen der Gelegenheit zu*r Anderen bedürfen. Sie sind daher auf eine **kognitive Anerkennung** angewiesen. Diese beruht darauf, dass ihnen die Fähigkeit der Reflexion und Kommunikation im Medium sozial und kulturell geteilter Begriffe zugeschrieben wird. Sowohl in der *elementarästhetischen* als auch in der *kunstästhetischen* Erfahrung ist das Individuum über begriffliche Fixierung von Bedeutungen hinausgeführt. Weil in beiden Dimensionen ästhetischer Erfahrung aber das Wahrgenommene als etwas in seiner Individualität besonderes hervorgehoben wird, setzt ästhetische Erfahrung an außerästhetischen begrifflichen Vorverständnissen an, nicht aber ohne deren Verbindlichkeit immer aufzulösen. *Kunstästhetische* Praxis exponiert diese *Infragestellung* (Bertram 2011) geteilter Begriffe, um so ein *Verstehen* (Schmücker 2012) zu ermöglichen, das begriffliche Neu-Interpretationen ermöglicht, die zum einen mit anderen momentan teilbar sind und sich zum anderen gerade durch ihre Unverlässlichkeit und Instabilität auszeichnen.

Die **aisthetische Anerkennung** von Individuen bezieht sich vor allem auf die Notwendigkeit unmittelbarer aisthetischer Prozesse, in denen Voraussetzungen eines Wollens und Könnens fundieren, welche in der kognitiven Anerkennung begrifflich gefasst werden. In der ästhetischen Erfahrung werden die aisthetischen Prozesse des Subjekts aus dem Status eines *präsemiotischen Vermögens* (Zirfas 2018) befreit. Stattdessen wird die aisthesis nicht nur als unentbehrliche Grundlage, sondern als den kognitiven Vermögen gleichberechtigt, verfügbar. Dies führt in der *elementarästhetischen* Wahrnehmung im *Verweilen bei einem Gegenstand und der Wahrnehmung desselben* (vgl. Seel 1996b, S. 50) zur Erfahrung einer Intensivierung der Gegenwärtigkeit des eigenen Lebens. Durch diesen Rückstoß auf die eigene Lebendigkeit beinhalten aisthetische Prozesse in der ästhetischen Erfahrung ein Erkenntnispotential, das zugleich über die aktuelle Gegenwart hinaus auf die Potentialität der Situation verweist. In der *kunstästhetischen* Praxis werden Wahrnehmungsgegenstände absichtsvoll so konstelliert, dass eine aisthetische Anerkennung von Individuen deshalb unumgänglich wird, weil das spezifische Verstehen, welches das individuelle Kunstwerk als *individuelles Zeichenmedium* (Seel 2000) ausmacht, auf das aisthetische Wahrnehmungsvermögen als Bestandteil eines prozesshaften Verstehens angewiesen ist.

Indem das differente und involvierte Individuum unter geteilten Normen der Anerkennung auch Adressat*in sozialer und kultureller Zuschreibungsprozesse ist, erfährt es eine **kulturelle Anerkennung**. Diese ist immer insofern voraussetzungsvoll, weil sie beinhaltet, auch die geteilten Normen der Anerkennung, geteilte Bedeutungen und geteilte Praktiken der Bedeutungsbildung als kulturelle Produkte zu reflektieren. Da in der *kunstästhetischen* Wahrnehmungseinstellung geteilte Bedeutungen sowie die Praktiken der Bedeutungsbildung dadurch herausgefordert werden, dass das Individuum zu deren *Neuaushandlung* (Bertram 2014) durch das Kunstwerk angeleitet bzw. durch die vom Individuum ausgehende Urheberschaft einer *kunstästhetischen* Konstellation eine *Neuaushandlung* absichtsvoll betrieben wird, erfährt die kulturelle Involviertheit des Individuums eine bedeutungsvolle Darbietung. Da die *kunstästhetische* Darbietungsweise nicht vom Vollzug einer Erfahrung abzulösen ist, rekurriert die *kunstästhetische* Wahrnehmungseinstellung auf den subjektstiftenden Charakter kultureller Involviertheit. Denn das Kunstwerk wurzelt im geteilten *Gefüge der Welt* (Seel 2016), ohne welches sich das Subjekt nicht als Individuum bestimmen kann. *Kunstästhetische* Wahrnehmung rekurriert sowohl auf die passivische kulturelle Involviertheit des Individuums als auch die aktivische Bedeutungsstiftung als Bestandteil kulturellen Bestimmens. Jedoch auch die *elementarästhetische* Wahrnehmung und Gestaltungspraxis stellt die Involviertheit des Individuums als ein Mitgestalten heraus. Bereits in der *elementarästhetischen* Erfahrung wird die performative Beteiligung des Individuums an der Realisierung der sozialen und kulturellen Welt so geöffnet, dass sie auf das Individuum als unverzichtbar Beteiligtes verweist. Während die *kunstästhetische* Praxis die Beteiligung des Individuums bzgl. der Erzeugung von Bedeutsamkeiten zur Darbietung bringt, lässt die *elementarästhetische* die Beteiligung als solche sichtbar werden.

Relationale Individualität vollzieht sich grundlegend durch die nachvollziehende Veränderung der sozial und kulturell geteilten Normen der Anerkennung und die Realisation von Bedeutungen in performativen Akten. Kunstwerke setzen geteilte Bedeutungen sowie physische, soziale und kulturelle Praktiken einer *Neuaushandlung* aus, indem sie in der *kunstästhetischen* *feedback-Schleife* die Interpretation und Kommunikation der Bedeutsamkeit von *Weisen der Welterschließung* durch die unmittelbaren Handlungen des Individuums realisieren. Weil Kunstwerke als interpretierte Wahrnehmungsgegenstände auf Interpretation angelegt sind (vgl. Seel 2000, S. 158), beanspruchen sie das Individuum als ein Verstehendes, das eine mit anderen geteilte

Sinnstruktur oder individuell differente Sinnstruktur in Handlungen darbietet. Das Individuum erfährt in der *kunstästhetischen* Wahrnehmungssituation eine **performative Anerkennung**, weil das Kunstwerk als vollzugsorientiertes *individuelles Zeichenmedium* unhintergehbar auf seine aktive Beteiligung angewiesen ist. Das bedeutet auch, dass eine performative Anerkennung des Individuums am Kunstwerk immer auch den sich auf das Individuum beziehenden stiftenden Charakter geteilter physischer, sozialer und kultureller Praktiken zur Erfahrung bringt.

Nach dem Grundsatz der **personalen Anerkennung** handelt ein Subjekt nach eigenen Gründen und Vorstellungen, die es sich selbst zuschreibt und in denen es sich wiedererkennt. Die vollzugsorientierte Vergegenwärtigung *kunstästhetischer* Praxis bindet die Realisation von *Eigenart und Eigensicht einer Person* (vgl. Koppe 2012, S. 113) an das Erscheinen eines konstellierten, auf Interpretation angelegten Gegenstands der Wahrnehmung. Indem Wahrnehmungsgegenstände als solchermaßen konstellierte erfahren werden, können sie als Darbietungen der personalen Potenziale ihre*r Urheber*in gelten. Weil Kunstwerke auf die nachvollziehende Beteiligung ihrer Rezipient*innen angewiesen sind, stellen sie nicht nur Darbietungen personaler Gründe und Vorstellungen dar, sondern adressieren zugleich die Rezipient*innen als Individuen, die gleichermaßen über personale Gründe und Vorstellungen verfügen. *Eigenart und Eigensicht einer Person* können im *kunstästhetischen* Modus der Darbietung keinen normativen Geltungsanspruch beanspruchen. Die *kunstästhetische* Praxis, vergegenwärtigt durch eine Praxis der *Infragestellung* (Bertram 2011) *ansinnend* (Koppe 2012) das personale *Potenzial* von Urheber*in und Rezipient*in bzw. das der anderen, die als Urheber*in oder Rezipient*in antizipiert werden. Wem die Möglichkeit einer *kunstästhetischen* Gestaltung eines Wahrnehmungsgegenstands bzw. dessen *kunstästhetische* Rezeption zugesprochen wird, der*dem wird somit eine personale Anerkennung zuteil.

Anhand sozial und kulturell geteilter Begriffe und deren Neu-Interpretation sowie anhand Formen der aisthetisch-physischen Symbolisierung positionieren sich Subjekte als Individuen zu sich selbst und in der mit anderen geteilten physischen, sozialen und kulturellen Welt. In der *elementarästhetischen* Praxis positionieren sich Subjekte als Individuen durch einen veränderten Umgang mit Wahrnehmungsgegenständen, der sich durch das Verweilen bei diesen und der Wahrnehmung derselben auszeichnet. Die **Selbstpositionierung** in der *elementarästhetischen* Erfahrung vollzieht sich somit als Modus der *Vergegenwärtigung* des individuellen In- der-Welt-seins bzw. des Gegenwartsbezugs von Individualität als *dynamischen Formverlaufs*. Dieser unterläuft die mit Normen der Anerkennung verbundenen *Bestätigungen und Stiftungen* (Düttmann 1997), die als sozial und kulturell geteilte immer über die Gegenwart der Situation hinaus verweisen. Auch in der *kunstästhetischen* Erfahrung bleibt der *dynamische Formverlauf* des individuellen Gegenwartsbezugs erhalten. Die Art und Weise des *dynamischen Formverlaufs* wird jedoch mit *kommunikativem Kalkül* zur Darbietung gebracht und als *individuelles Zeichenmedium* zu einem bedeutsamen Geschehen, das auf sich selbst als Vergegenwärtigung einer *Weise der Welterschließung* verweist. In beiden Wahrnehmungssituationen, der *elementarästhetischen* wie der *kunstästhetischen*, wird jedoch offensichtlich, dass Selbstpositionierung immer eine durch die Involviertheit des Individuums bedingte ist. Während dies in der *elementarästhetischen* Erfahrung am Gegenstand der Wahrnehmung vollzogen wird, ist es in der *kunstästhetischen* eine Darbietung, die wesentlich auf den Erfahrungsprozess anderer angewiesen ist: erst durch die auf Interpretation durch andere angelegte Darbietung der Art und Weise der physischen, sozialen und kulturellen Bedingtheit des konstellierten Wahrnehmungsgegenstands kann dieser als Selbstpositionierung für den*die Urheber*in erfahrbar wie auch durch die nachvollziehenden Rezipient*innen anerkannt werden.

Indem das Individuum seine elementare Bezogenheit auf die Anderen reflektiert, vergegenwärtigt es sich eine wesentliche Grundlage seiner Relationalität. In der *elementarästhetischen* Erfahrung vollzieht sich die **Selbstreflexion** des Subjekts als Individuum vor allem durch eine Intensivierung des eigenen Lebensgefühls bzw. des Gefühls der eigenen Gegenwart in einer ganzheitlichen, weil weder zur aisthetischen noch zur begrifflichen Seite hin stillgestellten, unreduzierten Erfahrung. Sie ist selbstreflexiv, weil sich das Subjekt durch eine besondere Aufmerksamkeit für den Vollzug seines Wahrnehmens selbst zum Gegenstand seiner Beobachtung wird. Indem in der *elementarästhetischen* Wahrnehmung die besondere Aufmerksamkeit für das Erscheinen eines Gegenstands der Wahrnehmung zugleich dem Subjekt seine eigene Gegenwart spürend zur Erfahrung bringt, reflektiert sich das Subjekt nicht allein anhand seiner *individuellen Standards*. Stattdessen wird die Fähigkeit zur Selbst- und Welterfahrung als das dynamische Moment der eigenen Individualität als bedeutsam vergegenwärtigt. In der *kunstästhetischen* Wahrnehmungssituation erhält das Subjekt die Möglichkeit, sich im Medium der Artikulation von Bedeutsamkeiten Anderer als involviert und different zu erfahren, weil es sowohl von der dargebotenen Gegenwart ergriffen wird als auch in einer existenziellen Distanz zu dieser verbleibt. In der *kunstästhetischen* Selbstreflexion vergegenwärtigt sich das Individuum als wahrnehmend aktiv an der Aushandlung von Bedeutungen und Praktiken beteiligt. Damit eröffnen Kunstwerke Individuen die Möglichkeit, sich selbst nicht nur als Involvierte, sondern in ihrem potentiellen Möglichkeitsausstand zu reflektieren. Während die *elementarästhetische* Selbstreflexion auf die Intensivierung des eigenen In-der-Welt-seins bezogen ist, geht mit der *kunstästhetischen* Selbstreflexion eine Distanzierung einher. Diese entsteht sowohl zu den differenten und bisweilen idiosynkratischen Bestimmungen des Individuums als auch zu den an es ergehenden Anforderungen und Verhaltenserwartungen. Dieser Freiheitsgewinn bezieht sich anhand der Vergegenwärtigung sowohl eigener als auch anhand der Bedürfnisse anderer, die in die in der dargebotenen *Weise der Welterschließung* die Selbstreflexion des Individuums anleiten.

In diesem Sinne wird **Selbstverstehen** in der ästhetischen Erfahrung vor allem durch die Vergegenwärtigung des *medialen Bestimmtseins* als auch ableitend durch die *Infragestellung* der gewohnten *Grenzen des Verstehens* im Medium geteilter Bedeutungen und Praktiken der Bedeutungsstiftung ermöglicht. In der *elementarästhetischen* und in der *kunstästhetischen* Erfahrung wird das Individuum in seinem Verstehen „angesprochen und herausgefordert" (Bertram 2011, S. 162). Während in der *elementarästhetischen* Erfahrung die Verbindlichkeit „eingespielte[r] Formen unseres Verstehens" (ebd.) aufgelöst wird und so neue Wege des Verstehens geöffnet werden, zielt die *kunstästhetische* Praxis auf ein Verstehen, in dem sich das Individuum in seiner Begrenzung in den geteilten Praktiken und Bedeutungen als auch in seiner Möglichkeit, sich zu diesen durch differente Bedeutungsstiftungen selbstbestimmt verhalten zu können, verständlich wird. Weil *kunstästhetische* Konstellierungen von Gegenständen oder Situationen zudem interpretative und bewertende Stellungnahmen des Individuums einfordern, zielt das *kunstästhetische* Selbstverstehen sowohl auf die *Infragestellung* von sozial und kulturell geteilten Normen der Anerkennung als auch auf ein Selbstverstehen des Individuums von sich als ein anerkennendes. Indem das Individuum sich durch eine kritische Stellungnahme zum Kunstwerk darüber verständigt, welchen Beitrag dieses zu seiner Selbstverständigung im Spiegel seiner Praktiken leistet (vgl. Bertram 2014, S. 24), vollzieht es den Akt eines reziproken Anerkennungsgeschehens nach. So wie das Individuum im Anerkennungsgeschehen überprüft wird, ob und welchen Beitrag es zum Gefüge der geteilten Normen der Anerkennung leistet, so wird nun das Kunstwerk einer entsprechenden Überprüfung ausgesetzt. Weil *kunstästhetisch* konstellierte Gegenstände oder Situationen jedoch auf die nachvollziehende Wahrnehmung des Individuums angewiesen sind, verständigt sich das Individuum in seinen bewertenden Stellungnahmen daher nicht nur über das Kunstwerk als ein anerkennbares, sondern immer auch über sich selbst als eine*n Anerkennende*n.

Ästhetische Erfahrung fußt auf der paradoxen Entscheidung des Individuums, sich aus Gründen der **Selbstbestimmung** bestimmen zu lassen. In der ästhetischen Erfahrung setzt sich das Individuum *selbstbestimmt* einem *Sich-Bestimmen-lassen* (Seel 2002) aus, um so dem eigenen differenten In-der-Welt-sein als eines *dynamischen Formverlaufs*, der sich in fortlaufenden Bedeutungsbildungen vollzieht, habhaft werden zu können. Ästhetische Erfahrung eröffnet ein distanzierendes Moment der Selbstbestimmung, indem das Subjekt seine Praktiken, seine individuellen Standards als auch die mit anderen geteilten Bedeutungen zugunsten des Erscheinens seines Wahrnehmungsgegenstands zurückstellt. Damit eröffnet die *elementarästhetische* Wahrnehmungssituation dem Individuum die Möglichkeit, sich die Grundlagen seiner Selbstbestimmung wieder zu verschaffen, da sowohl Praktiken als auch Bedeutungen neu bestimmbar werden. In der *kunstästhetischen* Praktik werden *Weisen der Welterschließung* durch das Abstandnehmen von der Verbindlichkeit geteilter Begriffe und Bedeutungen durch „selbstbestimmte Praktiken" (Bertram 2014, S. 218) dargeboten bzw. Kunstwerke leiten Rezipient*innen dazu an, *selbstbestimmte Praktiken* erfahrend nachzuvollziehen oder in ihren Stellungnahmen zu entwickeln. Dabei machen Kunstwerke zugleich die Relationalität der Selbstbestimmung auffällig: Sowohl die *selbstbestimmten Praktiken* der Urheber*innen als auch die *selbstbestimmten* Stellungnahmen der Rezipient*innen fußen in einer Situation des *materialen* und *medialen Bestimmtseins*. Weil in der ästhetischen Erfahrung jedoch individuellen Standards als auch die mit anderen geteilten Bedeutungen zurückgestellt werden, haben sie das Potential, das Individuum darin zu unterstützen, sich aus den Bestimmungen ihrer Alltagspraxis und der ihr unterlegten Normen der Anerkennung durch Neu-Interpretationen selbst zu befreien.

In der ästhetischen Erfahrung kann das Subjekt die Gestaltbarkeit des eigenen individuellen Selbst- und Weltbezugs sowohl in der *elementarästhetischen* als auch in der *kunstästhetischen* Wahrnehmungseinstellung vergegenwärtigen und anhand *selbstbestimmter Praktiken* umsetzen. In der ästhetischen Erfahrung wird sich das Individuum in einem die begrifflichen Fixierungen überschreitenden Erleben zugänglich. Durch seinen veränderten Umgang mit den Gegenständen seiner Wahrnehmung kann es Gegenwarten eines Selbst- und Weltbezugs gestalten, der seinen individuellen Standards entspricht. Diese **Selbstgestaltung** entlang individueller Standards vollzieht sich jedoch nicht anhand propositional aussagbarer Bedeutungen, sondern ist an eine Bedeutungsstiftung gebunden, die sich durch die veränderte *Art und Weise* des Umgangs mit dem Gegenstand der Wahrnehmung auszeichnet. In dieser sind begriffliche und aisthetisch-physische Dimensionen gleichberechtigt. Die auf Interpretation angelegte *kunstästhetische* Praktik bietet Selbstgestaltung als ein relationales Geschehen dar, das zum einen auf die geteilten *materialen* und *medialen Bestimmungen* angewiesen ist, diese aber zum anderen aufgrund der prozesshaften Darbietungsform zugleich neu interpretieren kann. Die vollzugsorientierte Darbietung ermöglicht eine Neuaushandlung von Praktiken und der ihnen unterlegten Normen der Anerkennung, so dass das Individuum sich selbst im Verhältnis zur physischen, sozialen und kulturellen Welt involviert und different gestalten kann.

Ästhetische Erfahrung erschließt dem Subjekt ein **Selbstgefühl**, in dem es sein eigenes Handeln deshalb als kohärent erfahren kann, weil sie die von ihm gestifteten Bedeutungen nicht als „werthafte[ ] *Gegebenheiten*" (Seel 2016, S. 64, Hervorhebung im Original, TB) anhand individueller Standards oder geteilter Normen der Anerkennung, sondern als prozesshafte Vergegenwärtigung der eigenen Individualität artikuliert. In der *elementarästhetischen* Erfahrung wird

Individualität als *dynamischer Formverlauf*, der sich in den sich unmerklich vollziehenden perzeptiven Prozessen des Subjekts ereignet, vergegenwärtigt. Weil sich das Individuum in der ästhetischen Einstellung dazu anhält, sich des abschließenden Bestimmens zu enthalten, ist das Wissen, das sie vermittelt, kein propositionales, sondern ein prozesshaftes. Es bezieht sich nicht auf aussagbare Bestimmungen, sondern reflektiert in erster Linie die Wahrnehmung des Subjekts als Ort des Wissens. Eine ästhetische Kohärenzerfahrung bedeutet, dass die Aufmerksamkeit für das Erscheinen eines Gegenstands oder einer Situation ein Bewusstsein von einer sich ereignenden Gegenwart entstehen lässt, die für das Individuum als die eigene Gegenwart aufscheint. In der *kunstästhetischen* Praktik werden Konstellationen entworfen, die darauf zielen, das Subjekt in „Prozesse des bewussten Lebens in einem wirklichen Vollzug" zu integrieren, „und zugleich doch so, dass sie nicht auch schon wirklich von uns vollzogen sind" (Henrich 2001, S. 132). Anknüpfend an den perzeptiven Prozessen und unter Absehung von der Verbindlichkeit begrifflich geteilter Bedeutungen, öffnet das Kunstwerk de*r Rezipient*in einen Möglichkeitsraum, in dem diese*r sich sowohl von der Prozesshaftigkeit als auch von der vergegenwärtigten Weltsichtweise gleichermaßen betroffen fühlt. Gleiches gilt für den*die Urheber*in des Kunstwerks. In der *kunstästhetischen* Praxis wird diese*r das eigene prozesshafte In-der-Welt-sein in seiner eigenen Bedeutsamkeit „durchsichtig" (Henrich 2001, S. 197).

Ästhetische Erfahrung ist besonders durch die Prozesshaftigkeit von vollzugsorientierten Weisen der Bedeutungsbildung gekennzeichnet. Sie korrespondiert daher mit dem Moment der Unabschließbarkeit von Anerkennung, das auf die Potentialität bzw. die Verdeutlichung eines verbleibenden Möglichkeitsausstands des unter den Normen der Anerkennung verkannten Individuums verweist. In diesem Sinne ist eine Vergegenwärtigung von Ambivalenzen der Anerkennung zugleich konstitutiv für Anerkennung, die vom Prinzip einer relationalen Individualität ausgeht. In der ästhetischen Erfahrung werden diese Ambivalenzen zu Grundbedingungen der Bedeutungsstiftungen. So wird die Erfahrung der immanenten Spannung von **Fremdheit und Vertrautheit** der eigenen sozial und kulturell involvierten Individualität im Paradox der ästhetischen Erfahrung, sich bestimmen zu lassen, um eine Erfahrung zu machen, d. h., sich als Individuum bestimmen zu können, transformiert. Indem in der ästhetischen Erfahrung das *Bekümmertsein um anderes* als Gelegenheit des Subjekts zu sich als Individuums erschlossen wird, werden Fremdheit und Vertrautheit nicht als spannungsreiche Pole, sondern aus einer *Distanz zweiter Stufe* als dynamisches Moment der eigenen Individualität vergegenwärtigt. In der *kunstästhetischen* Wahrnehmungseinstellung erfährt dieses Prinzip eine *nichtthematische* Darbietung, indem es im Moment einer Anleitung des wahrnehmenden Individuums durch das Kunstwerk als bedeutsam dargeboten wird. Darüber hinaus bringen Kunstwerke *Weisen der Welterschließung* so zur Darbietung, dass diese dem Subjekt als

Prozesse des bewussten Lebens (vgl. Henrich 2001, S. 132) erscheinen, ohne dass sein Wissen um sich selbst als von diesen different abreißt. Die Spannung von Fremdheit und Vertrautheit wird somit am Kunstwerk zur Erfahrung des eigenen Möglichkeitsausstands durch eine Selbsterfahrung im Medium des Anderen. Die *kunstästhetische* Erfahrung erschließt somit mit anderen im Modus der Bedeutsamkeit geteilte *Weisen der Welterschließung* als Medien der Artikulation einer involvierten und differenten Individualität. Die **Überschreitung** eigener, bisweilen idiosynkratischer Normen der Anerkennung wird auf diesem Wege zur Voraussetzung, um die Potentialität der eigenen Individualität erkennen zu können. Dies beruht jedoch auf der Voraussetzung, dass die Konstellation, die den individuellen Normen oder überindividuellen Normen Anderer folgt, dem rezipierenden Individuum mit einer **vorgängigen Anerkennung** entgegentritt. Das tut sie, indem die kunstästhetische Darbietung als eine vollzugsorientierte am *dynamischen Formverlauf* von Individualität als dem eigentlichen Modus ihrer Darbietungsform anknüpft.

Im Zuge dessen wird die **Abweichung** vom Gültigkeitsanspruch geteilter Normen der Anerkennung in der *kunstästhetischen* Wahrnehmungseinstellung zu einer notwendigen Voraussetzung, um das Individuum zu einem Verstehen der Bedeutsamkeit von *Weisen der Welterschließung* führen zu können. Für dieses Verstehen ist es notwendig, dass sich das Subjekt in der *kunstästhetischen feedback-Schleife* an die Grenzen der begrifflichen Bedeutungen führen lässt, auf die es sich in seinen Verständnisbemühungen ebenso bezieht wie es sich von seinen aisthetisch-physischen Erfahrungen über diese hinausbewegen lässt. Die Auflösung von Verbindlichkeit und Eindeutigkeit begrifflicher Bedeutungen in der *kunstästhetischen* Wahrnehmungseinstellung ist in diesem Sinne kein Vergessen geteilter begrifflichen Bedeutungen, sondern sie führen das Subjekt zu einer anderen Form des Verstehens. Dieses Verstehen beinhaltet auch eine krisenhafte Entgrenzung geteilter Normen der Fremdanerkennung, weil es auf das Wahrnehmen des Subjekts als Wissensform verweist, nicht aber auf die Korrelation mit sozial oder kulturell geteilten Bedeutungen verpflichtet ist. Die Verbindlichkeit der das Individuum bestätigenden und stiftenden Normen der Anerkennung kann in Frage gestellt werden, weil sich das Subjekt in der ästhetischen Erfahrung in einem die begrifflichen Fixierungen überschreitenden Erleben als gegenwärtig zugänglich ist. Weder verliert es dabei das begrifflich propositionale Wissen ganz, noch könnte es allein durch die Begriffe in ein Verstehen eintreten.

Ästhetische Erfahrung kann sich daher nur ereignen, wenn sowohl die Verbindlichkeit begrifflicher Bedeutungen als auch die Verbindlichkeit geteilter Normen der Anerkennung infrage gestellt bleiben. Dies stellt für die *elementarästhetische* und die *kunstästhetische* Erfahrung gleichermaßen ihre Grundlage dar. In der *kunstästhetischen* Darbietung, die in ein *Verstehen einmünden* will, wirken die krisenhaft entgrenzten Normen der Anerkennung als ein reflektorisches

Moment, durch das das Kunstwerk *als besonders hervorgehoben* wird, ohne abschließend begrifflich bestimmt zu werden. Die *kunstästhetische* Praxis ermöglicht es, begriffliche Bedeutungen und Normen der Anerkennung zu beanspruchen, ohne sich der von dieser ausgehenden **verkennenden Verdopplung** aussetzen zu müssen. Stattdessen werden diese sowohl in ihrer Notwendigkeit als auch in ihrem Verkennungspotenzial offenbar. Indem das Kunstwerk in der von ihm dargebotenen *Weise der Welterschließung* die Bedeutsamkeit von Weltsichtweisen als notwendige und zugleich überschreitbare Involvierungen des Individuums vergegenwärtigt, vollzieht sich relationale Individualität als *dynamischer Formverlauf* an der sozialen, kulturellen und physischen Wirklichkeit, ohne in ihr aufzugehen.

Die *kunstästhetische* Praxis ist darauf ausgerichtet, Wahrnehmungsgegenstände so zu konstellieren, dass sie in ein *Verstehen einmünden* können, das sich im unabschließbaren Wechselspiel der *feedback-Schleife* begrifflicher Bedeutungen und aisthetisch-physischer Erscheinungen vollzieht. Sie ist unmittelbar mit der Erfahrung verknüpft, das Kunstwerk nicht propositional verstehen zu können. Will das Individuum die dargebotene *Weise der Welterschließung* als bedeutsam verstehen können, muss es **Widersprüche** in der propositionalen Aussagefähigkeit des konstellierten Wahrnehmungsgegenstands gegenüber seiner begrifflichen Vereindeutigung tolerieren. In der *kunstästhetischen* Wahrnehmungssituation wird das Individuum dazu ermutigt, Verstehen durch das Wagnis der Erfahrung erwerben zu können. Weil sich aber das Verstehen am Kunstwerk nicht retrospektiv einstellt, sondern vergegenwärtigend nur im Vollzug der Erfahrung gegeben ist, beinhaltet die kunstästhetische Situation ein *anökonomische Moment* im Sinne des *principle of charity* (vgl. Kapitel 5.1.4, S. 73; Gamm 1997, S. 132). Das Verstehen stellt sich allein im Moment der prozesshaften Orientierung ein, die von begrifflichen Bestimmungen absieht und die propositionalen Widersprüche zugunsten einer *anschauenden Erfahrung* auflöst, so dass es zugleich nur in diesem Erfahrungsvollzug, aber nie in den über diesen hinausverweisenden geteilten Normen der Anerkennung zu bestimmen ist.

Weil die besondere *elementarästhetische* Aufmerksamkeit für das gegenwärtige Erscheinen eines Wahrnehmungsgegenstands und die Unbestimmbarkeit seiner Individualität wie auch das Verstehen in der *kunstästhetischen* Situation als ein prozesshaftes und unabschließbares nicht vom selbsttätigen Vollzug der Erfahrung durch das Subjekt abzulösen ist, ist die propositionale **Unausdeutbarkeit** der Wahrnehmungssituation für das Subjekt mit der Unausdeutbarkeit der eigenen Individualität verbunden. Die Gleichberechtigung aller Erscheinungen und Wissensformen in der ästhetischen Erfahrung bedeutet, dass der von Butler für das Anerkennungsgeschehen beschriebene *Preis der Existenz* (Butler 2001) in einen Möglichkeitsausstand der eigenen Individualität verwandelt wird. Ästhetische Erfahrung bedeutet nicht das Ende von

Bestimmt-sein, sondern die Erfahrung, dass Sich-bestimmen-lassen dann die Voraussetzung für einen *Sinn für das Besondere* bzw. für das Ergreifen übersehener Möglichkeit ist, insofern das Bestimmen nicht normativ stillgestellt, d. h. vereindeutigend abgeschlossen wird.

Ästhetische Erfahrung und die ihr zugeordneten Praktiken können als eine Praxis der Anerkennung beschrieben werden, weil sie in den Prinzipien eines aus dem Blickwinkel relationaler Individualität formulierten Anerkennungsverständnisses ihre Voraussetzungen finden bzw. diese als Voraussetzungen von relationaler Individualität darbieten. In der ästhetischen Erfahrung und ihren Praktiken liegt somit ein kulturelles Moment vor, das darauf ausgerichtet ist, die Doppelbedingtheit involvierter und differenter Individualität zu artikulieren. Für die Schule bedeutet dies, dass sie als Gelegenheit des Individuums zu sich selbst, d. h. als Medium der eigenen *Selbstbestimmung*, als auch zu Anderen, d. h. als Medium der Zugehörigkeit, verfügbar gemacht werden kann, wenn die Materialität ihrer performativen Prozesse und ihrer Objekte eine besondere Aufmerksamkeit erfährt.

8. Die Kulturschule in anerkennungstheoretischer Perspektive

Ausgehend von der Diagnose einer zunehmenden Institutionalisierung des Aufwachsens (vgl. BMFSFJ 2013; 2017) problematisiert die vorliegende Studie überindividuelle Ansprüche der Schule im Verhältnis zur Individualität von Kindern und Jugendlichen. Im Rückgriff auf Debatten zur *Scholarisierung* (vgl. Fraij/Maschke/Stecher 2015) der Selbst- und Weltbezüge junger Menschen wurde Schule als gesellschaftlicher Ort der Individuation gekennzeichnet, an dem die Individualität von Jugendlichen und Kindern eine empfindliche Begrenzung erfährt. Dies wurde als ein Verlust an Möglichkeiten für Kinder und Jugendliche problematisiert, Schule anhand individueller Standards als bedeutungsvolle Gelegenheit zu sich und zu anderen nutzen zu können. Die Studie diskutiert daher zum einen die Regulierung der Möglichkeiten zu einer individuellen Verhältnisbestimmung im institutionellen Regelungsgefüge der Schule. Sie setzt sich zum anderen ebenso für eine Revalidierung von Schule als gesellschaftlichem Ort der Individuation ein. Ziel der Studie ist es, die Kulturschule als Ort der Individuation zu profilieren, der konzeptionell sowohl Differenz und Involviertheit von Individualität als auch den subjektformenden Anspruch der Schule als Institution reflektiert. Zur Anbahnung dieses Begründungsversuchs wurden im bisherigen Gang der Untersuchung verschiedene vorbereitende Schritte unternommen. So wurden zunächst mit der Diskussion von Individualität als relationales und prozesshaftes Geschehen sowie mit der kritischen Reflexion von Anerkennung als Subjektformung zwei *Problematisierungskategorien* (Balzer 2014) entwickelt, die in besonderer Weise auf das Verhältnis von Differenz und involviertem *Bestimmtsein* (Seel 2002) bzw. das Verhältnis allgemeingültiger Ansprüche und individueller Standards bezogen sind. In Anwendung dieser beiden Kategorien konnte die Begrenzung von Individualität als konstitutives Moment der Anerkennung in der Schule identifiziert werden. Zugleich ist ebenso die Beteiligung von Kindern und Jugendlichen an der Schule als unentbehrliche Grundlage der Leistungserbringung der Institution deutlich geworden. Ästhetische Erfahrung und die ihr zugeordneten Praktiken konnten entsprechend in ihrem Anerkennungspotential beleuchtet werden, das vor allem in der bedeutungsvollen Vergegenwärtigung der Relationalität von Individualität liegt. Im nächsten Schritt soll nun zunächst eine erneute Zusammenfassung der bisher gewonnenen Erkenntnisse zur Schule als institutionellem Anerkennungsgefüge erfolgen. Die Perspektive dieser zusammenfassenden Darstellung ist jedoch die einer Potentialanalyse schulischer *Gelegenheitsstrukturen* (Fend 2008) für die Anerkennung relationaler Individualität.

Dies bereitet eine weitere Ausdifferenzierung von Anforderungen an eine Schule der Anerkennung vor. Diese Anforderungen dienen im Folgenden als Anwendungsdimensionen, anhand derer schulische und ästhetische Konturierungen von Anerkennung miteinander in Abgleich gebracht werden können. Im weiteren Verlauf wird es darum gehen, zum einen die kulturelle Profilierung von Schule als konzeptionellen Zugang zu verdeutlichen, der an den Reflexionen zu Individualität und Anerkennung anknüpft. Dies vorbereitend sind unterschiedliche Perspektiven auf die Kulturschule als „kulturelles Forum" (vgl. Fuchs 2008) bzw. als ästhetische Lernumgebung darzustellen und zu problematisieren. Zum anderen werden die sich im Spiegel der entwickelten Anwendungsdimensionen andeutenden Spannungsverhältnisse schulischer und ästhetischer Ausformungen der Anerkennung entlang der Ergebnisse jüngerer empirischer Studien zur Kulturschule weiter präzisiert. Die sich hieraus ableitenden Überlegungen sind richtungsweisend für den grundlegenden Entwurf der Kulturschule als reflexives Spannungsfeld. Für die Gestaltung der Kulturschule als reflexives Spannungsfeld werden abschließend drei organisatorische Maximen benannt.

Die Diskussion eines Anerkennungsbegriffs, der in besonderer Weise die soziale und kulturelle Relationalität von Individualität in den Mittelpunkt stellt, hat zu einem differenzierten Modell geführt, das Dimensionen der *Anerkennung des Individuums durch Andere*, Dimensionen der *Selbstanerkennung* sowie *Ambivalenzen* der Anerkennung berücksichtigt. Letztere leiten sich aus dem nicht nur passivisch bestätigenden, sondern ebenso aktivisch stiftenden Charakter von Anerkennung ab. Diese Ambivalenzen korrespondieren sowohl mit den Prinzipien einer relationalen Individualität, die mit Gerhardt (1999), Jaeggi (2005) und Keupp et al. (1999) ermittelt wurden, als auch dem *Preis der Existenz* (Butler 2001), der sich mit der Fremd- und Selbstanerkennung des Individuums verbindet. Denn sowohl die Dimensionen der Selbstanerkennung, innerhalb derer sich das Individuum über sich selbst verständigt, als auch die Dimensionen der Fremdanerkennung, innerhalb derer das radikale Bezogensein des Individuums auf Andere maßgeblich ist, bedeuten immer eine momentane Eingrenzung und Reduzierung der prinzipiellen *Unausdeutbarkeit* des Individuums. Die Betonung der Ambivalenzen der Anerkennung ist auf die Relativierung der Absolutheit dieser Zuschreibungen und somit sozialer und kultureller Normen der Anerkennung wie auch der individuellen Standards und Idiosynkrasien ausgerichtet. Weil ein handlungsfähiges Individuum auf ein Passungsverhältnis von inneren reflexiven und selbstreflexiven Bildern einerseits und sozialen und kulturellen Sinnordnungen, Strukturen und Praktiken andererseits angewiesen ist, realisiert sich Individualität als *dynamischer Formverlauf* innerhalb eines beständigen Aushandlungsprozesses im Verhältnis zu den physischen, sozialen und kulturellen Gegebenheiten. In diesem Aushandlungsprozess handelt das Subjekt als Individuum, das in die physische, soziale und kulturelle Welt involviert ist, und überschreitet sein Involviertsein im Sinne einer dynamischen Ausgestaltung seiner individuellen Differenz. Das Spannungsverhältnis aus Differenzerfahrungen sowie Erfahrungen der sozialen wie kulturellen Involviertheit bilden ein „Suchraster" oder einen „Konstruktionsrahmen" (Keupp et al. 1999, S. 222): „Kontingenz, Diffusion im Sinne der Verweigerung von Commitment, Offenheit von Optionen eine idiosynkratische Anarchie und die Verknüpfung scheinbar widersprüchlicher Fragmente" (Keupp et al. 1999, S. 245) sind möglich – und notwendig. Relationale Individualität ereignet sich somit als ein *dynamischer Formverlauf* in einer doppelten Veränderungsperspektive. Zum einen lässt sich das Individuum durch seine Involviertheit in der sozialen, kulturellen und physischen Welt bestimmen und somit verändern. Zum anderen verändert es auch selbst die es umgebenden *Umwelten* (Senge/Hellmann 2006) durch seine Neu-Interpretationen sozialer und kultureller Normen der Anerkennung. Beide Dimensionen einer als relational verstandenen Individualität haben letztlich auf einander verweisenden Charakter. Dieser beruht auf der Gleichzeitigkeit von Involviertheit und Differenz des Individuums.

Ein Anerkennungsbegriff, der vom Prinzip relationaler Individualität ausgeht, ist in diesem Sinne ein auf Krisen der Veränderung angelegter, weil Individualität sich aufgrund ihrer Relationalität immer der Vereindeutigung aufs Neue entziehen muss. Damit weist der entwickelte Anerkennungsbegriff eine hohe Konnektivität mit individuellen *Lernmotiven, Lerngründen* und *Lerninhalten* auf. Die radikale Kritik Holzkamps (1995) und Helspers et al. (2001), die Schule als *Lernbehinderung* (vgl. Kapitel 6.3, S. 128; Holzkamp 1995, S. 476) bzw. *Zwangsarbeit* (vgl. Kapitel 6.4, S. 146; Helsper et al. 2001, S. 60) gekennzeichnet haben, hat jedoch darauf verwiesen, dass es gerade individuelle Lerngründe, Lerninhalte und Lernziele sind, die in der Schule marginalisiert werden bzw. nicht anerkennbar sind. Überschreitungen der in der Institution rekontextualisierten Sinnordnungen, ihrer Begriffe, Normen und Werte sind nicht nur nicht vorgesehen, sondern werden reguliert und ggf. sanktioniert. Diese Kontrolle der individuellen Lernprozesse geht einher mit der Regulierung von Prozessen der Selbst- und Fremdanerkennung entlang der Prinzipien, die für die Schule beschrieben werden konnten (vgl. Kapitel 6.2, S. 115 ff.). Schule ist in diesem Sinne als Institution dazu verpflichtet, Kinder und Jugendliche so zur Teilhabe zu befähigen, dass von ihr durch die Resubjektivierung der Sinnordnung im Weltverhältnis der Kinder und Jugendlichen eine kohäsive Wirkung für den Fortbestand der Gesellschaft, ihrer Werte und Normen ausgeht. Die Anerkennung des Individuums erfolgt in der Schule daher immer vor Dritten, d. h. den institutionellen *Umwelten* der Schule. Ihnen gegenüber müssen das Schulsystem und die einzelne Schule eine kohäsive und reproduktive Leistung erbringen. Um dies auf dem Wege der Resubjektivierung erreichen zu können, muss Schule die Individuen in ihrer Fähigkeit der Neu-Interpretation institutionell anerkennen, d. h. so regulieren, dass die individuellen Neu-Interpretationen sich im Rahmen der institutionellen *Rekontextualisierung* (Fend 2008) bewegen. Das setzt die nachvollziehende

Interpretation der vermittelten Sinnordnung und ihrer Normen der Anerkennung voraus. Diese muss, um den kohäsiven Auftrag von Schule nicht zu gefährden, durch entsprechende Prinzipien reguliert werden. Das geschieht z. B. durch die Vereinzelung der Individuen im Rahmen eines sozialen Vergleichs, der anhand universalistischer Leistungskriterien erfolgt und zugleich außerschulische, emotionale und aisthetische Rationalitäten ausgrenzt. Dieser Regelungszusammenhang wird zum einen durch ein Primat simulierter pädagogisch aufbereiteter Erfahrungen gegenüber unreduzierten, ganzheitlichen und in Richtung und Inhalt unkalkulierbaren Erfahrungen unterstützt. Zum anderen wird die Leistungserbringung der einzelnen Schule wie auch die der Individuen auf den informellen Raum ausgedehnt, indem ein *kulturelles Feld* (vgl. Kapitel 6.4, S. 135; Helsper et al. 2001, S. 26) an anerkennbaren, weil leistungserbringenden sozialen und kulturellen Haltungen und Handlungen als Bewältigung der widersprüchlichen Grundsituation durch die beteiligten Akteure etabliert wird. Schule steht damit in der widersprüchlichen Situation, dass sie zum einen auf eine beständige Überschreitung der individuellen Selbst- und Weltbezüge der Schüler*innen angewiesen ist, zum anderen aber die in der Schule initiierten Lernkrisen, die in eben diese Überschreitung führen sollen, gleichzeitig begrenzt werden müssen. Die disziplinäre Umgrenzung von Lernzeiten, Lernräumen, Lernwegen, Wissensformen und Lerninhalten dient in diesem Sinne sowohl einer kohäsiven Reproduktion von Sinnordnungen als auch der Abwehr von Prozessen der Neu-Interpretation, die sich auf die institutionelle Ordnung der Schule als Leistungsträger richten könnten. Während relationale Individualität sich durch einen besonderen Gegenwartsbezug auszeichnet und sich eben deshalb immer wieder neu in produktiven Überschreitungen und Veränderungen realisieren muss, darf das zukunftsorientierte Leistungssystem der Schule nicht zu verändernden Überschreitungen seines gegenwärtigen institutionellen Rahmens führen.

Schule als Institution stellt insofern ein widersprüchliches Anerkennungsgefüge dar, weil sie für die Sicherung ihrer Leistungserbringung gegenüber den externen Auftraggeber*innen aus ihren institutionellen *Umwelten* sowohl auf die aktiv interpretative Beteiligung der Individuen als auch auf deren Einpassung als *Mitspieler* (Wernet 2008) in den an universalistischen Kriterien orientierten Regelungszusammenhang angewiesen ist. Zum einen birgt diese Widersprüchlichkeit unter dem Blickwinkel der relationalen Individualität, welche gleichermaßen von Involviertheit und Differenz geprägt ist, eine deutliche institutionelle Begrenzung der Anerkennung von Kindern und Jugendlichen und der Anerkennbarkeit ihrer differenten und außerschulischen sozialen und kulturellen Lerngründe, Lerninhalte und Lernziele. Zum anderen bietet die Widersprüchlichkeit der Schule als institutionelles Anerkennungsgefüge zugleich das Potenzial, die Dualität aus Involviertheit und Differenz bzw. Selbstbestimmung und *Bestimmtsein* (Seel 2002) als dynamische Grundlage von Individualität herauszustellen und in Schule erfahrbar zu machen. Wie im Folgenden darzustellen ist, ist damit jedoch auch die Möglichkeit verbunden, dass institutionelle Normen der Anerkennung von Kindern und Jugendlichen weniger als Struktur des Zwangs und der *Verkennung* (Bedorf 2010) erfahren werden bzw. zu einer demotivierenden Entfremdung des Individuums von sich selbst und der Institution Schule führen müssen (vgl. Jaeggi 2005, S. 245 f.). Stattdessen können institutionelle Normen der Anerkennung unter bestimmten Voraussetzungen auch als *Medium* der sozial und kulturell relationalen Individualität erfahren werden. Dies könnte dazu beitragen, dass Kinder und Jugendliche sich zu den Verhaltensaufforderungen und normativen Erwartungen der Institution kritisch und selbstbewusst verhalten und sie für ihre individuellen Lernmotive, Lerngründe und Lerninhalte nutzen könnten. Die Voraussetzungen, welche die institutionellen Normen der Anerkennung als *Medium* der Selbst- und Weltaneignung für das Subjekt erschließen, liegen sowohl auf der strukturell organisatorischen Ebene in Schule als auch auf der individuellen Erfahrungsebene der Kinder- und Jugendlichen. Die schulischen Rahmenbedingungen müssten demnach so gestaltet sein, dass sie Jugendlichen und Kindern einen Umgang mit den institutionellen Normen der Anerkennung ermöglichen, der diese im Spiegel von Bedeutungsbildungen hinterfragt, welche nicht durch die schulische Funktionslogik bestimmt bzw. nicht auf diese begrenzt sind. Dies setzt jedoch voraus, das Kinder und Jugendliche sich in der Schule in ihrer Fähigkeit, Bedeutungen zu stiften, d.h. ihre *Umwelten* neu interpretieren zu können, uneingeschränkt und unreduziert erfahren können. Damit die Erfahrung der eigenen Interpretationsfähigkeit nicht nur auf außerschulische Freiheitsgewinne bzw. auf Freiheitsgewinne jenseits des öffentlichen schulischen Regelungszusammenhangs und seiner *Umwelten* verweist, sondern im Kernbereich der Schule selbst Zugänge zu den individuellen Lernmotiven, Lerngründen und Lerninhalten erschlossen werden können, ist für die Individuen jedoch eine weitere Erfahrung grundlegend. Diese beruht darauf, dass sich das Subjekt erst in seinem Involviertsein in Beziehung zu dem es bestimmenden allgemeinen Regelungszusammenhang der Schule in seiner individuellen Differenz vergegenwärtigen kann. In diesem Sinne hat Gerhardt darauf verwiesen, dass das Individuum nicht das Gegenüber des Allgemeinen, sondern wirksamer Teil der geteilten Wirklichkeit ist (vgl. Kapitel 4.1, S. 37; Gerhardt 1999, S. 39). So, wie sich die Wirksamkeit der schulischen Normen der Anerkennung in der rekontextualisierenden Neu-Interpretation durch die Kinder und Jugendlichen realisiert und auf sie angewiesen ist, so bedarf das Subjekt der institutionellen Normen, um sich zu sich selbst als in der Schule anerkanntes, d.h. bestätigtes und ebenso verkennend gestiftetes Individuum verhalten zu können. Die Erfahrung der Konfrontation mit der Widerständigkeit des schulischen Regelungszusammenhangs gegenüber den außerschulischen, emotionalen und aisthetischen Wirklichkeiten und Rationalitäten des Individuums beinhaltet somit sowohl die Erfahrung der eigenen Differenz als auch die Erfahrung, Teil der schulischen Wirklichkeit zu sein. Das Ziel von Freiheitsgewinnen in der Schule ist also nur in der Erfahrung der Dualität von

Differenz und Involviertheit in der Schule zu erreichen. Daraus ergibt sich, dass die Grundlagen dieser Erfahrung nicht beschädigt, sondern vielmehr gestärkt werden müssen. Diese liegen einerseits in den Prinzipien der **Selbstanerkennung erster Ordnung** – *Selbstpositionierung, Selbstreflexion, Selbstverstehen, Selbstbestimmung, Selbstgestaltung, Selbstgefühl*. Sie bilden die Voraussetzungen, damit sich das Subjekt zu sich und zum schulischen Regelungszusammenhang anhand individueller Standards in Beziehung setzen kann. Andererseits gilt es Möglichkeiten zu schaffen, durch die das Subjekt sein Involviertsein in den schulischen Zusammenhang als Grundlage seiner Möglichkeit erkennt, sich zu diesem und zu sich als Individuum nach eigenen Standards zu verhalten. Jaeggi hat in diesem Sinne darauf hingewiesen, dass ein allein instrumenteller Umgang mit äußeren Anforderungen zu einem entfremdeten Selbst- und Weltverhältnis führt (vgl. Kapitel 4.2., S. 44; Jaeggi 2005, S. 245 f.). Dies beschreibt den Fall, in dem weder die *Widerständigkeit* noch die Korrespondenz schulischer Wirklichkeit mit den individuellen Standards des Selbst- und Weltbezugs hergestellt werden können. Weil aber die individuellen Lerngründe, Lerninhalte und Lernziele aufgrund der institutionellen Begrenzung des schulischen Anerkennungsgefüges nie ganz in diesem aufgehen können bzw. nicht mit ihm gleichzusetzen sind, kann die Involviertheit des differenten Individuums vollumfänglich nicht im verstehenden Nachvollzug des institutionellen Regelungszusammenhangs stattfinden. Die Involviertheit kann als eine Bedingung der Individualität vielmehr in der Artikulation der Verfahren, d. h. letztlich der perzeptiven Beteiligung des Subjekts an der schulischen Wirklichkeit, erfasst werden. Deshalb ist die Erfahrung der Dualität von Differenz und Involviertheit neben den Prinzipien der Selbstanerkennung erster Ordnung ebenso auf eine **Selbstanerkennung zweiter Ordnung** angewiesen. D. h., es bedarf auch der Artikulation der Art und Weise, *wie* das Subjekt in der Schule seine Individualität im Gegenwartsbezug seiner sich fortlaufend verändernden Auseinandersetzung mit der physischen, sozialen und kulturellen Wirklichkeit als *dynamischen Formverlauf* realisiert.

Die Frage, wie innerhalb der institutionalisierten Lern- und Lebenswelten der Schule Jugendliche und Kinder Erfahrungen der Anerkennung machen können, die ihre subjektive Freiheit im Umgang mit den an sie gestellten Ansprüchen nicht einschränken, sondern erhöhen, hat auffällig werden lassen, dass sowohl eine als relational verstandene Individualität als auch die im Auftrag externer *Umwelten* stehende Institution Schule die Gleichzeitigkeit einander ergänzender aber besonders auch einander widersprechender Anteile integrieren. Gerhardt hebt Individualität als Differenzerfahrung im *Medium* der allgemeingültigen Begriffe hervor (vgl. Gerhardt 1999, S. 39). Keupp et al. betonen, dass das Subjekt auf die mit anderen geteilte Welt angewiesen ist und sich durch sie zu seiner Individualität herausgefordert sieht, die als „konfliktorientierte[r] Spannungszustand[ ] […] ein subjektiv definiertes Maß an Ambiguität und des Herausgefordertseins" (Keupp et al. 1999, S. 198) darstellt. Entsprechend kann mit Jaeggi daran erinnert werden, dass sich das Individuum in eine Institution begeben und seine dort angemessene Rolle wahrnehmen kann, wenn es die Ambivalenzen und Widersprüche im Verhältnis sowohl zu sich als auch zu den institutionellen Normen der Anerkennung als eigene Zwecke für sich zu beanspruchen vermag (vgl. Jaeggi 2005, S. 210). Schule muss es entsprechend gelingen, die idiosynkratischen Abweichungen der Individuen wie auch ihre Bedeutungsbildungen, die für den Regelungszusammenhang der Schule nicht funktional, sondern dysfunktional sind, nicht als Störungen und Gefährdung ihrer kohärenzorientierten Leistung zu missachten. Stattdessen gilt es, die idiosynkratischen oder dysfunktionalen Bedeutungsbildungen in ihrem besonderen Potenzial sowohl für die Identifikation mit Schule als Ort der Anerkennung von relationaler, d. h. differenter und involvierter Individualität als auch für die Gestaltung der impliziten schulischen *Gelegenheitsstruktur* (Fend 2008) zu nutzen. Gleichermaßen aber gilt es auch die widersprüchliche, auf Antinomien basierende Struktur von Schule (vgl. Kapitel 6.4, S. 142 ff.; Helsper et al. 2001, S. 46 ff.) als *Gelegenheitsstruktur* für die individuellen Lerngründe, Lerninhalte und Lernziele zu artikulieren.

Neben der Integration von Möglichkeiten der **Selbstanerkennung erster und zweiter Ordnung** wird somit auch ein Umgang mit den Dimensionen der **Fremdanerkennung** notwendig, der die Beteiligung der Individuen an diesen auffällig werden lässt. Diese Beteiligung bezieht sich auf die nachvollziehende Veränderung der unterschiedlichen Kriterien der Fremdanerkennung. Mit Fend konnte verdeutlicht werden, dass im Sinne ihrer Rekontextualisierungsbedürftigkeit Schule ein Moment der Veränderbarkeit strukturell eingeschrieben ist (vgl. Kapitel 6.2, S. 108; Fend 2008, S. 181 ff.). Dieses ist jedoch institutionell nur wirksam, wenn es im Sinne der Aufgabenerfüllung der schulischen Akteure, dies schließt Kinder und Jugendliche mit ein, aufgegriffen wird. Zudem beziehen sich die *Erfindungen* (Fend 2008) der Akteure nicht auf neu zu stiftende Normen der Anerkennung, sehr wohl aber auf deren Interpretation in einzelschulisch geprägten Ausformungen von Praktiken des Anerkennens. Die Erschließung von institutionellen Normen der Anerkennung als *Medium* relationaler Individualität ließe sich insofern als institutionell anerkennbares Moment herstellen, wenn Rekontextualisierungshandlungen der Individuen nicht nur vor ihrem funktionalen Akteurstatus, sondern auch als von ihrer sozial und kulturell relationalen Individualität ausgehende reflektiert würden. Dies würde Möglichkeiten bereitstellen, Schule als einen Ort der Individuation zu gestalten, der immer auch ein schulöffentlicher Reflexions- und Gestaltungsraum ist, der Bedeutungsbildungen als kreative Leistungen sowohl unter dem Blickwinkel der Beteiligung an der Institution als auch unter dem Blickwinkel von Differenz und Involviertheit der Individualität der Kinder und Jugendlichen veröffentlicht. Mit Holzkamp (1995) wurde problematisiert, dass die Gestaltungsmöglichkeiten für Kinder und Jugendliche in einem entöffentlichten Bereich der Schule angesiedelt sind und eben expansive Lern- und Reflexionsräume, die von den individuellen Lernmotiven,

Lerngründen und Lerninhalten ausgehen, in der Schule eingeschränkt werden. Dies führt zu der Erkenntnis, dass auch die Verkennung von Kindern und Jugendlichen durch die *dominierende Lebensform* (BMFSFJ 2013) Schüler*in ihrem überschreibenden Charakter veröffentlicht werden müsste. Weil im Sinne Helspers et al. (2001) zudem eine gemeinsame Interpretationsleistung aller beteiligten Akteure herbeigeführt werden muss, um ein Auseinanderdriften öffentlicher und nicht-öffentlicher Bereiche des Schullebens entgegenzuwirken, kommt der hier diskutierten Veröffentlichung eine relationalisierende Funktion zu. D. h., die Möglichkeit, in der Schule öffentlich individuelle Bedeutungsbildungen sowohl in ihrem Beitrag zum Leistungszusammenhang der Institution als auch in ihrem Beitrag zur Realisierung der Grundlagen einer relationalen Individualität – nämlich die Erfahrung der prozesshaften Dualität von Differenz und Involviertheit – zu reflektieren, bedeutet eine Veröffentlichung sowohl der verkennenden Begrenzung der Individualität von Kindern und Jugendlichen in der Schule als auch eine Veröffentlichung ihrer Beteiligungsnotwendigkeit. Diese ergibt sich aus der Rekontextualisierungsbedürftigkeit der Schule. Mit Helsper et al. konnte beschrieben werden, dass Schule notwendig auf das Interpretationshandeln der Akteure angewiesen ist. Die Bedeutungsbildungen der Individuen sollen der Funktionslogik des schulischen Regelungszusammenhangs folgend aber nicht auf ihre individuellen Lerngründe als Bewährungsgrößen bezogen werden. Die interpretations- und handlungsbezogenen Adaptionsleistungen der Akteure sollen in einen imaginativen Kontext der Schulkultur eingebunden werden, der für die einzelne Schule funktional ist. Neben den formalen schulischen Normen der Anerkennung liegt eine breite Varianz an sozialen und kulturellen Praktiken als Materialität der schulischen Normen der Anerkennung vor. Sie bilden eine einzelschulspezifische Antwort auf das formale Leistungssystem des Bildungswesens und bedeuten ein zweites, kulturelles Leistungssystem, das wie das formale den Funktionen der Reproduktion und Kohäsion unterstellt ist. Entsprechend zielt es nicht auf Differenz der Individualitäten der Kinder und Jugendlichen, sondern auf deren Homogenisierung.[20] Dass die institutionelle Organisation und Struktur einer stabilisierenden einzelschulspezifischen Kultur bedarf, bedeutet zum einen eine doppelte Begrenzung individueller Differenz sowie einen doppelten Bewährungsdruck. Zum anderen wird jedoch auch deutlich, dass in Schule neben allgemeingültigen, versachlichten, pädagogisch simulierten und mit reflexiver Distanz erfassbaren Erfahrungszusammenhängen auch andere, unreduzierte und symbolisch-imaginative Erfahrungen sowie nicht-theoretische Wissensformen im schulkulturellen Rahmen eine institutionell anerkennbare Notwendigkeit haben. Anhand der von Helsper et al. analysierten Antinomien

---

20 Dass auch abweichendes und oppositionelles Verhalten von Schüler*innen in die Fortschreibung eines homogenisierenden schulkulturellen Mythos funktionell integriert werden kann, hat Jeanette Böhme (2000) verdeutlichen können.

der Schule (vgl. Kapitel 6.4, S. 142 ff.; Helsper et al. 2001, S. 46 ff.) ist zudem offensichtlich geworden, dass Schule nicht trotz, sondern letztlich wegen einer tolerierten Widersprüchlichkeit ihrem Leistungsauftrag nachkommen kann. Unter dem Blickwinkel einer Anerkennung der relationalen Individualität von Kindern und Jugendlichen gilt es in der Schule die Begrenzung der einzelschulspezifisch als anerkennbar, weil einzelschulspezifisch als leistungsstark, erachteten spezifischen sozialen und kulturellen Praxis- und Lebensformen zu veröffentlichen. Zudem gilt es, die Widersprüchlichkeit von Schule als Möglichkeitsraum zu verstehen.[21] Die antinomische Struktur von Schule beruht wesentlich darauf, dass sie zur Bewältigung ihres Leistungsauftrags darauf angewiesen ist, Individuen in vereindeutigende und homogenisierende Regelungszusammenhänge zu involvieren. Zugleich ist sie aber aus Gründen der Resubjektivierung der vermittelten Sinnordnung ebenso darauf angewiesen, Kinder und Jugendliche sowohl individuell anzusprechen als auch in ihrer Fähigkeit zur Bedeutungsbildung für die Schule zu gewinnen.

Die Auseinandersetzung mit dem Prinzip der relationalen Individualität hat auffällig werden lassen, dass Individualität nicht allein reflexiv-theoretisch und rein diskursiv konturiert wird. Vielmehr sind soziale und kulturelle Praktiken auch auf physische, emotionale Dimensionen und schließlich auch auf die Dingwelt des individuellen Selbst- und Weltverhältnisses bezogen. Reckwitz hat entsprechend ein rein reflexiv-theoretisches Verständnis des Wissens kritisiert und darauf hingewiesen, dass das Wissen des Subjekts von sich als Individuum vielmehr implizit und ohne „Explizierungsbedürftigkeit" im Umgang des Subjekts mit „Dingen" und „Objekten" vorliege (vgl. Kapitel 5, S. 60; Reckwitz 2003, S. 290 ff.). Die sozialen und kulturellen Praktiken der *Schulkultur* (Helsper et al. 2001) bedeuten demnach eine „Sinnwelt" (Reckwitz 2003, S. 292), deren Wissensform mit dem unreduzierbaren Gegenwartsbezug des *dynamischen Formverlaufs* der relationalen Individualität korrespondiert, weil sie „nicht als ein ‚theoretisches Denken' der Praxis zeitlich vorausgeht, sondern als Bestandteil der Praktik zu begreifen ist" (ebd.). Die Wissensformen, welche Schule in der Erzeugung einer imaginativen *Schulkultur* für die Realisierung ihres institutionellen Leistungsauftrags beansprucht, sind somit an den Vollzug und an die Wiederholung der sozialen und kulturellen Praktik gebunden. Zugleich besteht hier, wie im Falle der Rekontextualisierung durch Neu-Interpretationen, eine potentielle Bedeutungsoffenheit. Diese ergibt sich aus der Notwendigkeit, soziale und kulturelle Praktiken immer wieder kontextspezifisch anzupassen und umzudeuten.

---

21 Auch Saskia Bender weist ausgehend von Helsper et al. (2001) darauf hin, dass die antinomische Grundsituation von Schule es begünstigt, durch veränderte Akzentuierungen institutionell dysfunktionale Momente stärker zu entfalten. Bender bezieht sich hierbei vor allem auf Fragen der Gewichtung „diffuser Beziehungselemente" (Bender 2010, S. 357) im Rahmen künstlerischer Schulprofile (vgl. Bender 2010, S. 94; S. 357; siehe auch Kapitel 8.4, S. 200)

Reckwitz betont entsprechend, dass ihre Wiederholung mehr als eine Reproduktion darstellt, sondern immer über eine „partielle Innovativität" verfügt (vgl. Kapitel 5, S. 56; Reckwitz 2003, S. 294). Weil sich die Individualität des Subjekts als *dynamischer Formverlauf* in der Art und Weise der Wiederholung sozialer und kultureller Praktiken und damit der in ihnen transportierten sozialen und kulturellen Normen der Anerkennung zeigt, wird es im Umkehrschluss notwendig, die **Ambivalenzen der Anerkennung** als ein Moment im Gefüge der Schule zu etablieren. Weder das Wissen des Subjekts von sich als Individuum ist ein ausschließlich reflexiv-theoretisches oder rein diskursbasiertes, noch ist die Leistungserbringung von Schule allein durch formale institutionelle Normen der Anerkennung sicherzustellen. Schule als gesellschaftlicher Ort der Individuation, der sowohl eine Unterstützung der institutionellen Wirkungsabsichten als auch Freiheitsgewinne der Kinder und Jugendlichen gegenüber den damit verbundenen Ansprüchen und Verhaltensaufforderungen integrieren soll, muss daher der leistungsbezogenen Zukunftsorientierung der Schule einen dynamischen, d. h. erfahrungsorientierten, Gegenwartsbezug entgegensetzen. Dies bedeutet, dass die Vereindeutigung von Kindern und Jugendlichen unter den formalen universalistischen Kriterien der Leistungsachse wie auch unter den homogenisierenden Kriterien der einzelschulspezifischen *Schulkultur* immer wieder durch die Betonung und Verhandlung von Momenten der Bedeutungsoffenheit und von Mehrdeutigkeiten als solche sichtbar gemacht werden muss. Daher sind die Ambivalenzen der Anerkennung der gleichzeitigen *Fremdheit und Vertrautheit*, der *Überschreitung* individueller Standards und institutioneller Normen der Anerkennung, der *Abweichung* von Gültigkeitsansprüchen, der verkennenden *Verdopplung*, der *Widersprüche* und das Bewusstsein der *Unausdeutbarkeit* grundlegend für die Gestaltung einer Schule der Anerkennung. Die mit Balzer und Ricken (vgl. Kapitel 5, S. 57 ff.; Balzer/Ricken 2010; Balzer 2014; Balzer 2007; Ricken 2009) vorgenommene Kritik eines positivistischen Anerkennungsbegriffs bei Honneth (2012) hat deutlich werden lassen, dass Anerkennung im Sinne der *Stiftung* (Düttmann 1997) anerkennbarer Individuen eine begrenzende Einordnung bedeutet und zugleich immer ein Moment des Unbestimmten, des Ausstehenden beinhaltet (vgl. Kapitel 5.1.3, S. 67). In diesem Sinne hat Bedorf (2010) unterstrichen, dass Anerkennung immer nur eine provisorische Anerkennung sein kann, die, weil unabschließbar, immer wieder erneuert und fortgeschrieben werden muss (vgl. Bedorf 2010, S. 188 f.). Weil die Relationalität des Individuums immer dynamisch in der Dualität von Involviertheit und Differenz in der physischen, sozialen und kulturellen Welt vollzogen wird, hat die vom Prinzip der Individualität ausgehende Kritik der Anerkennungstheorie Honneths daher die inhärente Ambivalenz von Anerkennungsprozessen betont (vgl. Kapitel 5.2).

In der Kulturschule gilt es, sowohl die Beteiligung der Kinder und Jugendlichen am Regelungszusammenhang der Schule öffentlich zu machen als auch ihre involvierte und differente Individualität zu artikulieren. Dies kann gelingen, wenn die individuellen Lernmotive, Lerngründe und Lerninhalte nicht mehr allein unter reflexiv distanzierenden und versachlichenden Prinzipien sanktioniert, sondern nach den unterschiedlichen Rationalitäten der verschiedenen Wissensformen integriert werden. Um die funktionale Begrenzung von Individualität zugleich als Voraussetzung für die Beantwortung der Frage, für wen sich das Individuum selbst in der physischen, sozialen und kulturellen Welt hält bzw. als wer es anerkannt werden möchte, entfalten zu können, bedarf es der Möglichkeit eines *expressiven Selbstverhältnisses* (vgl. Kapitel 5.1.5, S. 79; Honneth 2005). Diese beinhaltet, dass das Subjekt nicht nur seine individuellen Standards der Anerkennung und individuellen Bedeutungszuschreibungen, sondern auch seine individuellen Wege der Bedeutungsbildung, d.h. sein Bilden von Relationen als Grundlagen seines Selbst- und Weltbezugs artikulieren kann (vgl. Kapitel 5.1.5, S. 75; Honneth 2005, S. 42 f.). Mit Habermas, Schmidt und Meyer-Drawe (vgl. Kapitel 5.1.5, S. 82 ff.; Habermas 1999, S. 423 ff.; Meyer-Drawe 2012, S. 17 ff.; Schmidt 2012, S. 63 ff.) konnte herausgestellt werden, dass es besonders die Auseinandersetzung mit der Welt der Gegenstände ist, durch welche die Ökonomie der Normen intersubjektiv verhandelter Fremdanerkennung so geöffnet werden kann, dass sowohl die Beteiligung des Individuums an der Realisierung überindividueller Normen als auch die Differenz seiner an individuellen Standards orientierten Bedeutungsbildungen und seine Fähigkeit, Bedeutungen zu bilden, auffällig werden. Weil ein Wahrnehmungsgegenstand als Vermittler zwischen den eigenen Vorstellungen von sich und der Welt sowie den eigenen vorgängigen, nicht diskursiven Prozessen der Selbst- und Welterfahrung platziert werden kann, ist mit ihm ein besonderes Potential für die Erfahrung der Dualität von Involviertheit und Differenz verbunden. Er eignet sie sich als Gegenüber der Selbstanerkennung des Subjekts als Individuum, weil es mit einer unreduzierbaren Gegenständlichkeit der physischen Welt angehört und dem Individuum ganz konkret gegenübersteht. Zugleich aber kann es nur durch das Subjekt zu signifikanter Bedeutung gelangen. Für die Gestaltung einer Schule, die gleichermaßen die Frage behandelt, welchen Beitrag die Individuen zur Leistungserbringung der Institution erbringen und welchen Beitrag das Leben in der Institution zur unreduzierten Bearbeitung der individuellen Lerngründe, Lerninhalte und Lernziele leistet, ebnen die Überlegungen zur **Selbstanerkennung** als *expressives Selbstverhältnis* in der Auseinandersetzung mit der Dingwelt einen wichtigen Weg. So wie in der Auseinandersetzung mit Dingen erfahren werden kann, dass Dinge „durch ihre immanente Struktur einen bestimmten Umgang nahe [legen]" aber zugleich „unterschiedliche Möglichkeiten der Nutzung offen [lassen]" (Reckwitz 2016, S. 93; vgl. Kapitel 5.1.5, S. 84), so können auch die schulischen Normen der Anerkennung als *Medium* der relationalen Individualität erschlossen werden. Honneth hat mit dem Versuch, ein Konzept der **vorgängigen Anerkennung** zu entwerfen, eine *Weltbezogenheit* im Modus des *Bekümmerns* beschrieben (vgl. Kapitel 5.1.5, S. 75; Honneth 2005, S. 42 f.). Mit Blick auf die

Auseinandersetzung mit Wahrnehmungsgegenständen konnte dies so übersetzt werden, dass eine besondere Bezugnahme auf einen Gegenstand nicht unter Absehung, aber sehr wohl in einer gewissen Distanzierung von der Verbindlichkeit sozialer und kultureller Normen der sozialen und kulturellen Einordnung des Objekts sowie bei gleichzeitiger Intensivierung der eigenen Selbstbeziehung des Individuums zum Objekt vollzogen werden kann (vgl. Kapitel 5.1.5, S. 83). Der Modus des *Bekümmerns* beinhaltet den Entschluss bzw. die Möglichkeit zu einer Wahrnehmungsänderung auf die Gegenwärtigkeit der Situation. Für diesen Fall konnte mit Seel (2009) angedeutet werden, dass im Zentrum der Aufmerksamkeit des Subjekts dann ein vorübergehendes Vergessen der Absichten sozialer und kultureller Fremdanerkennung steht, so dass „Dinge und Ereignisse um ihrer selbst willen, und das heißt hier: in der Fülle ihres individuellen Erscheinens geschätzt werden können." (Seel 2009, S. 175).

Mit Blick auf die Kulturschule bedeutet dies, dass Kinder und Jugendliche in einem öffentlichen Bereich der Schule sowohl als Schüler*innen als auch als Individuen als anerkennbar gelten sollen. Dies geschieht, wenn Schule als Anerkennungsgefüge so gestaltet ist, dass unterschiedliche Wissensformen, die institutionell vermittelte Sinnordnung und die individuellen Lerngründe, Lerninhalte und Lernziele gleichberechtigt in einer gegenwartsorientierten Perspektive versammelt werden. Reckwitz hat, wie oben erinnert, betont, dass das Wissen des Subjekts von sich als Individuum nicht nur reflexiv-theoretischer Art ist, sondern auch an den Vollzug und an die Wiederholung der sozialen und kulturellen Praktiken gebunden ist. Dieses praxisimmanente Wissen korrespondiert aufgrund seiner Offenheit und *partiellen Innovativität* (Reckwitz 2013) mit dem Gegenwartsbezug der Individualität als *dynamischer Formverlauf zusammengehöriger Ambivalenzen*. Soziale und kulturelle Praktiken sind unmittelbar an die Auseinandersetzung und den Umgang mit Dingen gebunden. In der Auseinandersetzung mit der Dingwelt kann daher nicht nur die Gleichberechtigung von Wissensquellen und Lernmotiven eingeübt werden, sondern sie kann auch die Verhaltensaufforderungen, die den Dingen sozial und kulturell eingeschrieben sind, als Angebotsstruktur vergegenwärtigen. Für die Kulturschule bedeutet dies, dass die Schule als Gelegenheit des Subjekts zu sich als Individuum, d. h. als *Medium* der eigenen *Selbstbestimmung*, als auch als Gelegenheit zu Anderen, d. h. als *Medium* der Zugehörigkeit, verfügbar gemacht werden kann, wenn die Materialität ihrer performativen Prozesse und ihrer Objekte eine besondere Aufmerksamkeit erfährt.

8.1 Anforderungen an eine Schule der Anerkennung

Die Auseinandersetzung mit dem Anerkennungsbegriff ausgehend vom Prinzip einer relationalen Individualität zielt darauf, dass Kinder und Jugendliche in der

Erfahrung ihrer Relationalität, die gleichermaßen von Involviertheit und Differenz des Individuums geprägt ist, einen Freiheitsgewinn gegenüber der Absolutheit institutioneller Anerkennungsnormen erschlossen wird. Ein solchermaßen kritischer Anerkennungsbegriff ist im Dreiklang von *Fremdanerkennung, Selbstanerkennung* und *Ambivalenzen* der Anerkennung um das Veränderungspotential, das sich aus der Dualität von Differenz und Involviertheit des Individuums ergibt, aufgestellt. Mit Blick auf die Schule soll er dazu beitragen, dass Jugendliche und Kinder sich zu den Verhaltensaufforderungen und normativen Erwartungen der Institution kritisch und selbstbewusst verhalten können. Damit ist das Ziel verbunden, dass institutionelle Normen der Anerkennung von Kindern und Jugendlichen als Medium ihrer sozial und kulturell relationalen Individualität erfahren werden können und nicht als Struktur des Zwangs und der *Verkennung* (Bedorf 2010) zu einer demotivierenden Entfremdung des Individuums von sich selbst führen. Damit die institutionellen Normen der Anerkennung als *Medien* (Seel 2002) der individuellen Differenz und Involviertheit erfahren werden können, müssen sie in ihrer verkennenden Verdopplung identifiziert und durch Neu-Interpretationen des Individuums überschritten werden können. Die Diskussion eines Freiheitsgewinns von Kindern und Jugendlichen gegenüber den Verhaltensaufforderungen und Ansprüchen institutioneller Normen ist mit dem Entwurf einer Schule verbunden, die als ein Anerkennungsgefüge die eigenständige Verhältnisbestimmung entlang individueller Standards von Kindern und Jugendlichen in ihrem Kernbereich berücksichtigt. Im Sinne Jaeggis schafft eine Institution, in der Individuen nicht-entfremdet handeln können, Voraussetzungen, durch welche diese sich in den formalen und informellen Regelungszusammenhängen wiedererkennen können (vgl. Kapitel 4.2., S. 44; Jaeggi 2005, S. 238). Aus anerkennungstheoretischer Sicht ist diese Perspektive dahingehend zu differenzieren, dass eine Schule der Anerkennung Voraussetzungen schaffen muss, damit Kinder und Jugendliche sich zum einen in den schulischen Zwecken als Akteure in einem institutionellen Gefüge reflektieren können und zum anderen ebenso die Möglichkeit erhalten, sich ihrer über die schulischen Zwecke hinauslaufenden Individualität als von diesen different sowie in schulische wie auch außerschulische Praktiken und Sinnordnungen involviert zu vergegenwärtigen. Damit Schule aber ein Ort einer individuellen Anerkennung von Kindern und Jugendlichen als relationale Individuen sein kann, wird vorgeschlagen, in der Schule Möglichkeiten zu schaffen, innerhalb derer für Kinder und Jugendliche Handlungszusammenhänge bestehen, in denen sie sich selbst in der Institution als differente und involvierte Individuen zugänglich sind und in denen sie über sich selbst und ihre bedeutungsstiftenden Praktiken als Individuen verfügen können. Zudem ermöglichte es eine Schule der Anerkennung Kindern und Jugendlichen, durch Handlungsvollzüge, die es zulassen, *Ambivalenzen* der Anerkennung zu artikulieren. Weil Kinder und Jugendliche in einer so entworfenen *Ambivalenzen* integrierenden Umgebung der *Fremdanerkennung* sich selbst in ihrer Involviertheit in der Institution zugänglich sein können, erschließt sich ihnen die Möglichkeit, sich in ihrer *Selbstanerkennung* als different zu bestimmen und sich zugleich auch in ihrer sozialen Rolle als Akteur im Anerkennungsgefüge Schule selbst anerkennend zugänglich zu sein (vgl. auch Jaeggi 2005, S. 187). Im Folgenden werden zusammenfassend Anforderungen an eine Schule der Anerkennung benannt, die sich ausgehend von einem Prinzip relationaler Individualität in der anerkennungstheoretischen Diskussion von Schule haben ableiten lassen. Sie beschreiben Anforderungen, um sowohl bezüglich des formalen und schulkulturellen als auch des organisatorischen Regelungszusammenhangs der Schule Potenziale der Anerkennung entsprechend des entwickelten Anerkennungsmodells aus *Fremd-* und *Selbstanerkennung* sowie *Ambivalenzen der Anerkennung* in der Institution zu erschließen.

Gegenwärtigkeit: Relationale Individualität ereignet sich als *dynamischer Formverlauf* in der Begegnung mit der sozialen, kulturellen und physischen Welt. Eine Schule der Anerkennung muss daher die Orientierung auf die Gegenwärtigkeit des schulischen Regelungszusammenhangs ausweiten. Zu berücksichtigen sind die formalen und schulkulturellen wie auch die zeitliche, räumliche Organisation, Dinge und Situationen, vermittelte Sinnordnungen und Vermittlungswege. Gegenwärtigkeit fokussiert auf die Erfahrung als zentrales Prinzip der Selbst- und Weltaneignung.

Unreduzierte Bedeutungen stiften: Die Fähigkeit, Bedeutungen stiften zu können, ist Voraussetzung sowohl für die Selbstanerkennung des Subjekts als Individuums als auch für seine Fremdanerkennung bzw. das Anerkennen Anderer. Individuelle Standards wie auch der interpretierende Nachvollzug von Normen der Fremdanerkennung fußen auf dieser Fähigkeit des Subjekts. Die Erfahrung, Bedeutungen stiften zu können, in denen sich das eigene Selbst- und Weltverhältnis ausdrückt, ist Voraussetzung, um sich selbst als ein relational aktiv an der umgebenden Wirklichkeit beteiligtes Individuum erkennen zu können. Es bedarf daher der Möglichkeit, in der schulischen Wirklichkeit Bedeutungen zu stiften, die etwas über sich selbst und die Welt aussagen und die zugleich nicht auf die schulische Auftragserfüllung reduziert sind.

Veröffentlichung von Widerständigkeit: Eine Integration der individuellen Lerngründe, Lerninhalte und Lernziele in den schulischen Regelungszusammenhang ist im Sinne der institutionellen Anerkennbarkeit nicht vollumfänglich möglich. Umso mehr müssen Jugendliche und Kinder die Möglichkeit erhalten, sich in der Schule öffentlich mit der Widerständigkeit der überindividuellen, allgemeinen schulischen Normen der Fremdanerkennung gegenüber ihren Selbst- und Weltbezügen bzw. ihren individuellen Lerngründen, Lerninhalten und Lernzielen auseinanderzusetzen, um sich mit ihren Interessen gegenüber schulischen Ansprüchen selbstbestimmt positionieren zu können. Eine Schule der Anerkennung muss in diesem Sinne öffentliche Räume für die Artikulation von Widerständigkeit ermöglichen.

Selbstwirksamkeit anhand eigener Standards: Damit Schule als ein Ort der Anerkennung der relationalen Individualität von Kindern und Jugendlichen erfahren werden kann, benötigen diese die Möglichkeit, über sich selbst in der Schule als Individuum verfügen zu können. Dies beinhaltet die Möglichkeit, sich anhand eigener Standards zu sich selbst, den Anderen und dem formalen und schulkulturellen Regelungszusammenhang verhalten zu können. Ausschlaggebend ist, dass Handlungsvollzüge, in denen das Individuum über sich selbst anhand eigener Standards verfügen kann, nicht in den entöffentlichten Bereich der Schule abgedrängt werden, sondern in schulöffentlichen Zusammenhängen in schulproduktive Prozesse eingebettet werden.

Selbstwirksamkeit als institutionelle*r Akteur*in: Die Bestimmung durch schulische Normen der Anerkennung ist Voraussetzung für den Zugewinn an Handlungsfähigkeit und Teilhabe in der von der Schule begrenzten Sinnordnungen und Strukturen. Damit die institutionelle Verkennung als *zumutbarer Zwang* (Heidbrink 2007) und nicht als Demütigung erfahren werden kann, müssen sich Kinder und Jugendliche in der Schule zum einen in ihrer Rolle als institutionelle Akteure zugänglich sein. Kindern und Jugendliche die Erfahrung zu ermöglichen, durch das eigene Akteurshandeln nach den Zwecken der Institution einen Beitrag zur Leistungserbringung der Schule zu leisten. Damit das Individuum sich als institutionelle*n Akteur*in, d.h. anhand der Zwecke anderer, als selbstwirksam reflektieren kann, muss die Perspektive der *Vereinzelung* (Holzkamp 1995) zugunsten einer Perspektive der Schule als gemeinschaftliche Leistung geöffnet werden.

Kooperation: Das schulische Prinzip der *Vereinzelung* ist daher zugunsten eines kooperativen Settings weiter zu entwickeln. Dies zum einen, damit Kinder und Jugendliche sich in den institutionellen Zwecken der Schule als Akteure zugänglich sein können. Weil die Gewinnung von Jugendlichen und Kindern für die soziale Rolle als institutionelle*r Akteur*in innerhalb einer geteilten schulischen Sinnordnung immer auch mit einer individuellen Ansprache verbunden sein muss, ist zum anderen, statt einer formalen oder schulkulturellen Einebnung individueller Differenzen, ein Agieren im Dialog der Individuen anzustreben. Die Diskussion des Prinzips relationaler Individualität hat zudem ergeben, dass sich diese *vom Anderen her* (Mead 1973) realisiert. In einer Schule der Anerkennung ist eben dieses Prinzip der sich *vom Anderen her* differenzierenden Individualität dadurch zu betonen, indem im Modus der Kooperation Verbundenheit und Differenz, Selbstbestimmung und *Bestimmtsein* (Seel 2002) als generative Momente der Selbst- und Weltbezüge von Kindern und Jugendlichen artikuliert und erfahrbar werden.

Vernetzung: Die anerkennungstheoretische Kritik an einer *Vereinzelung* der Individuen spricht auch gegen eine Zerteilung der schulisch vermittelten Sinnordnung in einzelne unterrichtliche Einheiten und unverbundene Wissensbereiche. Mit Holzkamp (1995) konnte gezeigt werden, dass die disziplinäre Einkreisung durch ein u. a. zeitliches, topographisches aber auch inhaltliches Regime zur Überprüfung der Schüler*innen entlang der universalistischen Leistungsachse Kinder und Jugendliche daran hindert, in der Schule Weltsichtweisen zu entwickeln, die auf der Reflexion eigener Gründe, Motive und Vorstellungen aufbauen. Schule trifft statt dessen „Vorkehrungen" zur Sicherung ihrer institutionellen Leistungskriterien, wodurch sie „(mindestens) in Kauf nimmt, dass die Schülerinnen/ Schüler beim lernenden Aufbau eines sinnvollen und verfügbaren Weltbezugs (als Qualität ihrer „personalen Situiertheit") zentral behindert werden", so Holzkamp (Holzkamp 1995, S. 479). Die eigenständige Verhältnisbestimmung von Jugendlichen und Kindern ist auf „die Schaffung einer durchschaubaren und verfügbaren Organisation der zur lernenden Weltaufschließung" (ebd.) angewiesen. Wird diese durch Zerteilung der Themen und Wissensgebiete verschleiert, wird es Schüler*innen erschwert, sich eigenständig zu der von der Schule vermittelten Sinnordnung zu bestimmen. In der Schule der Anerkennung ist daher dem Prinzip der Zerteilung das Prinzip der Vernetzung entgegenzusetzen. Weil Kinder und Jugendliche sich in einer Schule der Anerkennung sowohl in ihrem Beitrag als institutionelle Akteure als auch in ihrer Individualität, die über die schulische funktionale Begrenzung hinausläuft, erfahren können sollen, steht die Schule der Anerkennung in der Anforderung, Wissensbereiche und Themen mit einander zu vernetzen. Denn so wird die schulisch vermittelte Sinnordnung als eine mit anderen sozial und kulturell geteilten erfahrbar und für eine nach eigenen Gründen und Vorstellungen erfolgende individuelle Verhältnisbestimmung verfügbar.

Erweiterte Wissensformen: Eine Vernetzung von Themen und Wissensgebieten erleichtert zugleich eine Verknüpfung der schulisch vermittelten Wissensbestände mit außerschulisch erworbenem Vorwissen von Kindern und Jugendlichen. Dieses realisiert sich häufig in sozialen und kulturellen Praktiken, die unmittelbar sinnstiftend wirken. Das mit ihnen verbundene Wissen geht häufig nicht mit einer „Explizierungsfähigkeit oder Explizierungsbedürftigkeit" einher (Reckwitz 2003, S. 290). Die Integration eines häufig impliziten Vorwissens der Schüler*innen generiert für diese in doppelter Hinsicht eine Sinnhaftigkeit im schulischen Regelungsgefüge. Zum einen erfahren die sozialen und kulturellen außerschulischen Sinnordnungen und Praktiken in der Schule damit eine Anerkennung bzw. das schulische Lernen und das in der Schule generierte Wissen eine Relevanz für die existenziellen Sinnbezüge des Individuums. Zum anderen ermöglicht eine Orientierung auf implizites Vorwissen der Kinder und Jugendlichen, ihre relationale Individualität als unverzichtbaren und wichtigen Bestandteil des institutionell gerahmten Gefüges ausdrücklich anzuerkennen. Die Einbeziehung impliziten Wissens und damit auch individueller Lerngründe und -motive, erschließt in der Schule einen Anerkennungsraum, in dem die *kognitive Anerkennung* der Kinder und Jugendlichen nicht allein auf die institutionell vermittelten Begriffe und Sinnordnungen beschränkt bleibt, sondern in ihrer Bedingtheit durch *aisthetisch* grundiertes, kulturell *symbolisiertes* und *performativ* realisiertes Wissen, dass nicht linear erworben wurde und nicht linear weiterentwickelt wird, explizit gemacht wird. In einer mach den Prinzipien der Kooperation und Vernetzung ausgestalteten Schule gewinnen die individuellen Differenzen und damit verbundene individuelle Interessen und Talente sowie individuelles Vorwissen an Bedeutung. Dies impliziert, dass eine Schule der Anerkennung ebenso aisthetisch grundiertes, emotionales, kulturell symbolisiertes und performativ in Praktiken realisiertes Wissen der Individuen abruft und involviert. Auch nicht-theoretische Wissensformen stellen in diesem Fall Grundlagen der Resubjektivierung der schulisch vermittelten Sinnordnung als auch der nachvollziehenden Neu-Interpretationen von institutionellen Normen der Anerkennung dar.

Veröffentlichung von medialem und materialem Bestimmtsein: Die *Entöffentlichung* (Holzkamp 1995) individueller Lerngründe, Lerninhalte und Lernziele sowie die *Entöffentlichung* der relationalen Anteile der Individualität von Kindern und Jugendlichen, die über die funktionale Begrenzung der Institution hinauslaufen, vollziehen sich anhand der Organisation von Situationen bzw. der Konstellation von inhaltlichen sowie raum-dinglich und zeitlich arrangierten Sinnordnungen. Die hiermit verbundenen *Entöffentlichungen* von Handlungsmöglichkeiten und Bedeutungsbildungen gilt es aufzudecken. Zudem bedarf eine Schule der Anerkennung öffentlicher Reflexionsräume, in denen die Ambivalenzen nicht nur formaler, sondern auch schulkultureller und durch die Integration von *informalisierten* Wissensformen u. U. maskierten (vgl. Idel 2013, S. 158) Begrenzungen artikuliert werden. Daher bedarf der formale und schulkulturelle Regelungszusammenhang in der Schule der Anerkennung einer Reflexion anhand einer *mehrwertigen Logik* (vgl. Weigand 2004, S. 380), in der die *Ambivalenzen* des schulischen Anerkennungsgefüges artikuliert bzw. das schulische Anerkennungsgefüge durch die aus institutioneller Sicht dysfunktionalen, weil mehrwertigen Bedeutungsbildungen veröffentlicht werden. *Mehrwertig* sollen die Bedeutungsbildungen insofern sein, als sie sowohl für die institutionelle Logik als auch für die differenten und involvierten Individuen Perspektivenwechsel ermöglichen und sie zu einander in Beziehung setzen sollen, so dass in der Schule eine Reflexion des *Möglichen im Wirklichen* und des *Wirklichen im Möglichen* (vgl. Seel 2009, S. 176) stattfinden kann.

8.2 Schule als kulturelles Forum

Die Befunde der jüngeren Jugend- und Schulforschung (BMFSFJ 2013; 2014; 2017; Fraij/Maschke/Stecher 2015; Helsper 2015; Idel 2013; Reh et al. 2015) haben zu Beginn der Untersuchung mit Blick auf die Institutionalisierung des Aufwachsens eine funktionalistische Begrenzung der Anerkennung von Kindern und Jugendlichen problematisiert. Statt einer vollumfänglichen Anerkennung ihrer über die Funktionslogiken der Institution Schule hinauslaufenden Individualität sehen sich Jugendliche und Kinder mit der Aufforderung konfrontiert, Schüler*insein als *dominierende Lebensform* (vgl. BMFSFJ 2013, S. 168) im Sinne eines „hegemonialen Subjektentwurfs der Kompetenz- und Leistungsoptimierung" (Helsper 2015, S. 135) anzunehmen. Als *universalisierte Lerner*innen* (Idel 2013) sollen sie ihre Individualität sowohl entlang der formalen universalistischen als auch in Beziehung zu den schulkulturellen Leistungskriterien der Institution ausgestalten (vgl. Helsper et al. 2001, S. 21). Vor diesem Hintergrund war davon auszugehen, dass in den außerschulischen sozialen und kulturellen Lebenswelten verankerte Sinnordnungen sowie damit verbundenes Vorwissen und nicht-theoretische Wissensformen und Praktiken in der Schule ebenso eine Marginalisierung erfahren wie individuelle Lerngründe und Lerninteressen. In der Auseinandersetzung mit den schultheoretischen Zugängen u. a. Fends (2008), Holzkamps (1995) und Helspers et al. (2001) konnte diese Vermutung zum einen bestätigt bzw. vor allem in der radikalen Kritik Holzkamps und Helspers bekräftigt werden. Zum anderen haben die Analysen Helspers und Fends gleichwohl *Gelegenheitsstrukturen* (Fend 2008) der Schule verdeutlicht, denen ein Potential für die individuelle Anerkennung von Kindern und Jugendlichen in der Institution innewohnt.

Die Untersuchung geht in ihrem bisherigen Verlauf davon aus, dass die Schule dem Auftrag ihrer institutionellen *Umwelten* (Senge/Hellmann 2006) verpflichtet ist. Die Akteure in der Institution müssen zur Erfüllung dieses Auftrags ihr Handeln so gestalten, dass eine Leistungserbringung der Institution erreicht werden kann. Dies beinhaltet zugleich, dass die Leistungserbringung der Institution von den *Erfindungen* (Fend 2008) der Akteure, von der Konstellation der Akteure sowie der Kultur abhängig ist (vgl. Helsper et al. 2001), welche die Akteure im Sinne eines informellen institutionellen *Zusammenhandelns* (Fend 2008) durch soziale und kulturelle Praktiken realisieren. Diese Perspektive berücksichtigt zum einen die funktionale Einbettung von Schule, erkennt aber an, dass Schule nicht nur eine das Selbst- und Weltverhältnis der in ihr agierenden Individuen gestaltende, sondern auch eine zu gestaltende Institution ist. Damit wird eine Perspektive eingenommen, in der die Entscheidungen und Handlungsvollzüge der Individuen als Akteure in der Schule keineswegs „deterministisch" verbaut sind (vgl. Duncker 1994, S. 35), sondern durch die notwendigen Neu-Interpretationen der Individuen als Akteure ausgestaltet und verändert werden. Es hat sich sogar gezeigt, dass in der antinomischen Grundstruktur von Schule und den sich daraus ableitenden schulkulturellen Bewältigungsstrategien (vgl. Helsper et al. 2001) sowie in der Rekontextualisierungsbedürftigkeit des schulischen Regelungszusammenhangs *Gelegenheitsstrukturen* für eine Gestaltung der Institution *„von innen her"* (Duncker 1994, S. 60, Hervorhebung im Original, TB) liegen.

Soll eine Schule als Schule der Anerkennung gestaltet werden, dann setzt dies voraus, dass die sich im institutionellen Gefüge auftuenden *Gelegenheitsstrukturen* nicht durch eine funktionalistische Engführung verschlossen, sondern einem *„Unfreezing"* (Burow/Pauli 2013, S. 189, Hervorhebung im Original, TB) ausgesetzt werden. Es ist also sowohl dem Bedarf der *Rekontextualisierung* (Fend 2008) der an die Institution ergehenden Aufträge als auch der Relationalität von Kindern und Jugendlichen als differenten und involvierten Individuen nachzukommen. Die Auseinandersetzung mit dem Prinzip relationaler Individualität hat gezeigt, dass Subjekte dadurch zu Individuen werden, indem sie sich bestimmen lassen, um sich selbst bestimmen zu können. Das Momentum der Anerkennung liegt nun darin, dass Individuen weder allein als institutionell funktionale Akteure noch als von der Institution allein different bestimmt werden bzw. sich selbst als ausschließlich different bestimmen. Anerkennung bedeutet, zu berücksichtigen, dass sich die differente Individualität von Kindern und Jugendlichen als ein *dynamischer Formverlauf* entlang der sozialen, kulturellen und physischen Welt ereignet und nur als involvierte vollständig erfasst werden kann. Eine Anerkennung von Kindern und Jugendlichen als relationale Individuen bedeutet, die wechselseitige Verwiesenheit ihrer individuellen Differenz und ihrer physischen, sozialen und kulturellen Involviertheit zu reflektieren bzw. dieser Artikulationsmöglichkeiten zu verschaffen. Die Wechselseitigkeit liegt darin, dass sich das Individuum zum einen durch seine Involviertheit in der sozialen, kulturellen und physischen Welt bestimmen und somit verändern lässt. Zum anderen verändert auch es selbst durch seine differente bedeutungsstiftende Wahrnehmung und Handlungsvollzüge die es umgebende Welt, zu der es sich fortlaufend neu in Relation setzen muss. Für eine Schule, die als Ort der Anerkennung gestaltet werden soll, bedeutet dies, den Charakter der wechselseitigen Verwiesenheit individueller bisweilen idiosynkratischer Perspektiven und Bedeutungsstiftungen sowie geteilter sozialer und kultureller Begriffe und Normen als eine „Methode" (vgl. Duncker 1994, S. 60) zur Nutzung der *Gelegenheitsstrukturen* (Fend 2008) zu etablieren. Der Kern dieser *Methode* läge darin, sowohl die Beteiligung des Individuums an der Bedeutsamkeit geteilter Begriffe und Praktiken darzubieten als auch geteilte Praktiken und Begriffe als Gelegenheiten der Individuation des Subjekts zu artikulieren. Eine Schule der Anerkennung kann nicht allein anhand eines zukunftsorientierten Prinzips, welches sich aus dem Leistungsauftrag der Institution ergibt, gestaltet werden. Die Perspektive einer Resubjektivierung der zu vermittelnden Sinnordnungen anhand einer radikalen *Entöffentlichung* (Holzkamp 1995) individueller Lerngründe und Lerninteressen durch u. a. eine *Vereinzelung* (Holzkamp 1995) von Kindern und Jugendlichen und den prüfenden Vergleich ihrer Bedeutungsbildungen und Lernerfolge entlang der universalistischen Leistungsachse zielt auf zukünftige gesellschaftliche Teilhabe und individuelle Leistungsfähigkeit. Ohne diese Ziele unterlaufen zu dürfen, ist eine Schule der Anerkennung darauf ausgerichtet, die Begegnung mit den zu vermittelnden Sinnordnungen für die Selbst- und Weltbezüge der Jugendlichen und Kinder als gegenwärtig bedeutsam zu erschließen. Die Erfahrung, sich in der Auseinandersetzung mit den schulisch vermittelten Sinnordnungen mit den eigenen Zwecken gegenwärtig zu sein bzw. durch die Interpretation der vermittelten Sinnordnungen an „subjektive[r] Gegenwarts- und Zukunftsfähigkeit" (Klepacki/Klepacki/Lohwasser 2016, S. 60) zu gewinnen, erschließt Schule als ein Forum sozialer und kulturelle Relationalität des Individuums. Duncker schlägt daher vor, den „kulturellen Sinn der Schule" (Duncker 1994, S. 29) in den Vordergrund zu stellen. Aus anerkennungstheoretischer Sicht ist dies insofern ein bedeutsamer Vorschlag, als Duncker die Involviertheit des Subjekts in kulturelle Zusammenhänge als Voraussetzung für selbstbestimmte Bedeutungsstiftungen beschreibt: „[…] nur im Medium kultureller Beanspruchung", so Duncker, können „alle jene Kräfte hervorgelockt und kultiviert werden […], die den Menschen in die Lage versetzen, über sich selbst hinauszuwachsen, seine natürlichen Potentiale zu entfalten" (Duncker 1994, S. 85). Damit verweist er auf Kultur insofern als *Methode*, als von der kulturellen Involviertheit des Individuums auf dieses Bestimmungen ausgehen, die es ihm erst ermöglichen, sich selbst zu bestimmen und das Verhältnis zu den *kulturellen Beanspruchungen* neu zu interpretieren. Kultur reflektiert und artikuliert, wie im Folgenden gezeigt wird, diese grundsätzliche Gestaltbarkeit.

Die vorliegende Studie orientiert sich in diesem Sinne im weiteren Verlauf an einem Begriff der Kultur, der diese als „ein Gefüge aus Bedeutungskomplexen, das Sinnangebote bereitstellt" (Lüddemann 2019, S. 5), interpretiert. Dieses bedeutungsvolle, sinnstiftende Gefüge beinhaltet mit Anderen geteilte Inhalte sowie Praktiken ihrer Darbietung. Es kommt hinzu, dass Werte und Normen, Artefakte und Praktiken – wie auch mit Blick auf Normen der Anerkennung gezeigt werden konnte – allein durch den interpretativen Nachvollzug der individuellen Subjekte als solche zugänglich sind. Indem also „symbolische Produktion mit sozialer Praxis" (ebd.) verbunden ist, zeichnet sich Kultur daher nicht nur als ein Archiv von Themen und Präsentationsweisen aus (vgl. ebd.). Erst dadurch, dass die geteilten Praktiken und Themen über die faktischen Phänomene in der mit Anderen geteilten Welt hinausweisen, erfüllt sich der Wortsinn des lateinischen *cultura*, abgeleitet von *colere*: pflegen, bestellen, bearbeiten, bewohnen. Kultur zeichnet sich demnach als solche erst durch ein reflexives Moment aus, welches darauf verweist, dass die angebotenen *Bedeutungskomplexe* gestaltete und damit potentiell veränderbare Verhältnisbestimmungen sind. Neben den vorgehaltenen mit Anderen geteilten *Bedeutungskomplexen*, entlang derer Selbst- und

Weltsichtweisen geformt werden, beruht Kultur also ebenso auf den Interpretationen der individuellen Subjekte. Stefan Lüddemann benennt daher die kulturellen Sinnangebote als „Konstrukte, die ihre eigene Revidierbarkeit mit umgreifen" (ebd.). Würde ihre potentielle *Revidierbarkeit* nicht vorausgesetzt, dann entfiele das reflexive Moment, das auf Kultur *als* Kultur, d. h. als *Pflege* der Selbst- und Weltverhältnisse, verweist. Kultur, so lässt sich mit Terry Eagleton erläutern, zielt darauf, einen Raum der Verhältnisbestimmung zu schaffen, dessen Bedeutung darin liegt, dass er einen Unterschied macht: „Die Pointe des Wortes „Natur" liegt gerade darin, uns an das Kontinuum zwischen uns und unserer Umgebung zu erinnern, so wie das Wort „Kultur" dazu dient, den Unterschied zwischen beiden hervorzuheben", so Eagleton (Eagleton 2009, S. 13). D. h., Kultur artikuliert die Möglichkeit zur Abstandnahme von den Zwängen der physischen Welt. Sie artikuliert aber ebenso die Gestaltbarkeit von Welt bzw. der Praktiken ihrer Erschließung. Würden die Sinnordnungen der kulturellen *Bedeutungskomplexe* von diesem Anspruch ihrer Gestaltbarkeit, d. h. Veränderbarkeit, ausgeschlossen, wäre cultura im Sinne der gestaltenden *Pflege* des Verhältnisses des Subjekts zu seiner Umgebung hinfällig. Kultur stellt in diesem Sinne ein *Gefüge* dar, dass die Involviertheit der Subjekte zur Darbietung bringt und zugleich einer Öffnung aussetzt. Eagleton betont, dass Kultur insofern nicht als Gegensatz zur Natur existieren kann, sondern vielmehr deren bedeutsame Gestaltung darstellt: „Natur bringt Kultur hervor, die Natur verändert" (Eagleton 2009, S. 9). Für das Subjekt bedeutet dies, dass Kultur als *Gefüge* von *Bedeutungskomplexen* als *bearbeitete* Natur Ausgangspunkt und Gegenüber seiner individuellen Verhältnisbestimmung ist. Auch hier muss die *Revidierbarkeit* gelten können. Lüddemann weist deshalb nicht nur zurecht auf die grundsätzliche *Revidierbarkeit* kultureller Sinnordnungen hin, sondern hebt folgerichtig auch die „Doppeldeutigkeit von Kultur als einer Tätigkeit wie eines Resultats, als Hinwendung zu individuellen Entwicklungsprozessen wie als Abhängigkeit von einer kollektiven Gegebenheit" (Lüddemann 2019, S. 1) hervor. Im Folgenden kann mit Hubertus Busche (2018) die Entwicklung des Kulturbegriffs skizziert werden. Dies dient weniger der historischen Einordnung, als dazu, Kultur als „Wechselwirkungsprozess" zu verdeutlichen, „bei dem die Individuen einer jeden Zeit ihre spezifische Kultur in die Gesellschaft einbringen und deren Institutionen prägen, bei dem aber auch umgekehrt die eingespielte Kultur der Gesellschaft mit ihren ‚symbolischen Formen' die Individuen gleichsam formatiert und ihnen begrenzte Gestaltungsmöglichkeiten zuweist" (Busche 2018, S. 25). In diesem Sinne kann die von Lüddemann betonte *Revidierbarkeit* innerhalb des kulturellen *Gefüges* sowohl für die prozesshafte Kultivierung der Gesellschaft als auch für die relationale Kultivierung des Subjekts für Kultur als grundlegend verdeutlicht werden. Wenn Duncker fordert, den *kulturellen Sinn der Schule* zu betonen, dann kann dies für die Anerkennung der Individualität von Kinder und Jugendlichen deshalb hilfreich sein, weil die Doppelbedingtheit aus Differenz und Involviertheit bzw. Selbstbestimmung und

Sich-bestimmen-lassen zum zentralen Prinzip der Gestaltung von Schule wird. Werte, Normen, Strukturen und Praktiken, die als kulturelle *Konstrukte* verdeutlicht werden, werden somit in ihrer Veränderbarkeit oder zumindest in Bedeutsamkeit als revidierbar gekennzeichnet. Dies öffnet die Möglichkeit, das schulische Regelungsgefüge als *Medium* (Seel 2002) zu reflektieren und zu artikulieren.

Busche differenziert den Kulturbergriff entlang einer geistesgeschichtlichen Analyse in vier Dimensionen aus. Er unterscheidet, *„Kultur, die man betreibt"* (Busche 2018, S. 14, Hervorhebung im Original, TB), *„Kultur, die man hat"* (ebd., Hervorhebung im Original, TB), *„Kultur, die man lebt"* (ebd., Hervorhebung im Original, TB) und schließlich einen „veräußerlichten Kulturbegriff" (Busche 2018, S. 22), den er als „Bereich von Werken, Leistungen und Werten" (Busche 2018, S. 21) beschreiben kann. Anhand dieser vier „Faktoren der Kultur" (Busche 2018, S. 25) weist Busche auf Kultur als einen praktischen Begriff hin. Kultur, so lässt sich mit Busche folgern, realisiert sich im *Wechselwirkungsprozess* zwischen der interpretativen Selbst- und Weltaneignung der individuellen Subjekte in der mit anderen geteilten physischen, sozialen und vorfindlich kulturellen Welt und den überindividuellen, mit anderen geteilten Bedeutungen und Praktiken. Weder lässt sich, so Busche, „die Kultur eines Individuums einer bestimmten Zeit ohne die Kultur seiner Gesellschaft verstehen, noch umgekehrt die Kultur einer Gesellschaft ohne die ihrer Individuen" (Busche 2018, S. 25 f.). Damit rekurriert er auf die *Doppeldeutigkeit* von Kultur als zu pflegendem gesellschaftlichen Bestand an Deutungen, Artefakten und Praktiken sowie als prozesshafte Form einer bedeutsamen Verhältnisbestimmung, welche nicht nur die Veränderbarkeit geteilter *Bedeutungskomplexe* betont, sondern auch *Medium* der „*Selbstkultivierung*" (Eagleton 2009, S. 13, Hervorhebung im Original, TB) des individuellen Subjekts ist. Busche verdeutlicht auf diesem Wege, dass Kultur als Pflege der äußeren Welt und die Kultiviertheit des Subjekts Komplementärbegriffe darstellen, die sich als solche aus der ursprünglichen Bedeutung des lateinischen cultura herleiten (vgl. Busche 2018, S. 9). Er kann nachzeichnen, wie die ursprüngliche frührömische Bedeutung einer äußerlichen Bestellung des Ackers (agri cultura) und der Gartenpflege (horti cultura) eine zunehmende Verschiebung auf die Kultivierung von Körper und Geist erfährt (vgl. Busche 2018, S. 5). Das *formgebend veredelnde Bearbeiten und Pflegen natürlicher Anlagen (um Vervollkommnung ihrer Früchte willen) durch den Menschen* (ebd., Hervorhebungen im Original, TB) erfährt schließlich mit Cicero (vgl. Cicero 2013) eine Weiterführung auf die „Geisteskultivierung (cultura animi)" (Busche 2018, S. 7). Stand zunächst die Kultivierung der äußeren Sachen (cultura rerum) im Vordergrund, so zielt Kultivierung in der Weiterführung auf eine *„innere* Vollendung des Individuums selbst" (Busche 2018, S. 9, Hervorhebung im Original, TB). Damit verbindet sich zugleich jedoch auch die Notwendigkeit eines angemessenen Bemühens um die Kultivierung individueller Voraussetzungen, denn „je sorgfältiger die *Pflege (Kultivierung)* natürlicher Anlagen betrieben wird, desto höher deren Grad an *Gepflegtheit (Kultiviertheit)*" (ebd., Hervorhebungen im Original, TB). Neben Kultur als „*Kultivierung roher Naturanlagen*" (Busche 2018, S. 6, Hervorhebungen im Original, TB) und der inneren Kultivierung des Subjekts unterscheidet Busche in der Darstellung der geschichtsphilosophischen Wende bei Johann Gottfried Herder (vgl. u. a. Herder 2012; Herder 2013) einen weiteren Kulturbegriff (vgl. Busche 2018, S. 13 ff.). Hatte in aufklärerischem Fortschrittsglauben Samuel von Pufendorf Kultur mit Zivilisation als tätigen Prozess gesellschaftlicher Entwicklung und Leistung ineins gesetzt (vgl. Pufendorf 2002), so relativiert Herder Kultur als einen „*charakteristischen Zusammenhang*" (Busche 2018, S. 14, Hervorhebungen, im Original, TB), der jeweils eine regional und historisch spezifische Form hat. Herders relativierter Kulturbegriff ermöglicht es, „von *einer* Kultur im Unterschied zu *anderen* Kulturen" zu sprechen (Busche 2018, S. 15, Hervorhebungen im Original, TB). Dies impliziert eine Pluralisierung des Kulturbegriffs, die sich zum einen auf die Verschiedenheit von historisch und regional unterschiedlichen Kulturen bezieht. Indem jede historische und regionale Ausformung von Kultur als eigenständige „*Spezifizierung*" (Busche 2018, S. 14, Hervorhebung im Original, TB) Geltung beanspruchen kann, erfährt der Kulturbegriff auch eine innere Ausweitung auf „sämtliche Besonderheiten von der Wirtschaftsweise über die Rechtspflege bis hin zur Religion" (ebd.). Dieses weite Verständnis von Kultur wurzelt somit im Alltag der praktischen Lebensführung. Kultur kann so als „Alltagskultur" (Busche 2018, S. 20) sozial organisierter Lebensformen verstanden werden. Davon unterscheidet Busche einen „irreduziblen, neuen Grundbegriff" (ebd.) von Kultur, der sich Ende des 19. Jahrhunderts einstellt. Diesen ordnet er als kompensatorischen Gegenpol zu einer zunehmenden öffentlichen Orientierung an wirtschaftlicher Produktivität ein. Es etabliert sich die Vorstellung einer eigenständigen „höheren Kultursphäre" (Busche 2018, S. 21), so Busche (vgl. Busche 2018, S. 20 ff.). Er kennzeichnet diesen Kulturbegriff als neu, weil er sich weder „auf die Kultivierung, die man betreibt [...], noch auf die Kultiviertheit, die man erworben hat [...], noch auf die nur aus der Distanz heraus objektivierbare Kultur, in der man lebt" (ebd.) zurückführen lässt. Busche zielt damit auf einen Kulturbegriff, der sich gerade durch die Unterscheidung vom „Alltäglichen" auszeichnet, „wenn nicht gar von ihm ‚abgehoben' oder ‚entrückt' vorgestellt wird" (ebd.). Es handelt sich um eine *Kultursphäre*, die vor allem auf Werke der Künste begrenzt ist. Kultur als „von der Aura des Erhabenen umgebenes Reich ‚geistiger Werte'" (Busche 2018, S. 22) bezieht sich auf gesellschaftlich besonders hervorzuhebende Produkte. Diese zeichnen sich dadurch aus, dass sie von der alltagspraktischen Lebensführung der individuellen Subjekte abgetrennt sind, gleichwohl aber normative Orientierungskraft besitzen. Diesem „veräußerlichten Kulturbegriff" (ebd.) ist eine besondere Aufmerksamkeit zur Produktion von Werken eigen, die sich durch ihren „Distinktionswert" (Busche 2018, S. 20) gegen über dem *Alltäglichen* auszeichnen.

Busches komprimierte Analyse unterschiedlicher Auslegungen des Kulturbegriffs zielt auf die Verdeutlichung eines „überhistorischen Zusammenhangs" (Busche 2018, S. 26), durch den er Kultur als solche gekennzeichnet sieht: Kultivierung und Selbstkultivierung als „die permanente Einschreibung der Individuen in die Gesellschaft und umgekehrt die Einschreibung der Gesellschaft in die Individuen" (ebd.). Die von ihm unterschiedenen Kulturbegriffe stellen in dieser Perspektive *Faktoren* von Kultur dar, die Busche als ein dynamisches „Kontinuum" (Busche 2018, S. 25) menschlicher Lebensführung versteht. Wenn Lüddemann darauf verweist, dass Kultur eine „Produktion von Bedeutungen [darstellt], die selbst reflexiv verfasst ist" (Lüddemann 2019, S. 54), dann unterstreicht er damit Busches Befund, dass Kultur ein *Wechselwirkungsprozess* zwischen individuellen Interpretationen und geteilten allgemeinen Bedeutungen ist und diesen Prozess als solchen auch artikuliert. Kultur ist dadurch bedeutsam, indem sie auf sich selbst als Prozess der Wechselwirkung hinweist. Die unterschiedlichen Kulturbegriffe benennen *Faktoren* dieses *Wechselwirkungsprozesses*, indem sie Kultur in unterschiedliche Dimensionen ihres prozesshaften Vollzugs ausdifferenzieren, die sich auf die Tätigkeit des Individuums sowie auf die überindividuelle gesellschaftliche Organisation von *Bedeutungskomplexen* beziehen. Die Kultivierung der äußeren Welt durch praktisches Handeln des individuellen Subjekts, dessen Selbstkultivierung sowie auch seine Kultivierung durch gesellschaftlich vorfindliche Lebensformen, Praktiken und normative Deutungen vollziehen sich „über konkrete Formungen und Aktivitäten" (Lüddemann 2019, S. 77). Diese formen das individuelle „Erfahren, Lernen, Kommunizieren" (ebd.) und erfordern gleichermaßen ein „veränderndes Mithandeln" (ebd.) des individuellen Subjekts. Kultur kann also insofern als *Methode* verstanden werden, als sie die Beteiligung des Individuums an den geteilten Bedeutungen und Praktiken wie auch die Orientierung des Individuums durch diese Praktiken und Bedeutungen auffällig werden lässt. Sie zeichnet sich aber ebenso dadurch aus, dass sie auf die potentielle Gestaltbarkeit und Veränderbarkeit der geteilten Bedeutungen und Praktiken verweist. Jedoch erst in der Berücksichtigung mehrerer *Faktoren* der Kultur kann diese umfänglich als Sinnordnung erschlossen werden, die Selbstbestimmung und Bestimmtwerden als bedeutungsvollen Zusammenhang entfaltet. Soll der *kulturelle* Sinn der Schule entfaltet werden, der den Prozess der wechselseitigen Verwiesenheit verfügbar macht, dann muss Kultur gleichermaßen – erstens – als anthropologisch basierter Zugang der Selbst- und Weltaneignung wie – zweitens – Kultur als Kultivierung des Subjekts, d. h. eine fortschreitende Aneignung kultureller Praktiken und normativen Weiterentwicklung, – drittens – Kultur als in sozialen Strukturen organisierte Lebensform sowie – viertens – Kultur als eine auf die Künste fokussierte Möglichkeit des bedeutsamen Abstands berücksichtigen. Damit wird Kultur sowohl in ihrer regulierenden als auch in ihrer befreienden Wirkweise erfasst. Die vorliegende Studie greift diesen Gedanken dahingehend auf, indem sie u. a. der Frage nach der Integration außerschulisch verankerter Wissensformen und Praktiken nachgeht. Eine Ausdifferenzierung der Kulturschule nach den genannten *Faktoren* der Kultur oder ein Entwurf für die organisatorische Abbildung unterschiedlicher Kulturbegriffe findet jedoch nicht statt. Dies ist dadurch begründet, dass das Erkenntnisinteresse der Studie auf die Anerkennung der relationalen Individualität von Kindern und Jugendlichen in der Schule bezogen ist. Daher ist Kultur vor allem als Möglichkeit der Vergegenwärtigung der Doppelbedingtheit von Individualität von Interesse. Kultur wird hier in der Perspektive auf die Relationalität von Individualität spezifisch als bedeutungsvoller *Wechselwirkungsprozess* betrachtet. Die an Duncker (1994) anschließende Überlegung, wie Kultur als *Methode* reflektiert werden kann, korrespondiert zudem mit der im bisherigen Verlauf der Studie besonderen Berücksichtigung ästhetischer Erfahrung und der ihr zugeordneten Praktiken. Diese, so konnte gezeigt werden, zeichnen sich durch ein besonderes Potential für eine intersubjektiv kommunizierbare praktische Reflexion der Doppelbedingtheit von Individualität durch Differenz und Involviertheit aus.

Kultur kann daher als eine *Methode* in der Gestaltung von Schule verstanden werden, welche die Notwendigkeit voraussetzt, sich von ihr bestimmen zu lassen, um sie als involviertes und differentes Individuum überschreiten zu können: „Die bereits verfügbaren kulturellen Weltverhältnisse, in denen sich Formen des „Lesens" [der Welt, TB] im weitesten Sinne niederschlagen [...], sind deshalb gleichsam als Voraussetzung und Repertoire zu begreifen, die nicht übersprungen oder gar außer Kraft gesetzt werden können. Entscheidend ist, dass ihre Leistungen als prinzipiell überschreitbar gezeigt werden", so Duncker (Duncker 1994, S. 85). Indem die Schule gesellschaftliche Sinnordnungen vermitteln soll, kann sie dies im Sinne der Anerkennung relationaler Individualität demnach wirksam tun, wenn sie nicht nur als ein funktionaler, sondern auch als ein „kultureller Ort begriffen" wird (Duncker 1994, S. 60): „Wo die Schule die Aufgabe erfüllen will, in die Kultur einzuführen, muss sie selbst als kultureller Ort begriffen werden. In die Kultur kann man nicht einführen, wenn man außerhalb von ihr steht oder in funktionaler Weise einen Weg zu ihr herstellen will" (ebd.). Dies setzt voraus, dass Schule über „kulturelle[ ] Formen" (ebd.) verfügt, anhand derer sich das wechselseitige Bestimmungsverhältnis von schulischen Normen der Anerkennung, Sinnordnungen und Individuum vollzieht. Die Konturierung von Schule als einem *kulturellen Ort* nutzt die bestehenden *Gelegenheitsstrukturen* (Fend 2008) dahingehend, dass anhand kultureller Praktiken sowohl die in den institutionellen Regelungszusammenhängen gebildeten Bedeutungen als auch die individuellen Bedeutungsbildungen von Kindern und Jugendlichen so einer Öffnung ausgesetzt werden, dass diese nicht nur in ihrer bestimmenden Bedeutung, sondern auch in ihrer bestimmbaren, d. h. veränderbaren Aussagekraft reflektiert werden. Dies setzt jedoch voraus, dass kulturelle Praktiken dergestalt eine Anwendung finden, dass die *partielle Innovativität* (vgl. Kapitel 5, S. 56; Reckwitz 2003, S. 294), die ihnen deshalb innewohnt, weil sie der Wiederholung bedürfen und sich erst im Handlungsvollzug und der Interpretation durch die Individuen ereignen, zugelassen und bestärkt wird. Schule als kultureller Ort darf daher nicht mit den Handlungsvollzügen der homogenisierenden, institutionell geprägten informellen Schulkultur ineins gesetzt werden.[22] Stattdessen ergeht an Schule als kulturellem Ort unter dem Blickwinkel der Anerkennung relationaler Individualität die Anforderung, *Ambivalenzen der Anerkennung* auch auf die kulturelle Ausgestaltung der *Gelegenheitsstrukturen* anzuwenden.

Dies setzt jedoch voraus, dass mit dem Verständnis von Schule als einem *kulturellen Ort* zugleich der Gedanke der *Veröffentlichung* eine besondere Beachtung erfährt. Aus anerkennungstheoretischer Sicht wird mit *Veröffentlichung* der Anspruch verbunden, dass die kulturelle Ausgestaltung von *Gelegenheitsstrukturen* auch auf die Position von Kindern und Jugendlichen als Individuen in der Schule verweist. Die Reflexion durch *Veröffentlichung* bezieht sich sowohl auf die kulturelle Einbettung der Schule, kulturelle Traditionen und Sinnordnungen als auch auf die formalen und informellen institutionellen Prozesse einer Schule. Fuchs entwirft in diesem Sinne „Schule als kulturelles Forum", das als sozialer Ort auf die *Veröffentlichung* von Prozessen des schulischen Anerkennungsgefüges angelegt ist: „Das Forum im vorgeschlagenen Sinne wäre also in seiner Nutzung ein Teil der Schulöffentlichkeit *und* ein Teil der Schulkultur. Es könnte für (schul-)öffentliche Debatten, Aufführungen, Ausstellungen etc. genutzt werden und symbolisiert als sozialer Ort die Schulgemeinschaft […] das Forum [wäre] ein ausgewiesener kultureller Ort: im weiteren Sinne von Kultur als zentraler Teil der Lebensweise im Kulturraum Schule, im engeren Sinne von Kultur als Ort künstlerischer Auseinandersetzung" (Fuchs 2008, S. 184). Fuchs diskutiert Schule als Ort der „Formung des Subjekts" (Fuchs 2012, S. 10) unter der Fragestellung, inwiefern Schule so ausgestaltet werden kann, dass sie es Kindern und Jugendlichen ermöglicht, ihre Positionen und Praktiken als „Teil des öffentlichen Diskurses" (Fuchs 2008, S. 184) sowohl ihrer konkreten Schulgemeinschaft als auch der die Schule bestimmenden Gesellschaft zu erfahren. Er verbindet mit ästhetisch-kultureller Praxis in der Schule das Potential, Jugendlichen und Kindern im „Streit" (ebd.) um die Anerkennung ihrer Selbst- und Weltsichtweisen eine „Öffentlichkeit" (ebd.) zu erschließen, die nicht lediglich die *Öffentlichkeit* institutioneller Leistungserbringung, sondern eine *Öffentlichkeit* ist, die in dem Horizont steht, auch durch die Bedeutungsbildungen der Kinder und Jugendlichen interpretiert, verändert und weiterentwickelt zu werden. Hierfür hebt Fuchs den besonderen Beitrag „künstlerisch-ästhetischer Aktivitäten" (ebd.) hervor, die er vergleichbar dem von Seel entworfenen *kommunikativen Kalkül* (vgl. Kapitel 7.1, S. 168; Seel 2000, S. 158) *kunstästhetischer* Praxis eine besondere Relevanz für Prozesse der *Veröffentlichung* einräumt: „Gerade im kulturellen Kontext sind

---

22 Vgl. zum Verhältnis von Schulkultur als informelle institutionelle Sinnordnung und Schule als kulturellem Ort auch Britta Klopsch (2019).

Öffentlichkeiten notwendig. Denn Kunst als Kernbereich von Kultur wird erst zur Kultur durch öffentliche Präsentation" (Fuchs 2008, S. 184). Damit verdeutlicht Fuchs zugleich, dass *Schule als kulturelles Forum* in besonderer Weise um die Frage organisiert ist, inwiefern individuelle Bedeutungsstiftungen nicht zuletzt aufgrund ihrer Involviertheit in die *Öffentlichkeit* sozialer und kultureller Prozesse bedeutsam sind. Eben dies verdeutlicht Schmücker als konstitutiv für den Kunstbegriff, den er als kulturelle Praxis begreift. Was als Kunstwerk anerkennbar ist, wird demnach in sozialevaluativen Konsensbildungen entschieden: „Über diese Konsense werden wir einerseits durch Lernprozesse orientiert, während wir andererseits zu ihrem Fortbestehen oder zu ihrer Veränderung beitragen, indem wir ihnen durch die konsenskonforme Verwendung des Kunstbegriffs beitreten oder durch eine konsenswidrige Benutzung des Kunstbegriffs in Frage stellen", so Schmücker (Schmücker 2012, S. 25). Indem er Kunstwerke mit einem „Kultur- und Zeitindex" (ebd.) versehen sieht, betont Schmücker, dass in *kunstästhetischer* Praxis sowohl Fragen der kulturellen Anerkennbarkeit als auch die Grenzen des sozialen und kulturellen Konsenses selbst überprüft und verhandelt werden. *Schule als kulturelles Forum* steht somit in einer „Streit-Kultur" (Fuchs 2008, S. 185), die ausgehend von ästhetischen Urteilen über Prozesse und Produkte *kunstästhetischer* Praktiken eine Konsensbildung über Fragen der Anerkennbarkeit individueller Bedeutungsbildungen beinhaltet. Das von Fuchs vorgeschlagene *Forum*, so ist hinzuzufügen, steht damit in der Perspektive, anhand der ästhetisch-kulturellen Produkte immer auch eine Neu-Interpretation der den Konsens begrenzenden Normen der Anerkennung vorzunehmen. Es kommt hinzu, dass ästhetisch-kulturelle Praktiken keineswegs auf theoretische Wissensformen oder Sinnordnungen der institutionellen Vermittlung begrenzt sind, sondern ebenso in idiosynkratische oder außerschulisch begründete Sinnordnungen involviert sind. Damit erweitern sie die von Fuchs (2008) benannte *Streit-Kultur* auf dem *kulturellen Forum* um Momente, die im Rahmen des institutionellen Anerkennungsgefüges dysfunktional sind. Duncker verdeutlicht entsprechend, dass sie „nicht nur als Ausdruck von Imitation, Nachahmung und Wiederholung erscheinen" (Duncker 2018, S. 23), sondern auch produktiv verändernden Charakter mit sich bringen: „In diesem Sinne schaffen Kinder eigene kulturelle Resonanzräume, die mit den Mitteln einer ästhetischen Praxis ausgestaltet werden. Das Anlegen von Sammlungen […], das Spiel des Verkleidens […], die Erfindung von Geschichten und Gefährten […] usw. zeigen, wie Kinder in kommunikativen Austausch mit ihrer Umwelt ihre Kreativität einbringen und sich dabei als Akteure einer relativ eigenständigen kulturellen Praxis behaupten" (ebd.). *Schule als kulturelles Forum* riskiert daher das „Hervorbringen von Kultur" (ebd.), die darauf ausgelegt ist, durch ästhetisch-kulturelle Praxis neben „Vorgängen der Übernahme und Adaption, Identifikation und Imitation" gleichfalls auch „Abgrenzung, Verweigerung und Andersartigkeit" (ebd.) zu dynamisieren. Institutionelle Normen der Anerkennung werden zwar von einer solchermaßen ermöglichten ästhetisch-kulturellen Praxis in der Schule nicht aufgelöst, gleichwohl können sie aber befragt und u. U. in Frage gestellt werden: „Ästhetische Praxis wird so zum Spielfeld einer Ausbalancierung von Zugehörigkeit und Abgrenzung, von Identifikation und Distanz, von sozialer Integration und Differenzierung" (ebd.).

Duncker entwirft in diesem Sinne vier Anforderungen an Schule, um diese als einen kulturellen Ort zu entfalten. Die unter der Perspektive der Anerkennung von Kindern und Jugendlichen hervorgehobene Bedeutung der wechselseitigen Verwiesenheit von Differenz und Involviertheit individueller Selbst- und Weltbilder findet hier insofern eine Abbildung, als Duncker Kultur als Prozess der wechselseitigen Hervorbringung von Individuum und kultureller Sinnordnung bzw. der Tradierung und Erneuerung versteht (vgl. im Folgenden Duncker 2015, S. 144 ff.; 2018, S. 96 ff.):

- **Dialektik von Individuation und Enkulturation**: Weil Kultur sich nicht in der Anhäufung theoretischen Wissens erschöpft, sondern sich in der Anwendung kultureller Praktiken realisiert, ist sie einerseits auf die Fähigkeiten und Fertigkeiten der Subjekte sowie andererseits die Erfahrung der Subjekte, sich selbst anhand der kulturellen Praktiken zu entfalten, angewiesen. Duncker sieht es als Auftrag der Schule, diesen Prozess des wechselseitigen Hervorbringens anzuregen und zu unterstützen (vgl. Duncker 2018, S. 96; 2015, S. 144).

- **Tradierung und Erneuerung**: Die schöpferische Hervorbringung von Kultur im Rahmen der Individuation von Subjekten beinhaltet zugleich, dass die „Tradierung von Kultur […] mit der Ausgestaltung einer eigenen kulturellen Praxis" (Duncker 2015, S. 144) verbunden gedacht werden muss. Weil die „Rekonstruktion" von Kultur also immer auch ihre „Konstruktion" beinhaltet, muss eine Schule als kultureller Ort nach einem dialogischen Prinzip gestaltet sein. Tradierung von Kultur bzw. die Vermittlung von kulturellen Sinnordnungen ist darauf verwiesen, die kulturellen Aneignungsprozesse von Kindern und Jugendlichen nicht auf Imitation und Kopie zu begrenzen, sondern sie stattdessen in die Lage zu versetzen, „das Neue und Andere zu denken", so dass in der Begegnung mit kulturellen Sinnordnungen „auch neues und Eigenständiges entstehen kann" (Duncker 2018, S. 97).

- **Dialog der Generationen**: Indem Schule in diesem Sinne als eine „Drehscheibe kulturellen Wandels" (Duncker 2018, S. 98) verstanden werden kann, gilt es, die jüngere Generation in die Lage zu versetzen, „Maßstäbe zu erwerben, um das Bedeutsame und Erhaltenswerte auszuwählen und eigene Formen einer kulturellen Praxis zu entfalten" (ebd.). Die Vermittlung von Kultur kann daher nicht als Belehrung und anhand der Überprüfung entlang der universalistischen Leistungsachse erfolgen, sondern muss mit Blick auf eine personale Dimension kultureller Bewertungen erfolgen: „Mit dem Angebot, dass die ältere Generation macht, wird deutlich, was ihr selbst wichtig ist. Sie versucht dabei auch, sich verständlich zu machen. Deshalb muss die Einführung in und Auseinandersetzung mit Kultur als Gesprächsangebot immer offen sein für Verständigung" (ebd.).

- **Sprachen der Kunst**: Schule als kultureller Ort muss Kinder und Jugendliche dazu befähigen, symbolische Formen des Ausdrucks entfalten zu können, um ihnen so zu ermöglichen, selbstbestimmt und produktiv anhand der Neu-Interpretation sozial und kulturell geteilter Bedeutungen eigene kulturelle Sinnordnungen zu entwickeln (vgl. Duncker 2018, S. 99).

Dunckers Entwurf verdeutlicht, wie im Verständnis von Schule als *kulturellem Ort* Möglichkeitsräume für die individuelle Anerkennung von Kindern und Jugendlichen erkennbar werden. Kultur kann in diesem Sinne eine *Methode* bedeuten, anhand derer Anerkennung unter dem Prinzip einer relationalen Individualität unterstützt werden könnte, weil sie auf die Doppelbedingtheit von Individualität verweist. Es ist davon auszugehen, dass mit der *Methode* Kultur jedoch Praktiken der *Veröffentlichung* verbunden werden müssen, welche die Doppelbedingtheit von Individualität nicht in homogenisierenden Bedeutungsbildungen still stellen, sondern in denen die Prozesshaftigkeit von Relationalität ihren Widerhall findet. Fuchs legt daher eine Definition einer „Kulturschule" vor, die ein vollzugsorientiertes Moment der Reflexion in den Mittelpunkt stellt. Er entwirft ein „Alternativmodell von Schule", bei dem das „Ästhetische als Gestaltungsprinzip" (Fuchs 2012, S. 16) im Mittelpunkt steht: „Eine Kulturschule ist eine Schule, in der in allen Dimensionen und Bereichen von Schulleben – im Unterricht und außerhalb des Unterrichts – die kulturell-ästhetische Dimension nicht nur berücksichtigt, sondern auf hohem Niveau erfüllt wird" (Fuchs 2012, S. 116). Indem Fuchs das Ästhetische als durchgängiges Prinzip einer Kulturschule vorschlägt, erweitert er die von Duncker auf die Dialektik von Individuation und Enkulturation begrenzte Diskussion. Hatte Duncker zuvorderst die Frage der Schule als Ort der Kulturaneignung diskutiert, fokussiert Fuchs verstärkt die Frage nach der Schule als Erfahrungsraum. Die Kulturschule soll demnach als „ästhetischer Erfahrungsraum" den Aspekt der Gegenwärtigkeit als Moment besonders berücksichtigen. „[D]ies bedeutet auch", so Fuchs, „dass man sich an die griechische Ursprungsbedeutung des Wortes Schule wieder erinnern muss: Muße" (Fuchs 2017, S. 35).[23] Damit wirft Fuchs die Frage auf, wie

---

23 Sowohl Fuchs (2019b), (2012) als auch Duncker (1994) verweisen auf historische Vorläufer der Kulturschule in der Weimarer Republik. Während Fuchs und auch Keim (2016) die Einbettung des reformpädagogischen Projekts in eine national konservative Kulturpädagogik problematisieren (vgl. Fuchs 2019, S. 14; 2012, S. 162 f.), sieht Duncker in der „[k]ulturelle[n] Orientierung" (Duncker 1994, S. 38) der geisteswissenschaftlichen Pädagogik eine Schwerpunktsetzung auf Individuation, die er von einer funktionalen Vergesellschaftung der Subjekte abgrenzt (vgl. ebd.). Die kulturelle Orientierung ermöglichte

im zukunftsgerichteten Regelungsgefüge der Schule ein Moment der Vergegenwärtigung absichtsvoll etabliert werden könnte. Dies führt zu weiteren Überlegungen zu einer ästhetischen Lernumgebung in der Schule.

8.3 Schule als ästhetische Lernumgebung

In der Diskussion ästhetischer Erfahrung konnte mit Seel (vgl. Kapitel 7.1, S. 161 ff.) herausgearbeitet werden, dass dem Subjekt durch eine gesteigerte Aufmerksamkeit für seine perzeptive Beteiligung am Erscheinen der Gegenstände seiner Wahrnehmung einerseits die eigene Involviertheit in die es umgebende Welt intensiviert zur Erfahrung gebracht wird. Zugleich ist mit diesem Rückstoß auf die eigene Lebendigkeit andererseits ein erfahrungsorientiertes Bewusstsein des Möglichkeitsausstands der konkreten Situation und des eigenen Lebens in der mit anderen geteilten Welt verbunden (vgl. Seel 2000, S. 162). Das ästhetische Bewusstsein ist, mit Seel gesprochen, „ein Wanderer zwischen seinen unterschiedlichen Stellungen zur Lebenswelt. Es bleibt unentschieden zwischen Teilhabe und Abstand, zwischen Intensivierung und Überschreitung" (Seel 1993, S. 49). Mit ästhetischer Erfahrung kann somit jenes reflektorische Potential verbunden werden, das dem Individuum seine relationale Doppelbedingtheit aus Differenz und Involviertheit erfahrend vergegenwärtigt. In dieser aus anerkennungstheoretischer Sicht relevanten Perspektive läuft das von Fuchs benannte *Ästhetische als Gestaltungsprinzip* (Fuchs 2012) auf die Gegenwärtigkeit der Schule als *Erfahrungsraum* hinaus. Die schulische Sinnordnung würde insofern in der ästhetischen Wahrnehmungseinstellung als *Medium* erschlossen, das dem Subjekt *Hinsichten* (Seel 2002) seiner Individuation anbietet. Sie wäre in der ästhetischen Erfahrung jedoch nicht nur ein *Medium* der Intensivierung des Subjektentwurfs *Schüler*in*, sondern würde zugleich als *Medium* der individuellen Differenzbildung überschritten. Das *Ästhetische als Gestaltungsprinzip* würde demnach das Individuum in seiner Fähigkeit „sowohl zur anschaulichen Identifikation mit Aspekten der gelebten Wirklichkeit als auch der sinnfälligen Durchbrechung ihrer Deutungs- und Handlungsmuster" stärken (Seel 1993, S. 49).

---

aus Sicht Dunckers, „Schule von ihrer *Innenseite* her zu verstehen und nicht nur (von außen) als Institution, die Zwecke erfüllt" (ebd., Hervorhebung im Original, TB). Er spricht der *kulturellen Orientierung* zudem ein „Primat der *Sachlichkeit* gegenüber einer wie immer profilierten Psychologisierung von Erziehung und Bildung" (ebd., Hervorhebung im Original, TB) zu und sieht in ihr das „*Wagnis einer Begegnung* [...], in der die tradierte Kultur um Anerkennung werben muss" (ebd., Hervorhebung im Original, TB), so dass das „*Gespräch zwischen den Generationen* Vorrang vor der Belehrung" (ebd., Hervorhebung im Original, TB) habe. Die umfangreichste Darstellung und Diskussion der Kulturschule im Kontext der Weimarer Reformpädagogik findet sich bisher bei Keim (2016).

Seel betont, dass eine ästhetische Bildung des Individuums auch als „unermüdliche[r] Abbruch der Arbeit am Ganzen der Bildung" (Seel 1993, S. 49) interpretiert werden kann. Weil ästhetische Erfahrung die „Diversität menschlicher Stellungen zur Welt" als ihren „Ausgangs- und Endpunkt" (ebd.) hat, kann sie als Widerpart jeder Vereindeutigung von Weltsichtweisen verstanden werden. Indem mit Seel auf den „Abstand" (ebd.) des Ästhetischen zu allen verlässlichen Aussagen bzw. verbindlichen Regulationsabsichten hingewiesen werden kann, deuten sich mit Blick auf Schule als unter einem institutionellen Leistungsauftrag stehend Konfliktpotentiale an. Insofern das *Ästhetische als Gestaltungsprinzip* in der Kulturschule nicht auf die sozialen und kulturellen Praktiken der institutionell funktionalen Schulkultur begrenzt werden soll, ergeben sich Herausforderungen, die wesentlich mit dem Aussagecharakter ästhetischer Erfahrung und der ihr zugeordneten Praktiken verbunden sind. Hierauf hat Mollenhauer hingewiesen, indem er das „unbestimmte Fluktuieren der Einbildungskraft zwischen Sinnlichkeit und Verstandesbegriffen und die Suche nach symbolischen Repräsentationen [...]" (Mollenhauer 1990b, S. 16) als ein Kernmerkmal ästhetischer Erfahrung charakterisiert hat. Mollenhauer problematisiert damit, dass der Gehalt ästhetischer Erfahrung nicht in mit anderen begrifflich geteilten Bedeutungen gefasst werden könne, sondern sich zu diesen, weil synonymlos, exterritorial verhalte: „Außerhalb dessen, was der, der eine ästhetische Wirkung, ausgehend von einem Werk der Kunst oder irgendeinem anderen Objekt sinnlicher Wahrnehmung, beschreibt, gibt es kein Etwas, das in physiologischer, soziologischer, psychologischer oder sonst einzelwissenschaftlich-empirischer Rede beschreibbar wäre. Eine Wirkung, die beschrieben wird als das Gefühl, ‚sicher zu schweben im Sturze des Daseins', hat kein empirisches Äquivalent in irgendeiner empirisch interessierten Einzelwissenschaft" (Mollenhauer 1990a, S. 484). Der Gehalt ästhetischer Erfahrung kann demnach nicht in andere Diskurse „übersetzt" werden und existiert somit nie unabhängig vom Vollzug der Erfahrung bzw. nie unabhängig von ihrer ästhetischen Darbietung. Entsprechend verdeutlicht Mollenhauer, wie sich eine Darstellung des ästhetischen Erfahrungsgehalts abbilden ließe: „Nicht anders, so meine Vermutung, als darin, dass die Wirkung eines ästhetischen Ereignisses in einem neuen ästhetischen Ereignis zur Darstellung kommt" (Mollenhauer 1990b, S. 16).

Mollenhauer bleibt gegenüber dem *Ästhetischen als Gestaltungsprinzip* deshalb skeptisch, so Bender (vgl. Bender 2010, S. 94), weil er Pädagogik zwangsläufig als mit der Verlässlichkeit und widerspruchsfreien Bedeutung geteilter Begriffe verbunden sieht: „Ästhetische Wirkungen in der skizzierten Art sind Sperrgut in einem Projekt von Pädagogik, das seine Fluchtpunkte in klaren Verstandesbegriffen und zuverlässigen ethischen Handlungsorientierungen sucht" (Mollenhauer 1990a, S. 484), heißt es bei Mollenhauer. Aus der Notwendigkeit der Vermittlung widerspruchsfreier Handlungsorientierungen leitet er ab, dass einer der ästhetischen Erfahrung angemessen Berücksichtigung im institutionellen Gefüge nicht entsprochen werden kann. Eine Integration sieht er allein im Horizont der Herstellung eines theoretischen Urteilsvermögens als angemessen umsetzbar an. In der „Metapher" (Mollenhauer 1990a, S. 485) der „[ä]sthetischen Alphabetisierung" (Mollenhauer 1990b, S. 11) skizziert er ein Verfahren, das darauf zielt, „nicht-sprachliche kulturell produzierte Figurationen in einem historisch bestimmten Bedeutungsfeld" zu verorten, und so nach sozial und kulturell geteilten Kriterien „als bedeutungsvolle Zeichen ‚lesbar'" (ebd.) zu machen. Mollenhauer erkennt an, dass ästhetischer Erfahrung damit die Spitze abgebrochen bzw. die sich in ihrer prozesshaften Ambivalenz ereignende Bedeutsamkeit nicht berücksichtigt werden kann: „Um also die Künste und die Beschreibungen ästhetischer Wirkungen in jenes Projekt integrieren zu können, muss – um im Bild zu bleiben – das Sperrgut zerstückelt werden, damit es in die pädagogische Kiste passt" (Mollenhauer 1990a, S. 485).

Bender kritisiert die Skepsis Mollenhauers gegenüber „einer gelingenden Verbindung von Pädagogik und Ästhetik in der Schule" (Bender 2010, S. 94) vor dem Hintergrund der mit Helsper beschriebenen antinomischen Grundstruktur von Schule. Auch sie betont, dass die ästhetische Aussagekraft zwangsläufig mit der schulischen „Notwendigkeit der Leistungsbeurteilung" sowie „einem Vermittlungsprozess, der an der Eigenart des zu vermittelnden Gegenstands orientiert bleibt" (ebd.), kollidiert. Hierin erkennt Bender nicht auflösbare Widersprüche, die „durch die gesellschaftlichen Aufgabenzuweisungen an die Schule als Ort der Qualifikation und der sozialen Auslese in Gestalt einer kohortenübergreifenden Gleichförmigkeit" (ebd.) zugespitzt werden. Neben dieser strukturellen Begrenzung weist sie jedoch darauf hin, dass die antinomische Grundlage von Schule sehr wohl Gewichtungen und Akzentverschiebungen zulässt: „Aufgrund der grundsätzlich antinomischen Struktur schulpädagogischen Handelns, das sowohl spezifische als auch diffuse Beziehungselemente enthält, ist eine Ausweitung der Räume für ästhetische Erfahrungen sowie eine damit zusammenhängende Anerkennungskultur des ästhetischen Selbstausdrucks jedoch grundsätzlich möglich. Denn bis zu einem gewissen Grad kann eine polare Ausformung der antinomischen Struktur hin zu einer stärkeren Gewichtung diffuser Beziehungselemente schulkulturell umgesetzt werden, womit wiederum auf bestimmte Bedürfnislagen der Schülerschaft reagiert werden [kann]" (Bender 2010, S. 357). Mit Blick auf die von Helsper beschriebenen Modernisierungsantinomien (vgl. Kapitel 6.4, S. 147; Helsper et al. 2001, S. 63 f.) macht Bender zudem deutlich, dass von einer polaren Ausgestaltung der Schule anhand von Momenten ästhetischer Erfahrung transformative Effekte „gegen die vereinseitigenden Prozesse einer zunehmenden Rationalisierung, Vereinheitlichung, Selbstkontrolle und zunehmender indirekter Zwangsförmigkeit" (Bender 2010, S. 94) ausgehen könnten. Das Fehlen eines kritisch transformativen Anspruchs hat schon früh ebenso Gunter Otto an Mollenhauers Analysen kritisiert: „Mollenhauers Argumentation irritiert mich, weil sie affirmativ zur schlechten Möglichkeit von Schule ist. Aus den Defiziten macht er das Bild des Ganzen. Damit gibt er Schule als Institution der Gesellschaft auf" (Otto 1993, S. 18). Ausgehend von der Annahme einer widerspruchsfreien und verstandesorientierten Schulpädagogik „operiert [Mollenhauer] mit einem defizienten Modus von Pädagogik und mystifiziert die Kunst" (ebd.), so Otto. Er wirft Mollenhauer letztlich vor, die Gestaltungsnotwendigkeit und Gestaltbarkeit von Schule zu vernachlässigen. *Rekontextualisierung* (Fend 2008) des institutionellen Auftrags durch die Akteure und Resubjektivierung der vermittelten Sinnordnung durch Kinder und Jugendliche sind als gesellschaftlich beauftragte Vorgänge auf die Interpretationsfähigkeiten der Individuen angewiesen. Hierin liegen *Gelegenheitsstrukturen* (Fend 2008), die ausgehend von einer unter der Perspektive relationaler Individualität erfolgenden Anerkennung ausgestaltet werden können.

Individualität von Kindern und Jugendlichen erschöpft sich weder in ihrer Differenz von den schulischen Regularien noch in ihrer Involviertheit in die institutionell gefasste Sinnordnung. Sondern sie ist auch bzgl. außerschulischer Sinnordnungen relational. Daher bedarf es eines Prinzips, welches zum einen die funktionalen Begrenzungen überschreiten kann. Zum anderen ist es für die Gewinnung der Schule selbst als Ort der Anerkennung entscheidend, die Überschreitung ihrer Normen reflexiv auf das Individuum und seine Handlungsvollzüge in der Schule zurückzubeugen. Für das Ästhetische beansprucht Otto das Potenzial einer die Schule aufschließenden Wirkung: „Das Ästhetische kann der Stimulus sein, der die Institution immer wieder daran erinnert, dass es Wirklichkeiten gibt, die nur gewahr wird, wer aus dem Gehäuse ausbricht, wer Grenzen überschreitet, wer nicht mehr allererst Sicherheit und Schutz in Konventionen und Kategorien sucht" (Otto 1998, S. 49). Zugleich geht er davon aus, dass mit dem Ästhetischen nicht nur eine Öffnung zu Wirklichkeiten außerhalb der institutionellen Funktionslogik verbunden werden kann, sondern auch in der Schule selbst neue Erfahrungszusammenhänge verankert werden können. Er sieht im Ästhetischen eine Möglichkeit, das institutionelle *Zusammenhandeln* (Fend 2008) in Schule in den Horizont einer die schulische Gegenwart verändernden Weiterentwicklung zu stellen: „Hier liegt ein Innovationspotential für das Lernen in der ganzen Schule, das offensiv vorgetragen werden soll […]" (Otto 1998, S. 7).[24] Auch wenn Ottos Überlegungen vor allem auf die Frage fokussiert sind, „ob die in künstlerischen Fächern gepflegten Prozesse […] als Modelle für Lehren und Lernen überhaupt gelten können" (ebd.), so läuft sein Anspruch in letzter Konsequenz darauf hinaus, mit dem Ästhetischen in der Schule ein Prinzip zu verankern, dass sowohl im Sinne Seels eine ästhetische „Herausbildung" (vgl. Seel 1993, S. 49) aus den in die

---

24 Zu dem von Otto verfolgten Ansatz einer ästhetischen Rationalität vgl. Otto/Otto (1987). Birgit Engel (2004) liefert eine kompakte Gegenüberstellung sowie eine Reflexion der Interferenz der beiden von Otto diskutierten Reflexionsstränge der ästhetischen Rationalität zum einen und des Ästhetischen als Grundlage allen Lernens Otto (1998) zum anderen (vgl. Engel 2004, S. 53–62).

institutionelle Funktionslogik eingepflegten Sinnordnungen als auch eine ästhetische Involvierung des Individuums in das schulische Setting ermöglicht. Weil das begrifflich nicht abschließend zu bestimmende Ästhetische nicht ohne die Erfahrungen des Subjekts auskommen kann, verspricht eine Schule als ästhetischer Erfahrungsraum eine sinnfällige Vergegenwärtigung der Relationalität des Individuums. Differenz und Involviertheit werden so auf die Institution bezogen, die auf diesem Wege zugleich für das Subjekt als *Medium* seiner Individuation hervortritt. Wenn Fuchs die Kulturschule als ästhetischen Erfahrungsraum entwirft, nimmt er damit eine Perspektive der Vernetzung ein. Das in allen Bereichen des Schullebens verankerte Ästhetische verweist als Prinzip auf die perzeptive Beteiligung des Individuums an der Konstitution von Bedeutungen, die mit dem schulischen Regelungszusammenhang, seiner Raum-Zeit-Dinglichen Konstelliertheit wie auch den von der Schule vermittelten Inhalten verbunden sind. Denn entsprechend der von Henrich für die ästhetische Erfahrung beschriebenen *Distanz zweiter Stufe* (vgl. Kapitel 7.1, S. 164; Henrich 2001, S. 93), erfährt sich das Individuum in dieser als unreduzierbar am Gehalt der Situation beteiligt. Indem das ästhetische Prinzip in allen Bereichen der Schule das Subjekt als Individuum durch nicht-theoretische Wissensformen und Praktiken involviert, kann es sich selbst in allen Bereichen als Beteiligtes vergegenwärtigen. Das mit der Kulturschule verbundene Ziel der Ausgestaltung eines ästhetischen Erfahrungsraums ist somit an die Voraussetzung gebunden, ästhetische Erfahrungen zu ermöglichen, um im Sinne der individuellen Relationalität eine kohärenzbildende Umgebung zu etablieren.

Dass aber auch ästhetische Erfahrung voraussetzungsvoll ist, verdeutlicht Sarah Kuschel. Ästhetische Erfahrung bildet, so Kuschel, „nicht nur die Grundlage, sondern […] gleichzeitig auch ein Ergebnis ästhetischer Lernprozesse" (Kuschel 2015, S. 37). Ästhetischer Erfahrung ist Kuschel zufolge insofern ein ästhetisches Lernen vorgelagert, als die ästhetisch reflektierte „Sich-Selbst-Wahrnehmung" (Kuschel 2015, S. 41) durch die „Auseinandersetzung mit ästhetischen Dimensionen von Wahrnehmungsobjekten" einer Einübung bedarf bzw. „zur Aneignung künstlerischer Fähigkeiten und Fertigkeiten, zum Einüben aisthetischer Reflexionen sowie zur Entwicklung, Anwendung, Kommunikation und Revidierung von Wert- und Qualitätsmaßstäben" beitragen kann (Kuschel 2015, S. 36). Wenn die Kulturschule für alle Kinder und Jugendliche das Ästhetische als Reflexionsmoment ihrer Relationalität aus Differenz und Involviertheit in der Schule etablieren soll, dann muss sie nicht nur als ein ästhetischer Erfahrungsraum, sondern vielmehr als eine ästhetische Lernumgebung gestaltet werden. Soll über die Zufälligkeit und Unmittelbarkeit ästhetischer Erfahrungsgelegenheiten hinaus das *Ästhetische als Gestaltungsprinzip* in der Kulturschule vorherrschen, muss diese nicht nur beiläufige ästhetische Erfahrungen von Kindern und Jugendlichen integrieren, sondern dafür Sorge tragen, dass sich die individuellen ästhetischen Wahrnehmungs- und Gestaltungsfähigkeiten ihrer Schüler*innen beständig erweitern können.

Das Verständnis von Lernumgebung wird in der vorliegenden Studie weniger als ein auf die didaktische Stimulierung von Lernprozessen ausgerichtetes Setting enggeführt, sondern erfährt eine existenzielle Wende auf das in die Schule involvierte Subjekt. Das hier vertretene Verständnis einer ästhetischen Lernumgebung verweist auf die Subjektivität von Lernprozessen. Sie bezieht die Aneignung von Zeichensystemen und theoretischen Wissensbeständen mit ein, fokussiert aber die subjektiven Prozesse eigenständiger Bedeutungsstiftung, d.h. die bedeutsame Verhältnisbestimmung des Individuums zu sich und anderen in der geteilten physischen, sozialen und kulturellen Welt. Gemäß dem institutionellen Leistungsauftrag sind in der Schule Voraussetzungen zu schaffen, die es Kindern und Jugendlichen ermöglichen, sich von den Lehrer*innen geplante Lerninhalte innerhalb eines bestimmten Zeithorizonts entsprechend ihrer individuellen Möglichkeiten anzueignen. Schulische Lernumgebungen zeichnen sich, nach Fend, durch didaktische Bemühungen aus, durch welche die Schüler*innen „im Rahmen ihres operativ geschlossenen Bewusstseinssystems neue Bewusstseinsinhalte auf[ ]nehmen und zu neuen Bewusstseinsstrukturen" (Fend 2008, S. 128) verarbeiten sollen. Auch die ästhetische Lernumgebung ist auf Bewusstseinsprozesse des Subjekts bezogen. Sie zeichnet sich aber dadurch aus, dass sie vor allem auf die Vergegenwärtigung der Subjektivität des Lernens und nicht vordergründig auf die zu verinnerlichenden externen Wissensbestände ausgerichtet ist. In der ästhetischen Lernumgebung geht es weniger um den didaktischen Kontext zur Anregung subjektiver Prozesse der Anverwandlung verordneter Lerngegenstände. Es geht in der ästhetischen Lernumgebung um die Ermöglichung eines *spürenden Gegenwärtigsein* (Seel 2000) in der Wahrnehmung und Gestaltung von Gegenständen und Situationen. Die ästhetische Lernumgebung fokussiert die individuelle Verhältnisbestimmung des Subjekts zu sich und anderen in der geteilten Welt. Die traditionelle schulische Lernumgebung läuft im Sinne Holzkamps auf eine institutionelle „Enteignung des Lernens" (Holzkamp 1995, S. 15) hinaus, indem sie expansive, die schulische Sinnordnung durchbrechende individuelle Gründe und Prozesse der Selbst- und Weltaneignung sanktioniert. Die ästhetische Lernumgebung verbindet die Aufmerksamkeit für Lernprozesse des Individuums mit der Absicht, das Subjekt nicht nur zu einer eigenständigen Auseinandersetzung mit den angebotenen Wissensbeständen zu befähigen. Es geht vielmehr darum, das Subjekt zu einer eigenständigen Verhältnisbestimmung zu der Situation, in die es involviert ist, zu befähigen. Und zwar so, dass die Aufmerksamkeit für die Situativität seiner Selbst- und Weltbezüge auf seine sich als *dynamischer Formverlauf* ereignende differente und involvierte Individualität verweist. Wenn im Folgenden von der Kulturschule als ästhetische Lernumgebung gesprochen wird, dann ist damit nicht zuvorderst eine didaktisch gestaltete Umgebung zur Stimulierung und Effektivierung planvoller Lernprozesse gemeint. Gemeint ist vielmehr – erstens – die Erschließung der zeit-räumlichen und dingliche Organisation der Schule sowie der angebotenen Themenfelder und Wissensbestände als Erfahrungsgegenstände, die – zweitens – als Anlässe einer spürenden Vergegenwärtigung der individuellen Prozesse der Bedeutungsstiftung erschlossen werden, wozu das Individuum – drittens – eine Förderung seiner aisthetischen sowie auch sozial und kulturell geprägten Wahrnehmungs- und Gestaltungsfähigkeiten erfährt.

Die ästhetische Lernumgebung zeichnet sich somit zum einen durch die Orientierung auf die Gegenwärtigkeit der Wahrnehmungs- und Gestaltungssituationen aus. Zum anderen muss die Kulturschule als ästhetische Lernumgebung sowohl *elementarästhetische* als auch *kunstästhetische* Praktiken für Kinder und Jugendliche systematisch zugänglich machen und in ihrer Weiterentwicklung reflektieren. Damit rückt mit dem Hinweis auf die Notwendigkeit des Einübens von mit ästhetischer Erfahrung verbundenen Praktiken auch der von Mollenhauer beanspruchte Begriff der *ästhetischen Alphabetisierung* (Mollenhauer 1990b) wieder näher an das Vorhaben einer ästhetischen Lernumgebung heran. Eine *Zerstückelung* des *ästhetischen Sperrguts* (vgl. Mollenhauer 1990a, S. 485) durch eine diskursive, an theoretischen Wissensformen orientierte Alphabetisierung, würde jedoch dem eigentlichen Vorhaben, das Ästhetische in allen Schulbereichen zu etablieren, zuwiderlaufen. Daher sprechen sich Leopold Klepacki und Jörg Zirfas für einen erweiterten Begriff der Alphabetisierung aus, indem sie betonen, dass dieser „ebenso die sinnlich-leiblichen, die sozio-rituellen sowie die stilistisch inszenatorischen Effekte, die mit diesem Übungs- und Bildungsprozess einhergehen" (Klepacki/Zirfas 2009, S. 119) berücksichtigen muss. Sie entfalten aus Mollenhauers Bedenken, dass sich der Gehalt einer ästhetischen Erfahrung nur in einer weiteren ästhetischen Darbietung kommunizieren lässt, einen tätigkeitsbezogenen Alphabetisierungsprozess, der sich als ästhetisches Lernen in einem relationalen Gestaltungsvorgang ereignet: „Als Objektivierung des Subjektiven und als Subjektivierung des Objektiven, als Kulturation des Individuums und als Expressivität des Individuellen […]" (Klepacki/Zirfas 2009, S. 120). Das Erlernen künstlerischer Fertigkeiten und die Ausbildung ästhetischer Fähigkeiten ermöglichen nicht nur ein Involvieren des Individuums in einen bestimmten kulturellen Kontext, sondern sie laufen unvermeidlich auf dessen Interpretation und somit auch auf Differenzbildung hinaus. In der differenzbildenden Interpretation aber gelangt das Individuum als relationales zur Darbietung bzw. kann sich als solches erfahren. Wird ästhetische Alphabetisierung als ein tätigkeitsbezogener Lernprozess verstanden, dann werden darin weder die Relationalität des Individuums noch die Performativität des Ästhetischen übergangen. Der Entwurf von Alphabetisierung als doppelter Gestaltungsvorgang reicht dann „von Praktiken, etwa den grundlegenden Fingertechniken beim Klavierspielen über das Beherrschen von Techniken und Werken, die etwa das Spielen eines identifizierbaren Musikstücks zur Folge haben, bis hin zum kreativen und experimentellen Umgang mit Techniken und Werken selbst, in der nicht nur die Selbstverständlichkeit, sondern auch die Virtuosität einer ästhetischen Pragmatik zum

Ausdruck kommt" (ebd.). Entsprechend verdeutlicht auch Vanessa Reinwand-Weiss für die *kunstästhetische* Praxis, dass eine ästhetische Alphabetisierung weniger im Horizont einer diskursiven Bestimmung wiedererkennbarer Zeichensysteme von Kunstsparten besteht, sondern vielmehr in der Eröffnung immer neuer „Deutungshorizont[e]" (Reinwand 2017, S. 107). Sie betont den „selbstreflektierenden Prozess" (Reinwand 2017, S. 109) ästhetisch-kultureller Praktiken als Kernmoment, auf das auch eine ästhetische Alphabetisierung angewiesen bleibt. Ästhetische Praktiken und Zeichenrepertoire entfalten sich als solche demnach nur durch das Individuum, das sich von ihrer Form bestimmen lässt, um sie in bedeutsame Darbietungen zu übersetzen: „Ästhetische Alphabetisierung kann also kaum denkbar durch das alleinige Lehren von erprobten Wahrnehmungs- und Gestaltungsprinzipien geschehen, sondern benötigt zwingendermaßen die biografische, leibliche Auseinandersetzung mit dem ästhetischen Objekt, sei es mit der Farbe, dem Text, Körper, Klang oder anderem" (ebd.). So wie Klepacki und Zirfas das Erlernen von Techniken als *kunstästhetische* Ermöglichungsstrategien verdeutlichen, betont auch Reinwand-Weiss die „Einführung in künstlerische und ästhetische Zeichensysteme, wie zum Beispiel das Notensystem, in gestische und mimische Symbole oder gestalterische Figuren, in einer ästhetischen Grundbildung" als unverzichtbar (Reinwand 2017, S. 107). Klepacki, Reinwand-Weiss und Zirfas erweitern den Begriff der ästhetischen Alphabetisierung somit um eine erfahrungs- und tätigkeitsorientierte Perspektive der Aneignung. Diese entfaltet sich als Prozess der Individuation anhand der Interpretation und Hervorbringung ästhetischer Produkte. Ästhetische Alphabetisierung ist in dieser Dimension als ein Veränderungsprozess in doppelter Perspektive zu verstehen. Zugleich sehen sie die theoretische Wissensvermittlung zu Zeichensystemen und historischen Hintergründen als zweiten Bereich der ästhetischen Alphabetisierung als ebenso unverzichtbar an (vgl. Reinwand 2017, S. 106), betonen jedoch, dass dies nicht verwechselt werden dürfe mit den „aisthetische[n] Lernprozessen im Medium der Kunst [...], die sich ausschließlich auf einer subjektiven Ebene vollziehen" (Klepacki/Zirfas 2009, S. 128). Eine Kulturschule als ästhetische Lernumgebung zielt diesem Ansatz folgend zum einen auf die Vermittlung einer ästhetischen Urteilsfähigkeit, die Kinder und Jugendliche in die Lage versetzt, auf einer diskursiven Ebene ästhetisch-kulturelle Praktiken und ihre Produkte als Zeichensystemen zu beschreiben, zu analysieren, zu bewerten und zu anderen theoretischen Wissensbereichen ins Verhältnis setzen zu können. Eine Kulturschule als ästhetische Lernumgebung vermittelt an ihre Schüler*innen zum anderen auch die praktischen Fähigkeiten für eine rezeptive und aktive *elementarästhetische* und *kunstästhetische* Praxis. Darüber hinaus liegt ein weiteres Kernmoment der Kulturschule jedoch darin, in Kindern und Jugendlichen „ein Begehren zu wecken, selbst etwas zu erfahren, sich wahrnehmungsoffen, engagiert und experimentierfreudig einzulassen auf Befremdliches und Außer-Ordentliches, sich zu begeistern für Transformationen eigenen

Erlebens in bildhafte Manifestationen oder performative Akte, offen zu bleiben für das Rätselhafte, Unverfügbare und das Fluide schöpferischer Prozesse" (Kathke 2014, S. 3). In diesem Sinne betont Petra Kathke, dass eine ästhetische Lernumgebung nur dann im vollen Umfang alphabetisierend wirken kann, wenn sie Kinder und Jugendliche zu Perspektivenwechseln befähigt, „in denen analog und vergleichend gedacht und mit dem verunsichernden Entzug des Eindeutigen, mit Kontextverschiebungen" (ebd.) neue Möglichkeiten im eigenen Selbst- und Weltverhältnis geöffnet werden. Eine Kulturschule als ästhetische Lernumgebung rekurriert somit sowohl auf theoretisches als auch praxisimmanentes Wissen. Darüber hinaus impliziert sie die unreduzierbare Subjektivität ästhetischer Erfahrungsprozesse und zielt auf Fertigkeiten und Fähigkeiten zu deren Darbietung und intersubjektiven Kommunikation. Soll das Ästhetische als Gestaltungsprinzip eine Voranstellung erhalten, dann haben theoretische Wissensvermittlung und praktische Grundlagenausbildung jedoch lediglich dienenden Charakter. Weder in der begrifflichen Bestimmung von Zeichensystemen und ihres jeweils spezifischen Verweischarakters noch im Erlernen von „Gestaltungsregeln" oder im „Einüben von Gestaltungsfähigkeiten" (ebd.) liegt das Kernmoment einer ästhetischen Lernumgebung. Weil sich „ästhetische Lernprozesse durch Spuren auszeichnen, die sie im Subjekt hinterlassen" (Klepacki/Zirfas 2009, S. 127), fokussiert die ästhetische Lernumgebung die Verschränkung von Differenz und Involviertheit. Sie betont die Relationalität von Individualität, indem sie *Spuren* intendiert, „die von dem Gegenstand ausgehen, auf den sich die Beschäftigung richtet und die gleichzeitig aber über die konkrete Situation hinausreichen und neue Sichtweisen, Wahrnehmungs- und Gestaltungs- und Handlungsmöglichkeiten" (ebd.) des Subjekts begründen. Im Mittelpunkt der ästhetischen Lernumgebung steht somit ein Begriff ästhetischen Lernens, der in seiner Gesamtheit über jede funktionale Begrenzung eindeutiger Sinnordnungen hinausläuft und dem Individuum in der Ausgestaltung seiner Relationalität neue Möglichkeiten eröffnet.

Dieses Verständnis ästhetischen Lernens profiliert einen Lernbegriff, der „Lernen als subjektives Handeln" (Fuchs 2012, S. 154) unmittelbar an die perzeptiven Vollzüge des Individuums bindet. Die Kulturschule als ästhetische Lernumgebung läuft damit dem von Holzkamp kritisierten *Lehr-Lern-Kurzschluss* (vgl. Holzkamp 1995, S. 476) zuwider (vgl. dazu auch Fuchs 2012, S. 154f.). Holzkamps dictum von der Schule als *Lernbehinderung* (vgl. Kapitel 6.3, S. 128; Holzkamp 1995, S. 476) ist für den Entwurf der Schule als ästhetische Lernumgebung insofern eine Herausforderung, als das expansive ästhetische Lernen durch die Beibehaltung einer institutionellen *Entöffentlichung* (Holzkamp 1995) individueller Lerngründe, Lerninhalte und Lernziele unmöglich gemacht würde. Die Kulturschule steht damit vor der Anforderung, ästhetisches Lernen mit einer Zweckbestimmung zu versehen, die eine Veröffentlichung der individuellen Lerngründe, Lernmotive und Lerninhalte mit schulischen Absichten zu verknüpfen mag. Leopold Klepacki, Tanja Klepacki und Diana Lohwasser heben daher hervor, dass eine Kulturschule zur ihrer Ausgestaltung als ästhetische Lernumgebung zunächst auf einen programmatischen „Absichtsbegriff" (Klepacki/Klepacki/Lohwasser 2016, S. 50) angewiesen ist, der als „Prinzip für die Gestaltung und Zielbestimmung" (ebd.) von Lehr-Lern-Situationen herangezogen werden kann. Dem Begriff des ästhetischen Lernens korrespondiert in dieser Perspektive die Fragen nach einem Begriff des ästhetischen Lehrens in der Schule (vgl. dazu auch Fuchs 2012, S. 157 ff.). Dieser kann, so Klepacki et al. als ein „präskriptives Prinzip" verstanden werden, das „mit sehr spezifischen konzeptionellen Ideen des Lehrens oder einer Idee des Lehrens in spezifischen Lehr-Lern-Kontexten und damit letztlich auch mit ganz spezifischen Intentionen, Zielsetzungen und Zweckbestimmungen verbunden ist" (Klepacki/Klepacki/ Lohwasser 2016, S. 50).

Anhand des Begriffs des ästhetischen Lehrens wird nachvollziehbar, inwiefern das Vorhaben einer Kulturschule als ästhetischer Lernumgebung eine anspruchsreiche Aufgabe darstellt. Klepacki et al. verdeutlichen dies, indem sie unter Bezugnahme auf den Atmosphäre-Begriff bei Gernot Böhme (1995) auf die Konstelliertheit der ästhetischen Lernumgebung verweisen: „Dabei wäre es die Aufgabe von ästhetischem Lehren, Menschen und Dinge oder Phänomene […] situativ so zusammenzuführen, dass sich der subjektive Modus des sinnlichen (Selbst-) Thematisch-Werdens bzw. das Moment des Gewahr-Werdens der eigenen Sinnlichkeit […] angesichts des ästhetischen In-Erscheinung-Tretenden so entfalten kann, dass das Interferenz-Verhältnis von sinnlicher Wahrnehmung und sinnhafter bzw. sinngenerierender Bestimmung für die Ziele und Zwecke von Unterricht produktiv gemacht werden kann" (Klepacki/Klepacki/Lohwasser 2016, S. 36). Die ästhetische Lernumgebung bedarf somit zum einen der Herstellung eines situativen, gegenwartsbezogenen Charakters, der in besonderer Weise mit der Prozesshaftigkeit des individuellen Erfahrungsprozesses der Kinder und Jugendlichen korrespondiert und diesen befördert. Zum anderen stellt sich jedoch auch die Frage, wie die Zwecke der Individuen, welche die ästhetische Erfahrung grundieren, mit den Zwecken des schulischen Unterrichts verbunden werden können. Dies lenkt den Blick sowohl auf die Fragen nach den Inhalten als auch nach der Didaktik der ästhetischen Lernsituationen. Klepacki et al. schlagen vor, eine formale, eine inhaltliche und eine methodische Perspektive auf ästhetisches Lehren in der Schule einzunehmen. In der formalen Perspektive entwerfen sie ästhetisches Lehren als *Neu- und/oder Andersperspektivierung von Lehrerhandeln bzw. der Tätigkeit des Lehrens im Allgemeinen* (Klepacki/ Klepacki/Lohwasser 2016, S. 48, Hervorhebung im Original, TB), indem sie das Lehren selbst als „ästhetisches Phänomen" (ebd.) entdecken. Lehrer*innen werden in dieser Perspektive als Akteure eines *Zusammenhandelns* (Fend 2008) verstanden. Dies jedoch hier nicht im Rekurs auf die kognitiven Institutionen ihrer sie beauftragenden *Umwelten* (Senge/Hellmann 2006), sondern vielmehr im Dienste der Ermöglichung einer für die ästhetische Lernumgebung unerlässlichen Atmosphäre, welche die Potenzialität der gegenwärtigen Lehr-Lernsituation artikuliert. Dies kann insofern geschehen, als „performative, mimetische und gestalterische Dimensionen des Lehrerhandelns sowie bestimmte methodische Vorgehensweisen" (ebd.) als solche eine Darbietung, d. h. eine ästhetisch-situative Reflexion, erfahren. Das Akteurshandeln der Lehrer*in wird insofern als Handeln eine*r institutionellen *Mitspieler*in* (Wernet 2008) offensichtlich. Ästhetisches Lehren, so kann hier anerkennungstheoretisch gefolgert werden, steht damit in dem Potenzial, das mediale und materiale Bestimmtwerden von Individuen als Lehrer*innen auffällig werden zu lassen. Diese Hervorhebung verweist letztlich auf die Rahmung der Lernumgebung durch die institutionellen Normen der Anerkennung, welche das Handeln der Lehrer*innen bestimmen. Im Fall des ästhetischen Lehrens können diese jedoch als *Medien* der Artikulation durch ästhetische Praktiken erschlossen und für die Darbietung des situativen Charakters der Lehr-Lern-Situation genutzt werden. Weil das ästhetisch profilierte Lehrer*innen-Handeln auf die Erzeugung und Gestaltung einer ästhetischen Lernumgebung abzielt, korrespondiert mit dem Potenzial der ästhetischen Reflexion des Akteursstatus von Lehrer*innen ebenso eine entsprechende Reflexion des Akteursstatus von Schüler*innen. Dies kann jedoch nur dann der Fall sein, wenn sich die Kinder und Jugendlichen gleichermaßen dazu angehalten sehen, *performative, mimetische und gestalterische Dimensionen* ihres Schüler*innen-Handelns darzubieten.

Klepacki et al. sehen das Ziel des ästhetischen Lehrens in der Förderung der ästhetischen Urteilsfähigkeit, die sie nicht allein als theoretisches Wissen, sondern auch als praktische Fähigkeit, „Wahlentscheidungen zu treffen und zu legitimieren sowie Anforderungen einer subjektiven Gestaltung und Bewertung des Lebens" (Klepacki/Klepacki/Lohwasser 2016, S. 37), verstehen. Sie sehen die Frage des ästhetischen Lehrens daher weniger an die Bindung an bestimmte Lehrinhalte geprägt, sondern betonen vielmehr ihre Orientierung auf eine „ästhetisch-ethische Lebenswelt" (Klepacki/Klepacki/Lohwasser 2016, S. 58). Wenn sie daher vorschlagen, „die Ästhetik – im Sinne einer Wissenschaft – selbst zu einem unterrichtlichen Inhalt und damit zu einem Lehrgegenstand zu machen" sowie neben „aisthetischen Grundlagen menschlicher Weltwahrnehmung [...] auch unterschiedliche Theorien des Schönen (oder auch des Hässlichen), der Kunst, des ästhetischen Erlebens usw. in den inhaltlichen Fokus der Lehrtätigkeit" zu rücken (Klepacki/Klepacki/Lohwasser 2016, S. 49), tun sie dies, um das Ästhetische als ein besonderes „Erkenntnisprinzip" (Klepacki/Klepacki/Lohwasser 2016, S. 62) in der das Individuum umgebenden und bestimmenden sozialen, kulturellen und physischen Welt durch unterschiedliche Wissensformen zu unterfüttern. Weil Klepacki et al. die Unterrichtsinhalte in diesem Sinne unmittelbar mit dem Verfügen des Subjekts über seine perzeptive Beteiligung an ästhetisch-kulturellen Sinnordnungen und Praktiken verbinden, ist die inhaltliche Frage des ästhetischen Lehrens aufs Engste mit der nach ihrer Didaktik verknüpft. Indem sie das Ästhetische als Erkenntnisprinzip der Lernumgebung kennzeichnen, kann ästhetisches Lehren nicht allein auf ein Verstehen entlang der begrifflichen Bestimmung in theoretischen Wissensformen begrenzt werden. Stattdessen dient das ästhetische Lehren der „Eröffnung von Möglichkeiten der Einübung in die ästhetisch-ethische Lebenswelt" (Klepacki/Klepacki/ Lohwasser 2016, S. 58): „Die unterrichtliche Auseinandersetzung mit den Inhalten würde in dieser Perspektive sodann durch die Lehrkraft idealiter auf einer aisthetisch-erfahrungsbezogenen Ebene angebahnt werden und im Idealfall Wahrnehmung, Hervorbringung und Verstehen ästhetischer Phänomene systematisch miteinander verbinden" (ebd.). Ästhetisches Lehren ist in diesem Sinne mit einem Begriff des ästhetischen Lernens verbunden, der nicht auf die Kumulation von theoretischem Wissen und Fähigkeiten bezogen ist. Ästhetisches Lehren fördert eine Lernumgebung, in der Lernen „immer auch einen aisthetischen Prozess, der wiederum eigenständige Möglichkeiten von Weltzugängen beinhaltet" (Klepacki/Klepacki/Lohwasser 2016, S. 59), bedeutet. Dies impliziert, dass sich das Lehrer*innen-Handeln im ästhetischen Lehren sowohl auf den Lerngegenstand als Gegenstand der Erfahrung als auch auf die Erfahrungsprozesse des Subjekts ausrichtet. Ästhetisches Lehren fokussiert demnach „auch die unhintergehbare Subjektivität des Schülerhandelns" (ebd.).

Weil ästhetisches Lehren Verstehen nicht als rein kognitives, in Begriffen theoretischer Wissensformen bestimmtes, intendiert, sondern auch „durch aisthetische Prozesse initiierte gegenstands- und phänomenbezogene" (Klepacki/Klepacki/Lohwasser 2016, S. 58) Wissensformen adressiert, erfährt die Lernumgebung eine Orientierung auf die Gegenwärtigkeit der konkreten Situation. Indem ästhetisches Lehren „andere Wege und alternative Möglichkeiten des Verstehens der menschlich-kulturell-symbolischen Welt" (Klepacki/Klepacki/Lohwasser 2016, S. 62) im Rahmen unreduzierter Erfahrungen eröffnet, lässt sich eine Ausgrenzung außerschulischer Sinnordnungen, die nicht in der Funktionslogik der Institution, sondern im Horizont informeller sozialer und kultureller Lern- und Lebenswelten des Individuums stehen, nicht aufrechterhalten. Eine Kulturschule als ästhetische Lernumgebung steht zwangsläufig in der Herausforderung, sich zu den über nicht-theoretische Wissensformen in die Schule hineinfließenden Sinnordnungen und Praktiken aktiv verhalten zu müssen. Eine Abwehr und Abwertung außerschulischen Vorwissens würde die Kernprinzipien des ästhetischen Lernens und Lehrens unterlaufen, da dies eine Abwertung und Abwehr der Relationalität der individuellen Kinder und Jugendlichen beinhalten würde. Ohne subjektive Erfahrungsgehalte der Individuen können Bedeutungsbildungen nicht im Sinne eines ästhetischen Lernens als bedeutsam generiert werden. Sowohl aus dem Verständnis von Schule als *kulturelles Forum* (Fuchs 2008) als auch in der Perspektive auf Schule als ästhetische Lernumgebung ergibt sich in der Planung und Steuerung des ästhetischen Lehrens zudem das Problem der

Auswahl. Die schulische Strategie der *Entöffentlichung* (Holzkamp 1995) zielt darauf, Wissensformen, Praktiken und Sinnordnungen, die für die Leistungsaufträge der Reproduktion und Kohäsion dysfunktional erscheinen, im öffentlichen Bereich der Schule zu marginalisieren bzw. zu sanktionieren. Eine Schule der Anerkennung muss, wie dargestellt, den Weg der *Veröffentlichung* beschreiten, wenn sie Kinder und Jugendliche als relationale Individuen berücksichtigen will. Dunckers Entwurf von Schule als einem kulturellen Ort ist um die Frage der Kulturaneignung durch Bestärkung der Subjektpositionen von Jugendlichen und Kinder gekennzeichnet. Durch diese entfaltet Duncker Kulturaneignung als einen *Prozess* der Konstruktion und nicht nur der *Rekonstruktion* vorbestimmter Praktiken und ihrer Deutungen. Vielmehr fordert er, den Dialog der Generationen mit einem offenen Ausgang zu versehen, d. h. mit der Möglichkeit, neu und anders zu denken und Eigenständiges entstehen zu lassen (vgl. Duncker 2018, S. 97). In diesem Sinne arrangiert auch Fuchs Schule als *kulturelles Forum* um eine *Streit-Kultur* (Fuchs 2008) der Neu-Interpretation und sozialen Interaktion. Beide Entwürfe sind in sensibler Weise von der Auswahl der kulturellen Symbole, Praktiken, Traditionen etc. betroffen, die im ästhetischen Erfahrungsraum der Schule zur Verhandlung gestellt werden. Die Erkenntnis von Helsper et al. (2001) zur homogenisierenden Funktion von Schulkultur, haben deutlich werden lassen, dass auch im informellen institutionellen Gefüge nur ausgewählte Praktiken und Sinnordnungen anerkennbar sind. Im Rahmen der homogenisierenden Schulkultur werden Kinder und Jugendliche zwar in ihrer Relationalität beansprucht, allerdings nur insoweit sich ihre ästhetisch-kulturellen Praktiken als funktional erweisen. Auch für die Kulturschule als *ästhetische Lernumgebung* ergibt sich die Gefahr, durch eine ausschnitthafte Auswahl zu einer Abwehr und Abwertung außerschulischen kulturellen Vorwissens, Symbolbildungen und Praktiken beizutragen. Insofern eine Schule der Anerkennung mehrwertige Bedeutungen berücksichtigen muss, steht die Kulturschule aus anerkennungstheoretischer Sicht in der Anforderung, den Horizont ästhetisch-kultureller Praktiken sowie die ihnen inhärenten Verständnisse von Kultur mehrwertig und divers zu öffnen bzw. offen zu halten.

8.4 Schulische und ästhetische Begrenzungen der Anerkennung

Die Entwürfe von Schule als *kulturelles Forum* (Fuchs 2008) und als *ästhetische Lernumgebung* sind beide mit einem transformativen Anspruch versehen, der auf eine Stärkung der Position von Kindern und Jugendlichen als relationale Individuen in der Schule zielt. Der Vorschlag, Schule als *kulturelles Forum* zu verstehen und auszugestalten, ist in besonderer Weise auf die Frage der kulturellen Teilhabe von Jugendlichen und Kindern bezogen. Diese Teilhabe bezieht sich nicht allein auf die Schule als „gestaltete und zu gestaltende Institution" (Blömeke/ Herzig 2009, S. 15), sondern vielmehr auf die gesellschaftliche Sinnordnung, in welche die Schule eingebettet ist. Schule als *kulturelles Forum* wird als Ort entfaltet, an dem das Individuum anhand der Interpretation von mit anderen geteilten Praktiken, Begriffen und Sinnhorizonten, die sich nicht in den institutionellen Normen der Anerkennung im Leistungsauftrag der Schule erschöpfen, sozial und kulturell geteilte bzw. institutionell vermittelte Bedeutungen befragt und in Frage stellt. Schule als *kulturelles Forum* befördert eine *Streit-Kultur* (Fuchs 2008), in der sich Kinder und Jugendliche unter Einbeziehung ihres außerschulisch erworbenen Vorwissens im Rahmen ästhetisch-kultureller Praxis mit den von der Schule vermittelten Sinnordnungen und deren Interpretationen auseinandersetzen. Weil Schule in diesem Entwurf kulturelle Teilhabe nicht auf die Reproduktion und Adaption institutionell zu vermittelnder Sinnordnungen begrenzt, sondern der nachvollziehenden Interpretation durch ästhetisch-kulturelle Praxis als produktivem Vorgang Raum gibt, können Kinder und Jugendliche eigene *kulturelle Resonanzräume* (vgl. Duncker 2018, S. 23) in der Schule schaffen, innerhalb derer sie sich über den mit anderen geteilten Konsens bzw. ihre Differenz von diesem auseinandersetzen. Kinder und Jugendliche sind in diesem Sinne als unverzichtbar Beteiligte sowohl an der Neu-Interpretation und Verhandlung eines sozialevaluativen Konsenses als auch an der Ausgestaltung der Schule als *kulturelles Forum* gefragt. Dieser Entwurf von Schule ist aus streng strukturfunktionalistischer Perspektive nur in begrenztem Maße funktional, weil er die institutionell verankerte Sinnordnung ihres normativen Charakters enthebt. Aus der Perspektive der Anerkennung unter dem Prinzip relationaler Individualität ermöglicht Schule als *kulturelles Forum* Jugendlichen und Kindern jedoch einen Freiheitsgewinn gegenüber den an sie ergehenden Erwartungen und Verhaltensaufforderungen. Diese und die die inhaltlich vermittelten Sinnordnungen werden als *Medien* der Ausgestaltung der eigenen Differenz und Involviertheit erschlossen, weil das Subjekt in seiner Fähigkeit, Bedeutungen stiften zu können, adressiert wird. Diese Ansprache des Subjekts als Individuum betrifft es sowohl in den Dimensionen der kognitiven, aisthetischen, personalen, kulturellen und performativen Fremdanerkennung als auch bzgl. seiner Selbstanerkennung erster Ordnung.

Während der Entwurf von Schule als *kulturelles Forum* vor allem kulturelle Teilhabe als einen aktiven Prozess des Ausbalancierens von Zugehörigkeit und Differenz erschließt, fokussiert der Entwurf von Schule als *ästhetische Lernumgebung* auf das Ästhetische als ein besonderes *Erkenntnisprinzip* (vgl. Klepacki/ Klepacki/Lohwasser 2016, S. 62). Schule als *ästhetische Lernumgebung* wirkt dem Entwurf nach einer verkennenden Anerkennung von Kindern und Jugendlichen deshalb entgegen, weil Lehren und Lernen in allen Bereichen auf eine *mehrwertige Logik* (Weigand 2004) orientiert werden. Theoretische Wissensvermittlung und praktische Grundlagenausbildung haben insofern lediglich dienenden

Charakter, als Schule als *ästhetische Lernumgebung* darauf ausgerichtet ist, die Subjektivität gegenwartsbezogener ästhetischer Erfahrung für die Artikulation unergriffener Möglichkeiten des Individuums in der Schule zu nutzen. Dieser *Entzug des Eindeutigen* (vgl. Kathke 2014, S. 3) soll Kindern und Jugendlichen ein *expansives Lernen* (Holzkamp 1995) ermöglichen, so dass Schule ein Ort der Anerkennung auch bzgl. der individuellen Lerngründe, Lerninhalte und Lernziele werden kann. Statt eines *defensiven Lernens* (Holzkamp 1995), das in der Leistungserfüllung anhand der *dominierenden Lebensform Schüler*in* (BMFSFJ 2013) an den Grenzen der institutionellen Logik endet, soll ein ästhetisches Lernen Kindern und Jugendlichen ihre Differenz und Involviertheit in der Schule und über sie hinaus als Möglichkeitsaustand erfahrbar machen. Schule als *ästhetische Lernumgebung* bezieht sich damit besonders auf Wissensformen und Praktiken, die aus strukturfunktionaler Sicht ebenso dysfunktional sind. Dies ist vor allem deshalb der Fall, weil eine Überprüfbarkeit der über die theoretische Wissensvermittlung sowie praktische Grundbildung hinausgehenden Lernprozesse und -erfolge nicht anhand der universalistischen Leistungsachse vorgenommen werden kann. Aus anerkennungstheoretischer Sicht leistet die *ästhetische Lernumgebung* eine Vergegenwärtigung von Schule als Möglichkeitsraum für die Entwicklung einer „subjektiven Gegenwarts- und Zukunftsfähigkeit" (Klepacki/Klepacki/Lohwasser 2016, S. 61), die nicht auf die institutionelle Verkennung als *Preis der Existenz* (Butler 2001) reduziert ist. Dies kann Schule als *ästhetischer Lernumgebung* dem Entwurf nach deshalb gelingen, weil sie durch das *Ästhetische als Gestaltungsprinzip* (Fuchs 2012) besonders auf die Selbstanerkennung zweiter Ordnung wie auch die *Ambivalenzen der Anerkennung* bezogen ist bzw. diese zur Artikulation bringen kann.

Beiden Entwürfen ist gemeinsam, dass sie in der Schule Voraussetzungen etablieren wollen, die es Kindern und Jugendlichen ermöglichen, die Normen des institutionellen Anerkennungsgefüges nicht als absolut und unbedingt annehmen zu müssen. Sie zielen darauf, in Korrespondenz zur Relationalität von Individualität Schule durch prozesshafte Praktiken und nicht-theoretische Wissensformen insofern als einen Ort der Anerkennung zu gestalten, als Jugendliche und Kinder sich an ihm als involviert und different zugleich erfahren können. Schule als *kulturelles Forum* und *ästhetische Lernumgebung* setzt die von ihr vermittelte Sinnordnung wie auch den formalen und schulkulturellen Regelungszusammenhang einer im Zuge ästhetischer Erfahrung erfolgenden Neu-Interpretation aus. Dadurch ermöglicht sie es Kindern und Jugendlichen, sich in der Schule als Schüler*innen bestimmen zu lassen, ohne sich als Individuum verkannt zu fühlen. Ebenso gilt jedoch, dass beide Entwürfe kaum vor Wernets Vorwurf in Schutz zu nehmen sind, Vorschläge zu einer subjektorientierten Reform der Schule liefen allzu oft an der gesellschaftlich verankerten und beauftragten „Wirklichkeitsstruktur der Schule" (Wernet 2008, S. 240) vorbei. Dies gilt für beide Entwürfe zumindest dann, wenn das Ästhetische als dominantes und andere

Prinzipien unterlaufendes Paradigma gelten sollte. Während die kritisierte schulische Strategie der *Entöffentlichung* (Holzkamp 1995) dominante und verbindliche Bestimmungen setzt und individuell differente Interpretationen marginalisiert und sanktioniert, steht das ästhetische Prinzip der erfahrungsorientierten *Veröffentlichung* in einer anderen Problematik. Seel betont die Relativität der ästhetischen Erfahrung und der sich u. U. aus ihr ableitenden Konsequenzen: „Ästhetische Korrespondenz ist Korrespondenz mit einem in der ästhetischen Anschauung konkretisierten, manchmal in der ästhetischen Stilisierung erst eröffneten (individuellen oder kollektiven) Lebensentwurf. Zu diesem Entwurf gibt es Alternativen" (Seel 1993, S. 49). Die sich aus der ästhetischen Erfahrung ableitende Aufmerksamkeit für das *Mögliche im Wirklichen* und das *Wirkliche im Möglichen* (vgl. Seel 2009, S. 176) stellt noch keine verlässliche Aussage für die weitere Gestaltung der Handlungsvollzüge des Individuums dar, die auf die situativ begrenzte ästhetische Erfahrung folgen könnten. Das Wesen ästhetischer Erfahrung liegt vielmehr in der Erschließung möglicher „Versionen der Welt" (Seel 1993, S. 49). Dies gilt nicht allein für die *elementarästhetische* Erfahrung, sondern auch für die *kunstästhetische*: „Relativ ist aber auch das kunstbezogene Imaginationsvermögen, weil jene Distanz, die es zu den eigenen Orientierungen schafft, nicht selber in der Lage ist, die primären Orientierungen, von denen es Abstand nimmt, zu ersetzen. Die Erfahrung der Kunst, die mit den primären Orientierungen bricht, kann auf diese einwirken, hervorzubringen vermag sie sie nicht", so Seel (ebd.). Wenn also die Gestaltung von Schule anhand des Prinzips des Ästhetischen erfolgt, stellt sich die Frage, wie die ästhetische Entgrenzung in Form *synonymloser Zeichenmedien* (vgl. Kapitel 7.2, S. 174; Koppe 2012, S. 134) und erfahrungsorientierte Darbietungen in ein verlässliches *Zusammenhandeln* (Fend 2008) der Akteure in der Schule münden können. Dies wäre jedoch notwendig, damit Schule ihrem weiterhin bestehenden Leistungsauftrag nachkommen kann. Bender weist darauf hin, dass auch bei einer Ausweitung ästhetischer Erfahrungsräume in der Schule die institutionelle Bewährungsdynamik weder für die in ihr agierenden Individuen noch für die Einzelschule als Institution ausgesetzt werden könne. Eine „Suspendierung der Bewährungsdynamik kann jedoch aufgrund der Einbettung der Schule in das gesellschaftliche Berechtigungswesen nicht umfassend umgesetzt werden. Die realen national und regional ausdifferenzierten institutionellen und formalen gesellschaftlichen Rahmungen des schulischen Handelns schränken eine solche strukturelle Grenzüberschreitung der Erfahrungsmodi und Bewältigungsstrategien maximal ein", so Bender (Bender 2010, S. 354). Sie betont daher, dass auch eine Schule, die nach ästhetischen Prinzipien ausgestaltet ist, „letztlich auf die Vermittlung universell gültiger kultureller Wissensbestände, den Aufbau kognitiver, sozialkognitiver und symbolischer Kompetenzen bezogen" (ebd.) bleiben muss. Für eine die Kulturschule leiten sich hieraus weitreichende Konsequenzen ab. Es ist fraglich, inwiefern eine dauerhafte Verankerung ästhetischer Erfahrung und der ihr zugeordneten

Praktiken im institutionellen Regelungsgefüge der Schule überhaupt möglich sein kann. Dies ist deshalb entscheidend, weil dem Anspruch nach das reduzierte, auf Homogenisierung und Überprüfbarkeit hinauslaufende, schulische Anerkennungsgefüge durch die für das Prinzip relationaler Individualität anerkennungsrelevanten Dimensionen ästhetischer Erfahrung ein Korrektiv oder zumindest eine kompensatorische Ergänzung erhalten sollen. Für die Kulturschule stellt sich daher die Frage, in welches Verhältnis die begrenzte schulische Auslegung von Anerkennung (vgl. Kapitel 6.5) und die entgrenzende ästhetische Auslegung von Anerkennung (vgl. Kapitel 7.4) zu einander gebracht werden können. Die bisherigen Ausführungen legen jedoch nahe, dass die sich deutlich voneinander unterscheidenden Wege der Anerkennung nicht zu einem neuen, widerspruchsfreien Paradigma der Anerkennung verbunden werden können. Um dieser Verhältnisbestimmung nachgehen zu können, sollen im Folgenden unter den Anforderungsfeldern einer Schule der Anerkennung (vgl. Kapitel 8.1, S. 212 ff.) die beiderseitigen Begrenzungen schulischer Anerkennung bzw. der Anerkennung im Rahmen ästhetischer Erfahrung reflektiert werden.

Eine Schule der Anerkennung soll es Kindern und Jugendlichen ermöglichen, sich von den schulischen Zwecken different und zugleich in schulische wie auch außerschulische Praktiken und Sinnordnungen involviert zu erfahren. Die Ableitungen aus der Diskussion des Anerkennungsbegriffs unter dem Prinzip relationaler Individualität sowie der Schule als gesellschaftlich beauftragter Institution haben verschiedene Anforderungen ergeben, deren Berücksichtigung die Entfaltung von Potenzialen der Anerkennung entsprechend des entwickelten Anerkennungsmodells aus *Fremd-* und *Selbstanerkennung* sowie *Ambivalenzen der Anerkennung* in der Institution begünstigen.

So steht eine Schule der Anerkennung unter der Anforderung, die **Gegenwärtigkeit** des schulischen Regelungszusammenhangs als Gegenstand eines erfahrungsorientierten Lernens zu erschließen. Die Orientierung auf Gegenwärtigkeit bezieht sich auf Seiten des Subjekts auf Prozesse der *Selbstanerkennung zweiter Ordnung*. Sowohl das schulische Anerkennungsgefüge als auch ästhetische Erfahrung zeigen, wenn auch in unterschiedlicher Weise, Begrenzungen in der Ermöglichung bzw. Berücksichtigung der Artikulation prozesshafter Grundlagen der Individualität von Kindern und Jugendlichen. Die schulische und die ästhetische Berücksichtigung der prozesshaften „Existenz-in-Situationen" (Seel 2016, S. 64), welche durch eine *Selbstanerkennung zweiter Ordnung* vergegenwärtigt wird, unterscheiden sich in den unterschiedlichen Verweisformen ihrer Bedeutungsbildung. Während die Schule Bedeutungen dadurch zu festigen sucht, dass sie diese durch begriffliche Bestimmungen aus der Gegenwärtigkeit der Situation hinausführt, kann die ästhetische Erfahrung nur durch das *Verweilen bei einem Objekt und in der Wahrnehmung eines Objekts* (vgl. Seel 1996b, S. 50) bedeutsam sein. Ästhetische Erfahrung kann zwar eine *Selbstanerkennung zweiter Ordnung* ermöglichen, ist aber insofern begrenzt, als sie diese nicht aus ihrer Situativität befreien kann. Das schulische Anerkennungsgefüge hingegen, kann eine nicht-inhaltliche Selbstanerkennung zweiter Ordnung weder situativ noch begrifflich berücksichtigen. Für die Kulturschule ergibt sich hiermit die Notwendigkeit, aus der fehlenden Korrespondenz schulischer Anerkennbarkeit und situativer Begrenztheit ästhetischer Erfahrung eine Verhältnisbestimmung zu erbringen, die beide Ausrichtungen zu berücksichtigen vermag.

Die Möglichkeit, in der schulischen Wirklichkeit **unreduzierte Bedeutungen** zu stiften, die etwas über das individuelle Subjekt selbst und die Welt aussagen sowie zugleich nicht auf die schulische Auftragserfüllung reduziert sind, betreffen in besonderer Weise *Selbstgefühl* und die Erfahrung der individuellen *Unausdeutbarkeit*. Während Bedeutungsbildungen in der ästhetischen Erfahrung immer unreduziert sind, weil sie an die prozesshafte Erfahrung des Erscheinens gebunden sind, stehen Bedeutungsbildungen in der Schule stets unter dem Anspruch, „werthafte[ ] *Gegebenheiten*" (Seel 2016, S. 64, Hervorhebung im Original, TB) erschließen zu müssen. Während das ästhetische *Selbstgefühl* mit der unreduzierten Erfahrung der Bedeutsamkeit einer Weltsichtweise, die außerhalb der Erfahrung keinerlei Verbindlichkeit besitzt, unauflöslich verbunden ist, ist ein kohärentes *Selbstgefühl* im öffentlichen Bereich der Schule nicht durch unreduzierte Bedeutungen herzustellen. Es wird stattdessen im Rahmen der Versachlichung auf die Leistungserbringung als institutioneller Akteur begrenzt. Schulisches Anerkennungssetting und ästhetische Erfahrung stehen sich somit in ihrer Ausschnitthaftigkeit bzw. situativen Prozesshaftigkeit gegenüber. Der Begrenzung eines kohärenten *Selbstgefühls* auf das leistungserbringende *Zusammenhandeln* (Fend 2008) mit anderen Akteuren korrespondiert die auf Vereindeutigung ausgelegte Begrenzung von Bedeutungsbildungen in der Schule. Weil die *Unausdeutbarkeit* von Individuen nicht mit den Notwendigkeiten der Überprüf- und Planbarkeit im schulischen Leistungssystem korrespondiert, werden auch Bedeutungsbildungen absichtsvoll homogenisiert. Dieser Vereindeutigung durch institutionelle Praktiken des Bestimmt-Werdens steht die ästhetische Erfahrung gegenüber, die Sich-bestimmen-lassen als Voraussetzung für einen *Sinn für das Besondere* bzw. für das Ergreifen bisher übersehener eigener Möglichkeiten oder der anderer vergegenwärtigt. Auch mit Blick auf die Dimensionen von *Selbstgefühl* und *Unausdeutbarkeit* wird somit deutlich, dass im schulischen Anerkennungsgefüge leistungsbezogene Handlungsvollzüge ermöglicht werden sollen, die auf die Auftragslage der Institution verweisen. Das Stiften unreduzierter Bedeutungen kann als Fähigkeit hilfreich sein, um die Ausgangsbasis für Praktiken der Vereindeutigung auszuweiten. Es kann aber nicht durch das schulische Regelungsgefüge an sich als anerkennbar gelten.

Schulöffentliche Reflexionsräume für die Auseinandersetzung mit der **Widerständigkeit** des schulischen Regelungszusammenhangs gegenüber den individuellen Selbst- und Weltbezügen bzw. individuellen Lerngründen, Lerninhalten und Lernzielen von Kindern und Jugendlichen berühren vor allem Fragen der *Selbstbestimmung.* Sowohl ästhetische Erfahrung als auch die schulische Begrenzung von Anerkennung ermöglichen lediglich eine konsequenzgeminderte *Selbstbestimmung* des Individuums. So wird die *Selbstbestimmung* von Kindern und Jugendlichen in der Schule vor allem auf ihr Handeln zur Leistungserbringung als Schüler*innen bezogen und ist insofern begrenzt, als ihr selbstbestimmtes Handeln im Regelungszusammenhang der Schule verbleiben muss und nicht gegen institutionelle Normen der Anerkennung gerichtet werden soll. Darüber hinaus wirkende Formen der *Selbstbestimmung* werden in pädagogisch simulierten Kontexten dahingehend reduziert, als sie Möglichkeiten der *Selbstbestimmung* aufzeigen, diese aber gegenüber den institutionellen Normen wirkungslos bleiben. Während *Selbstbestimmung* in der Schule sich gegenüber den formalen und schulkulturellen Kriterien bewähren muss, eröffnet die ästhetische Erfahrung *selbstbestimmte Praktiken* (vgl. Bertram 2014, S. 218) und Neubestimmungen von Bedeutungen, die an die Auseinandersetzung mit Gegenständen oder Situationen gebunden bleiben, die sich gerade dadurch auszeichnen, dass sie der Alltagspraxis enthoben sind. Selbstbestimmte ästhetische Praktiken können gegenüber dem schulischen Regelungszusammenhang durchaus Widerstände artikulieren. Veränderungen können sie jedoch nur begrenzt auf den Moment der ästhetischen Erfahrung bzw. Darbietung in Erscheinung treten lassen.

Die Möglichkeit, in der Schule **Selbstwirksamkeit anhand eigener Standards** zu erfahren, macht diese zu einem Ort der Anerkennung, weil Kinder und Jugendliche sich dann in der Schule als relationale Individuen erleben können. Handeln nach eigenen Standards setzt *Selbstreflexion* des Individuums voraus und findet im Rahmen eines *personalen* Handelns nach Gründen und Vorstellungen, die das Individuum sich selbst zuschreibt und in denen es sich wiedererkennt, statt. Im schulischen Regelungszusammenhang ist *Selbstreflexion* dann anerkennbar, wenn sie als Resubjektivierung der vermittelten Sinnordnung bzw. als Beitrag zur *Rekontextualisierung* (Fend 2008) der institutionellen Aufträge erfolgt, D.h., sie findet nicht anhand individueller Standards, sondern als sozialer Vergleich entlang der Leistungsachse statt. In der ästhetischen Erfahrung findet *Selbstreflexion elementarästhetisch* als spürendes Gegenwärtigsein bzw. *kunstästhetisch* als Distanzierung von Selbst- und Weltsichtweisen sowie in der praktischen Bestimmung neuer Bedeutungen durch das Konstellieren von Gegenständen und Situationen statt. Während in der Schule *Selbstreflexion* anhand geteilter Begriffe auf die zu vermittelnde Sinnordnung und Leistungssystematik begrenzt wird, vollzieht sich die ästhetische *Selbstreflexion* anhand der Suspendierung bzw. Überschreitung der begrifflichen Bestimmungen. *Selbstreflexion* in der Schule kann dann durch ein *personales* Handeln die Erfahrung der Selbstwirksamkeit anhand eigener Standards führen, wenn sich diese in den Zwecken des formalen und schulkulturellen Bewährungssystems wiederfinden sollten. Die Erfahrung der Selbstwirksamkeit anhand eigener Standards bleibt somit an die Medialität der institutionellen Normen gebunden, ohne sie überschreiten zu können. Im

Falle des Ästhetischen werden *Eigenart und Eigensicht einer Person* (vgl. Koppe 2012, S. 113) in der *kunstästhetischen* Darbietung an das Erscheinen eines konstellierten Gegenstands bzw. einer Situation gebunden. Indem die ästhetische Praxis eine Selbstwirksamkeit anhand eigener Standards im begrenzten Rahmen des ästhetischen Gestaltungsprozesses ermöglicht, bleibt sie zugleich aber für das institutionelle Gefüge unverbindlich.

Selbstwirksamkeit als institutionelle*r Akteur*in erleben zu können, erschließt Schule für Kinder und Jugendliche als einen mit anderen geteilten Raum. Dies erfordert, dass Kindern und Jugendlichen Voraussetzungen zugänglich sind, dies es ihnen ermöglichen, *Widersprüche* im Gefüge der Schule sowie bzgl. ihrer individuellen Standards zu tolerieren. Dies wird dadurch erleichtert, wenn Schule als ein kulturell ausgestalteter, d. h. in der Konturierung von Rollen, Praktiken und Bedeutungen gemeinsam vereinbarter Ort erfahren werden kann. *Kulturelle Anerkennung* in der Schule adressiert Kinder und Jugendliche als am institutionellen *Zusammenhandeln* (Fend 2008) Beteiligte und bleibt damit auf die Bewältigung des universalistischen Leistungsprinzips sowie des einzelschulischen Bewährungsdrucks bzw. der formalen institutionellen und schulkulturellen Leistungserfüllung begrenzt. In der ästhetischen Erfahrung vollzieht sich *kulturelle Anerkennung*, indem das Individuum vermöge *selbstbestimmter Praktiken* (Bertram 2014) zur Neuaushandlung von sozial und kulturell geteilten Bedeutungen und damit verbundenen Rollen und Handlungsvollzügen angeleitet wird. Während das Individuum in der ästhetischen *kulturellen Anerkennung* als Beteiligte*r in der Ausdifferenzierung und u. U. Veränderung der Grenzen eines mit anderen geteilten Konsenses adressiert wird, begrenzt sich die Beteiligung in der schulischen *kulturellen Anerkennung* auf die Bestätigung eines bereits bestehenden Konsenses, der unverändert bleiben soll. Die *kulturelle Anerkennung* ist im traditionellen institutionellen Gefüge der Schule insofern eine begrenzte, als Kinder und Jugendliche als an der schulischen wie an der diese umgreifenden gesellschaftlichen Kultur beteiligte anerkannt werden, ohne dass deren Infragestellung oder grundsätzliche Veränderung als Zeichen der kulturellen Involviertheit anerkennbar wäre. Jugendliche und Kinder können an der Schule daher nur dann die Erfahrung der Selbstwirksamkeit als Akteur*in machen, wenn das Wissen darum, als kulturell beteiligtes Individuum verkannt zu werden, angesichts der in der Institution gewonnenen Handlungsfähigkeit ertragbar und hilfreich ist. Die Erfahrung, *Widersprüche* tolerieren zu können, eröffnet somit die Möglichkeit, Selbstwirksamkeit in der Institution erleben zu können. In der ästhetischen Erfahrung werden Erscheinungen, die sich in einer propositionalen Logik im *Widerspruch* zueinander befinden, durch ein prozesshafte Orientierung in einer *anschauenden Erfahrung* aufgelöst. Ästhetische Erfahrung kann daher auch in der Schule zur Tolerierung von *Widersprüchen* beitragen. Allerdings lassen sich aus der ästhetischen Erfahrung nur zufällige und keinesfalls verlässliche Entscheidungen ableiten, die innerhalb des institutionellen Gefüges, eine

Leistungserbringung als Akteur herbeiführen könnten. Jedoch könnte ästhetische Erfahrung die Widersprüchlichkeit zwischen dem Handeln als Akteure und der relationalen Individualität von Kindern und Jugendliche durch die Herstellung anschauender Sinnzusammenhänge situativ überbrücken helfen.

Die Gewinnung von Kindern und Jugendlichen für ihre Rolle als *Schüler*in* kann, die antinomische Grundsituation von Schule aufgreifend, in einer auf **Kooperation** ausgelegten Umgebung erleichtert werden. Indem Differenz und Involviertheit unverzichtbare Voraussetzungen für ein *Zusammenhandeln* (Fend 2008) werden, müssen sowohl differente *Selbstpositionierungen* als auch die *Überschreitung* von individuellen Positionen explizit berücksichtigt werden. Sowohl im schulischen Anerkennungsgefüge als auch in der ästhetischen Erfahrung ist *Selbstpositionierung* immer eine bedingte. *Selbstpositionierung* ist in der Schule anerkennbar, wenn sie unter den Maßgaben der schulischen Inhalte und Leistungskriterien verbleibt und bewertbar ist. D. h., sie muss im Sinne einer formalen als auch einer schulkulturellen Leistung einen kohäsiven Beitrag leisten. Diese inhaltliche Begrenzung ist in der ästhetischen Erfahrung aufgehoben. Zugleich verdeutlicht ästhetische Erfahrung jedoch, dass *Selbstpositionierung* immer durch die Involviertheit des Individuums bedingt ist. Dies betrifft die Gebundenheit an das Erscheinen von Gegenständen der Wahrnehmung bzw. die Erfahrungsprozesse anderer. Während also die schulische Ausformung der *Selbstpositionierung* vor allem normativ begrenzt wird, ist die ästhetische *Selbstpositionierung* material, sozial, kulturell und situativ begrenzt. Neben der erkennbaren individuellen Differenz ist Kooperation zugleich auf die *Überschreitung* individueller Positionen angewiesen. Schule fördert die *Überschreitung* individueller und idiosynkratischer Positionen durch die Erschließung sozial und kulturell wirksamer Handlungsmöglichkeiten anhand geteilter Begriffe. Während in der Schule anerkennbare *Überschreitungen* individueller Positionen an die reproduktiven und kohäsiven Ziele der Institution gebunden werden, verweisen *Überschreitungen* individueller Positionen in der ästhetischen Erfahrung auf die Potentialität der Situation und des Individuums.

Eine **Vernetzung** von Wissensbereichen und Themen macht Schule als eine mit anderen geteilte soziale und kulturelle Sinnordnung erfahrbar, zu der Kinder und Jugendliche als institutionelle Akteure und relationale Individuen einen Beitrag leisten. Vernetzung adressiert Kinder und Jugendliche daher in ihrem eigenen *Selbstverstehen* wie auch in der Spannung aus *Fremdheit und Vertrautheit*, in der sie sich selbst als Anerkannte gegenübertreten. Während *Selbstverstehen* in der Schule kohäsiv auf den Akteurstatus von Kindern und Jugendlichen begrenzt wird bzw. außerschulische Sinnordnungen nur unter funktionalen Wissensformen und institutionellen Zielen einbezieht, wird *Selbstverstehen* in der ästhetischen Erfahrung nicht über die Reproduktion von Sinnordnungen, sondern über die Auflösung *eingespielter Formen unseres Verstehens* (vgl. Bertram 2011, S. 162) ermöglicht. Schulisches *Selbstverstehen* soll eines in vorbestimmten Grenzen sein, ästhetisches *Selbstverstehen* entsteht durch die erfahrungsorientierte *Infragestellung* (Bertram 2011) sozial und kulturell geteilter Normen der Anerkennung. Schulisches *Selbstverstehen* fordert Reproduktion, ästhetisches *Selbstverstehen* verdeutlicht, dass das Individuum sein Selbst- und Weltverstehen durch Reproduktion bzw. Infragestellung von Normen der Anerkennung begrenzt oder öffnet. Entsprechend zielt das institutionelle Regelungsgefüge der Schule darauf, dass die Spannung von *Fremdheit und Vertrautheit* auf das Verhältnis des Individuums zu den anzueignenden sozialen und kulturell geteilten Wissensbeständen fokussiert wird. Strategien der Homogenisierung intendieren eine Auflösung dieser Spannung, die in der Übertragung in das formale Bewertungssystem von universalistischen Kriterien der Beurteilung überdeckt wird. Während also der schulische Umgang mit der Spannung von *Fremdheit und Vertrautheit* überdeckt bzw. zu reproduktiven Zwecken begrenzt wird, wird sie in der ästhetischen Erfahrung als *Prozess des bewussten Lebens* (vgl. Henrich 2001, S. 132) entdeckt und erfährt in der *kunstästhetischen* Praxis eine bedeutsame Darbietung.

In einer kooperativen, synergetischen und vernetzten schulischen Umgebung gewinnen neben der anhand theoretischen Wissens zu vermittelnden Sinnordnung individuelles Vorwissen sowie aisthetisch grundierte, emotionale, kulturell symbolisierte und performativ in Praktiken realisierte **Wissensformen** an Bedeutung. Damit sind die beiden auf Wissensformen bezogenen Dimensionen der *kognitiven* bzw. der *aisthetischen Anerkennung* angesprochen. Kinder und Jugendliche erfahren in der Schule eine *kognitive Anerkennung*, indem sie in ihrer Fähigkeit begrifflich bestimmten Lernen angesprochen werden. Kognitive Leistungen sind in der Schule jedoch zugleich nur anhand der universalistischen Leistungskriterien anerkennbar, so dass eine *kognitive Anerkennung* jenseits begrifflich bestimmter Sinnordnungen nicht möglich ist. In der ästhetischen Erfahrung verlieren begriffliche Vorverständnisse nicht ihre Konstitutionskraft für Bedeutungsbildungen. Aber sie verlieren ihre Verbindlichkeit. Bedeutungen werden vielmehr in der Überschreitung der begrifflichen Begrenzungen generiert und zeichnen sich durch ihre situative Gültigkeit aus. Ebenso gegensätzlich verhalten sich schulische Praxis und die ästhetische Erfahrung mit Blick auf die *aisthetische Anerkennung* zueinander. Während aisthetische Wissensformen in der Schule lediglich als Vorstufen der *kognitiven Anerkennung* dienen können, stellen sie in der ästhetischen Erfahrung dem kognitiven Vermögen gleichberechtigte Bestandteile eines prozesshaften Verstehens dar.

Die **Veröffentlichung medialen und materialen Bestimmtseins** in der Schule zielt auf die Artikulation von Ambivalenzen nicht nur formaler, sondern auch schulkultureller und durch die Integration von *informalisierten* Wissensformen u. U. maskierten Begrenzungen (vgl. Idel 2013, S. 158). Schulöffentliche Reflexionsräume sollen Perspektivenwechsel ermöglichen, so dass in der Schule eine Reflexion des *Möglichen im Wirklichen* und des *Wirklichen im Möglichen* (Seel 1996b) stattfinden kann. Damit sind Dimensionen der Anerkennung angesprochen, die sich im Spannungsfeld von Bestimmtwerden und aktivem Bestimmen befinden. Das Nachvollziehen der institutionellen Normen der Anerkennung vollzieht sich der Darstellung bei Butler folgend als Interpretation derselben durch das Individuum (vgl. Kapitel 5.1.3., S. 69; Balzer 2014, S. 480), was zugleich immer eine graduelle Neu-Interpretation bedeutet. Diese nachvollziehende Veränderung betrifft die *performative Anerkennung* des Individuums. In der Schule sind performative Praktiken im formalen und schulkulturellen Regelungszusammenhang dann anerkennbar, wenn sie als Beitrag zum institutionellen *Zusammenhandeln* (Fend 2008) eingegrenzt werden können. D. h., sie werden nicht als Interpretation des relationalen Selbst- und Weltverhältnisses des Individuums, sondern als Leistungsnachweis bzgl. seines Akteurstatus bzw. der Anerkennbarkeit der Einzelschule anerkannt. Die ästhetische Erfahrung öffnet hingegen performative Akte und setzt geteilte Bedeutungen einer *Neuaushandlung* aus, indem sie die Bedeutsamkeit von Selbst- und Weltsichtweisen an die Präsenz des Erscheinens von Handlungsvollzügen bindet. Von der verändernden Wirkung performativer Akte ist auch das Individuum selbst betroffen. Die damit verbundene *Selbstgestaltung* des Individuums wird in der Schule nur dann anerkannt, wenn sie dem institutionellen *Zusammenhandeln* (Fend 2008) als Akteure dienlich ist. Darüber hinaus kann sie im institutionellen Gefüge keine Wirksamkeit beanspruchen. An diese institutionelle Begrenzung der *Selbstgestaltung* des Individuums tritt in der ästhetischen Erfahrung die Darbietung ihres *materialen* und *medialen Bestimmtseins*. Weil die Normen der Anerkennung in der ästhetischen Erfahrung ihre Verbindlichkeit einbüßen, kann die Darbietung des *materialen* und *medialen Bestimmtseins* zugleich in eine Neuaushandlung von Selbst- und Weltverhältnissen münden. *Abweichungen* von der institutionell vermittelten Sinnordnung sind in der Schule jedoch auch dann nicht anerkennbar, wenn sie als individuelle Lernprozesse oder Lerninteressen des Subjekts offensichtlich werden. Statt auf produktive *Abweichungen* ist das schulische Anerkennungsgefüge auf vereinheitlichendes *Wiederkennen* ausgerichtet. Demgegenüber ist die *Abweichung* vom Gültigkeitsanspruch geteilter Begriffe sowie Normen der Anerkennung eine notwendige Voraussetzung, um das Individuum in der ästhetischen Erfahrung zu einem Verstehen der Bedeutsamkeit von *Weisen der Welterschließung* zu führen. Die ästhetische Erfahrung bleibt somit auf geteilte Begriffe angewiesen, an deren Grenze sie neue aber flüchtige Bedeutungen erschließt. Damit bietet die ästhetische Erfahrung geteilte Begriffe und Normen der Anerkennung sowohl in ihrer Notwendigkeit als auch in ihrem Verkennungspotenzial dar. Im Rahmen der formalen und schulkulturellen Institutionalisierung hingegen erfahren Kinder und Jugendliche eine *verkennende Verdopplung* als Schüler*in. Das Übergehen der sozial und kulturell relationalen Individualität von Kindern und Jugendlichen ist Bestandteil des schulischen Anerkennungsgefüges. Ihre Verkennung soll daher nicht veröffentlicht werden, sondern ist eine funktionale *Stiftung* (Düttmann 1997) bzw. Form institutionaler Anerkennung.

8.5 Spannungsverhältnisse

Die Frage, wie in der Schule Normen und Praktiken institutioneller Anerkennung für Kinder und Jugendliche als *Medium* der eigenen Individuation zugänglich und für die Gestaltung selbstbestimmter Handlungsvollzüge verfügbar gemacht werden könnten, war mit dem Ziel eines Freiheitsgewinns gegenüber institutionellen Ansprüchen und Verhaltensaufforderungen verbunden. Die bestätigenden und ebenso stiftenden Dimensionen institutioneller Anerkennung auffällig werden zu lassen und vom Standpunkt relationaler Individualität von Kindern und Jugendlichen in der Schule aus zu kritisieren, sollte in der Schule die soziale und kulturelle Relationalität von Individualität artikulieren sowie individuelle und institutionelle Verhandlungs- und Veränderungsperspektiven greifbar machen. In der Gegenüberstellung der schulischen und ästhetischen Ausformungen von Dimensionen der Anerkennung, die ausgehend vom Prinzip relationaler Individualität als zentral ermittelt wurden, sind beiderseitige Begrenzungen deutlich geworden. Während Anerkennung in der Schule durch die formale und schulkulturelle Institutionalisierung eine Begrenzung zugunsten der Leistungserbringung für Reproduktion und Kohärenz erfährt, konnte verdeutlicht werden, dass Anerkennung im Rahmen ästhetischer Erfahrung vor allem eine situativ begrenzte und konsequenzgeminderte ist. Ästhetische Erfahrung beugt Dimensionen der Anerkennung in besonderer Weise auf die prozesshafte Beteiligung des Subjekts im *dynamischen Formverlauf* der Erfahrung zurück. Sie vergegenwärtigt in den unterschiedlichen Dimensionen der Anerkennung die Potenzialität der Erfahrungssituation und leitet das Individuum zur Neu-Interpretation von Praktiken und Bestimmungen seines Selbst- und Weltverhältnisses an. Sie lässt somit das vermissen, was in den schulischen Ausformungen von Anerkennung im Vordergrund steht, nämlich Verlässlichkeit der bedeutungshaften Bestimmungen sowie Minimierung der Bedeutungsvarianz bzw. -veränderung. Die identifizierten Dimensionen der *Fremd-* und *Selbstanerkennung* sowie die *Ambivalenzen* der Anerkennung werden in der Schule nur ausschnitthaft berücksichtigt, indem sie zwar auf den perzeptiven Vollzügen des Subjekts aufbauen, Bedeutungsbildungen jedoch zugunsten eines rekontextualisierenden *Zusammenhandelns* (Fend 2008) bzw. der Resubjektivierung anhand verbindlicher Interpretationen begrenzen. Anerkennung in der Schule bleibt eine durch die institutionelle Funktionslogik begrenzte.

Jüngere empirische Studien problematisieren die grundständige Integration des *Ästhetischen als Gestaltungsprinzip* (Fuchs 2012) innerhalb des institutionellen Regelungsgefüge. In diesem stehen die Akteure unter einem Leistungsdruck, im Sinne des schulischen Mehrebenensystems rekontextualisierende Handlungen zu planen und umzusetzen, die vor allem der Reproduktion und gesellschaftlichen Kohärenz dienen. Dass von dieser institutionellen Auftragslage nicht nur die Erwachsenen in ihren Rollen als u. a. Schulleiter*in oder Lehrer*in betroffen sind, konnte vor dem Hintergrund Wernets Vorwurf eines *Pseudologie-Syndroms* (vgl. Kapitel 6, S. 99; Wernet 2008, S. 237 f.) auch auf die Kinder und Jugendlichen bezogen werden. Sie haben als *Mitspieler* (Wernet 2008) im institutionellen Gefüge auch eine funktionale Bedeutung. Auch sie stehen unter dem Bewährungsdruck, durch ihr Handeln als Schüler*innen zur Leistungserbringung der Einzelschule beizutragen. Das Handeln von Erwachsenen, Jugendlichen und Kindern ist in ihren Rollen als Akteure auf unterschiedlichen Ebenen von der institutionellen Auftragslage der Schule bestimmt. Mit Mense-Petermann (vgl. Kapitel 6.2, S. 109; Mense-Petermann 2006, S. 63) konnte darauf hingewiesen werden, dass Entscheidungen der Akteure in Institutionen nicht allein als Ausdruck rationaler, auf gegenwärtige Problemstellungen bezogene Strategien verstanden werden können, sondern vielmehr Entsprechungen gegenüber den institutionellen *Umwelten* (Senge/Hellmann 2006) der Schule darstellen. Sowohl die konkrete Situation der Einzelschule, ihrer Akteure oder ihrer Akteurskonstellation als auch die individuellen Interessen und Bedürfnisse der Kinder, Jugendlichen und Erwachsenen stehen daher fortlaufend in der Gefahr, in der Schule marginalisiert und übergangen zu werden. Dass dieser Effekt der Institution auch auf das Handeln im informellen Bereich des Schullebens ausgedehnt wird, konnte anhand der stabilisierenden und zugleich homogenisierenden Funktion von *Schulkultur* bei Helsper (Helsper et al. 2001) bestätigt werden. *Schulkultur* kann als informelle Funktionsfläche der Schule verstanden werden. Durch soziale und kulturelle Praktiken realisieren Kinder, Jugendliche und Erwachsene eine *Schulkultur*, welche die institutionellen Antinomien überbrücken und kohäsiv wirken soll. Ästhetische Erfahrung und die ihr zugeordneten Praktiken versprechen der entöffentlichenden und auf externe *Umwelten* (Senge/Hellmann 2006) bezogenen Institution gegenüber eine Vergegenwärtigung sowohl der übergangenen individuellen Bedürfnisse und Interessen als auch eine Öffnung des schulischen Regelungsgefüges für die Potenzialität des *Zusammenhandelns* (Fend 2008) der Akteure. Schulisches Zusammenhandeln könnte dann als Gegenwart eines *expansiven* Lernens entfaltet werden, wenn die Aufträge der externen kognitiven Institutionen der Schule vorübergehend in ihrer handlungsleitenden Wirkung zurückgedrängt würden. Ein mit ästhetischer Erfahrung verbundener Perspektivenwechsel würde eine Orientierung an den institutionellen Zwecken deshalb suspendieren, weil dies ein Absehen vom gegenwartsbezogenen Erscheinen der Wahrnehmungsgegenstände und somit den Abbruch der ästhetischen Vergegenwärtigung verlangen würde. Studien von Heike Ackermann (2015), Saskia Bender (2010) sowie Michael Bromba und Bettina-Maria Gördel (2019) betonen entsprechend das hohe Interesse von Lehrer*innen an der aufschließenden Wirkung, die von ästhetischer Erfahrung auf das Lernen in der Schule ausgeht. Sie heben jedoch ebenso hervor, dass die sich öffnenden ästhetischen Lernräume die Widersprüchlichkeit, die vom institutionellen Charakter von Schule ausgeht, nicht aufzulösen vermögen. Bender warnt sogar vor einer „Ausblendung realer

Schwierigkeiten […] durch die Orientierung am Modus ästhetischer Erfahrung" (Bender 2010, S. 354).

Ackermann beschreibt ausgehend von den Ergebnissen ihrer empirischen Studie die Kulturschule als einen „offenen Erfahrungsraum, in dem Ungewissheiten des Alltäglichen wie des Künstlerischen und die spielerische Erprobung von Selbstentwürfen der Subjekte einen Platz haben" (Ackermann et al. 2015, S. 237). Sie hebt aber ebenso hervor, dass im schulischen Regelungszusammenhang dadurch das „Vergewisserung bietende ‚Objektive' der Fachinhalte sowie dessen herkömmliche Vermittlungswege und Aneignungsweisen […] zeit- und phasenweise das Normierte und Standardisierte" (ebd.) in Frage gestellt werden. Diese Verunsicherung durch den *Verlust des Eindeutigen* (Kathke 2014) sowie der vereindeutigenden Praxen der Anerkennung befindet sich in konträrer Ausrichtung zu der beschriebenen institutionellen Begrenzung von Anerkennung. Es ist daher bezeichnend, dass Ackermann in ihrer Studie nachweisen kann, dass die Lehrer*innen in Schulen des hessischen Landesprogramms „KulturSchulen"[25] mit der Integration des *Ästhetischen als Gestaltungsprinzip* (Fuchs 2012) der Schule zwar das Anliegen verbinden, „Kinder und Jugendliche in ihrer Persönlichkeitsentwicklung zu stärken" (Ackermann et al. 2015, S. 224), letztlich aber die Absicht verfolgen, den schulischen Leistungsauftrag umzusetzen. Denn die „Erwartung ist auch, dass das abwechslungsreiche kreative Angebot und ein selbständiges Lernen der Schülerinnen und Schüler zu schulischem Lernen motiviert'" (ebd.), so Ackermann. Bromba und Gördel konstatieren eine „relativ geringe Passung" (vgl. Bromba/Gördel 2019, S. 22) zwischen den Zielen, die Schulen mit der systematischen Verankerung ästhetisch-kultureller Praxis verbinden, und den pädagogischen Prinzipien und allgemeinen Grundsätzen, die sie für ihre Arbeit als Schule als ausschlaggebend angeben. Hieraus lässt sich die These ableiten, dass das *Ästhetische als Gestaltungsprinzip* (Fuchs 2012) von den Akteuren zum einen für eine Kompensation der alle in der Schule agierenden Individuen betreffenden Strategie der *Entöffentlichung* (Holzkamp 1995) ihrer relationalen Individualität als hilfreich angesehen wird. Zum anderen ist aber ebenso offensichtlich, dass eine Bewältigung des formalen Bewährungsdrucks, der jenseits der informellen homogenisierenden Schulkultur besteht, durch die Integration des Ästhetischen nicht geleistet werden kann. Dieser Eindruck verstärkt sich durch den Hinweis Brombas und Gördels, dass in Kooperationen der Schule mit externen Kulturpartnern eine deutlich höhere Korrelation von Zielen und pädagogischen Prinzipien vorliegt: „Eine höhere Übereinstimmung liegt zwischen den Zielen vor, die Schulen mit kultureller Schulentwicklung einerseits und mit Kulturkooperationen andererseits verfolgen: Auf Platz eins liegt bei beiden Handlungsbereichen das Ziel der „Förderung der Persönlichkeitsentwicklung

---

25 https://kultur.bildung.hessen.de/kulturelle_praxis/kulturschule_hessen/, letzter Zugriff 27.03.2020

der Schüler*innen", wenn auch mit einer anderen prozentualen Verteilung. Für kulturelle Schulentwicklung wird dieses Ziel durch rund 54 Prozent der teilnehmenden Schulen angegeben und für Kulturkooperationen zu rund 72 Prozent" (Bromba/Gördel 2019, S. 64 f.). Die im institutionellen Leistungssystem der Schule verankerten pädagogischen Prinzipien müssen einen substantiellen Beitrag zur Bewährung der Einzelschule erbringen. Ziele, die mit der vergegenwärtigenden ästhetischen Erfahrung verbunden werden, laufen über die institutionelle Funktionslogik hinaus. Die erhöhte Passung von Zielen, die mit ästhetischen Lehr-Lern-Situationen verbunden werden, und pädagogischen Prinzipien, die für außerschulische Kooperationen gelten, ist deshalb plausibel, weil diese nicht allein dem schulischen Leistungssystem unterworfen sind. Externe Kooperationen erweitern das Feld der Anerkennung bzw. die Anerkennbarkeit der mit ästhetisch-kultureller Praxis verbundenen Veränderungspotentiale und Neu-Interpretationen. Der Hinweis Benders, dass die antinomische Grundstruktur von Schule eine „polare Ausformung" (Bender 2010, S. 357; vgl. Kapitel 8.3, S. 228) zugunsten institutionell dysfunktionaler Ziele und Prinzipien zulasse, kann in Kooperationsprojekten, die als Ausnahmen den schulischen Alltag bereichern und auf die zeitlich befristete Integration abweichender Funktionslogiken zielen, umfänglich ausgespielt werden. Bender problematisiert jedoch Effekte, die sie mit der Absicht einer regulären Integration des *Ästhetischen als Gestaltungsprinzip* (Fuchs 2012) verbunden sieht. Eine strukturelle Orientierung der Schulorganisation an den Eigenschaften ästhetischer Erfahrung beschreibt Bender unter Rückgriff auf Oevermanns Verständnis von ästhetischer Erfahrung als *Krise in Muße* (vgl. Kapitel 7.1, S. 166 f.; Oevermann 2004, S. 168). Der Versuch einer Ästhetisierung der schulischen Bewältigungsstrategien, die angesichts ihres Leistungsauftrags notwendig werden, kennzeichnet Bender als den Versuch einer „Krisenlösung durch Muße" (Bender 2010, S. 354), die eine Verkennung des schulischen Gestaltungsauftrags beinhaltet: „Es entsteht eine Distanz zu dem Ernst der Wirklichkeit und der diese grundsätzlich bestimmenden Bewährungsdynamik, so dass eine strukturelle Nähe zum Mythischen aufgebaut wird", so Bender (ebd.). Dem gegenüber verdeutlicht sie, dass in der Schule als gesellschaftlicher Institution Krisenlösungen, die im alltäglichen Handeln und in der Verantwortung für Kinder und Jugendliche eingefordert werden, verlässlich und im Sinne professionellen Handelns „über bestimmte Kriteriensysteme legitimiert" (Bender 2010, S. 355) sein müssen: „Die Notwendigkeit, in der Schule Krisenlösungen für reale und unmittelbare Entscheidungssituationen zu finden, wodurch sie symbolisch dominant auf unmittelbare Bewährungsproblematiken […] bezogen bleibt, die nach einer Legitimation des Handelns als Richtigem oder Falschem verlangt, konfligiert mit der programmatischen Kunstorientierung" (ebd.). In der Analyse kunstorientierter Schulprofile kann Bender bestätigen, dass eine Aussetzung der schulischen Bewährungsdynamik nicht möglich ist, allenfalls phasenweise überdeckt werden kann. Das Versprechen einer

Krisenlösung durch Muße zeigt sich im Moment der Wiedereinsetzung der institutionellen Leistungsüberprüfung als brüchig und individualisiert die Bewältigung dieses krisenhaften Bruchs: „Die z.B. in den freien Arbeitsphasen des Kunstunterrichts möglich werdende ästhetische Selbstvergewisserung wird im Falle wieder einsetzender unterrichtsbezogener Bewältigungssituationen maximal eingeschränkt oder gar vollständig zurückgedrängt. Nur Kinder, die […] in der Lage sind, mit den Grenzen der unterschiedlichen Erfahrungsmodi reflexiv umzugehen und sie jeweils bei den zur Verfügung stehenden Gelegenheiten auszublenden, können sich unproblematisch auf einen solchen Wechsel einlassen. Wenig Konfliktpotenzial ergibt sich in Bezug auf die Schüler, die […] die Schule nicht als einen Ort ästhetischer Erfahrung in Anspruch nehmen, sondern die Kunstbetonung lediglich für die Bestätigung bestehender habitueller und lebensweltlicher Orientierungen nutzen" (Bender 2010, S. 355). Für eine grundständige Integration des Ästhetischen in der Schule ergibt sich somit eine doppelte anerkennungstheoretische Problematik. Zum einen gilt für eine ästhetische Profilierung von Schule, dass sie auch jenseits schulkultureller Bevorteilungen bestimmter Schüler*innengruppen (vgl. Kapitel 6.4, S. 135; Helsper et al. 2001, S. 26) eine erweiterte habituelle Passung einfordert. Diese ergibt sich besonders dann, wenn die Bewältigung des krisenhaften Bruchs des ästhetischen Versprechens nicht durch eine entsprechende Organisation der *ästhetischen Lernumgebung* aufgefangen, sondern den Kindern und Jugendlichen überlassen wird. Zum anderen ergibt sich aus der von Bender dargestellten Problematik, dass eine Integration ästhetischer Erfahrung nicht ausreicht, um die *verdoppelnde Verkennung* von Kindern und Jugendlichen als Leistungssubjekte in der Schule überwinden zu können: „Das bedeutet, dass eine Stärkung der Kunst in der Schule nicht mit einem Ausblenden oder einer einseitigen Auflösung der grundlegenden Antinomien pädagogischen Handelns zugunsten der ganzen Person des Schülers, seiner individuellen, biografisch geprägten Auseinandersetzungen und Erfahrungen mit den Dingen und seiner dafür konstitutiven individuellen und habituellen Fähigkeiten und Voraussetzungen sowie der daraus folgenden Ausrichtung der didaktischen Praxis am Einzelfall und der konkreten Situation [..] einhergehen kann" (Bender 2010, S. 356).

Die Fragestellung, wie für Kinder und Jugendliche in der Schule Freiheitsgewinne gegenüber institutionellen Aufforderungen und Verhaltenserwartungen zugänglich gemacht werden können, hat auf die Notwendigkeit der Bildung eines *Abstands* (vgl. Seel 1993, S. 49) verwiesen. Dieser *Abstand* sollte dem Anspruch der Untersuchung nach Jugendlichen und Kindern die Möglichkeit erschließen, sich in der Schule in der Auseinandersetzung mit den schulischen Normen der Anerkennung als differentes und involviertes Individuum zu erfahren. Um Schule als Gelegenheit zu sich und zu Anderen sowie als einen mit Anderen geteilten Ort der Individuation erschließen zu können, galt es ein reflexives Moment aufzusuchen, das in seiner Struktur der durch Differenz und Involviertheit doppelt bedingten Individualität korrespondiert. Als dieses Moment wurde ästhetische Erfahrung als ein vollzugsorientierter Modus der Reflexion identifiziert. In der Auseinandersetzung mit dem institutionellen Charakter von Schule (vgl. Kapitel 6) konnte diese in ihrem Auftrag zur Leistungserbringung u.a. in ihren Strategien der *Entöffentlichung* (Holzkamp 1995) und Homogenisierung beschrieben werden. Eine Schule der Anerkennung steht nun vor der Herausforderung, sowohl Möglichkeiten der Veröffentlichung der relationalen, über die Funktionslogik der Schule hinauslaufenden Individualität von Kindern und Jugendlichen bereitzustellen, als auch den institutionellen Auftrag von Schule erfüllen zu müssen. Es konnten Anforderungen formuliert werden, die ausgehend vom Prinzip relationaler Individualität für die Gestaltung einer Schule der Anerkennung, die nicht allein auf den institutionellen Auftrag begrenzt ist, herangezogen werden sollten (vgl. Kapitel 8.1). Diese Anforderungen berücksichtigen daher in besonderer Weise die Doppelbedingtheit von Individualität aus Differenz und Involviertheit, die sich sowohl auf außerschulische als auch auf schulische Erfahrungsräume bezieht. Eine Formulierung von Anforderungen an eine Schule der Anerkennung in Orientierung am Prinzip relationaler Individualität erscheint nicht zuletzt deshalb sinnvoll, weil eine Zusammenführung schulischer Anerkennung und der Anerkennungspotenziale ästhetischer Erfahrung in ihren wechselseitigen Begrenzungen zu einem neuen Paradigma der Anerkennung nicht möglich ist (vgl. Kapitel 8.4). Es scheint daher plausibel, dass das Individuum in einer Schule der Anerkennung nicht aus seiner Rolle als Akteur im institutionellen Mehrebenensystem der Schule befreit werden kann. Seine Position als institutioneller *Mitspieler* (Wernet 2008) kann jedoch dahingehend erweitert werden, dass seine Relationalität eine Artikulation erfährt, die das Spannungsverhältnis von Differenz und Involviertheit als Gestaltungsprinzip in der Schule etabliert.

Mit Blick auf die gegensätzliche Orientierung theoretischer Wissensformen und ästhetischer Erfahrung schlägt Duncker die Gestaltung des Unterrichts als „Spannungsfeld" (Duncker 2018, S. 220; vgl. Duncker 2015, S. 144 f.) vor. Anhand von Überlegungen zum Verhältnis der Wissensformen im Unterricht skizziert er drei Modelle, die er deshalb als unzureichend beschreibt, weil sie eine potenzialerschließende Relation jeweils abwehren:

–   „Die *reduktive Lösung* versucht, entweder nur die ästhetischen und die wissenschaftsorientierten Zugänge gelten zu lassen. Ein rein wissenschaftsorientierter Unterricht verkennt und ignoriert die Bedeutung der ästhetischen Dimensionen im Lernen und umgekehrt.

–   Die *additive Position* stellt ästhetische und wissenschaftsorientierte Zugänge in einer nur aufzählenden Weise nebeneinander und übersieht dabei das oft widersprüchliche und spannungsreiche Wechselspiel zwischen beiden Prinzipien.

–   Die *hierarchische Konstruktion* versteht die eine Seite als Dienstleistung für die andere, wobei dies bislang nur in einer Richtung zum Ausdruck kommt, nämlich insofern, als der ästhetische Einstieg dazu dient, die motivationalen und anschaulichen Grundlagen herzustellen, um im weiteren Verlauf des Unterrichts zu wissenschaftlichen Erkenntnissen aufzusteigen. Der umgekehrte Weg, dass nämlich die wissenschaftliche Bearbeitung und Klärung der Phänomene auch neue ästhetische Erfahrungen anstoßen und hervorbringen kann, ist m. E. bislang in der Didaktik noch kaum angesprochen worden" (Duncker 2018, S. 219 f.).

In der Konstruktion eines vierten Weges geht er von der prinzipiellen Gleichberechtigung beider Wissensformen aus, die er in einem dialektischen Verhältnis sieht. „Ein solches Spannungsfeld lässt sich jedoch nur dann erfassen", so Duncker, „wenn ästhetisch-imaginative und wissenschaftlich-rationale Wege zunächst als gegensätzliche und nicht in einander überführbare Verhältnisse des Menschen zu seiner Lebenswirklichkeit begriffen werden, die erst in konkreten Lernsituationen enthalten und mit ihnen verwoben sein können" (Duncker 2018, S. 220). Indem Duncker auf *konkrete Lernsituationen* als Moment der Vermittlung der Wissensformen verweist, tritt das Individuum als Bezugspunkt in Erscheinung. Die Auseinandersetzung Dunckers mit unterschiedlichen Wissensformen aufgreifend, könnten nicht nur unterrichtliche Sequenzen, sondern die Kulturschule als Ganzes als *Spannungsfeld* entworfen werden. Denn eine Kulturschule als eine Schule der Anerkennung ist nicht dadurch zu konturieren, dass der institutionelle Auftrag von Schule durch den Versuch ihrer Ästhetisierung verwischt wird, so dass Schüler*innen das nicht haltbare Versprechen der „Bewältigung des Schulischen [...] über das Durchleben von Krisen durch Muße in Aussicht gestellt" wird (Bender 2010, S. 356). Sie ist aber ebenso nicht allein durch die organisatorische Trennung und durch ein multiprofessionelles Fachpersonal aus Lehrkräften und Künstler*innen zu erreichen, wie Bender vorschlägt (vgl. ebd.). Die Gestaltung einer Kulturschule ist auf die Herstellung eines reflexiven Spannungsverhältnisses angewiesen, das sich an Dimensionen der Anerkennung orientiert, die mit dem Prinzip relationaler Individualität korrespondieren. Die Integration des Ästhetischen in der Schule wäre demnach in Form einer reflexiven Organisation unterschiedlicher Bestandteile des Schullebens vorzunehmen. Dies beinhaltet auch eine Befähigung sowie eine Förderung der individuellen Reflexion von Kindern und Jugendlichen, die auf die Vergegenwärtigung der eigenen Differenz und Involviertheit in der Schule als Institution hinausläuft.

8.6 Ästhetisch-diskursive Reflexion und kreative Felder in der Kulturschule

Die Untersuchung hat zeigen können, dass die schulische Grundsituation für Kinder und Jugendliche von der Erfahrung einer Reduzierung und Begrenzung ihres Status als differentes sowie sozial und kulturell involviertes Individuums geprägt ist. Mit der institutionellen Begrenzung der Anerkennbarkeit ihrer über die schulischen Normen hinauslaufenden Individualität wird für Kinder und Jugendliche die Möglichkeit, das eigene Fühlen, Denken und Handeln in der Schule nach eigenen Standards zu gestalten und sich selbst in ihnen zugänglich zu sein, begrenzt. Dies erschwert es nicht nur, institutionelle Verhaltenserwartungen zu hinterfragen und u. U. zu kritisieren, sondern vor allem auch, diese vor dem Hintergrund der eigenen Individualität zu interpretieren, ggf. neu zu deuten und sie als relevante Gelegenheit zu sich und zu anderen zu erkennen und sinnstiftend zu nutzen. Damit Schule als Ort der Anerkennung der relationalen Individualität von Kindern und Jugendlichen profiliert werden kann, müssen die mit dem institutionellen Gefüge verbundenen Normen und Praktiken für Kinder und Jugendliche als Bedeutung erzeugende Prozesse ihrer Selbst- und Welterschließung erfahrbar werden. Es geht somit um die Artikulierbarkeit der Differenz und Involviertheit von Kindern und Jugendlichen in der Schule. Für die Anerkennung relationaler Individualität ist es maßgeblich, die Doppelstruktur von Differenz und Involviertheit innerhalb der Schule auffällig werden zu lassen. Dies bedeutet, dass auch der institutionelle Regelungszusammenhang der Schule als *Medium* erschlossen werden muss, das dem Subjekt *Hinsichten* (Seel 2002) seines individuellen Selbst- und Weltverhältnisses anbietet. Eine positive Einstellung zur Schule und zu ihren institutionellen Verhaltenserwartungen gilt als eine entscheidende Variable für den Schulerfolg von Kindern und Jugendlichen (vgl. Fraij/Maschke/Stecher 2015, S. 169) sowie mittelbar für die Erfüllung des Leistungsauftrags der Institution Schule. Ausgehend vom Prinzip einer relationalen Individualität ist dieses positive Verhältnis jedoch daran gebunden, das Spannungsverhältnis von Differenz und Involviertheit von Kindern und Jugendlichen anhand des Bestimmtseins in der Institution zu artikulieren. Denn wenn das institutionell geprägte Bestimmtsein artikulierbar ist, wird die Involviertheit von Kindern und Jugendlichen sichtbar und als *Hinsicht* zugänglich (vgl. Kapitel 7.4, S. 187). Dies ist für die individuelle Differenzbildung wiederum grundlegend. Wenn institutionelles Bestimmen als *Hinsicht* markiert wird, dann verliert es zwar nicht seine Bedeutsamkeit für ein institutionelles *Zusammenhandeln* (Fend 2008) der Akteure. Es verliert jedoch seine normative Absolutheit gegenüber den Selbst- und Weltverhältnissen der Kinder und Jugendlichen als Individuen.

Die Überlegungen zu ästhetischer Erfahrung und der ihr zugeordneten Praktiken haben gezeigt, dass es eine Fehleinschätzung wäre, diese als das Ende von Bestimmt-sein zu verstehen. Vielmehr vergegenwärtigt ästhetische Erfahrung dem Individuum, dass *Sich-bestimmen-lassen* (Seel 2002) die Voraussetzung für einen *Sinn für das Besondere* bzw. für das Ergreifen übersehener Möglichkeit sein kann (vgl. Kapitel 7, S. 161). Sich selbstbestimmt einem *Sich-Bestimmen-lassen* auszusetzen, bedeutet in der ästhetischen Erfahrung, die Aufmerksamkeit für das Erscheinen eines Gegenstands oder einer Situation als die eigene Gegenwart zu vergegenwärtigen. Ästhetischer Erfahrung und ihren Praktiken kann daher das

Potential zugeschrieben werden, die institutionellen Begrenzungen der Schule als für die in der ästhetischen Erfahrung eröffneten Möglichkeitsräume vorgängig zu erschließen. In der *kunstästhetischen* Praxis kann es sogar gelingen, Objekte und Situationen so zu konstellieren, dass deren Wahrnehmung durch andere die individuellen Selbst- und Weltverhältnisse eines Subjekts in der Bedeutsamkeit artikuliert, die sie für das Subjekt selbst besitzen. Dem gegenüber nehmen sich die Entwürfe ästhetischen Lernens bei Kuschel (vgl. Kapitel 8.3, S. 232 ff.; Kuschel 2015, S. 37 ff.) sowie des ästhetischen Lehrens bei Klepacki et al. (vgl. Kapitel 8.3, S. 237 f.; Klepacki/Klepacki/Lohwasser 2016, S. 50) als „eine ‚kürzere' Utopie, alltäglicher und ein wenig näher an dem, was wirklich geschieht" (Bilstein 2009, S. 85), aus. Johannes Bilstein sieht im ästhetischen Lernen und Lehren, welches er vor allem in den künstlerischen Schulfächern verortet, ein gemindert utopisches Ansinnen, indem Kindern und Jugendlichen „vorgemacht und gezeigt wird, was man mit den Augen alles sehen und erfassen, was man mit den Händen alles gestalten und malen kann, welche Klang-Schönheiten man mit den Mitteln des Leibes hervorbringen kann; dass sie einen Blick darauf und ein Gespür dafür gewinnen, wie reich und bunt und vielfältig die Welt ist, in die sie hineinwachsen sollen: Voller Bilder und Dinge, Plastiken und Zeichnungen, voller Töne und Klänge, Melodien und Gesänge" (ebd.). Dieses Anliegen grundieren Klepacki und Zirfas (2009) sowie Reinwand-Weiss (2017) durch Entwürfe für eine ästhetische Alphabetisierung, die ästhetischem Lernen zugrunde gelegt wird (vgl. Kapitel 8.3, S. 234 f.). Neben theoretischem Wissen sowie überprüfbaren Fertigkeiten und Fähigkeiten integrieren sie in ihren Zugang ebenso praxisimmanente Wissensformen sowie die unreduzierbare Subjektivität ästhetischer Erfahrungsprozesse. Damit lässt sich der Begriff ästhetischen Lernens nicht auf die funktionale Begrenzung eindeutiger Sinnordnungen in der Schule reduzieren. Auch der Entwurf Klepackis et al. (Klepacki/Klepacki/Lohwasser 2016) zielt auf ein Verstehen, dass sich nicht völlig der Bestimmtheit schulischer Sinnordnungen unterstellen lässt. Zwar beanspruchen auch Klepacki et al. für die Herstellung einer ästhetischen Urteilsfähigkeit durch ästhetisches Lehren anteilig theoretische Wissensformen. Dies jedoch verbunden mit dem Ziel, auch das Ästhetische als anerkennbares Erkenntnisprinzip zu etablieren (vgl. Kapitel 8.3, S. 238). Gleichwohl verdeutlichen sie die Notwendigkeit, aisthetisch-erfahrungsbezogene Ebenen der Wahrnehmung, ästhetische Hervorbringung und Verstehen ästhetischer Phänomene systematisch miteinander zu verbinden (vgl. Klepacki/Klepacki/Lohwasser 20016, S. 58). Dies impliziert, dass eine ästhetische Lernumgebung vor der Herausforderung steht, Sinnordnungen und Praktiken, die mit nicht-theoretischen Wissensformen verbunden sind, in theoretische Wissensformen, die eine Einordnung in die schulische Funktionslogik ermöglichen, zu transformieren. Es ist fraglich, wie dies angesichts der Prinzipien der Versachlichung entlang der universalistischen Leistungsachse möglich ist. Des Weiteren impliziert diese Reintegration der Wissensformen ästhetischer

Lern- und Lehrprozesse in die institutionelle Funktionslogik die Gefahr einer Abwertung und Abwehr der außerschulischen Involviertheit bzw. der Involviertheit in soziale und kulturelle Praktiken, letztlich aller relationaler Momente der Individualität von Kindern und Jugendlichen, die nicht schon durch die Funktionslogik der Schule erfasst werden.

Mit Ackermann (2015), Bender (2010) sowie Bromba und Gördel (2019) konnte verdeutlicht werden, dass eine durchgängige Ästhetisierung der Schule nicht möglich ist. Der gesellschaftliche Leistungsauftrag bleibt in der institutionellen Prägung der Schule bestehen. Dies drückt sich u. a. in der Beibehaltung pädagogischer Prinzipien, welche einer universalistischen Leistungsüberprüfung verpflichtet sind, der Unterbrechung experimenteller ästhetischer Praxis durch formale Bewertungs- und Benotungsnotwendigkeiten oder allein in der Absichtserklärung, ästhetische Praxis als Anbahnung schulischen Lernens einzusetzen, aus. Aber auch die Entwürfe für ein ästhetisches Lernen und Lehren zeigen auf, dass sich das Ästhetische in der Schule nicht durchgängig in seiner vollzugsorientierten Bedeutungsvarianz und -instabilität aufrechterhalten lässt. Sowohl die Neuentwürfe einer ästhetischen Alphabetisierung als auch der Vorschlag, ästhetisches Lehren als einen schulpädagogischen Absichtsbegriff zu etablieren, verbleiben nicht im subjektiven Bereich der ästhetischen Erfahrung. Zwar erweitern die neueren Entwürfe zur ästhetischen Alphabetisierung Mollenhauers resignativen Vorschlag einer *Zerstückelung des Sperrguts* (Mollenhauer 1990a) um performative Momente, die ein Einüben im Umgang mit dem *Verlust des Eindeutigen* (Kathke 2014) beabsichtigen. Dennoch kann auch hier das ästhetische Prinzip nicht bruchlos integriert werden, sondern findet seine schulische Anschlussfähigkeit im Einüben von Fertigkeiten und Fähigkeiten sowie in der diskursiven Bestimmung und Bewertung ästhetisch-kultureller Praktiken und ihrer Produkte als Zeichensysteme. Ästhetisches Lehren, so heben Klepacki et al. hervor, arrangiert die Prozesse zwar um ein ästhetisches Erkenntnisprinzip, kommt aber letztlich nicht umhin, eine Verhältnisbestimmung zwischen aisthetischen, ästhetischen und theoretischen Wissens- und Erkenntnisformen vorzunehmen. Diese Verhältnisbestimmung läuft aufgrund des nicht aufgelösten institutionellen Leistungssystems auf eine Reorganisation der gewonnenen Erkenntnisse nach den schulisch funktionalen Leitprinzipien hinaus. Weil der Gehalt ästhetischer Erfahrung jedoch an den Vollzug derselben gebunden ist, bedeutet eine Reintegration zugleich den Verlust ihrer Bedeutsamkeit, die sich allein als *dynamischer Formverlauf zusammengehöriger Ambivalenzen* ereignet. Die Diskontinuität des ästhetischen Prinzips in den Neuentwürfen ästhetischer Alphabetisierung sowie im Vorschlag ästhetischen Lehrens beruht jedoch nicht ausschließlich auf der Absicht der Reintegration ästhetischer Erkenntnisse in die schulische Sinnordnung. Die Diskontinuität gegenüber zweckgebundenen Wahrnehmungseinstellungen und Handlungsvollzügen zeichnet stattdessen ästhetische Erfahrung und die mit ihr verbundenen Bedeutungsbildungen als solche aus. Ästhetische Erfahrung und die ihr zugeordneten Praktiken können als eine Praxis der Anerkennung beschrieben werden, weil sie in der relationalen Verwiesenheit von Differenz und Involviertheit des Individuums das Prinzip ihrer Artikulation von Bedeutsamkeiten findet. Ästhetische Erfahrung ermöglicht es Kindern und Jugendlichen, die Begrenzung schulischer Anerkennung zu überschreiten und auf die prozesshafte Relationalität ihrer Individualität aufmerksam zu werden. Sie beinhaltet damit eine Neu-Interpretation des Verhältnisses des Individuums zu der es umgebenden physischen, sozialen und kulturellen Welt. Weil diese neue Verhältnisbestimmung an den Vollzug einer Erfahrung gebunden ist und nur in dieser bedeutsam ist, kann ästhetische Praxis nur relative, d. h. durch Veränderbarkeit und begrenzte Gültigkeit gekennzeichnete, Versionen des Individuums von sich selbst und der Welt generieren. Indem ästhetische Erfahrung also vor allem Begegnungen mit *Versionen der Welt* (vgl. Kapitel 8.4, S. 243; Seel 1993, S. 49) ermöglicht, liefert sie keine verlässlichen Orientierungen und ist als durchgängiges Handlungsprinzip nicht belastbar.

Die Kulturschule steht nun in der doppelten Anforderung, sowohl ihren institutionellen Leistungsauftrag erfüllen als auch die institutionelle Verkennung von Kindern und Jugendlichen begrenzen zu müssen. Institutionelle schulische Anerkennung und Anerkennungspotenziale ästhetischer Erfahrung stehen sich in ihrer jeweiligen Begrenztheit gegenüber. Während die schulische Ausformung der unterschiedlichen Dimensionen der Anerkennung innerhalb der institutionellen Funktionslogiken eingegrenzt sind, ist die ästhetische Auslegung der Anerkennung auf eine Überwindung begrifflicher und funktionaler Begrenzungen ausgerichtet und bleibt erfahrungs- und situationsgebunden. Aufgrund ihrer widerstrebenden Begrenzungen können schulische und ästhetische Anerkennung nicht ineinander überführt werden. So folgerichtig Benders Vorschlag erscheint, „Orte für Krisen durch Muße deutlicher von den schulischen Bewährungssituationen zu trennen" (Bender 2010, S. 356), so sehr ist im Sinne eines erweiterten Anerkennungsgefüges ein beziehungsloses Nebeneinander beider Seiten der Anerkennung zu vermeiden. Die Kulturschule ist vielmehr auf die Herstellung eines reflexiven Spannungsverhältnisses angewiesen, welches weder die Begrenzungen beider Seiten der Anerkennung relativiert noch das Potential der Veränderungsmöglichkeiten unterschlägt, das sich aus der Begegnung institutionell geprägter schulischer Anerkennung und der Anerkennungspotentiale ästhetischer Erfahrung ergibt. Ziel der Konstellierung eines solchen Spannungsverhältnisses ist die Herstellung eines Freiheitsgewinns von Kindern und Jugendlichen gegenüber institutionellen Verhaltensaufforderungen und Nutzungserwartungen, um sich zu diesen nicht allein als Schüler*in, sondern aus der Position eines relationalen Individuums verhalten zu können. Damit Jugendliche und Kinder sich zu den schulischen Normen der Anerkennung als relationale Individuen verhalten können, benötigen sie die Möglichkeit, sich ihrer Differenz zu und ihrer gleichzeitigen Involviertheit in der Schule erfahrend inne zu werden. Weil sich diese Vergegenwärtigung als Vergegenwärtigung des Spannungsverhältnisses der Doppelbedingtheit von Individualität aus Differenz und Involviertheit vollzieht, sind Kinder und Jugendliche zugleich auf Praktiken angewiesen, vermöge derer sie die Bedeutsamkeit ihres relationalen Selbst- und Weltverhältnisses sich und anderen gegenüber vergegenwärtigen und darbieten können. Ästhetische Erfahrung und die ihr zugeordneten Praktiken ermöglichen einen Modus erfahrungsorientierter Selbstreflexion des eigenen *materialen* und *medialen Bestimmtseins*, der sowohl die Gegenwärtigkeit der spannungsvollen Relation des Individuums in der physischen, sozialen und kulturellen Welt zur Erfahrung bringt als auch zu *selbstbestimmten Praktiken* anleitet, die eine Durchbrechung vorfindlicher Deutungen initiieren. Die Kulturschule muss sich somit zum einen auf ein nicht auflösbares Spannungsverhältnis von schulischer und ästhetischer Anerkennung einlassen, damit Kinder und Jugendliche sich in der Schule mit ihren eigenen Zwecken wiedererkennen können und sich ausgehend von dieser Erfahrung als Individuen zur Schule und ihrem Möglichkeitsausstand positionieren können. Zum anderen kann dieses Spannungsverhältnis jedoch vor allem dann zur Anerkennung von Kindern und Jugendlichen als relationale Individuen beitragen, wenn es als ein reflexives hergestellt wird. Reflexiv soll dieses Spannungsverhältnis dahingehend sein, als die von Bender empfohlene Trennung nicht bloß als solche organisiert, sondern als bedeutungsvoll und bedeutungsstiftend artikuliert wird. Dies heißt, dass erstens die schulische Auslegung von Anerkennung und zweitens die Anerkennungsmomente ästhetischer Erfahrung und Praxis als eigenständige Bereiche thematisiert und in ihrer Begrenzung als legitimiert hervorgehoben werden. Drittens gilt es jedoch, die Grenze beider Rationalitäten der Anerkennung als eigenen Ort einer reflexiven Verhältnisbestimmung auszuweiten.

Jenny Lüders diskutiert Möglichkeiten einer Markierung der machtvollen Begrenzung von Prozessen der Selbst- und Weltaneignung. Sie macht deutlich, „dass es sich nicht darum handelt, *neue* Wahrheiten oder Subjekte zu konstituieren" (Lüders 2004, S. 66). Vielmehr zielt die von ihr befragte Möglichkeit der Grenzmarkierung darauf, „jene machtvollen Konstitutionsmechanismen zu *unterlaufen*" (ebd.), die Wissensformen und Praktiken der individuellen Reflexion und Positionierung begrenzen. Lüders bezieht die Begrenzung vor allem auf diskursive Praktiken, innerhalb derer Individuen als Akteure gestiftet werden. Dieser machtförmigen Zurichtung von Subjekten stellt sie den Gedanken einer „zufällige[n] Bewegung der Brechung, Verschiebung und Öffnung – also, die ‚Ereignishaftigkeit' des Diskurses in sich selbst" gegenüber (ebd., Hervorhebung im Original, TB). Lüders machtkritische Diskussion ist deshalb interessant, weil sie auf die Möglichkeit hinweist, in einer entsprechenden reflexiven Bewegung die *verdoppelnde Verkennung* des individuellen Subjekts im institutionellen Gefüge der Schule bzw. die Potenzialität von Schule als Ort der Individuation artikulieren zu können.[26] Zugleich problematisiert Lüders die Frage, ob eine diskursiv bestimmte und bestimmende Reflexion gleichermaßen „regelhaftes Geschehen *und* Überschreitung der Regel [...]" (Lüders 2004, S. 60, Hervorhebung im Original, TB) ermöglichen kann. In ihrer Antwort verweist sie auf eine ereignishafte Überschreitung der begrifflichen Bedeutungsbestimmungen, indem sie in Anschluss an Foucaults Begriff des Archivs[27] „die Gesamtheit von Regeln, die eine momentane diskursive Praxis regulieren" (ebd.) als gleichrangige Momente versteht. Ein veränderter Umgang mit den Regeln der diskursiven Reflexion öffnet im Sinne *selbstbestimmter Praktiken* den Diskurs nicht nur für neue Bedeutungsbildungen, sondern wirkt auch auf diesen selbst zurück: „Da das Archiv selbst *in* der diskursiven Praxis hervorgebracht wird, könnte jede sprachliche Performanz den unvorhersehbaren Effekt haben, dieses Archiv mitsamt seinen Grenzen zu verschieben" (Lüders 2004, S. 61, Hervorhebung im Original, TB). Indem Lüders von der *Performanz* der diskursiven Reflexion spricht, lässt sich eine unmittelbare Nähe zur ästhetischen Erfahrung als vollzugsorientierte Darbietung erkennen. Auch diese betrifft nicht nur das Selbstverhältnis des Individuums, sondern unterzieht auch die Bedeutsamkeit des Wahrnehmungsgegenstands einer Transformation. In der performativen Verschiebung der Grenzen des Diskurses durch ästhetische Praxis werden dessen Grenzen als Grenzen sichtbar und befragbar. In dieser Markierung der Grenzen des Diskurses, von dem Bestimmungen entlang geteilter Normen der Anerkennung ausgehen, sieht Lüders ein ereignishaftes Unterlaufen der Begrenzungen, die sie als machtvolle Praxis der Unterwerfung des Subjekts unter hegemoniale Leistungslogiken versteht. In erfahrungsbezogenen Praktiken erkennt sie hingegen Bewegungen, um die Begrenzungen als solche sichtbar zu machen und sie darüber hinaus auch zu verschieben: „Diese Bewegungen entsprechen einer indirekten Annäherung an die eigenen Grenzen. In dieser Annäherung wird die Unterwerfung nicht negiert oder aufgehoben. Sie wird stattdessen in subversiver Weise selbst zum Gegenstand des Diskurses: Nämlich indem die Unterwerfung verdoppelt (also markiert) wird, und gleichzeitig in dieser Verdopplung die markierten Grenzen maskiert, zerstreut und deplaziert werden" (Lüders 2004, S. 66). Während Lüders Beitrag auf eine *Zerstreuung* der machtökonomischen Grenzen ausgerichtet ist, kann es in dem intendierten Reflexionsraum zwischen schulischen und ästhetischen Auslegungen der Anerkennung nicht um deren Aufhebung, sehr wohl aber um die Markierung der beiderseitigen Begrenzungen und Möglichkeiten gehen. Zu beachten ist allerdings, dass sich anerkennungstheoretisch die Begrenzung auf eine rein diskursive Reflexionsebene als unzureichend erwiesen hat

---

26 Lüders Gedanken eines *Markierens* der Grenzen gesellschaftlicher Ordnungen diskutiere ich auch in Braun (2010, S. 91 ff.); Dort jedoch unter der Fragestellung des Beitrags ästhetisch-kultureller Praxis zu Bildung als Lebenskompetenz. Diese lege ich dem Entwurf einer kulturellen Schulentwicklung als inklusiven Prozess zu Grunde.

27 Vgl. Lüders (2004, S. 60 ff.); Foucault (1991, S. 183 ff.).

(vgl. u. a. Kapitel 5.1.5). Stattdessen gilt es ausgehend vom Prinzip relationaler Individualität die Reflexion unter Einbeziehung verschiedener Wissensformen und Praktiken stattfinden zu lassen. In der Kulturschule soll die institutionelle Begrenzung der individuellen Anerkennung von Kindern und Jugendlichen daher durch ästhetische Erfahrung und die ihr spezifische Weise der vergegenwärtigenden Darbietung *markiert* werden. Im Folgenden werden für diese Markierung der Begrenzungen zwei unterschiedliche Zugänge vorgeschlagen. Sie unterscheiden sich in ihrem Bezugspunkt. Während mit – erstens – einer ästhetischen Reflexion der Phänomenalität des schulischen Regelungsgefüges eine Möglichkeit aufgerufen wird, die Begrenzung der Individualität von Kindern und Jugendlichen in der Schule darzubieten, thematisiert – zweitens – die Einrichtung spannungsvoller *kreativer Felder* (vgl. Burow 1999, S. 133) vor allem das Verhältnis unterschiedlicher Wissensformen und reflektiert Schule als Ort eines *expansiven Lernens* (Holzkamp 1995), das an den Erkenntnisinteressen von Kindern und Jugendlichen orientiert ist.

Die ästhetische Reflexion der Schule in ihrer zeitlichen, raum-dinglichen Organisation und bzgl. der begünstigten Rollen und Haltungen zielt darauf, das schulische Anerkennungsgefüge in den aisthetischen Wahrnehmungsgegenständen sowie performativen Praktiken des Schulalltags zu entdecken. Dies impliziert zum einen alle räumlichen Aspekte des Schulgebäudes und Schulgeländes, die sich dort befindenden Objekte wie auch die zeitliche Organisation der Schule. Zum anderen können aber auch Rollenzuweisungen sowie formale und informelle Praktiken und Prozesse ästhetisch reflektiert werden. Dies impliziert *elementarästhetische* und *kunstästhetische* Praktiken inkl. der dazugehörigen diskursiven Stellungnahmen. Die ästhetische Reflexion der Phänomenalität der Schule ermöglicht es Kindern und Jugendlichen, ihre Individualität durch ästhetisch-kulturelle Praxis in Relation zu den schulischen Normen der Anerkennung sichtbar zu machen. Zugleich artikuliert sie die begrenzte und Individualität begrenzende Beteiligung der Kinder und Jugendlichen an der Schule. In diesem Sinne müsste eine Kulturschule einen Perspektivenwechsel vornehmen, indem sie ästhetisch-kulturelle Praxis nicht nur zur „Kultivierung" ihrer Schüler*innen einsetzt. Es muss gleichermaßen ihr Ziel sein, sich selbst durch kulturell-ästhetische Praxis kultivieren zu lassen, d. h. das schulische Regelungsgefüge als *Wechselwirkungsprozess* (Busche 2018) zu entfalten.[28] Die skizzierte ästhetische Reflexion

---

28 Eckart Liebau (2009) fordert eine „Kultivierung der Schule" (Liebau 2009, S. 59 ff.) im Sinne einer „bestmöglichen Entwicklung der Schule der freien Künste" (ebd.). Er wendet sich gegen eine kulturelle Verarmung der Schule nach PISA (Liebau 2009, S. 60) und fordert Sicherung und Ausbau einer grundständigen Integration „der Künste (Theater, Literatur, Musik, Bildende Kunst, Sport)" neben den „Wissenschaften" als „das wesentlich definierende Element schulischer, gerade auch gymnasialer Bildung" (ebd.). Liebau zielt mit seiner Verwendung des Begriffs der *Kultivierung* auf ein „mehrpoliges Bezugssystem auf die Wissenschaften und die freien und praktischen Künste (Kultur und Kunst, Arbeit

der Schule kann als eine Intervention verstanden werden, die jedoch nicht mehr sein kann als eine Erinnerung und Ermutigung, nach eigenen Standards zu denken und zu handeln. Im institutionellen Regelungsgefüge bewähren können sich die hiermit verbundenen Darbietungen allenfalls, wenn sie zugleich den Standards der homogenisierenden Schulkultur entsprechen. Mit Bertram konnte nachgewiesen werden, dass ästhetisch-kulturelle Praxis gleichwohl evaluative, diskursiv reflektierende Stellungnahmen beinhaltet (vgl. Kapitel 7.3, S. 184; Bertram 2014, S. 145, S. 214). Eine Kultivierung der Schule impliziert demnach ebenso, dass ästhetische Reflexionen und Darbietungen mit Blick auf ihren Beitrag zu einer Anerkennung von Kindern und Jugendlichen sowohl als institutionelle Akteure als auch als relationale Individuen thematisiert werden. So wie im schulischen Anerkennungsgeschehen Kinder und Jugendliche überprüft werden, ob und welchen Beitrag sie zum institutionellen Leistungsgefüge der Schule leisten, so können ästhetische Erfahrungen und Darbietungen in der Kulturschule einer Überprüfung ausgesetzt werden, inwiefern sie einen Beitrag zur Reflexion des Spannungsverhältnisses des Status von Kindern und Jugendlichen als Individuen bzw. institutionellen Akteuren leisten. Diese Überprüfung erfolgt in den diskursiven Stellungnahmen von Kindern und Jugendlichen zu den aus der *kunstästhetischen* Praxis hervorgehenden konstellierten Objekten oder Situationen sowie in der nachgängigen Reflexion *elementarästhetischer* Praxis und ihrer Produkte. Die ästhetisch-diskursive Reflexion des Gegenstands Schule bedeutet weder allein ein Aussetzen funktionaler Bestimmungen noch allein ein Ausgrenzen uneindeutiger, prozesshafter ästhetischer Versionen von Selbst und Welt. Sie bedeutet vielmehr eine Aufmerksamkeit für die Widersprüche und Spannungsverhältnisse schulischer und ästhetischer Anerkennung. Statt deren Spannungsverhältnis zu übersehen oder im rhythmisierten Schulalltag durch Konzentration auf nur eine der beiden Seiten aus dem Wege zu gehen, können die spannungsvollen Widersprüche Anlass zu einer diskursiven wie auch ästhetischen Auseinandersetzung mit der Markierung der Position der Kinder und Jugendlichen werden. Diese Auseinandersetzung kann sowohl anhand ästhetischer

---

und Beruf, Politik und Öffentlichkeit)" (Liebau 2009, S. 62). Im weiteren Gang der vorliegenden Studie wird *Kultivierung* jedoch vor allem im Sinne einer durch ästhetische Erfahrung und die ihr zugeordneten Praktiken geführten Strategie zur Vergegenwärtigung der Begrenzung von Bedeutungsbildungen und Praktiken bzw. des Möglichkeitsausstands des schulischen Anerkennungsgefüges verwendet. Vgl. zu einer anderen Verwendung des Begriffs der *Kultivierung* der Schule auch Braun (2020, S. 96). Dort nutze ich den Begriff für eine Erläuterung eines im Konzept der kulturellen Schulentwicklung angebahnten „Evolutionsprozess[es]" (ebd.), der „durch die Wahrnehmungs- und Gestaltungsfähigkeit aller am Schulleben beteiligten Menschen" (ebd.) bestimmt wird. In Braun et al. (2013a, S. 20 f.) hingegen fassen wir ausgehend von einer Parallelführung individuellen Lernens mit dem Lernen der Organisation Überlegungen zu einer Weiterführung des Begriffs der *Kultivierung* zu kultureller Schulentwicklung als „identitätsbildenden Prozess der Selbstkultivierung" (ebd., S. 20) zusammen.

Erfahrungen sowie anhand ästhetisch konstellierter Objekte und Situationen als auch in auf diese bezogenen diskursiven Debatten erfolgen.

Eine Ausweitung des Grenzbereichs beider Seiten der Anerkennung stellt jedoch auch eine Gelegenheit dar, eine Verhältnisbestimmung schulisch vermittelter Sinnordnungen und individueller Lerngründe und Lerninhalte der Jugendlichen und Kinder zu befördern. Das Spannungsverhältnis schulischer und ästhetischer Auslegungen der Anerkennung kann als Freiraum für das Lernen in der Schule entfaltet werden, insofern es mit einem reflexiven Anspruch ausgestattet wird, der auf die Frage zielt, welche Zugänge sich für die Bearbeitung selbstgewählter individueller oder schulisch angebotener Inhalte aus Sicht der Kinder und Jugendlichen am besten eignen. Dieser Freiraum im Grenzverlauf der beiden Seiten der Anerkennung ist dadurch gekennzeichnet, dass sein eigentlicher Gegenstand, welcher der Reflexion ausgesetzt wird, das Lernen in der Institution ist. Eine solchermaßen spannungsvolle Umgebung erschöpft sich weder in den Zielen der schulischen Funktionslogik noch in der ausschließlich ästhetischen Erfahrung. Vielmehr sind es die individuellen Lerngründe und Lerninteressen von Kindern und Jugendlichen, die zum Anlass genommen werden, die Begrenzungen beider Seiten der Anerkennung und der ihnen untersetzten Praktiken auffällig werden zu lassen. Der Entwurf einer Kulturschule als *kulturelles Forum* wird damit zu einem spannungsvollen Freiraum weiterentwickelt, innerhalb derer Kinder und Jugendliche selbstbestimmt ästhetische oder schulisch theoretische Zugänge wählen bzw. diese miteinander verschränken. Spannungsvolle Lernräume sind in diesem Sinne als Freiräume im institutionellen Regelungsgefüge zu markieren, die von jeder formalen Bewertungspraxis ausgenommen sind. Während sich die Position von Kindern und Jugendlichen im Schnittfeld ästhetischer und diskursiver Reflexion kritisch auf die organisierte formale und die informelle schulkulturelle Ordnung bezieht, haben die intendierten spannungsvollen Freiräume einen reflektorischen Effekt auf das entöffentlichende institutionelle Lernregime der Schule. Der Entwurf von organisierten Freiräumen, die den Grenzverlauf beider Seiten der Anerkennung markieren, korrespondieren mit dem Entwurf „kreative Felder", den Burow in Auseinandersetzung mit der Feldtheorie Kurt Lewins entwickelt (Burow 1999; Burow 2011; Lewin 1963; Burow 2014; Burow/Hinz 2005; Burow/Pauli 2013). Darin beschreibt Lewin das Zusammenwirken von Individuen und organisatorischen Rahmenbedingungen als Determinanten für das Handeln, Fühlen und Denken: „Ob ein bestimmter Typus von Verhalten vorkommt, hängt nicht von der An- oder Abwesenheit eines oder einer Anzahl isoliert betrachteter Fakten ab, sondern von der Konstellation (der Strukturen und Kräfte) des jeweiligen gesamten Feldes. Die "Bedeutung„ der Einzeltatsache ist durch ihren Ort im Feld bedingt. Oder, um das gleiche mit dem dynamischeren Ausdruck zu sagen, die verschiedenen Teile des Feldes sind wechselseitig abhängig." (Lewin 1982b, S. 207) Lewin verdeutlicht, dass die Dynamik eines umgrenzten Feldes auf der Differenz der Individuen, auf der Art und Weise wie sie sich zu den Rahmenbedingungen positionieren und auf der Wechselwirkung ihrer jeweiligen Sichtweisen beruht. Lewin beschreibt die Relationalität des Individuums, das sich im Sinne *zusammengehöriger Ambivalenzen* im Spannungsfeld seiner sozialen, kulturellen und physischen Umgebung als different und zugleich verbunden erfährt, mit einem physikalischen Feldmodell: „Mit dem Terminus „Feld" bezeichnet man in der Physik in der Regel nicht die in einem bestimmten Raume verteilten Energien, sondern die in einem bestimmten Raume bestehenden, durch Kraftlinien dargestellten Zug- und Druckkräfte [...] Es handelt sich also um eine Konstanz oder Inkonstanz einer Kräfteverteilung, d. h. um das Vorhandensein gleicher (gleich großer und gleichgerichteter) oder ungleicher Kräfte in bestimmten Zeitmomenten" (Lewin 1982a, S. 292). Damit wird auffällig, dass die Feldtheorie Lewins den Gegenwartsbezug relationaler Individualität in zweifacher Weise aufgreift. Zum einen ist die differente Selbst- und Weltsicht des einzelnen Individuums entscheidend für die Verhaltensmöglichkeiten im gegenwärtigen Feld. „Nach der Feldtheorie hängt das Verhalten weder von der Vergangenheit noch von der Zukunft ab, sondern vom gegenwärtigen Feld" (Lewin 1982b, S. 68), so Lewin. Zum anderen wird das Individuum durch die Gegenwart der unterschiedlichen Selbst- und Weltsichten in ein sich dynamisch veränderndes Verhältnis zu sich und der es umgebenden sozialen, kulturellen und physischen Welt gebracht.

Platzierte schulische Inhalte und theoretische Wissensformen, selbstbestimmte ästhetische Praktiken, kunstästhetisch konstellierte Objekte und Situationen, andere soziale und kulturelle Praktiken sowie außerschulisch erworbenes Vorwissen stellen Anziehungskräfte im spannungsvollen *kreativen Feld* dar. Differenz und soziale wie kulturelle Relationalität der Kinder und Jugendlichen sind im *kreativen Feld* Motoren für das Lernen der Individuen. Dieses vollzieht sich im *kreativen Feld* aber nicht mehr in der Logik der disziplinierenden *Vereinzelung* (Holzkamp 1995), sondern als ein synergetischer Prozess aller im Feld agierenden Individuen: „An die Stelle von Expertenabhängigkeit tritt so ein institutionell verankertes System zur Entwicklung von Selbst- und Feldkompetenz. Wir lernen, unsere ungenutzten persönlichen Ressourcen zu erschließen und sie so miteinander zu vernetzen, dass der Vorgang der Neuschöpfung zu einem kontinuierlichen Prozess aller Beteiligten wird. So entsteht durch den allmählichen Aufbau einer Lernenden Organisation ein Kreatives Feld." (Burow 1999, S. 133). Im *kreativen Feld* fühlen sich Kinder und Jugendliche bestärkt, ihr implizites und intuitives Wissen einzubringen und für die Bewältigung der schulischen Lernaufgaben zu verwenden. Werden Kinder und Jugendliche in der Schule also in ihrer relationalen Individualität institutionell anerkannt, dann sind sie in der Lage und motiviert, ihre eigenen Grenzen zu überschreiten und sowohl Abweichungen von den institutionellen Normen der Anerkennung als auch von ihren individuellen und bisweilen idiosynkratischen Wissensgehalten zu stellen. Dies beinhaltet auch, dass die verkennende Verdopplung im Medium der institutionellen Normen der Anerkennung insofern relativiert wird, als sie mit anderen Sinnordnungen vernetzt und einen Forderungscharakter erhält, der *einer* von mehreren Druck- und Zugkräften ist. In diesem Sinne fordert das *kreative Feld* die Individuen beständig heraus, allerdings ohne sie mit negativen Emotionen zu demotivieren. Dem Entwurf reflexiver Spannungsfelder in der Schule ist im Sinne des *kreativen Felds* ein mehrdimensionaler Wissensbegriff zu Grunde legt, der sowohl universalistische Kriterien der Schule, begriffliche Versachlichung und Distanzierung als auch aisthetische, soziale und kulturelle Wissensgehalte umfasst, die sich vor allem implizit in performativen Symbolbildungen und Praktiken ausdrücken, und statt auf Distanzierung von individuellen Unterschieden auf die Intensivierung der individuellen Gegenwartsbezüge der Lehr- und Lernsituation zielen. Auf diesem Wege ist auch der Leistungsbegriff im *kreativen Feld* als ein mehrdimensionaler auszulegen. Er wurzelt in einem Leistungsverständnis, das sich schließlich doch einem Prinzip der Traditionsschule widersetzt: dem der *Vereinzelung*. Das Leistungsverständnis im *kreativen Feld* ist ein auf Synergie differenter und mit einander verbundener Individuen ausgerichtetes. Es knüpft damit an den Merkmalen einer sich in der Relation als *dynamischer Formverlauf* ereignenden Individualität von Kindern und Jugendlichen an. Sie bedarf der Gelegenheit zu*r Anderen, um sich als eigenständig realisieren zu können.

Die bei Holzkamp (1993) dominante Fremdbestimmung von Kindern und Jugendlichen durch die schulische Machtordnung und ihre Zweiteilung in einen öffentlichen und einen entöffentlichten Bereich kann aus einer feldorientierten Perspektive relativiert werden. In *kreativen Feldern* können Kinder und Jugendliche externe Normen der Anerkennung internalisieren, ohne von ihnen ganz ergriffen zu werden, sondern diese für die eigenen Selbstpositionierungen nutzen. Dies ist deshalb der Fall, weil im *kreativen Feld* schulische Sinnordnungen und wissensgenerierende Prinzipien wie *Versachlichung* und *reflexive Distanz* dem spannungsvollen Gegenüber vollzugsorientierter Zugänge und selbstbestimmter Praktiken ausgesetzt werden. Mit dem Konzept des *kreativen Felds* ist also weniger eine Aufhebung der durch die institutionellen *Umwelten (Senge/Hellmann 2006)* der Schule vorgegebenen Normen der Anerkennung verbunden. Vielmehr ergeben sich Handlungsmöglichkeiten aus der Einstellungsänderung gegenüber den Verhaltensaufforderungen und -ansprüchen. In seinen Aufzeichnungen aus dem Feld des ersten Weltkriegs beschreibt Lewin die Veränderbarkeit der Topographie durch die veränderte Akzentuierung in der Wahrnehmungseinstellung des Subjekts: „Wenn man von der Etappe sich wieder der Front nähert, so erlebt man eine eigentümliche Umformung des Landschaftsbildes. Mag man auch schon weiter zurück hin und wieder auf zerstörte Häuser und andere Kriegsspuren gestoßen sein, so hatte man sich doch in gewissem Sinne in einer reinen Friedenslandschaft befunden: Die Gegend schien sich nach allen Seiten ungefähr gleichmäßig ins Unendliche zu erstrecken […] Nähert sich man jedoch der Frontzone, so gilt die Ausdehnung ins Unendliche nicht mehr unbedingt. Nach der Frontseite hin scheint die Gegend irgendwo aufzuhören; Landschaft ist begrenzt" (Lewin 1982b, S. 315f.). Die Weite bzw. die Verengung von Möglichkeiten ist in diesem Sinne für das Subjekt wesentlich dadurch bedingt, wie es sich das Feld erschließt. D.h., für Freiheitsgewinne des Individuums gegenüber Verhaltenserwartungen und institutionellen Ansprüchen ist entscheidend, welche Gelegenheiten der Einstellungsänderung ihm zugänglich gemacht werden. „Mit seiner Beschreibung der Veränderung der Wahrnehmung einer Landschaft durch den gefechtsfeldzentrierten Blick des Soldaten zeigt Lewin, wie bestimmte *Einstellungen* und Interessen dazu führen, dass wir Landschaften, Personen und Gegenständen unterschiedliche Bedeutungen geben [...] Die Landschaft ist immer *erlebte Landschaft*", so Burow. „Mit anderen Worten: Ob ein Feld für die Entfaltung meines kreativen Potentials günstig ist, hängt nicht nur von der gegebenen Struktur des Feldes ab, sondern auch von der Art und Weise, wie ich mir das Feld erschließe; oder anders gesagt: Auf welche Weise ich das Bild der Landschaft persönlich akzentuiere. Sowohl in mir als auch in der Landschaft liegt eine *unerschlossene Potentialität von Möglichkeiten*, die erst dadurch real wird, dass ich mich für eine besondere Wahrnehmung entscheide oder eine bestimmte Wahrnehmung an mich herangetragen wird" (Burow 1999, S. 56). Für Schule als *gestaltete und zu gestaltende* (Blömeke/Herzig 2009) Institution leitet sich daraus ab, Möglichkeiten für *kreative Felder* gezielt zu konstruieren: „Ein kreatives Feld wäre demnach eine in sozialer und materieller Hinsicht spezifisch konstruierte Umgebung, die einen besonderen Aufforderungscharakter für die synergetische Entfaltung des kreativen Potenzials der zueinander in Beziehung stehenden Personen ausübt" (Burow/Pauli 2013, S. 186f.).

Kreative Felder in der Schule sind als spannungsvolle Konstruktionen zu verstehen, die nicht auf eine Reintegration unter schulischen Normen der Anerkennung oder auf eine Diffusion in erfahrungsgebundene ästhetische Neu-Interpretationen zielen. Stattdessen laufen *kreative Felder* in der Schule vor allem als Orte der Markierung der wechselseitigen Grenzen der Anerkennung und ihrer Artikulierungsmöglichkeiten zu. Sie erheben weder den Anspruch, das Schulische durch das Ästhetische bewältigen zu können (vgl. Bender 2010, S. 356), noch relationale Individualität von Kindern und Jugendlichen in einer institutionellen Akteursperspektive eng führen zu können. Während die Reflexion der schulischen Organisation im Schnittfeld ästhetischer und diskursiver Praktiken nach den Möglichkeiten der Positionierung von Kindern und Jugendlichen innerhalb des institutionellen Regelungsgefüges fragt, wirft eine im *kreativen Feld* organisierte spannungsvolle Begegnung beider Seiten der Anerkennung die Frage nach Möglichkeiten einer veränderten schulischen Lernkultur auf. In diesem Sinne fordert Burow: „Die einzige Konstante ist der Wandel. Die Schule der Zukunft kann dieser Einsicht Rechnung tragen, indem sie ein Ort wird, an dem man nicht nur lernt, sich dem Wandel zu stellen, sondern ihn auch erforscht und proaktiv vorantreibt. Kurz: Die Schule der Zukunft ist eine permanente Zukunftswerkstatt" (Burow 2014, S. 248). Die bisherigen Ausführungen zum Institutionscharakter der Schule haben offensichtlich gemacht, dass die Schule nicht durchgehend als *kreatives Feld* organisiert werden kann. Auch wenn die Erkenntnisse Fends (2008) und Helspers et al. (2001) vor Augen führen, dass Schule gestaltbar und auf Interpretation und nicht-theoretische Wissensformen angewiesen ist, so bleibt der Gestaltungshorizont sowohl im formal institutionellen als auch im schulkulturell institutionellen Bereich der Schule begrenzt. Für eine Kulturschule ist die Organisation *kreativer Felder* im Sinne von Freiräumen im institutionellen Regelungsgefüge deshalb interessant, weil sie ermöglichen, Fragen der Anerkennbarkeit von Kindern und Jugendlichen anhand der Markierung der Begrenzungen, die sowohl von institutionellen Normen der Anerkennung als auch von Ansprüchen einer ästhetischen Auslegung von Anerkennung ausgehen, zu reflektieren und Fragen nach dem Möglichkeitsausstand der Schule als Anerkennungsgefüge aufzuwerfen.

8.7 Anforderungen an die Kulturschule aus anerkennungstheoretischer Perspektive

Die Kulturschule muss sich auf die Bewältigung des spannungsvollen Verhältnisses schulischer Normen der Anerkennung und ästhetischer Erfahrung sowie der ihr zugeordneten Praktiken einlassen. Es konnte gezeigt werden, dass dieses Spannungsverhältnis nicht aufzulösen ist, sondern nur als solches markiert werden kann. Dies beinhaltet, dem Vorschlag Benders folgend, zum einen die deutliche Trennung von Zeiten, die formalem Bewährungsdruck und einer universalistischen Leistungsüberprüfung unterstellt werden, von jenen, die auf eine vollzugsorientierte Vergegenwärtigung von Neu-Interpretationen geteilter Bedeutungen und Normen der Anerkennung anhand ästhetischer Erfahrung sowie *selbstbestimmter Praktiken* anhand ästhetischer Darbietungen ausgerichtet sind. Zum anderen erfolgt die eigentliche Markierung durch zwei Formen eines reflexiven Spannungsverhältnisses. Diese beiden Formen reflexiver Spannungsverhältnisse beziehen sich auf unterschiedliche Anforderungen, die durch die bloße Trennung schulischer und ästhetischer Anerkennungspraktiken nicht behandelt werden können. So bezieht sich – erstens – die Reflexion des schulischen Regelungsgefüges anhand ästhetischer Erfahrungen und Praktiken sowie anhand diskursiver Stellungnahmen zu den Produkten der ästhetischen Reflexion auf die Position von Kindern und Jugendlichen als Akteure bzw. relationale Individuen. Sie macht jedoch ebenso die informelle Seite der Institution Schule, nämlich die Praktiken und Produkte ihrer homogenisierenden Schulkultur als Bewährungsdynamik sichtbar, indem deren Produkte und Praktiken in der ästhetischen Reflexion als *Versionen der Welt* in ihrem Möglichkeitsausstand gekennzeichnet werden. Diese schulkulturelle Homogenisierung bleibt in der von Bender vorgeschlagenen Trennung unreflektiert und in ihrem verkennenden Potential unartikuliert. Die Einrichtung spannungsvoller *kreativer Felder* leistet – zweitens –dahingehend einen zusätzlichen reflexiven Beitrag, als sie die unterschiedlichen Wissensformen und Praktiken in ihren spezifischen Beiträgen hervorhebt und im Spiegel der *individuellen Lerngründe, Lernmotivation* und *Lerninhalte* der Kinder und Jugendlichen bewertet. Spannungsvolle *kreativer Felder* sind in ihrem Erkenntnisgewinn für die Individuen nicht anhand der universalistischen Leistungsachse einzuordnen. Als produktive *Zukunftswerkstätten* für ein Lehren und Lernen in der Schule, die individuelle Lerngründe, Lerninhalte und Lernziele als unhintergehbare Momente anerkennen, prüfen sie jedoch Möglichkeiten und Grenzen im Sinne eines „umfassende[n] *Unfreezing*, d. h. *Auftauen[s] der persönlichen und individuellen Routinen*", durch die „Individuen und die gesamte Organisation in einen veränderten „Aggregatzustand kommen"" (Burow/ Pauli 2013, S. 189, Hervorhebungen im Original, TB).

Die formulierten Anforderungen an eine Schule der Anerkennung (vgl. Kapitel 8.1, S. 212 ff.) sind von der Kulturschule somit hinsichtlich der schulischen Bewährungsdynamik und Leistungsüberprüfung, der davon getrennten Angebote ästhetischer Erfahrung und Praxis, der ästhetisch-diskursiven Reflexion der Schule sowie spannungsvoller *kreativer Felder* anzuwenden. Unter den formalen universalistischen Kriterien entlang der Leistungsachse wie auch unter den homogenisierenden Kriterien der einzelschulspezifischen Schulkultur sind schulische Normen der Anerkennung mit einer Zukunftsorientierung untersetzt. Dem gegenüber bedeutet das Prinzip der **Gegenwärtigkeit** eine Profilierung von Erfahrung als eines der zentralen Prinzipien im Schulalltag. Dies hat zur Folge, dass sowohl die Phänomenalität der räumlichen, zeitlichen und dinglichen Organisation der Schule auffällig wird als auch nicht-theoretische Wissensformen in einer erfahrungsorientierten Bewältigung unterschiedlicher Anforderungen herangezogen werden. Eine Schule der Anerkennung ist gefordert, auch in unterrichtlichen Kontexten ein erfahrungsorientiertes Lernen umzusetzen. In der Kulturschule sind hier in besonderer Weise ästhetische Erfahrungsmöglichkeiten zu schaffen. Hervorzuheben wäre hierbei, dass diese keineswegs auf künstlerische Fächer begrenzt werden, sondern im Sinne eines ästhetischen Lernens und Lehrens auch in nicht-künstlerischen Fächern Anwendung finden sollen. Die von Kuschel (2015), Klepacki et al. (2016), Reinwand-Weiss (2017) sowie Klepacki und Zirfas (2009) vorgelegten Entwürfe weisen auf die Notwendigkeit einer Überführung in theoretische Wissensformen hin. Dies wäre jedoch im Sinne einer Markierung der Grenzen der jeweiligen Auslegungen von Anerkennung zu reflektieren und didaktisch aufzufangen. In den explizit als Angebot ästhetischer Praxis markierten Bereichen findet das Prinzip der Gegenwärtigkeit eine unreduzierte Anwendung. Es wird in der *kunstästhetischen* Konstellierung von Objekten und Situationen zu einem Moment intersubjektiver Kommunikation gesteigert. Dies impliziert auch eine Neu-Interpretation der Gegenwart der Schule als Erfahrungsraum bzw. die Erschließung von erfahrungsgebundenen Gegenwarten, die dem Individuum aus seinem eigenen Erleben nicht zugänglich gewesen wären, sondern erst durch die *kunstästhetische* Konstellierung erschlossen werden. Auch in der ästhetisch-diskursiven Reflexion des schulischen Regelungszusammenhangs, d. h. seiner formalen und schulkulturellen wie auch zeitlichen, räumlichen Organisation, der Dinge und Situationen, der vermittelten Sinnordnungen und Vermittlungswege werden Bedeutsamkeiten anhand einer Orientierung an der Gegenwärtigkeit bzw. durch die Herstellung neuer Gegenwärtigkeiten erzeugt. Die im Sinne einer *kunstästhetischen* Praxis erfolgenden diskursiven Stellungnahmen zeichnen sich dadurch aus, dass sie sich in besonderer Weise auf die Relevanz der reflektierten Gegenwarten für die Anerkennung des Individuums im schulischen Regelungsgefüge beziehen bzw. dessen Möglichkeitsausstand vergegenwärtigen helfen. In den einzurichtenden spannungsvollen *kreativen Feldern* wird das Prinzip der Gegenwärtigkeit nicht nur durch die Einbeziehung erfahrungsorientierter Wissensformen und Praktiken aufgerufen. Es liegt vielmehr in der Gegenwärtigkeit des Spannungsverhältnisses an sich, d. h. in der Konflikthaftigkeit der beiden Sphären der Anerkennung. Darüber hinaus wäre zu ergänzen, dass eine Kulturschule die Gegenwärtigkeit der Schule auch dadurch verstärkt evozieren kann, indem sie über eine Architektur verfügt, welche Kinder und Jugendliche in ihrer Wahrnehmungsfähigkeit adressiert und zu Perspektivwechseln und Neu-Interpretationen gewohnter Handlungsabläufe herausfordert.

Das Prinzip, in der schulischen Wirklichkeit **unreduzierte Bedeutungen stiften** zu können, die etwas über das eigene Selbst- und Weltverhältnis aussagen und die zugleich nicht auf die schulische Auftragserfüllung reduziert sind, korrespondiert aufgrund der damit verbundenen Erfahrungsorientierung stark mit dem Prinzip der Gegenwärtigkeit. Es überschreitet jedoch Erfahrung als Lernprinzip durch die Erweiterung auf den Aspekt der Darbietung der Bedeutsamkeit von individuellen Weltsichtweisen des Subjekts. Die Stiftung unreduzierter Bedeutungen, die jenseits ihrer vollzugsorientierten Darbietung synonymlos bleiben, weisen das Individuum und andere auf dessen relational aktive Beteiligung an der interpretativen Konstitution der es umgebenden sozialen und kulturellen Welt hin. Als ein Prinzip der Kulturschule ermöglicht die Stiftung unreduzierter Bedeutungen eine Veröffentlichung der Beteiligungsnotwendigkeit von Kindern und Jugendlichen als relationale Individuen und veröffentlicht zugleich die verkennende Begrenzung der Individualität von Kindern und Jugendlichen in der Schule. In der Kulturschule ist dieses Prinzip vor allem dort anzutreffen, wo ästhetische Erfahrung mit einem *kommunikativen Kalkül* ausgestattet wird. Dies ist vor allem in der ästhetisch-diskursiven Reflexion der Schule wie auch in den Angeboten *kunstästhetischer* Praxis der Fall. Die *kunstästhetische* Praxis ist für die Stiftung von unreduzierten Bedeutungen insofern relevant, als sie Bedeutung an Darbietungsformen bindet, die auf eine vollzugsorientierte Wahrnehmung angewiesen sind. Diese sind im Sinne der Anerkennung unter dem Prinzip relationaler Individualität interessant, weil sie unmittelbar auf das gestaltende bzw. rezipierende Subjekt im Spannungsverhältnis von Differenz und Involviertheit Bezug nehmen. Für die *kunstästhetische* Praxis in der Schule ergeben sich jedoch nicht unwesentliche Herausforderungen, die mit ihrem Charakter der *Infragestellung* (Bertram 2011) von Praktiken sowie sozial und kulturell geteilten Bedeutungen verbunden sind. *Kunstästhetische* Praxis gibt keine belastbaren Orientierungen, sondern „führt in der Heterogenität ihrer Positionen vor, dass die Wirklichkeit nicht einfach gegeben ist" (Collenberg-Plotnikov 2017, S. 138), so Bernadette Collenberg-Plotnikov. Um aber zeigen zu können, „dass in sehr unterschiedlichen Weisen etwas gelingen kann, das im gesamtgesellschaftlichen Leben stets Aufgabe bleibt – nämlich die Gestaltung von Wirklichkeit" (ebd.), ist sie zugleich auf den Schutz ihrer Freiheit angewiesen. In der Schule als gesellschaftlicher Institution, die auch im Auftrag altersspezifischer Schutzregelungen für Kinder und Jugendliche steht, ergeben sich aus pädagogischer Sicht u. U. notwendige Einschränkungen eben dieser Freiheit. So weist Dagmar Fenner explizit auf Gefahren für das Wohlergehen von Kindern und Jugendlichen hin, die von *kunstästhetischen* Darbietungen in der Schule ausgehen können: „Bei der Frage nach den Grenzen der Kunstfreiheit stehen im schulischen Kontext sicherlich die Themen Gewalt und Sexualität im Vordergrund. Denn in diesen Bereichen kann es zu negativen Wirkungen auf die Gedanken- und Gefühlswelt, auf Einstellungs- und Handlungsweisen, insbesondere jugendlicher Rezipientinnen und Rezipienten kommen" (Fenner 2016, S. 218 f.). Anhand der Bedenken Fenners wird deutlich, dass mit der Förderung explizit *kunstästhetischer* Praxis in der Schule kognitive Institutionen aufgerufen werden, die sich zwar nicht auf den Leistungsauftrag der Schule beziehen, sondern auf *kunstästhetische* Praxis als eine kulturelle Praxis, die einer weiteren gesellschaftlichen Sinnordnung unterstellt ist. Diese betrifft Kunst als eine auf sozialen und kulturellen Konsensen legitimierte Praxis (vgl. Kapitel 8.2, S. 225; Schmücker 2012, S. 25). In Fenners Sorge drückt sich die Annahme aus, dass *kunstästhetische* Praxis in der Kulturschule den gleichen evaluativen Konsens unterstellt werden muss, wie er für Kunst im außerschulischen Bereich gilt. Dem gegenüber macht Fuchs die Relevanz des institutionellen Rahmens für die Profilierung *kunstästhetischer* Praxis geltend und fragt, „welche Künste überhaupt in welcher Form unter den jeweiligen institutionellen Rahmenbedingungen so praktiziert werden können" und ob „bestimmte Qualitätsmerkmale, die möglicherweise für die professionelle Kunst außerhalb der Schule gelten, auch in dem Kontext von Schule eine Gültigkeit haben" (Fuchs 2014, S. 4)? In der Kulturschule muss jedoch nicht nur die diskutierte Kunstfreiheit ausgehend vom institutionellen Rahmen der Schule angesichts der geltenden Kinder- und Jugendschutzgesetze erfolgen, sondern es muss auch danach gefragt werden, wie *kunstästhetische* Praxis vor allem als eine Praxis der Anerkennung im Sinne des verfolgten nicht-positivistischen Anerkennungsbegriffs ausgelegt werden kann. Eine Schulkunst der Anerkennung würde sich demnach deutlich sowohl von den Kriterien des außerschulischen Kunstmarkts als auch einer didaktisch vermittelnden Kunstpädagogik unterscheiden müssen. Peter Ulrich Hein differenziert daher das professionelle Kunstsystem von der Laienkunst sowie der Schulkunst (vgl. Hein 2016, S. 266 ff.). Für die Profikunst diagnostiziert er, dass diese ausgehend von ökonomischen Fragestellungen vor allem die skandalisierende Überschreitung „vorfindbarer ‚Positionen‘" zu einem leitenden Prinzip ihrer Weiterentwicklung zählen kann: „De facto ist das Kunstsystem ein Business. Wo der *Skill* nicht im Tauschwert liegt (Kunstmarkt, Stadtmarketing, Kreativwirtschaft etc.), produziert es Aufmerksamkeit" (Hein 2016, S. 266), so Hein. Dem gegenüber sieht er die Laienkunst „vom Ziel überregionaler Anerkennung und der bereits oben erwähnten ‚Positionierung‘ im kunsttheoretischen Kontext weitgehend entlastet. Vielfach hat es den Anschein, dass in der ‚Laienkunst‘ handwerkliche Kriterien dominieren [ ]" (Hein 2016, S. 267). Während Hein die Profikunst unter dem Leistungsdruck einer beständigen Überschreitung ästhetischer Konventionen sieht, unterlegt er der vom ökonomischen Druck entlasteten Laienkunst eine konservative „vielfach auf das Formale ausgerichtete Artistik" (ebd.). Die Schulkunst sieht Hein demgegenüber vor allem in einer Orientierung auf normative Begriffe orientiert, die vorschnell in verkürzende didaktische Prinzipien übertragen werden. Dies sieht er durch einen Legitimationsdruck begründet, der sich aus der Erwartung pädagogischer Wirksamkeit ergibt: „Aus der ‚Schulkunst‘ ist die Frage nach dem Sinn nicht zu verdrängen, genauer, der Rechtfertigungszwang, warum es Kunst geben und was sie bewirken soll" (Hein 2016, S. 267). Die Legitimierung *kunstästhetischer* Praxis in der Schule diskutiert Ute Pinkert anhand der Gegenüberstellung didaktisch handwerklich orientierter und erfahrungsorientierter Konzepte. Sie problematisiert die Reduzierung von „Schule auf einen ‚Schutzraum‘ für Kinder und Jugendliche, in dem mit doppelter Konsequenzminderung Wissen über die wirkliche Wirklichkeit vermittelt wird" (Pinkert 2016, S. 257). In der didaktischen Begrenzung *kunstästhetischer* Praxis sieht sie eine Gleichstellung zu anderen „fachlichen Unterrichtsgegenständen" (ebd.), was einen Verlust der intendierten Möglichkeit darstellt, unreduzierte Bedeutungen stiften zu können. Dem gegenüber plädiert sie für eine erfahrungsorientierte Ausrichtung, durch die es aus ihrer Sicht gelingen kann, Schule „als einen *realen* Lebensraum von Kindern und Jugendlichen" (Pinkert 2016, S. 258) durch *kunstästhetische* Praxis zu entfalten, „in dem diese eine Haltung zu sich selbst, zueinander und zu ihrer Wirklichkeit entwickeln" (ebd.). Diese Ausgestaltung von Schule als Lebensraum anhand *kunstästhetischer* Praxis wäre aus anerkennungstheoretischer Sicht so zu markieren, dass sie weder dem formalen noch dem schulkulturellen Bewährungsdruck zu unterstellen ist, sondern vielmehr als eine Praxis der *Infragestellung* erhalten bleibt.

Im institutionellen Regelungszusammenhang der Schule wird der primären Andersartigkeit von Kindern und Jugendlichen als Individuen eine zweite, funktionale Andersartigkeit hinzu gestiftet (vgl. Kap. 6.1, S. 105). Um in der Schule anerkennbar zu sein sowie um am zukunftsgerichteten Teilhabeversprechen der Schule partizipieren zu können, ist es für Jugendliche und Kinder zwingend, die schulischen Normen der Anerkennung nachzuvollziehen und eigene, individuelle Positionen und Perspektiven zu überschreiten. Weil eine Integration der individuellen Lerngründe, Lerninhalte und Lernziele in den schulischen Regelungszusammenhang im Sinne der institutionellen Anerkennbarkeit nicht vollumfänglich möglich ist, ist die Aussicht auf sozial und kulturell wirksame Gestaltungsmöglichkeiten innerhalb der Schule immer mit einer verkennenden Verdopplung der Individuen als Schüler*innen verbunden. Der schulische Regelungszusammenhang weist gegenüber den außerschulischen, emotionalen und aisthetischen Wirklichkeiten und Rationalitäten des Individuums eine deutliche **Widerständigkeit** auf. Die Schule kann als ein Ort der Anerkennung relationaler Individualität entfaltet werden, wenn diese Widerständigkeit in eine individuelle Erfahrung der eigenen Differenz von den institutionellen Normen der Anerkennung als auch der Involviertheit in das schulische Teilhabeversprechen transformiert wird. Dies setzt voraus, dass sowohl Praktiken der individuellen Differierung aufgerufen werden als auch die schulischen Zwänge als Praktiken der sozialen und kulturellen Hinzustiftung bzw. Involviertheit des Individuums auffällig werden. Eine Schule der Anerkennung zeichnet sich in diesem Sinne dadurch aus, dass alle Kinder und Jugendlichen in ihr die Möglichkeit erhalten, gegen Zumutungen und Zwänge schulöffentlich Stellung zu nehmen und wirksam das Schulleben in allen Bereichen aktiv mitzugestalten. Dies impliziert, dass eine Schule der Anerkennung systematisch Möglichkeiten der Selbstpositionierung von Jugendlichen und Kindern bereithält und diesen zu einem schulöffentlichen Gehör verhilft, statt sie zu sanktionieren. In der Kulturschule werden die schulischen Zwänge als Vorgänge der institutionellen Hinzustiftung sichtbar gemacht. Dies kann dadurch ermöglicht werden, dass schulische Aufforderungen und Verhaltenserwartungen wie auch die inhaltlich vermittelten Sinnordnungen im Spiegel individueller Bedeutungsbildungen nicht-theoretischer Wissensformen und Praktiken diskutiert werden. Indem schulische Zwänge in Relation zu widerständigen Bedeutungsbildungen gesetzt werden, können sie als pragmatische Vorgänge diskutiert werden. Dies ermöglicht es Kindern und Jugendlichen, sie nachvollziehen zu können, ohne von ihnen beherrscht zu werden. Die Kulturschule ruft somit gegenüber den institutionellen Normen der Anerkennung widerständige Bedeutungsbildungen auf, um die Doppelbedingtheit des Individuums durch Differenz und Involviertheit im Medium schulischer Anforderungen konkretisieren und artikulieren zu können. Dies kann für den schulischen Unterricht besonders auch eine Diskussion unter Einbeziehung außerschulischer Sinnordnungen beinhalten. Angebote ästhetischer Praxis können sich insbesondere auf den schulischen Regelungszusammenhang als von sozialen und kulturellen Praktiken geprägten Erfahrungsraum beziehen. Durch situationsbezogene Interventionen wie auch durch die Darbietung konstellierter Objekte kann die Machtförmigkeit der schulischen Normen der Anerkennung bzw. der verkennenden Praktiken so artikuliert werden, dass die institutionelle *Selbstverständlichkeit* (Senge 2006) brüchig wird. Während Angebote ästhetischer Praxis auf die Darbietung der Bedeutsamkeit der schulischen Funktionslogik im Spiegel widerständiger Positionierungen gerichtet sind, artikuliert die ästhetisch-diskursive Reflexion den schulischen Regelungszusammenhang als von sozialen und kulturellen Praktiken geprägt. Sie überschreitet damit deutlich ein kunstorientiertes Kulturverständnis und vergegenwärtigt den Gedanken von Schule als ein *kulturelles Forum*, auf dem über die Bedeutsamkeit der Ausgrenzung dysfunktionaler Wissensformen, Praktiken und Sinnordnungen reflektiert werden kann. Die Artikulation von Widerständigkeit in der ästhetisch-diskursiven Reflexion der Schule setzt in diesem Sinne die informelle Schulkultur in ihrer homogenisierenden Konstitutionskraft einer Kritik aus, indem schulkulturelle Praktiken als stiftend sichtbar gemacht und zu Praktiken anderer kultureller Sinnordnungen ins Verhältnis gesetzt werden. In den spannungsvollen *kreativen Feldern* hingegen wird die Widerständigkeit der schulischen Normen der Anerkennung gegenüber individuellen Lerngründen, Lerninhalten und Lernzielen darauf überprüft, inwiefern sie für bestimmte Absichten als „Kristallisationskerne" (Burow 1999, S. 61) dienen können. D. h., sie werden sowohl in ihrer begrenzenden als auch in ihrer ermöglichenden Wirkung reflektiert und als *Druck- und Zugkräfte* (Lewin 1982) markiert.

Eng mit der Artikulation und Reflexion der Widerständigkeit ist die Möglichkeit verbunden, **Selbstwirksamkeit anhand eigener Standards** zu erfahren. Dies bedeutet, sich anhand eigener Standards zu sich selbst, den Anderen und dem formalen und schulkulturellen Regelungszusammenhang verhalten zu können. In einer Kulturschule erhalten Kinder und Jugendliche die Möglichkeit, sich ihrer eigenen Standards anhand ästhetischer Erfahrung und der ihr zugeordneten Praktiken so gegenwärtig zu werden, dass eigene Standards nicht nur als individuelle Begrenzungen aufgegriffen und verwendet werden können. Vielmehr läuft die ästhetische Vergegenwärtigung individueller Standards auf die Frage des Möglichkeitsausstands des Individuums und der es umgebenden schulischen Erfahrungswelt hinaus. In der vollzugsorientierten Vergegenwärtigung der Bedeutsamkeit eigener Selbst- und Weltsichtweisen liegen von institutionellen Normen der Anerkennung nicht erfasste Anlässe der Neu-Interpretation sowohl des schulischen Regelungsgefüges als auch der inhaltlichen unterrichtlichen Anforderungen. Durch die Integration ästhetisch-kultureller Praktiken in alle Unterrichtsfächer werden die individuellen Standards von Kindern und Jugendlichen anhand *selbstbestimmter Praktiken* (Bertram 2014) zu Strukturmomenten, die im öffentlichen Bereich der Schule

Fragen aufwerfen, die den Selbst- und Weltsichtweisen der Kinder und Jugendlichen entsprechen. Während im Unterricht die Notwendigkeit bestehen bleibt, die Wiederherstellung der bewährungsbezogenen Unterrichtsanteile deutlich zu markieren, beinhalten abgegrenzte Angebote ästhetisch-kultureller Praxis nur insofern eine Begrenzung individueller Standards, als sie in der Interaktion der Individuen zur Verhandlung stehen. Weil ästhetische Praktiken der Darbietung darauf ausgerichtet sind, anderen die Selbst- und Weltsichtweisen im Modus ihrer Bedeutsamkeit zugänglich zu machen, ist auch die intersubjektive Begrenzung individueller Standards weniger im Sinne der Durchsetzung dominanter Deutungen zu verstehen. Stattdessen kann eine ästhetische Verhandlung auch hier vielmehr als eine interpretative Veränderung verstanden werden. Selbstwirksamkeit anhand individueller Standards bedeutet somit in der ästhetischen Wahrnehmungseinstellung die Erfahrung einer intersubjektiven Verständigungsmöglichkeit, die in eine Veränderung der mit anderen geteilten Situation führt. Weil Angebote ästhetischer Erfahrung und Praxis häufig auch produktorientiert organisiert sind, d. h. beispielsweise auf ein gemeinsam dargebotenes Musikstück, eine Theateraufführung oder auch eine Ausstellung o. ä. hinauslaufen, beinhalten die betreffenden Angebote nicht nur eine ästhetische Verhandlung individueller Standards. Vielmehr gehören auch nicht-ästhetische Aushandlungsprozesse dazu. Diese sind jedoch nicht losgelöst von der ästhetischen Praxis, sondern gehören als kulturelle Bestandteile zu dieser dazu. Die entsprechend markierten Angebote, die nicht dem formalen institutionellen Bewährungsdruck der Schule unterstellt sind, erschließen in der Institution öffentliche Freiräume für eine unreduzierte Orientierung der Kinder und Jugendlichen an ihren individuellen Standards, durch die sie sich in den intersubjektiven Verhandlungssituationen als sozial und kulturell involviert und different erfahren können. In der ästhetisch-diskursiven Reflexion der Position der Individuen im institutionellen Regelungszusammenhang werden die individuellen Standards als Prüfkriterien sowohl herangezogen als auch in der ästhetischen Erfahrung hinterfragt bzw. weiterentwickelt. Indem die diskursiven Stellungnahmen mit Bezug auf die ästhetischen Produkte der Reflexion erfolgen, werden die individuellen Standards nicht allein nur befolgt, sondern sie werden in ihrer Differenz wie auch in ihrem Bezogensein auf das Individuum und dessen Involviertheit als bedeutsam entfaltet. In der der ästhetisch-diskursiven Reflexion der Schule lassen sich Individuen darauf ein, dass auch ihre individuellen Standards eine interpretative Veränderung erfahren können. Somit gestaltet sich die Erfahrung der Selbstwirksamkeit in diesem Fall als die Erfahrung, die Bestimmtheit der individuellen Standards anhand der ästhetischen Reflexion der Schule selbst und gleichermaßen aufs Spiel zu setzen bzw. für neue Bedeutsamkeiten zu öffnen. In den zu organisierenden *kreativen Feldern* stellen individuelle Standards unverzichtbare *Druck- und Zugkräfte* in der Verhältnisbestimmung der unterschiedlichen Wissensformen bzw. der unterschiedlichen Seiten der Anerkennung dar.

In ihrer Anwendung und Veränderung entscheidet sich der Verlauf der Felddynamik im Zusammenspiel mit den anderen Individuen.

Kindern und Jugendlichen die Erfahrung von **Selbstwirksamkeit als institutionelle*r Akteur*in** zu ermöglichen, ist für eine Schule der Anerkennung unverzichtbar, weil dies beinhaltet, dass Individuen sich in den Zwecken der Institution zugänglich sein können. Eine Kulturschule rekurriert auf Kultur als einen von allen geteilten Sinnhorizont, der sich vor allem durch Wissensformen realisiert, die nicht *explizierungsbedürftig* (Reckwitz 2003) sind. Damit sind soziale und kulturelle Praktiken gemeint, die in der Wiederholung durch die Individuen realisiert und weiterentwickelt werden. Soll eine Kulturschule eine Schule der Anerkennung sein, ist sie jedoch dazu herausgefordert, sowohl die Verkennung des individuellen Subjekts durch die homogenisierende Schulkultur als auch durch formale Normen der Anerkennung, die sich u. a. durch den Leistungsvergleich entlang der universalistischen Leistungsachse vollziehen, aufzudecken. Dies hat weitreichende Konsequenzen für den Leistungsbegriff der Kulturschule wie auch für das mit dem traditionellen schulischen Leistungsbegriff verbundene Prinzip der *Vereinzelung* (Holzkamp 1995). Die Orientierung auf Schule als einen mit anderen geteilten sozialen und kulturellen Raum betont die Beteiligungsnotwendigkeit des Individuums. Soll einer verdoppelnden Verkennung entgegengewirkt werden, muss es einer Kulturschule jedoch gelingen, die Doppelbedingtheit von Differenz und Involviertheit des Individuums zu artikulieren und zugleich zu einem Prinzip ihrer Gestaltung erheben. Dies kann gelingen, wenn Schule als gemeinschaftliche Leistung verstanden und artikuliert wird. Kulturschulen können durch die Integration ästhetisch-kultureller Praxis in das Unterrichtsgeschehen verdeutlichen, dass die Bewältigung von Unterrichtsinhalten wie auch die Bewältigung von Leistungsanforderungen, welche an die Schüler*innen gerichtet wird, auf die Interpretationsfähigkeit der Individuen angewiesen ist. Dies setzt jedoch voraus, dass Schule absichtsvoll so gestaltet ist, dass die Unterrichtspraxis selbst als eine kulturelle Praxis gekennzeichnet wird, die einen Leistungsbeitrag zum Regelungsgefüge der Schule erbringt. Wenn Unterricht als kulturelle Praxis in einem Haus des Lernens artikuliert wird, ermöglicht das Kindern und Jugendlichen zu dieser einen reflexiven Abstand einzunehmen und sich über die Frage ihrer Beteiligung an der Realisierung dieser Praxis zu verständigen. Wird diese Praxis z. B. als ein Wettbewerb von Jahrgangsklassen in der Generierung von Erkenntnissen gekennzeichnet, wird eine soziale und kulturelle Perspektive eröffnet, welche die institutionellen Verhaltenserwartungen und Aufforderung ihrer Unmittelbarkeit gegenüber den Individuen enthebt. Stattdessen wird deren Beteiligungsnotwendigkeit auffällig und sinnfällig. Diese kulturelle Profilierung der formalen Bewährungssituation unterläuft jedoch das Prinzip der Vereinzelung, weil soziale und kulturelle Praktiken immer in Relation zu Anderen stehen. Die Kulturschule ist somit darauf angewiesen, die individuellen Beiträge von Kindern und Jugendlichen zur Schule als eine Form sozialer und kultureller

Praxis als unverzichtbare Leistungserbringung hervorzuheben und beschreibbar zu machen. Statt einer Reduzierung schulischer Leistungsüberprüfung entlang universalistischer Kriterien ist vielmehr das synergetische Potential herauszustellen, welches in den individuellen Interpretationen der Bewährungssituation liegt. Die homogenisierende Wirkung der Schulkultur kann hingegen dadurch geöffnet werden, indem ihre Funktionalität im institutionellen Regelungsgefüge nicht verdeckt, sondern offengelegt wird. Dies ermöglicht es Jugendlichen und Kindern, ihre Beteiligung zu reflektieren und als Mitwirken an Schule als einem sozialen und kulturellen Ort für sich zu beanspruchen.

Wenn die Kulturschule als ein Gefüge sozialer und kultureller Praktiken entfaltet werden soll, dann stehen diese sowohl in Relation zu den institutionellen *Umwelten* (Senge/Hellmann 2006) der Schule als auch zu den individuellen Selbst- und Weltsichtweisen der in der Schule agierenden Kinder, Jugendlichen und Erwachsenen, ihrem außerschulisch erworbenen Vorwissen und außerschulisch verankerten Sinnordnungen. Die Leistungserbringung der Schule bezieht sich somit nicht nur auf ihre kognitiven Institutionen der externen Auftraggeber*innen, sondern greift ebenso auf die voraussetzungsvollen Interpretationsleistungen der Individuen und deren sozialen und kulturellen Praktiken zurück. Dieses Gefüge sozialer und kultureller Praktiken, das sowohl durch institutionelle Aufträge als auch durch individuelle Relationen bedingt wird, kann als ein Anerkennungsgefüge entfaltet werden, wenn die Kulturschule die Prinzipien der Kooperation als Grundlagen des institutionellen *Zusammenhandelns* (Fend 2008) artikuliert. Dies bedeutet, dass, wie oben dargestellt, die formalen und informellen Bewährungsbereiche in der Schule sozial und kulturell profiliert, also um Perspektiven erweitert werden müssen, die sie als Situationen des *Zusammenhandelns* auffällig werden lassen. Das kann unterstützt werden, indem außerschulische Sinnordnungen mit denen der Schule in Resonanz gebracht werden. Dies kann z.B. dann der Fall sein, wenn außerschulische Expert*innen wie Künstler*innen, Kulturpädagog*innen o.a. mit Lehrer*innen gemeinsam den Unterricht gestalten. Individuelle Lerngründe, Lerninhalte und Lernziele werden dann nicht mehr allein unter reflexiv distanzierenden und versachlichenden Prinzipien sanktioniert, sondern nach den unterschiedlichen Rationalitäten der schulischen und außerschulischen Praktiken integriert. Die Kulturschule zielt somit darauf, durch **Kooperationen** den schulischen Leistungsauftrag in ein erweitertes gesellschaftliches Wissensgefüge einzubetten. Angebote ästhetischer Erfahrung und Praktiken werden in der Kulturschule daher ebenso über die schulische Sinnordnung hinaus auch dadurch erweitert, dass außerschulische Expert*innen sowohl die Selbstpositionierung von Kindern und Jugendlichen als auch die Überschreitung individueller Selbst- und Weltsichtweisen ausgehend von Funktionslogiken anderer Sinnordnungen infrage stellen und Neu-Interpretationen anzuregen wissen. Weil ästhetische Erfahrung eine synergetische *feedback-Schleife* (Fischer-Lichte 2004) individueller Perspektiven und ihrer *materialen* wie auch *medialen Bestimmtheit* in der Wahrnehmungssituation impliziert, ist in ihr das Prinzip der Vereinzelung immer in Frage gestellt. Vielmehr schaffen Angebote ästhetischer Erfahrung in der Schule Möglichkeitsräume, um Kindern und Jugendlichen zu vergegenwärtigen, dass Individualität Involviertheit voraussetzt. Diese Erfahrung wird sowohl im kooperativen Unterricht als auch in den davon abgegrenzten Angeboten ästhetischer Erfahrung durch die Einbeziehung außerschulischer Expert*innen unterstrichen. Die Ausgestaltung *kreativer Felder* in der Kulturschule kann in diesem Sinne besonders durch die Vernetzung mit anderen außerschulischen Bildungs- und Kulturorten erfolgen. Eine Kulturschule ermöglicht die spannungsvolle Auseinandersetzung mit anderen Sinnordnungen und Funktionslogiken, die sich nicht in die schulische Auftragslage überführen lassen und zu dieser u. U. in deutlichem Gegensatz stehen. *Kreative Felder* können daher auch als Teil von lokalen oder regionalen Bildungslandschaften verstanden werden, die ein Lernen von Kindern und Jugendlichen an anderen, dritten Orten ermöglichen. Die ästhetisch-diskursive Reflexion des schulischen Regelungszusammenhangs kann daher auch unter Einbeziehung der Reflexion des Verhältnisses des institutionell regulierten Lern- und Erfahrungsraums Schule zu anderen Orten des Lebens und Lernens von Kindern und Jugendlichen erfolgen.

Die Schule der Anerkennung steht in der Anforderung, Wissensbereiche und Themen miteinander zu vernetzen, damit Kinder und Jugendliche sich sowohl in ihrem Beitrag als institutionelle Akteure als auch in ihrer Individualität, die über die schulische funktionale Begrenzung hinausläuft, erfahren können. Denn durch eine **Vernetzung** von Wissensbereichen und Themen wird Schule als eine mit anderen geteilte soziale und kulturelle Sinnordnung erfahrbar und für nicht-theoretische **Wissensformen** und außerschulische Praktiken anschlussfähig. Auch wenn die Vernetzung im formalen Bewährungsbereich der Schule weiterhin auf die Reproduktion der zu vermittelnden Sinnordnung bezogen bleibt, so stellt sie doch durch die Einbeziehung ästhetischer Erfahrung und der ihr zugeordneten Praktiken eine Korrespondenz zu anderen Sinnordnungen her, so dass für Kinder und Jugendliche auch die schulisch vermittelte Sinnordnung als eine *Hinsicht* auffällig wird, die für sie als Sinnangebot verfügbar sein kann. Umso eindrücklicher vermittelt sich an dieser Stelle die Notwendigkeit, Angebote ästhetischer Erfahrung und Praxis als von der schulischen Bewährungsdynamik entlastete zu markieren. Denn die Bedeutsamkeit sowohl der *elementarästhetischen* als auch der *kunstästhetischen* Wahrnehmungssituation leitet sich aus einer prozesshaften Orientierung her, in der propositionale Widersprüche von begrifflichen Bestimmungen oder Perspektiven in einer anschauenden Erfahrung aufgelöst werden. Dies ist jedoch nur dann der Fall, wenn die Absicht der Reproduktion *eingespielter Formen des Verstehens* (vgl. Bertram, 2011, S. 162) fallengelassen wird. In diesem Sinne kann eine ästhetisch-diskursive Reflexion der schulischen Ordnung ebenso nicht in ein widerspruchloses Verstehen münden, sondern muss immer ein *brüchiges* Verstehen (vgl. Kapitel 7.3, S. 180; Bertram 2011, S. 167) bleiben. Diese Brüchigkeit verweist auf die Position von Kindern und Jugendlichen in der Schule, die auch in der Kulturschule nicht als solche überwunden werden kann. Die Kulturschule ist aber dennoch als eine Schule der Anerkennung zu verstehen, weil sie diese Brüchigkeit artikuliert und mit den Möglichkeiten ästhetischer Erfahrung auf Individualität als *dynamischem Formverlauf zusammengehöriger Ambivalenzen* zu beziehen vermag. In einer Kulturschule kann dies auf organisatorischer Ebene bedeuten, dass der Stundenplan so gestaltet ist, dass längere Zeit und fächerübergreifend unter Rückgriff auf *elementarästhetische* und *kunstästhetische* Praktiken gearbeitet werden kann. Ästhetisch-kulturelle Bildungsangebote sind nicht ausschließlich auf den Nachmittag verschoben, sondern rhythmisieren den Schultag als gleichberechtigte Elemente. Damit wird im Alltag der Kulturschule aisthetisch grundiertes, emotionales, kulturell symbolisiertes und performativ in Praktiken realisiertes Wissen der Individuen aufgerufen und involviert. Im reflexiven Spannungsverhältnis *kreativer Felder* wird die nicht zu überwindende Brüchigkeit des Verhältnisses von Kindern und Jugendlichen als relationale Individuen und der institutionellen Ansprüche an ihren Akteursstatus nicht überdeckt, sondern vielmehr betont. *Kreative Felder* in der Kulturschule zielen auf die Unabschließbarkeit dieser Widersprüche. Sie dienen daher vor allem der Förderung der Fähigkeit, mit Widersprüchen leben zu können. Im Sinne des *principle of charity* (vgl. Kapitel 5.1.4, S. 73; Gamm 1997, S. 132) fördern sie Kinder und Jugendliche darin, trotz der Gegenläufigkeit beider Seiten der Anerkennung in der Auseinandersetzung mit selbstgewählten Fragestellungen fortzuschreiten.

8.8 Zusammenfassung: Die Kulturschule als reflexives Spannungsfeld

Der Ausgangsbefund der vorliegenden Studie hat Schule als einen Ort der Individuation von Kindern und Jugendlichen gekennzeichnet, der in besonderer Weise durch die institutionelle Regulierung individueller Bedeutungsbildungen, Gründe und Handlungsabsichten von Kindern und Jugendlichen geprägt ist. Damit einher geht eine Marginalisierung und Begrenzung der relationalen über die Funktionslogik der Schule hinauslaufende Individualität von Jugendlichen und Kindern (vgl. Kapitel 3.2; Kapitel 6.1). Es konnte gezeigt werden, dass diese institutionelle Begrenzung in Form einer normativen Anerkennung der begünstigten Subjektform de*r *universalisierten Lerner*in* (vgl. Kapitel 3.2, S. 22; Idel 2013, S. 158) bzw. eines *scholarisierten Leistungssubjekts* (vgl. Kapitel 3.2, S. 20; Kapitel 6.4, S. 143; Fraij/Maschke/Stecher 2015, S. 180; Helsper et al. 2001, S. 35) nicht nur auf den formalen Regelungszusammenhang der Schule fokussiert ist. Vielmehr findet auch in der informellen *Schulkultur*, die auf die sozialen und kulturellen Praktiken von Kindern und Jugendlichen ausgreift, gleichermaßen eine funktionale Begrenzung statt (vgl. Kapitel 6.4, S. 138; Helsper et al. 2001, S. 25 f.). Es konnte ebenso dargestellt werden, dass mit der *Entöffentlichung* (vgl. Kapitel 6.3, S. 123; Holzkamp 1995, S. 389) individueller Lerngründe, Lerninhalte und Lernziele eine *Verdeckung praktischer Fragen* (vgl. Kapitel 3.2, S. 26; Jaeggi 2005, S. 238) einhergeht. Dies erschwert es Jugendlichen und Kindern nicht nur, institutionelle Verhaltenserwartungen zu hinterfragen u. U. zu kritisieren, sondern vor allem auch, diese vor dem Hintergrund der eigenen Individualität zu interpretieren, ggf. neu zu deuten und sie als relevante Gelegenheit zu sich und zu anderen zu erkennen und sinnstiftend zu nutzen. (vgl. Kapitel 3.2, S. 27). Zugleich konnte durch die Identifizierung der doppelten Bedingtheit von Individualität durch Differenz und Involviertheit die Notwendigkeit eines *medialen* und *materialen* Bestimmtwerdens als Voraussetzung für individuelle Selbstbestimmung hervorgehoben werden (vgl. Kapitel 4.1, S. 38; Kapitel 7, S. 168 f.; Gerhardt 1999, S. 39.; Seel 2002, S. 287 f.). Erst durch die Involvierung in sozial und kulturell geteilte Normen der Anerkennung, begrifflich gefasste Bedeutungen und geteilte Praktiken kann das Subjekt eigenständige Interpretationen seiner individuellen Selbst- und Weltverhältnisse entwickeln und in ein Handeln nach eigenen Gründen und Vorstellungen umsetzen. Zur Realisierung ihres gesellschaftlichen Leistungsauftrags ist Schule sowohl aus Gründen der *Rekontextualisierung* (Fend 2008) im institutionellen Mehrebenensystem als auch aus Gründen der *Resubjektivierung* der zu vermittelnden gesellschaftlichen Sinnordnung und ihrer Wissensbestände auf diese Interpretationsfähigkeit des Subjekts angewiesen (vgl. Kapitel 6.2). Die Auseinandersetzung mit dem Anerkennungsbegriff anhand der vom Prinzip relationaler Individualität ausgehenden Auswertung der Re-Lektüren Balzers und Rickens (Balzer 2014; Balzer/Ricken 2010) hat die produktive Veränderung von Normen der Anerkennung anhand ihres notwendig immer interpretativen Nachvollzugs, der unvermeidbar über eine reine Reproduktion hinausgehen muss, auffällig werden lassen (vgl. Kapitel 5.1.3, S. 69; Balzer 2014, S. 480). Anerkennung vom Prinzip relationaler Individualität ausgehend konnte so als ein auf Veränderung ausgerichteter Anerkennungsbegriff verdeutlicht werden, der unmittelbar mit den individuellen Lerngründen, Lerninhalten und Lernzielen von Kindern und Jugendlichen korrespondiert. Schule wurde vor dem Hintergrund der Interpretationsbedürftigkeit von Normen der Anerkennung als ein widersprüchliches Anerkennungsgefüge sichtbar. Schule initiiert eine beständige Überschreitung der individuellen Bedeutungsbildungen und der differenten sowie sozial und kulturell involvierten Selbst- und Weltbezüge von Jugendlichen und Kindern. Zugleich muss sie aber das Veränderungspotential der schulisch initiierten interpretativen Überschreitungen institutionell begrenzen und abwehren (vgl. Kapitel 8, S. 201). Dem gegenüber konnten im weiteren Verlauf der Untersuchung ästhetische Erfahrung und die ihr zugeordneten Praktiken als spezifische Modi der Selbst- und Weltbeziehung verdeutlicht werden. Ästhetische Erfahrung vermag sowohl die Doppelbedingtheit von

Individualität durch Differenz und Involviertheit zu vergegenwärtigen als auch *selbstbestimmte Praktiken* (Bertram 2014) zu generieren. Diese ermöglichen eine Darbietung von Individualität als *dynamischen Formverlauf* ambivalenter Neu-Interpretationen von differenten sowie mit anderen geteilten Welt- und Selbst-verhältnissen. Als Potenzial ästhetischer Erfahrung konnte daher zum einen gekennzeichnet werden, dass in ihr Kinder und Jugendliche die Begrenzung schulischer Normen der Anerkennung überschreiten und auf die prozesshafte Relationalität ihrer Individualität aufmerksam werden können. Weil ästhetische Erfahrung anhand *synonymloser Zeichenmedien* (Seel 2000) Begegnungen mit *Versionen der Welt* (Seel 2002) ermöglicht, kann sie zum anderen keine verläss-liche Orientierung für ein institutionelles *Zusammenhandeln* (Fend 2008) in der Schule bereitstellen (vgl. Kapitel 8.4, S. 243; Seel 1993, S. 49). Anhand der Ge-genüberstellung der gegenläufigen schulischen bzw. ästhetischen Begrenzungen von Anerkennung konnte nachvollzogen werden, dass eine Überführung beider Seiten der Anerkennung in ein neues Anerkennungsprinzip nicht möglich ist (vgl. Kapitel 8.4, S. 244 ff.).

Das zentrale Prinzip der Anerkennung kann in einer Schule, die ästhetische Erfahrung und ästhetisch-kulturelle Praxis im institutionellen Kernbereich ver-ankern will, daher vor allem in der Artikulation des im Rahmen des institutio-nellen Regelungsgefüges erfolgenden *medialen und materialen Bestimmtseins* von Kindern und Jugendlichen liegen. Wie oben dargestellt (vgl. Kapitel 8.5; Kapitel 8.6) muss sich die Kulturschule auf ein Spannungsverhältnis einlassen, das im institutionellen Rahmen nicht aufgelöst, aber als solches artikuliert werden kann. Dieses Spannungsverhältnis ist so zu gestalten, dass es nicht bei einer blo-ßen Trennung von Zeiten und Räumen der formalen schulischen Leistungsbe-währung sowie davon entlasteten Räumen und Zeiten bleibt. Wie in dieser Tren-nung die informelle, gleichwohl institutionell leistungssichernde Schulkultur erfasst werden könnte, bleibt zudem fraglich. Eine Kulturschule ist vielmehr da-rauf auszurichten, ihr institutionelles Anerkennungsgefüge als solches in seinem spannungsvollen Verhältnis zur Individualität von Kindern und Jugendlichen zu *veröffentlichen*. Dies jedoch so, dass die schulischen Normen der Anerkennung anhand *selbstbestimmter Praktiken* der ästhetischen Erfahrung in ihrem *medialen* aber auch *materialen* Bestimmen auffällig werden. Eine Kulturschule kann daher insofern entlang des Prinzips der Anerkennung gestaltet werden, wenn sie die Beteiligungsnotwendigkeit von Kindern und Jugendlichen an der Erfüllung des institutionellen Leistungsauftrags veröffentlicht, indem sie zuvorderst die Fähig-keit, Bedeutungen stiften und vorfindliche Deutungen interpretieren zu können, als Kernmoment ihrer Organisation und Schulentwicklung profiliert. Anhand der vorgeschlagenen Unterscheidung von drei organisatorischen Maximen der Kulturschule können Bedeutungsbildungen anhand *selbstbestimmter Praktiken* der ästhetischen Wahrnehmungseinstellung sowohl die Beteiligung von Kin-dern und Jugendlichen als Akteure an der Institution als auch die Differenz und

Involviertheit ihrer Individualität auffällig werden lassen. Die Kulturschule zielt darauf, die differente und involvierte Individualität von Kindern und Jugendlichen dadurch in der Institution zu veröffentlichen, indem sie beide Seiten der Anerkennung, d. h. die normativ begrenzende schulische sowie die situationsgebundene ästhetische, zu einander ins Verhältnis setzt.

Dies beinhaltet – erstens – die Abgrenzung von Gültigkeitsbereichen, wie es Bender vorschlägt (vgl. Kapitel 8.5, S. 257; Bender 2010, S. 356). Durch die Abgrenzung von auf ästhetische Erfahrung und Praktiken fokussierten Angeboten von Zeiten und Räumen, die dem formalen Bewährungsdruck unterstellt sind, werden Kindern und Jugendlichen beide Seiten der Anerkennung zuteil. Sie erhalten in der Kulturschule die Möglichkeit, unreduzierte Bedeutungen in Räumen und Zeiten zu stiften, die vom schulischen Bewährungsdruck entlang der universalistischen Leistungsachse befreit sind. Zugleich stellen diese Angebote ästhetischer Erfahrung jedoch, wie von Bender gefordert (vgl. Bender 2010, S. 356), auch keine Bewältigung der schulischen Bewährungsanforderungen in Aussicht. Die Trennung von schulischen Lehr-/Lernsettings, die der Bewährung entlang der universalistischen Leistungsachse unterliegen, von erfahrungsbezogenen Angeboten ästhetischer Praxis kann auch innerhalb z. B. von Unterrichtsformaten stattfinden. Dies ist den Entwürfen des ästhetischen Lernens und Lehrens bzw. dem erweiterten Verständnis einer ästhetischen Alphabetisierung bei Klepacki et al. (2016), Kuschel (2015), Reinwand-Weiss (2017) bereits implizit (vgl. Kapitel 8.3, S. 234 ff.). Es gilt jedoch, wie oben dargestellt, die Trennung der Anteile, welche der Leistungsbewährung unterliegen, von denen, die dies nicht tun, deutlich zu *markieren* (vgl. Kapitel 8.7, S. 263 f.). Kinder und Jugendliche erhalten in diesem Fall die Möglichkeit, sich anhand der ästhetischen Wahrnehmung von unterrichtlich aufgeworfenen Gegenständen des Möglichkeitsausstands ihrer selbst und der schulisch vorgehaltenen Deutungen inne werden zu können.

In der Kulturschule erfährt – zweitens – auch die schulische Begrenzung und verkennende *Stiftung* (Düttmann 1997) eine Kritik. Diese vollzieht sich durch eine ästhetisch-diskursive Reflexion des begrifflichen, raum-dinglichen sowie zeitlichen institutionellen Gefüges der Schule. Dieses erfährt in der ästhetischen Wahrnehmungseinstellung und ihrer *selbstbestimmten Praktiken* dahingehend eine *Kultivierung* (vgl. Kapitel 8.6, S. 264; Liebau 2009, S. 59 ff.), als es seiner *Selbstverständlichkeit* (Senge 2006) enthoben und als *gesellschaftlich hervorgebracht* (vgl. Kapitel 3.3, S. 30; Bernhard 2015, S. 261 f.) auffällig wird. Die ästhetisch-diskursive Reflexion der raum-dinglichen und zeitlichen Ordnung der Schule (vgl. das *Symbolische* bei Helsper et al., 2001, S. 25; Kapitel 6.4, S. 134) verweist in ihrer Organisation auf die kognitiven *Umwelten* (Senge/Hellmann 2006) der Institution und wird in ihrem Aufforderungscharakter und somit in ihrer subjektformenden Konstitutionskraft erfahrbar. Indem die *symbolische* Ordnung der Schule (vgl. Helsper 2001 et al., S. 25) in ihrem *Erscheinen* (Seel 2000) und nicht als *werthafte Gegebenheit* (vgl. Kapitel 7.2, S. 171; Seel 2016, S. 64) reflektiert wird, erfährt die *materiale* und *mediale* Begrenzung der Individualität von Jugendlichen und Kindern in der Schule eine unreduzierte Vergegenwärtigung. Kinder und Jugendliche erhalten hier die Möglichkeit, sich spürend und in eigenen Stellungnahmen über ihr Fühlen, Denken und Handeln im Verhältnis zu überindividuellen Aufforderungen der Institution zu verständigen. In der ästhetisch-diskursiven Reflexion der Schule erfahren sie die Begrenzung ihrer Individualität im *Medium* institutioneller Normen der Anerkennung und ihrer Repräsentationen im *Symbolischen* der Schule, ohne von diesen ganz ergriffen zu sein (vgl. Kapitel 7.2, S. 172; Henrich 2001, S. 132). Sie werden so auf die Frage verwiesen, wie sie in der Schule potentiell Individuum sein könnten und veröffentlichen diese Frage in ihren diskursiven Stellungnahmen, die Bestandteil der ästhetisch-kulturellen Praxis sind.

Drittens artikuliert die Kulturschule die institutionelle Begrenzung individueller Lerngründe, Lerninhalte und Lernziele, indem sie die Organisation *kreativer Felder* (Burow 1999) ermöglicht. Anders als die ästhetisch-diskursive Reflexion des begrifflichen, raum-dinglichen und zeitlichen schulischen Regelungsgefüges steht hier nicht die Position von Kindern und Jugendlichen im Mittelpunkt. Die einzurichtenden *kreativen Felder* markieren stattdessen das *entöffentlichende* Lernregime der Schule. Dies geschieht, indem ästhetische und schulische Zugänge gleichermaßen anhand individueller Lerngründe, Lerninhalte und Lernziele von Jugendlichen und Kindern auf ihre Wirksamkeit hin überprüft werden. Das schulische Prinzip der Zukunftsorientierung wird hier nicht als Teilhabeversprechen, das über die gegenwärtigen Interessen und Bedürfnisse Jugendlicher und Kinder hinausweist, umgesetzt, sondern auf die potentiellen Möglichkeiten der Schule bezogen. Dabei ist entscheidend, dass Kinder und Jugendliche hieran nicht nur mittelbar beteiligt sind, sondern im Sinne Lewins (1982) und Burows (1999) durch ihre individuellen Lerngründe, Lerninhalte und Lernziele als unverzichtbare *Druck- und Zugkräfte* (Lewin 1982) der Schule und ihrer Entwicklung anerkannt sind. *Kreative Felder* in der Schule sind auf Kooperation und Synergie ausgerichtet und prüfen anhand konkreter Lerninteressen von Kindern und Jugendlichen, wie die Schule eine wirksame Umgebung für ein *expansives Lernen* (Holzkamp 1995) sein bzw. werden kann.

Während die Trennung unterschiedlicher Bereiche Kinder und Jugendliche davor bewahrt, in der Darbietung ihrer unreduzierten Bedeutungsbildungen einer begrenzenden und bewertenden schulischen Überprüfung ihrer Anerkennbarkeit ausgesetzt zu werden, laufen die zwei weiteren vorgeschlagenen Settings auf eine Verschiebung des Prüfgegenstands hinaus. Dieser liegt nicht mehr in der Überprüfung des Nutzungsverhaltens der Kinder und Jugendlichen, sondern vielmehr in der Überprüfung der schulischen Verhältnisse (vgl. Kapitel 3.1, S. 18; BMFSFJ 2013, S. 44). Indem in beiden Fällen individuelle Bedeutungsbildungen anhand *selbstbestimmter Praktiken* der ästhetischen Wahrnehmungseinstellung auf das schulische Regelungsgefüge bezogen bzw. schulischen Wissensformen und Erschließungsprinzipien gleichberechtigt zur Seite gestellt werden, müssen sich diese angesichts der Individualität von Kindern und Jugendlichen bewähren. Die Leistungsfähigkeit von Schule wird in diesen Fällen dann nicht hinsichtlich ihrer institutionellen *Umwelten* hinterfragt, sondern in ihrem Potential zur *Verkennung* (Bedorf 2010) von Kindern und Jugendlichen bzw. in ihrem Möglichkeitsausstand als Ort der Anerkennung. Im Falle der *kreativen Felder* zielt die Überprüfung der Leistungsfähigkeit der Schule für eine Anerkennung von Jugendlichen und Kindern zudem auf Fragen einer Neu-Interpretation der Schule als Ort *expansiven Lernens* (Holzkamp 1995). Individuelle Bedeutungsbildungen werden in beiden Settings als Beteiligung von Kindern und Jugendlichen an der Organisation und Gestaltung von Schule sichtbar. Sie weisen damit auf Schule als eine *gestaltete* sowie als eine *zu gestaltende Institution* (Blömeke/Herzig 2009) hin und vergegenwärtigen zum einen die grundständige Interpretationsbedürftigkeit der schulischen Normen der Anerkennung zur Umsetzung des institutionellen Leistungsauftrags. Zum anderen schaffen sie innerhalb des schulischen Regelungszusammenhangs für Kinder und Jugendliche Möglichkeiten, schulische Normen der Anerkennung in ihrer regulierenden Begrenzung u. a. begrifflicher, aisthetischer, raum-dinglicher sowie zeitlicher Selbst- und Weltbezüge sowie in ihrem implizierten Aufforderungscharakter vor dem Hintergrund ihrer Individualität zu interpretieren und sie als Gelegenheit zu sich und anderen zu entdecken (vgl. Kapitel 5.1.5, S. 85; Latour 2002, S. 232; Schmidt 2012, S. 64 f.). Ästhetisch-diskursive Reflexion des schulischen Regelungszusammenhangs sowie spannungsreiche *kreative Felder* schaffen somit Voraussetzungen für eine Schulentwicklung, welche die Anerkennung der relationalen Individualität von Kindern und Jugendlichen aufgrund ihrer methodischen Anlage notwendig einbeziehen muss. Weil diese Schulentwicklung sowohl die soziale und kulturelle Involviertheit von Jugendlichen und Kindern reflektiert als auch anhand ästhetischer Erfahrung und Praktiken auf den Möglichkeitsausstand der Schule verweist, kann sie als eine „kulturelle Schulentwicklung"[29] bezeichnet werden. Denn ihre *Methode* (Duncker 1994) liegt darin, das *mediale* und *materiale* Bestimmen, das von Schule auf Kinder und Jugendliche ausgeht, in seinem *Erscheinen* (Seel 2000) als Grundlage geteilter Bedeutungen sichtbar zu machen, um es

---

29 Vgl. die Darstellung erster, aus der praktischen Begleitung von Schulen auf dem Weg zu einem kulturellen Profil abgeleiteten Bausteine zur Theorie und Praxis der kulturellen Schulentwicklung in Braun/Fuchs/Kelb (2010) und Braun et al. (2013a); Konzeptionelle Grundlegungen finden sich in Fuchs/Braun (2011) sowie in Fuchs (2012). Eine Einbettung der kulturellen Schulentwicklung in schultheoretische Reflexionen erfolgt in Fuchs/Braun (2015) sowie eine Diskussion ästhetischer Dimensionen für das Konzept kultureller Schulentwicklung in Fuchs/Braun (2016). Darauf aufbauend konnten Vorschläge für eine kulturelle Unterrichtsentwicklung als Teilbereich der kulturellen Schulentwicklung dargestellt werden in Fuchs/Braun (2018).

dann einer verändernden Interpretation auszusetzen (vgl. Kapitel 8.2, S. 217f.; Duncker 1994, S. 85). In früheren Vorarbeiten zu Theorie und Praxis einer *kulturellen Schulentwicklung* wurde „die Idee einer strikten Parallelisierung von individueller und organisationaler Entwicklung" (Fuchs/Braun 2011, S. 248) als Kernmoment auf dem Weg zu einer Kulturschule benannt. Dieses Moment zeigt sich nun mit Blick auf die Kulturschule dahingehend als bedeutsam, als die Artikulation des Möglichkeitsausstands der Schule von *selbstbestimmten Praktiken* in der ästhetischen Wahrnehmungseinstellung der Individuen ausgeht und in Neu-Interpretationen des formalen schulischen Regelungszusammenhangs und der Schule als *Haus des Lebens und Lernens* (Bildungskommission NRW 1995) mündet. Auch in diesem Sinne basiert die Kulturschule auf einem Perspektivenwechsel. Die Schule wird insofern einer *Kultivierung* unterzogen, als sie sich ausgehend von den Wahrnehmungs- und Gestaltungsmöglichkeiten aller an der ästhetisch-diskursiven Reflexion sowie in den *kreativen Feldern* Beteiligten weiterentwickeln muss. Fuchs spricht in diesem Sinne von einer „Selbst-Kultivierung" (Fuchs 2012, S. 181) der Schule, die er im Sinne des *kulturellen Forums* als „dynamisches System" (Fuchs/Braun 2011, S. 248) aller am Schulleben beteiligten Kinder, Jugendlichen und Erwachsenen versteht.

Für die weitere Diskussion ergeben sich aus den Erkenntnissen der Untersuchung vor allem Aufgaben, die nicht zuletzt in einer empirischen Perspektive bewältigt werden müssten. So scheint es wesentlich, konkrete Strukturmerkmale zu ermitteln, anhand derer Kulturschulen als reflexives Spannungsfeld organisiert und entwickelt werden können. Es gilt daher, in der systematischen Perspektive der Anerkennung relationaler Individualität Erfahrungen und Entwürfe von Schulen auszuwerten, die sich bewährt zu haben scheinen. Hier wird eine Problematik darin liegen, mehrdimensionale Prüfkriterien zu operationalisieren, welche die spezifischen Dimensionen von institutionellem Leistungsauftrag, Relationalität von Individualität und selbstreflexiver ästhetischer Erfahrung abzubilden vermögen und diese zueinander in ein produktives Verhältnis setzen können. Aus der Perspektive der Anerkennung wird es hierbei unverzichtbar sein, die spezifische Perspektive von Kindern und Jugendlichen als differente und involvierte Individuen sowie als institutionelle Akteure im Anerkennungsgefüge der Schule einzuholen. Die Frage der Wirksamkeit zu ermittelnder konkreter struktureller Merkmale wirft zudem eine Richtungsentscheidung auf. Diese liegt darin, inwiefern die strukturellen Verhältnisse einer Kulturschule oder vielmehr das Verhalten in einer Kulturschule als Prüfgegenstände in den Vordergrund zukünftiger Untersuchungen gestellt werden sollten. Vermutlich verläuft aber auch hier der Weg als Gratwanderung in der Relation beider Seiten. Mit der Klärung dieser Fragen sind mittelbar weiterführende Untersuchungsgegenstände verbunden. Diese liegen zum einen in der Entwicklung einer ausdifferenzierten Methodologie für eine *kulturelle Schulentwicklung der Anerkennung*. Weil diese explizit auch den institutionellen Leistungsauftrag von Schule einbeziehen muss, verbinden sich hiermit weitreichende inhaltliche, strukturelle und methodische Fragen der Schulaufsicht und der Steuerung von Schulqualität aus bildungspolitischer Perspektive. Mit dem Qualitätstableau für Kulturelle Schulentwicklung[30] der Bundesvereinigung kulturelle Kinder- und Jugendbildung (BKJ) sowie den Ergebnissen der Länderprogramme für Kulturschulen in Hessen und Nordrhein-Westfalen bei Ackermann et al. (2015) sowie Bromba und Gördel (2019)[31] liegen Reflexionen zu Themen und Herausforderungen der unterschiedlichen Verantwortungsebenen im Schulsystem vor. Jedoch auch diese müssten dahingehend weiterentwickelt und vor allem so ausdifferenziert werden, dass sie die gesellschaftlichen Aufträge von Reproduktion und Kohäsion auch in Strategien zu integrieren wissen, die sich absichtlich als spannungsvoll darstellen und Veränderung intendieren. Die Umsetzung einer *kulturellen Schulentwicklung der Anerkennung* verlangt schließlich auf allen Ebenen differenzierte und umfängliche Fort- und Weiterbildungsangebote. Diese können jedoch vor allem dann wirksam entwickelt und umgesetzt werden, wenn sie auf den Ergebnissen sowohl einer grundlagentheoretischen als auch einer praxisbezogenen Forschung und Theoriebildung aufsetzen können.

---

30 Vgl. https://www.bkj.de/kulturelle-schulentwicklung/wissensbasis/beitrag/qualitaetstableau-kulturelle-schulentwicklung/, letzter Zugriff 19.03.2021
31 Vgl. https://www.bkj.de/kulturelle-schulentwicklung/kreativpotentiale/ letzter Zugriff 19.03.2021

9. Resümee

Mit der vorliegenden Studie ist anhand einer Diskussion zum Verhältnis von Schule, relationaler Individualität und ästhetischer Erfahrung der Versuch einer anerkennungstheoretischen Grundlegung der Kulturschule unternommen worden. Dieses Vorhaben ist in ein Plädoyer für eine spannungsreiche sowie reflexive Ausgestaltung von Kulturschulen gemündet. Der ausgehend vom Prinzip relationaler Individualität entwickelte Analyserahmen aus *Fremdanerkennung, Selbstanerkennung* und *Ambivalenzen* der Anerkennung steht einer Vereindeutigung von Kulturschulen als kohärenten und spannungsfreien Orten einer *bruchlosen Anerkennung* (vgl. Honneth 2012, S. 196) der differenten und involvierten Individualität von Kindern und Jugendlichen entgegen. Spannungsfreie Entwürfe von Kulturschulen stehen in der erheblichen Gefahr, den institutionellen Leistungsauftrag von Schule wie auch die subjektformende Dimension von Anerkennung zu übersehen. Darüber hinaus würde nicht zuletzt die relationale Individualität von Jugendlichen und Kindern in einem widerspruchsfreien Verständnis von Kulturschulen in ihrer Prozesshaftigkeit und Ambivalenz verkannt.

Die Frage nach dem Beitrag ästhetischer Erfahrung und der ihr zugeordneten Praktiken für eine im institutionellen Kernbereich der Schule anzusiedelnde Anerkennung der Individualität von Kindern und Jugendlichen ist somit in den Entwurf einer *Kultivierung* der Schule gemündet (vgl. Kapitel 8.6, S. 264). Hierbei wird *Kultivierung* jedoch nicht als Gegenstrategie zu einer kulturellen Verarmung der Schule verstanden (vgl. Liebau 2009, S. 60). *Kultivierung* wird vielmehr als Strategie einer Vergegenwärtigung der grundsätzlichen „Revidierbarkeit" (Lüddemann 2019, S. 5; vgl. Kapitel 8.2, S. 219) institutioneller Normen der Anerkennung entworfen. Eine Kulturschule der Anerkennung zielt darauf, den „Wechselwirkungsprozess" (Busche 2018, S. 25) von Individuellem und Allgemeinem zu betonen, den z. B. Busche für Kultur als konstitutiv erachtet (vgl. Kapitel 8.6, S. 264). Der Ausgangsbefund einer asymmetrischen Regulierung überindividueller Ansprüche zulasten individueller Selbst- und Weltsichtweisen im institutionellen Gefüge der Schule wird somit keinesfalls in einen individualästhetischen Gegenentwurf überführt, der den institutionellen Auftrag der Schule zu Kohäsion und Reproduktion übersehen würde. Eine *Kultivierung* der Schule meint in anerkennungstheoretischer Perspektive stattdessen eine Vergegenwärtigung und Artikulation des Spannungsverhältnisses individueller Selbst- sowie Weltsichtweisen und überindividueller institutioneller Ansprüche und Erwartungen als für den gesellschaftlichen Ort Schule bedeutsam. Indem dieses Spannungsverhältnis anhand *selbstbestimmter Praktiken* (Bertram 2014) der Individuen ästhetisch reflektiert und auf seinen Möglichkeitsausstand hin überprüft wird, erhält die für Individualität grundlegende Doppelbedingtheit aus Differenz und Involviertheit einen veränderten Stellenwert in der Schule. In diesem Sinne bedeutet eine *Kultivierung* der Schule eine Erschließung des schulischen Regelungsgefüges als Medium individueller Verhältnisbestimmung.

Das dem Begriff der Kulturschule inhärente Spannungsverhältnis von Individuellem und Allgemeinem konnte dem Interesse der Studie folgend durch die Bezugnahme auf ästhetische Erfahrung und die ihr zugeordneten Praktiken für eine individualethische Diskussion des institutionellen Bedingungsgefüges der Schule fruchtbar gemacht werden. Die Diskussion der Schule als gesellschaftlichem Ort der Individuation von Kindern und Jugendlichen entlang eines Begriffs relationaler Individualität, die sich als ein prozesshaftes Verhältnis von Selbstbestimmung und Sich-bestimmen-lassen auszeichnet, führt auf die Frage der Anerkennbarkeit von Kindern und Jugendlichen in der Schule. Nicht allein der dem institutionellen Leistungsauftrag der Schule folgende Anspruch der sozialen Beeinflussung (vgl. Fend 1981, S. 98) wird somit mit Blick auf die Begrenzung der individuellen Selbst- und Weltverhältnisse von Jugendlichen und Kindern auffällig. Auch Anerkennung als Subjektformung entlang sozialer Normen (vgl. Krinninger 2013, S. 100) wird aus individualethischer Sicht als ambivalentes Moment reflektiert. Umso mehr rückt die Studie die Frage nach Möglichkeiten für eine auf Krisen der Veränderung sowie entgegen der Vereindeutigung von Individuen angelegte Anerkennung in der Schule in den Mittelpunkt. Die Identifizierung der auch vor dem Hintergrund des institutionellen Leistungsauftrags der Schule notwendigen interpretativen Beteiligung von Kindern und Jugendlichen am schulischen Regelungsgefüge kennzeichnet dieses als ein Anerkennungsgefüge. Eines, das nicht trotz, sondern aufgrund seiner Widersprüchlichkeit nicht nur für institutionelle Ziele, sondern auch für individualethische Dimensionen *Gelegenheitsstrukturen* (Fend 2008) aufweist. Die Studie verdeutlicht somit, dass eine Anerkennung der Individualität von Kindern und Jugendlichen in der Schule befördert werden kann, insofern die Interpretationsbedürftigkeit des institutionellen Regelungsgefüges betont wird. Hierzu wird die Organisation eines reflexiven Spannungsfelds vorgeschlagen, das sowohl umgrenzte Bereiche der formalen Leistungsüberprüfung und davon entlastete Teilbereiche ästhetisch-kultureller Praxis als auch eine ästhetisch-diskursive Reflexion des institutionellen Regelungsgefüges sowie *kreative Felder* (Burow 1999) zur partizipativen Neu-Interpretation des schulischen Lernregimes vorsieht.

Mit der Studie liegt eine Grundlegung der Kulturschule aus individualethischer Sicht vor. Dass eine individualethische Diskussion von Schule stets eine auf geteilte überindividuelle Normen der Anerkennung bezogene ist, verdeutlicht die Studie nicht nur anhand des selbstgestellten Anspruchs, den institutionellen Leistungsauftrag von Schule nicht zu übergehen. Vielmehr ist dies auch anhand der begründeten Relationalität von Individualität nicht zu umgehen. Indem die Doppelbedingtheit von Individualität aus Differenz und Involviertheit immer auch zu einer Reflexion überindividueller sozialer Ansprüche auffordert, verweist sie mit Blick auf gesellschaftliche Institutionen indirekt stets auch auf sozialethische Fragen. Während die Studie vornehmlich Überlegungen zu Voraussetzungen des *guten Lebens* (vgl. Fuchs 2019a; Gerhardt 1999, S. 30) mit Blick auf die individuelle Lebensführung des Subjekts im institutionellen Gefüge der Schule diskutiert, stellen sich zugleich weiterführende Fragen. Diese betreffen u. a. den Beitrag der Kulturschule zu den gesellschaftlichen Bedingungen des *guten Lebens*. Insofern die von Fend (2008) postulierten Funktionen der Schule als Voraussetzungen für einen entsprechenden sozialethischen Beitrag der Schule gesehen werden sollen[32], wäre nun zu diskutieren, welchen Beitrag die Kulturschule u. a. hierzu leisten kann. Die individualethische Diskussion der Kulturschule legt ebenso nahe, dass eine sozialethische Betrachtung der Kulturschule im Verhältnis zu anderen Institutionen in einer gesellschaftskritischen Perspektive geführt werden müsste. Die Frage nach dem Beitrag der Kulturschule zu einer sozialen Ordnung des *guten Lebens* ist insofern eine dringliche, als die grundlegenden Ansprüche an die Schule zwar auch für die Kulturschule gelten. Weil jedoch die Kulturschule als kritische Reaktion auf bestehende Konzepte und Praxis von Schule interpretiert werden kann, gilt es zu reflektieren, für welche gesellschaftlichen Entwürfe die Kulturschule beanspruchbar ist bzw. welcher Voraussetzungen es im Mehrebenensystem der Schule bedarf, um sie als Projekt einer chancengerechten und inklusiven demokratischen Gesellschaft zu profilieren. Hierin liegt ein weiterer noch zu leistender wichtiger Beitrag zu einer Theorie der Kulturschule.

---

32 vgl. dazu die Kritik Dunckers (1994, S. 29 ff.) an Fends Theorie der Schule sowie die Diskussion des Verhältnisses von Schule und Gesellschaft bei Weigand (2004, S. 365 ff.).

Literaturverzeichnis

Abs, Herman Josef/Stecher, Ludwig/Knoll, Katrin/Obsiadly, Magdalena/Ellerichmann, Marie (2013): Entwicklung Kultureller Bildung in Schule durch das Modellprogramm „Kulturagenten für kreative Schule" 2013–2015 // Bericht zum Programmmonitoring 2012/2013 im Modellprogramm „Kulturagenten für kreative Schulen". Frankfurt am Main: DIPF.

Ackermann, Heike/Retzar, Michael/Mützlitz, Sigrun/Kammler, Christian (Hrsg.) (2015): KulturSchule. Kulturelle Bildung und Schulentwicklung. Wiesbaden: Springer VS.

Althusser, Louis (1977): Ideologie und ideologische Staatsapparate. Aufsätze zur marxistischen Theorie. Hamburg: VSA.

Balzer, Nicole (2007): Die doppelte Bedeutung der Anerkennung. Anmerkungen zum Zusammenhang von Anerkennung, Macht und Gerechtigkeit. In: Wimmer, Michael/Reichenbach, Roland/Pongratz, Ludwig (Hrsg.): Bildung und Gerechtigkeit. Paderborn. S. 49–76.

Balzer, Nicole (2014): Spuren der Anerkennung. Studien zu einer sozial- und erziehungswissenschaftlichen Kategorie. Univ., Diss.--Bremen, 2012. Wiesbaden: Springer VS.

Balzer, Nicole/Künkler, Tobias (2007): Von ‚Kuschelpädagogen' und ‚Leistungsapologeten'. Anmerkungen zum Zusammenhang von Anerkennung und Lernen. In: Ricken, Norbert (Hrsg.): Über die Verachtung der Pädagogik. Analysen – Materialien – Perspektiven. 1. Aufl. Wiesbaden: VS Verl. für Sozialwiss. S. 79–111.

Balzer, Nicole/Ricken, Nobert (2010): Anerkennung als pädagogisches Problem. Markierungen im erziehungswissenschaftlichen Diskurs. In: Schäfer, Alfred/Thompson, Christiane (Hrsg.): Anerkennung. Paderborn, Wien u. a.: Schöningh. S. 35–88.

Bauer, Ulrich (2004): Keine Gesinnungsfrage. Der Subjektbegriff in der Sozialisationsforschung. In: Geulen, Dieter/Veith, Hermann (Hrsg.): Sozialisationstheorie interdisziplinär. Aktuelle Perspektiven. Stuttgart: Lucius&Lucius. S. 61–92.

Baumert, Jürgen (Hrsg.) (2001): PISA 2000. Opladen: Leske + Budrich.

Bedorf, Thomas (2010): Verkennende Anerkennung. Über Identität und Politik. Frankfurt/Main: Suhrkamp.

Bender, Saskia (2010): Kunst im Kern von Schulkultur. Ästhetische Erfahrung und ästhetische Bildung in der Schule. Wiesbaden: VS Verlag für Sozialwissenschaften.

Benjamin, Jessica (1990): Die Fesseln der Liebe. Psychoanalyse, Feminismus und das Problem der Macht. Basel: Stroemfeld/Roter Stern.

Benjamin, Jessica (2002): Der Schatten des Anderen. Intersubjektivität – Gender – Psychoanalyse. Frankfurt/Main, Basel: Stroemfeld/Nexus.

Bernhard, Armin (2015): Pädagogische Ästhetik. Kritische Instanz der Reflexion kulturell-ästhetischer Bildungs- und Erziehungsprozesse. In: Braun, Tom/Fuchs, Max/Zacharias, Wolfgang (Hrsg.): Theorien der Kulturpädagogik. Weinheim und Basel: Beltz Juventa. S. 245–276.

Bertram, Georg. W. (2011): Kunst. Eine philosophische Einführung. Stuttgart: Reclam.

Bertram, Georg. W. (2014): Kunst als menschliche Praxis. Eine Ästhetik. Berlin: Suhrkamp.

Bertram, Georg. W. (2016): Warum der Mensch die Künste braucht. Überlegungen zur Relevanz ästhetischer Bildung. In: Fuchs, Max/Braun, Tom (Hrsg.): Die Kulturschule und kulturelle Schulentwicklung. Zur ästhetischen Dimension von Schule. Weinheim und Basel: Beltz Juventa. S. 106–122.

Biburger, Tom/Wenzlik, Alexander (Hrsg.) (2009): Ich hab gar nicht gemerkt, dass ich was lern. Untersuchungen zu künstlerisch-kulturpädagogischer Lernkultur in Kooperationsprojekten mit Schulen. München: kopaed Verlag.

Bildungskommission NRW (Hrsg.) (1995): Zukunft der Bildung – Schule der Zukunft. Denkschrift der Kommission „Zukunft der Bildung – Schule der Zukunft" beim Ministerpräsidenten des Landes Nordrhein-Westfalen. Neuwied, Kriftel, Berlin: Luchterhand.

Bilstein, Johannes (2009): Die Schule der Kunst. In: Liebau, Eckart/Zirfas, Jörg (Hrsg.): Die Kunst der Schule. Über die Kultivierung der Schule durch die Künste. Bielefeld: Transcript. S. 69–89.

Bingham, Charlees (2001): Schools of Recognition. Identity Politics and Classroom Practices. Langham/Boulder/New York/Oxford: Rowman & Littlefield Publishers.

Blömeke, Sigrid/Bohl, Thorsten/Haag, Ludwig/Lang-Wojtasik, Gregor/Sacher, Werner (2009): Einleitung. In: Blömeke, Sigrid/Bohl, Thorsten/Haag, Ludwig/Lang-Wojtasik, Gregor/Sacher, Werner (Hrsg.): Handbuch Schule. Theorie – Organisation – Entwicklung. Bad Heilbrunn: Julius Klinkhardt. S. 11–14.

Blömeke, Sigrid/Herzig, Bardo (2009): Schule als gestaltete und zu gestaltende Institution – ein systematischer Überblick über aktuelle und historische Schultheorien. In: Blömeke, Sigrid/Bohl, Thorsten/Haag, Ludwig/Lang-Wojtasik, Gregor/Sacher, Werner (Hrsg.): Handbuch Schule. Theorie – Organisation – Entwicklung. Bad Heilbrunn: Julius Klinkhardt. S. 15–28.

Blömeke, Sigrid/Herzig, Bardo/Tulodziecki, Gerhard (Hrsg.) (2007): Gestaltung von Schule. Eine Einführung in Schultheorie und Schulentwicklung. Julius Klinkhardt.

BMFSFJ (2002): 11. Kinder- und Jugendbericht. Bericht über die Lebenssituation junger Menschen und die Leistungen der Kinder- und Jugendhilfe. Drucksache 14/8181. Berlin: BMFSFJ.

BMFSFJ (2013): 14. Kinder- und Jugendbericht. Bericht über die Lebenssituationen junger Menschen und die Leistungen der Kinder- und Jugendhilfe. Drucksache 17/12200. Berlin: BMFSFJ.

BMFSFJ (2017): 15. Kinder- und Jugendbericht. Bericht über die Lebenssituation junger Menschen und die Leistungen der Kinder- und Jugendhilfe in Deutschland. Drucksache 18/11050. Berlin: BMFSFJ.

Boehm, Gottfried (1990): Über die Konsistenz ästhetischer Erfahrung. In: Zeitschrift für Pädagogik 36, H. 4, S. 469–480.

Böhme, Gernot (1995): Atmosphäre. Essays zur neuen Ästhetik. Frankfurt am Main: Suhrkamp.

Böhme, Jeanette (2000): Schulmythen und ihre imaginäre Verbürgung durch oppositionelle Schüler. Ein Beitrag zur Etablierung erziehungswissenschaftlicher Mythenforschung. Bad Heilbrunn/Obb.: Klinkhardt.

Böhnisch, Lothar (2002): Familie und Bildung. In: Tippelt, Rudolf (Hrsg.): Handbuch Bildungsforschung. Opladen: Leske + Budrich. S. 283–292.

Bohnsack, Fritz (2013): Wie Schüler die Schule erleben. Zur Bedeutung der Anerkennung, der Bestätigung und der Akzeptanz von Schwäche. Opladen: Verlag Barbara Budrich.

Borst, Eva (2003): Anerkennung der Anderen und das Problem des Unterschieds. Perspektiven einer kritischen Theorie der Bildung. Baltmannsweiler.

Brake, Anna/Büchner, Peter (2003): Bildungsort Familie. Die Transmission von kulturellem und sozialem Kapital im Mehrgenerationenzusammenhang. In: Zeitschrift für Erziehungswissenschaft 6, H. 4, S. 628–638.

Braun, Tom (2010): Kulturell-ästhetische Praxis als Schlüssel zu einer inklusiven Schulentwicklung. In: Braun, Tom/Fuchs, Max/Kelb, Viola (Hrsg.): Auf dem Weg zur Kulturschule. Bausteine zu Theorie und Praxis der Kulturellen Schulentwicklung. München: kopaed Verlag. S. 87–106.

Braun, Tom (2012): Inklusion als ein systematischer Ansatz einer kulturellen Schulentwicklung. In: Stutz, Ulrike (Hrsg.): Kunstpädagogik im Kontext von Ganztagsbildung und Sozialraumorientierung. Zu einer strukturellen Partizipation in der kunstpädagogischen Praxis. München: kopaed Verlag. S. 196–214.

Braun, Tom (2017): Anerkennung und „Institutionenkindheit". Potenziale kultureller Schulentwicklung für eine Stärkung des Subjektstatus von Kindern und Jugendlichen. In: Taube, Gerd/Fuchs, Max/Braun, Tom (Hrsg.): Handbuch Das starke Subjekt. Schlüsselbegriffe in Theorie und Praxis. München: kopaed Verlag. S. 91–106.

Braun, Tom/Fuchs, Max/Kelb, Viola (Hrsg.) (2010): Auf dem Weg zur Kulturschule. Bausteine zu Theorie und Praxis der Kulturellen Schulentwicklung. München: kopaed Verlag.

Braun, Tom/Fuchs, Max/Kelb, Viola/Schorn, Brigitte (2013a): Auf dem Weg zur Kulturschule. Vorarbeiten und bisherige Ergebnisse. In: Braun, Tom/Fuchs, Max/Kelb, Viola/Schorn, Brigitte (Hrsg.): Auf dem Weg zur Kulturschule II. Weitere Bausteine zu Theorie und Praxis der kulturellen Schulentwicklung. München: kopaed Verlag. S. 13–30.

Braun, Tom/Fuchs, Max/Kelb, Viola/Schorn, Brigitte (Hrsg.) (2013b): Auf dem Weg zur Kulturschule II. Weitere Bausteine zu Theorie und Praxis der kulturellen Schulentwicklung. München: kopaed Verlag.

Bromba, Michael/Gördel, Bettina-Maria (2019): Umsetzung, Bedingungen und Entwicklungsstand kultureller Schulentwicklung in Nordrhein-Westfalen. Ergebnisse einer explorativen Online-Befragung. www.bkj.de/publikation/umsetzung-bedingungen-und-entwicklungsstand-kultureller-schulentwicklung-in-nordrhein-westfalen-1/ (Abfrage 22.01.2021).

Burow, Olaf-Axel (1999): Die Individualisierungsfalle. Kreativität gibt es nur im Plural. Stuttgart: Klett-Cotta.

Burow, Olaf-Axel (2011): Positive Pädagogik. Sieben Wege zu Lernfreude und Schulglück. Weinheim und Basel: Beltz.

Burow, Olaf-Axel (2014): Digitale Dividende. Ein pädagogisches Update für mehr Lernfreude und Kreativität in der Schule. Weinheim und Basel: Beltz.

Burow, Olaf-Axel/Hinz, Heinz (Hrsg.) (2005): Die Organisation als kreatives Feld. Evolutionäre Personal und Organisationsentwicklung. Kassel: Kassel University Press.

Burow, Olaf-Axel/Pauli, Bettina (2013): Ganztagsschulen entwickeln. Von der Unterrichtsanstalt zum kreativen Feld. Schwalbach/Ts.: Debus-Pädagogik-Verlag.

Busche, Hubertus (2018): „Kultur": Ein Wort, viele Begriffe. In: Busche, Hubertus/Heinze, Thomas/ Hillebrandt, Frank/Schäfer, Franka (Hrsg.): Kultur – Interdisziplinäre Zugänge. Wiesbaden: Springer VS. S. 3–41.

Butler, Judith (2001): Psyche der Macht. Das Subjekt der Unterwerfung. Frankfurt/Main: Suhrkamp.

Butler, Judith (2002): Was ist Kritik? Ein Essay über Foucaults Tugend. In: Deutsche Zeitschrift für Philosophie 50, H. 2, S. 249–265.

Butler, Judith (2005): Gefährdetes Leben. Politische Essays. Frankfurt am Main: Suhrkamp.

Butler, Judith (2009): Die Macht der Geschlechternormen und die Grenzen des Menschlichen. Frankfurt am Main: Suhrkamp.

Castro Varela, Maria do Mar/Mecheril, Paul (2010): Anerkennung als erziehungswissenschaftliche Referenz? Herrschaftskritische und identitätsskeptische Anmerkungen. In: Schäfer, Alfred/ Thompson, Christiane (Hrsg.): Anerkennung. Paderborn, Wien u. a.: Schöningh. S. 89–119.

Cicero, Marcus Tullius (2013): Gespräche in Tusculum. Tusculanae disputationes; lateinisch-deutsch. 7. Aufl. Berlin: De Gruyter.

Collenberg-Plotnikov, Bernadette (2017): Partizipation als Funktion des Ästhetischen und der Kunst. In: Braun, Tom/Witt, Kirsten (Hrsg.): Illusion Partizipation – Zukunft Partizipation. (Wie) Macht Kulturelle Bildung unsere Gesellschaft jugendgerechter? München: kopaed Verlag. S. 127–139.

DiMaggio, Paul/Powell, Walter (1991): The Iron Cage Revisited. Institutional Isomorphism and Collective Rationality in Organisational Fields. In: Powell, Walter/DiMaggio, Paul (Hrsg.): The New institutionalism in organisational analysis. Chicago: University Press of Chicago. S. 63–82.

Duncker, Ludwig (1994): Lernen als Kulturaneignung. Schultheoretische Grundlagen des Elementarunterrichts. Weinheim und Basel: Beltz.

Duncker, Ludwig (2015): Ganztägige Bildung und ästhetisches Lernen. Neue Herausforderungen für Theorie und Praxis der Schulentwicklung. In: Fuchs, Max/Braun, Tom (Hrsg.): Die Kulturschule und kulturelle Schulentwicklung. Schultheorie und Schulentwicklung. Weinheim und Basel: Beltz Juventa. S. 134–150.

Duncker, Ludwig (2018): Wege zur ästhetischen Bildung. Anthropologische Grundlegung und schulpädagogische Orientierung. München: kopaed Verlag.

Düttmann, Alexander García (1997): Zwischen den Kulturen. Spannungen im Kampf um Anerkennung. Erstausg., 1. Aufl. Frankfurt am Main: Suhrkamp.

Düwell, Marcus (2012): Neue Pfade im Dickicht der Lebenswelt. Bedarf die Moral der spielerischen Kraft ästhetischer Erfahrung? In: Kleimann, Bernd/Schmücker, Reinold (Hrsg.): Wozu Kunst? Die Frage nach ihrer Funktion. Darmstadt: Wissenschaftliche Buchgesellschaft. S. 158–175.

Eagleton, Terry (2009): Was ist Kultur? Eine Einführung. 1. Aufl. München: Beck.

Engel, Birgit (2004): Spürbare Bildung. Über den Sinn des Ästhetischen im Unterricht. Münster/New York/München/Berlin: Waxmann.

Fauser, Peter/Veith, Hermann (2006): Kulturelle Bildung und ästhetisches Lernen. https://www. ganztaegig-lernen.de/kulturelle-bildung-und-aesthetisches-lernen (Abfrage 19.03.2021).

Fend, Helmut (1981): Theorie der Schule. 2., durchgesehene Auflage. München/Wien/Baltimore: Urban und Schwarzenberg.

Fend, Helmut (1988): Sozialgeschichte des Aufwachsens. Bedingungen des Aufwachsens und Jugendalters im 20. Jahrhundert. Frankfurt/Main: Suhrkamp.

Fend, Helmut (2008): Neue Theorie der Schule. Einführung in das Verstehen von Bildungssystemen. 2. Auflage. Wiesbaden: VS Verlag für Sozialwissenschaften.

Fenner, Dagmar (2016): Wieso brauchen wir eine Kulturschule? Grundsätzliche ethische Überlegungen zu den Funktionen und Grenzen von Kunst. In: Fuchs, Max/Braun, Tom (Hrsg.): Die Kulturschule und kulturelle Schulentwicklung. Zur ästhetischen Dimension von Schule. Weinheim und Basel: Beltz Juventa. S. 212–222.

Fischer, Natalie/Holtappels, Heinz günter/Klieme, Eckard/Rauschenbach, Thomas/Stecher, Ludwig/ Züchner, Ivo (Hrsg.) (2011): Ganztagsschule: Entwicklung, Qualität, Wirkungen. Längsschnittliche Befunde der Studie zur Entwicklung von Ganztagsschulen (SteEG). Weinheim und Basel: Juventa-Verl.

Fischer-Lichte, Erika (2004): Ästhetik des Performativen. Frankfurt am Main: Suhrkamp.

Foucault, Michel (1991): Die Ordnung des Diskurses. Mit einem Essay von Ralf Konersmann. Frankfurt am Main: Fischer.

Fraij, Amina/Maschke, Sabine/Stecher, Ludwig (2015): Die Scholarisierung der Jugendphase – ein Zeitvergleich. In: Diskurs Kindheits- und Jugendforschung 10, H. 2, S. 167–182.

Fraser, Nacy/Honneth, Axel (Hrsg.) (2003): Umverteilung oder Anerkennung? Eine politisch-philosophische Kontroverse. Frankfurt/Main: Suhrkamp.

Freyberg, Thomas von/Wolff, Angelika (2009): Störer und Gestörte. Konfliktgeschichten unbeschulbarer Jugendlicher. Frankfurt/Main: Brandes und Apsel.

Fuchs, Max (2008): Schule als kulturelles Forum? In: Rihm, Thomas (Hrsg.): Teilhaben an Schule. Zu den Chancen wirksamer Einflussnahme auf Schulentwicklung. Wiesbaden: VS Verlag für Sozialwissenschaften. S. 177–188.

Fuchs, Max (2010a): Schule, Subjektbildung und Kultur. In: Braun, Tom/Fuchs, Max/Kelb, Viola (Hrsg.): Auf dem Weg zur Kulturschule. Bausteine zu Theorie und Praxis der Kulturellen Schulentwicklung. München: kopaed Verlag. S. 11–86.

Fuchs, Max (2010b): Schule, Subjektentwicklung, Kultur. In: Braun, Tom/Fuchs, Max/Kelb, Viola (Hrsg.): Auf dem Weg zur Kulturschule. Bausteine zu Theorie und Praxis der Kulturellen Schulentwicklung. München: kopaed Verlag. S. 11–86.

Fuchs, Max (2011): Kunst als kulturelle Praxis. Kunsttheorie und Ästhetik für Kulturpolitik und Kulturpädagogik. München: kopaed Verlag.

Fuchs, Max (2012): Die Kulturschule. Konzept und theoretische Grundlagen. München: kopaed Verlag.

Fuchs, Max. „Kunst im Kontext. Zur pädagogischen Relevanz der Art der gesellschaftlichen und kulturellen Einbettung von Kunst und künstlerischer Praxis – oder: Warum man die Künste und künstlerischen Praxen nicht von ihren Entstehungs- und Verwendungskontexten trennen soll". https://www.maxfuchs.eu/aufsatze-und-vortrage/ (Abfrage 31.12.2019).

Fuchs, Max (2017): Kulturelle Schulentwicklung. Eine Einführung. Weinheim: Beltz.

Fuchs, Max (2019a): Das gute Leben in einer wohlgeordneten Gesellschaft. Bildung zwischen Kultur und Politik. Weinheim: Beltz Juventa.

Fuchs, Max (2019b): Das Konzept Kulturelle Schulentwicklung. In: Fuchs, Max/Gördel, Bettina-Maria/ Fischer, Bianca (Hrsg.): Kulturelle Schulentwicklung gestalten. Konzept, theoretische Hintergründe und Praxismaterialien. München: Cornelsen. S. 5–38.

Fuchs, Max/Braun, Tom (2011): Zur Konzeption und Gestaltung einer kulturellen Schulentwicklung. In: Braun, Tom (Hrsg.): Lebenskunst lernen in der Schule. Mehr Chancen durch Kulturelle Schulentwicklung. München: kopaed Verlag. S. 228–260.

Fuchs, Max/Braun, Tom (Hrsg.) (2015): Die Kulturschule und kulturelle Schulentwicklung. Schultheorie und Schulentwicklung. Weinheim und Basel: Beltz Juventa.

Fuchs, Max/Braun, Tom (Hrsg.) (2016): Die Kulturschule und kulturelle Schulentwicklung. Zur ästhetischen Dimension von Schule. Weinheim und Basel: Beltz Juventa.

Fuchs, Max/Braun, Tom (Hrsg.) (2018): Kulturelle Unterrichtsentwicklung. Grundlagen – Konzeptionen – Beispiele. Weinheim und Basel: Beltz Juventa.

Fuchs, W./Zinecker, Jürgen (1985): Nachkriegsjugend und Jugend heute. Werkstattbericht aus einer laufenden Studie. In: Zeitschrift für Soziologie der Erziehung und Sozialisation, H. 1, S. 5–28.

Gamm, Gerhard (1997): Die Unausdeutbarkeit des Selbst. Über die normative Kraft des Unbestimmten in der Moralphilosophie der Gegenwart. In: Luutz, Wolfgang (Hrsg.): Das ‚Andere‘ der Kommunikation. Leipzig. S. 125–139.

Gamm, Gerhard (2007): Das rätselvoll Unbestimmte. Zur Struktur ästhetischer Erfahrung im Spiegel der Kunst. In: Gamm, Gerhard/Schürmann, Eva (Hrsg.): Das unendliche Kunstwerk. Von der Bestimmtheit des Unbestimmten in der ästhetischen Erfahrung. Hamburg: Philo & Philo Fine Arts | EVA Europäische Verlagsanstalt. S. 23–57.

Gerhardt, Volker (1999): Selbstbestimmung. Das Prinzip der Individualität. Stuttgart: Reclam.

Gerhardt, Volker (2004): Anerkennung. Zwischen Tatsache und Norm. In: Gander, Hans-Helmuth (Hrsg.): Anerkennung. Zu einer Kategorie gesellschaftlicher Praxis. Würzburg: Ergon. S. 13–32.

Geulen, Dieter (2004): Ungelöste Probleme im sozialisationstheoretischen Diskurs. In: Geulen, Dieter/ Veith, Hermann (Hrsg.): Sozialisationstheorie interdisziplinär. Aktuelle Perspektiven. Stuttgart: Lucius&Lucius. S. 3–20.

Habermas, Tilmann (1999): Geliebte Objekte. Symbole und Instrumente der Identitätsbildung. Berlin/ New York: Suhrkamp.

Hafeneger, Benno (Hrsg.) (2013): Pädagogik der Anerkennung. Grundlagen, Konzepte, Praxisfelder. Schwalbach/Ts.: Debus-Pädagogik-Verl.

Hegel, Wilhelm Friedrich (1986): System der spekulativen Philosophie. Hamburg: Felix Meiner Verlag.

Hegel, Wilhelm Friedrich (1988): Jenaer Philosophie. Hamburg: Felix Meiner Verlag.

Hegel, Wilhelm Friedrich (2001): System der Sittlichkeit. Nachdruck der Lasson-Ausgabe. Hamburg: Felix Meiner Verlag.

Heidbrink, Ludger (2007): Autonomie und Lebenskunst. Über die Grenzen der Selbstbestimmung. In: Kersting, Wolfgang/Langbehn, Claus (Hrsg.): Kritik der Lebenskunst. Frankfurt am Main: Suhrkamp. S. 261–286.

Hein, Peter Ulrich (2016): Postulate und Aporien einer partizipativen Ästhetik. Wissenssoziologische Anmerkungen zu Fragen der kulturellen Intervention. In: Fuchs, Max/Braun, Tom (Hrsg.): Die Kulturschule und kulturelle Schulentwicklung. Zur ästhetischen Dimension von Schule. Weinheim und Basel: Beltz Juventa. S. 260–271.

Helsper, Werner (2015): Schülerbiographie und Schülerhabitus. Schule und Jugend als Ambivalenzverhältnis? In: Sandring, Sabine/Helsper, Werner/Krüger, Heinz-Hermann (Hrsg.): Jugend. Theoriediskurse und Forschungsfelder. Wiesbaden: Springer VS. S. 131–160.

Helsper, Werner/Böhme, Jeanette/Kramer, Rolf-Torsten/Lingkost, Angelika (2001): Schulkultur und Schulmythos. Gymnasien zwischen elitärer Bildung und höherer Volksschule im Transformationsprozess. Rekonstruktionen zur Schulkultur I. Wiesbaden: VS Verlag für Sozialwissenschaften.

Helsper, Werner/Lingkost, Angelika (2013): Schülerpartizipation in den Antinomien von Autonomie und Zwang sowie Organisation und Interaktion. Exemplarische Rekonstruktion im Horizont einer Theorie schulischer Anerkennung. In: Hafeneger, Benno (Hrsg.): Pädagogik der Anerkennung. Grundlagen, Konzepte, Praxisfelder. Schwalbach/Ts.: Debus-Pädagogik-Verl. S. 132–156.

Helsper, Werner/Sandring, Sabine/Wiezorek, Christine (2008): Anerkennung in pädagogischen Beziehungen. Ein Problemaufriss. In: Imbusch, Peter/Heitmeyer, Wilhelm (Hrsg.): Integration – Desintegration. Ein Reader zur Ordnungsproblematik moderner Gesellschaften. 1. Aufl. Wiesbaden: VS Verl. für Sozialwiss. S. 179–206.

Henrich, Dieter (2001): Versuch über Kunst und Leben. Subjektivität – Weltverstehen – Kunst. München/Wien: Carl Hanser Verlag.

Herder, Johann Gottfried von (2012): Auch eine Philosophie der Geschichte zur Bildung der Menschheit. Bibliogr. erg. Ausg. Stuttgart: Reclam.

Herder, Johann Gottfried von (2013): Ideen zur Philosophie der Geschichte der Menschheit. Berliner Ausgabe. Berlin: Holzinger.

Hill, Burckhard/Biburger, Tom/Wenzlik, Alexander (Hrsg.) (2008): Lernkultur und Kulturelle Bildung. Veränderte Lernkulturen – Kooperationsauftrag an Schule, Jugendhilfe, Kunst und Kultur. München: kopaed Verlag.

Holzkamp, Klaus (1995): Lernen. Subjektwissenschaftliche Grundlegung. Studienausg. Frankfurt am Main und New York: Campus Verlag.

Honnens, Johann (2017): Sozioästhetische Anerkennung. Eine qualitativ-empirische Untersuchung der arabesk-Rezeption von Jugendlichen als Basis für die Entwicklung einer situativen Perspektive auf den Musikunterricht. Münster/New York: Waxmann.

Honneth, Axel (2005): Verdinglichung. In: Honneth, Axel (Hrsg.): Verdinglichung. Eine anerkennungstheoretische Studie. Um Kommentare von Judith Butler, Raymond Geuss und Jonathan Lear erweiterte Ausgabe. 1., Berlin 2015. Frankfurt am Main: Suhrkamp. S. 20–106.

Honneth, Axel (2012): Kampf um Anerkennung. Zur moralischen Grammatik sozialer Konflikte. 7. Auflage. Frankfurt/Main.

Hurrelmann, Klaus (1993): Sozialisation. Überarbeitete und ergänzte Auflage. Weinheim und Basel: Beltz.

Idel, Till-Sebastian (2013): Pädagogische Praktiken im Ganztag. Praxistheoretische Überlegungen zur Verschiebung der Grenzen von Schule. In: Müller, Hans-Rüdiger/Bohne, Sabine/Thole, Werner (Hrsg.): Erziehungswissenschaftliche Grenzgänge. Markierungen und Vermessungen. Beiträge zum 23. Kongress der Deutschen Gesellschaft für Erziehungswissenschaft. Opladen/Berlin/ Toronto: Verlag Barbara Budrich. S. 151–165.

Jaeggi, Rahel (2005): Entfremdung. Zur Aktualität eines sozialphilosophischen Problems. Frankfurt/ Main: Campus Verlag.

Kathke, Petra (2014): Die Komplexität des Elementaren. Ästhetische Alphabetisierung und kunstpädagogische Lehre. In: zeitschrift für aesthetische bildung 6, 2, http://zaeb.net/wordpress/wp-content/uploads/2020/12/88-353-1-PB.pdf (Abfrage 19.03.2021), S. 1–22.

Keim, Wolfgang (2016): Historische Perspektiven kultureller Schulentwicklung am Beispiel der Weimarer Reformpädagogik. In: Fuchs, Max/Braun, Tom (Hrsg.): Die Kulturschule und kulturelle Schulentwicklung. Politische Rahmenbedingungen einer erfolgreichen Implementierung. Weinheim und Basel: Beltz Juventa. S. 78–108.

Kelb, Viola (Hrsg.) (2007): Kultur macht Schule. Innovative Bildungsallianzen – Neue Lernqualitäten. München: kopaed Verlag.

Keupp, Heiner (2013): Subjektgenese, Enkulturation und Identität. KULTURELLE BILDUNG ONLINE: https://www.kubi-online.de/artikel/subjektgenese-enkulturation-identitaet (Abfrage 21.08.2020).

Keupp, Heiner/Ahbe, Thomas/Gmür, Wolfgang/Höfer, Renate/Mitzscherlich, Beate/Kraus, Wolfgang/Strauss, Florian (1999): Identitätskonstruktionen. Das Patchwork der Identitäten in der Spätmoderne. Reinbek bei Hamburg: Rowohlt-Taschenbuch-Verl.

Klepacki, Leopold/Klepacki, Tanja/Lohwasser, Diana (2016): Ästhetisches Lehren. Eine kritisch-reflexive Begriffsbefragung. In: Fuchs, Max/Braun, Tom (Hrsg.): Die Kulturschule und kulturelle Schulentwicklung. Zur ästhetischen Dimension von Schule. Weinheim und Basel: Beltz Juventa. S. 22–66.

Klepacki, Leopold/Zirfas, Jörg (2009): Ästhetische Bildung. Was man lernt und was man nicht lernt. In: Liebau, Eckart/Zirfas, Jörg (Hrsg.): Die Kunst der Schule. Über die Kultivierung der Schule durch die Künste. Bielefeld: Transcript. S. 111–139.

Klopsch, Britta. „Schulkultur durch kulturelle Schulentwicklung gestalten: Von der Möglichkeit, lernförderliche Haltungen zu entwickeln". https://www.kubi-online.de/artikel/schulkultur-durch-kulturelle-schulentwicklung-gestalten-moeglichkeit-lernfoerderliche (Abfrage 19.03.2021).

Koppe, Franz (2012): Selbstwert und Geltungsanspruch der Kunst. In: Kleimann, Bernd/Schmücker, Reinold (Hrsg.): Wozu Kunst? Die Frage nach ihrer Funktion. Darmstadt: Wissenschaftliche Buchgesellschaft. S. 104–140.

Krinninger, Dominik (2013): Pädagogische Transformationen von Anerkennung und Demokratie. In: Müller, Hans-Rüdiger/Bohne, Sabine/Thole, Werner (Hrsg.): Erziehungswissenschaftliche Grenzgänge. Markierungen und Vermessungen. Beiträge zum 23. Kongress der Deutschen Gesellschaft für Erziehungswissenschaft. Opladen/Berlin/Toronto: Verlag Barbara Budrich. S. 99–115.

Krinninger, Dominik (2018): Anerkennung. In: Gödde, Günter/Zirfas, Jörg (Hrsg.): Kritische Lebenskunst. Analysen – Orientierungen – Strategien. Stuttgart: J. B. Metzler. S. 82–90.

Kuschel, Sarah (2015): Ästhetisches Lernen – eine Standortbestimmung. In: Fuchs, Max/Braun, Tom (Hrsg.): Die Kulturschule und kulturelle Schulentwicklung. Schultheorie und Schulentwicklung. Weinheim und Basel: Beltz Juventa. S. 26–87.

Latour, Bruno (2002): Die Hoffnung der Pandora. Frankfurt am Main: Suhrkamp.

Latour, Bruno (2017): Eine neue Soziologie für eine neue Gesellschaft. Einführung in die Akteur-Netzwerk-Theorie. 4. Auflage. Frankfurt am Main: Suhrkamp.

Leisering, Lutz (2004): Paradigmen sozialer Gerechtigkeit. Normative Diskurse im Umbau des Sozialstaats. In: Liebig, Stefan/Lengfeld, Holger/Mau, Steffen (Hrsg.): Verteilungsprobleme und Gerechtigkeit in modernen Gesellschaften. Frankfurt/Main und New York: Campus Verlag. S. 29–68.

Leschinsky, Achim/Cortina, Kais S. (2005): Zur sozialen Einbettung bildungspolitischer Trends in der Bundesrepublik. In: Cortina, Kais S./Baumert, Jürgen/Leschinsky, Achim/Mayer, Karl Ulrich/Trommer, Luitgard (Hrsg.): Das Bildungswesen in der Bundesrepublik Deutschland. Strukturen und Entwicklungen im Überblick. Reinbek bei Hamburg: Rowohlt-Taschenbuch-Verl. S. 20–51.

Leven, Ingo/Schneekloth, Ulrich (2010): Die Schule: Frühe Vergabe von Chancen. In: Hurrelmann, Klaus/Andresen, Sabine (Hrsg.): Kinder in Deutschland. Orig.-Ausg. Frankfurt a.M.: Fischer. S. 161–186.

Lewin, Kurt (1963): Feldtheorien in den Sozialwissenschaften. Frankfurt/Bern: Huber.

Lewin, Kurt (1982a): Kurt-Lewin-Werkausgabe. Bern/Stuttgart: Hans Huber und Klett-Cotta.

Lewin, Kurt (1982b): Kurt-Lewin-Werkausgabe. Feldtheorie. Bern/Stuttgart: Hans Huber und Klett-Cotta.

Liebau, Eckart (2009): Schulkünste. In: Liebau, Eckart/Zirfas, Jörg (Hrsg.): Die Kunst der Schule. Über die Kultivierung der Schule durch die Künste. Bielefeld: Transcript. S. 47–65.

Liebau, Eckart/Zirfas, Jörg (Hrsg.) (2009): Die Kunst der Schule. Über die Kultivierung der Schule durch die Künste. Bielefeld: Transcript.

Lüddemann, Stefan (2019): Kultur. Eine Einführung. 2., erweiterte und überarbeitete Auflage. Wiesbaden: Springer Fachmedien Wiesbaden.

Lüders, Jenny (2004): Bildung im Diskurs. Bildungstheoretische Anschlüsse an Michel Foucault. In: Pongratz, Ludwig/Wimmer, Michael/Nieke, Wolfgang/Masschelein, Jan (Hrsg.): Nach Foucault. Diskurs- und machtanalytische Perspektiven der Pädagogik. Wiesbaden. S. 50–69.

Mead, George Herbert (1973): Geist, Identität und Gesellschaft aus Sicht des Sozialbehaviorismus. Frankfurt/Main.

Mead, George Herbert (1987): Gesammelte Aufsätze. Herausgegeben von Hans Joas. Frankfurt/Main: Suhrkamp.

Mense-Petermann, Ursula (2006): Das Verständnis von Organisation im Neo-Institutionalismus. Lose Kopplung, Reifikation, Institution. In: Senge, Konstanze/Hellmann, Kai-Uwe (Hrsg.): Einführung in den Neo-Institutionalismus. Wiesbaden: VS Verlag für Sozialwissenschaften. S. 62–74.

Merleau-Ponty, Maurice (1966): Phänomenologie der Wahrnehmung. Übersetzt und durch eine Vorrede eingeleitet von Rudolf Boehm. Berlin [Paris 1945]: De Gruyter.

Meyer, Joh. W./Rowan, Brian (1977): Institutionalized Organisations. Formal Structure as Myth and Ceremony. In: American Journal of Sociology 83, H. 2, S. 340–363.

Meyer-Drawe, Käte (1991): Das ‚Ich als Differenz der Masken‘. Zur Problematik autonomer Subjektivität. In: Vierteljahrsschrift für wissenschaftliche Pädagogik, H. 67, S. 390–400.

Meyer-Drawe, Käte (1997): Individuum. In: Wulf, Christoph (Hrsg.): Vom Menschen. Handbuch Historische Anthropologie. Weinheim und Basel: Beltz. S. 698–707.

Meyer-Drawe, Käte (2012): Empfänglichsein für die Welt. Ein Beitrag zur Bildungstheorie. In: Dörpinghaus, Andreas/Nießeler, Andreas (Hrsg.): Dinge in der Welt der Bildung. Bildung in der Welt der Dinge. Würzburg: Königshausen & Neumann. S. 13–28.

Mollenhauer, Klaus (1990a): Ästhetische Bildung zwischen Kritik und Selbstgewissheit. In: Zeitschrift für Pädagogik 36., S. 481–494.

Mollenhauer, Klaus (1990b): Die vergessenen Dimensionen des Ästhetischen in der Erziehungs- und Bildungstheorie. In: Lenzen, Dieter (Hrsg.): Kunst und Pädagogik. Erziehungswissenschaft auf dem Weg zur Ästhetik? Darmstadt: Wissenschaftliche Buchgesellschaft. S. 3–17.

Nullmeier, Frank (2003): Auf dem Weg zu einem kulturalen Sozialstaatsverständnis? In: Lessenich, Stephan (Hrsg.): Wohlfahrtsstaatliche Grundbegriffe. Historische und aktuelle Diskurse. Frankfurt/Main und New York: Campus Verlag. S. 395–418.

Oevermann, Ulrich (1999): Theoretische Skizze einer revidierten Theorie professionellen Handelns. In: Combe, A./Helsper, Werner (Hrsg.): Pädagogische Professionalität. Frankfurt/Main: Suhrkamp. S. 70–180.

Oevermann, Ulrich (2004): Sozialisation als Prozess der Krisenbewältigung. In: Geulen, Dieter/Veith, Hermann (Hrsg.): Sozialisationstheorie interdisziplinär. Aktuelle Perspektiven. Stuttgart: Lucius&Lucius. S. 155–182.

Otto, Gunter (1993): Über Wahrnehmung und Erfahrung. Didaktik, Ästhetik, Kunst. In: Kunst+Unterricht 1993, H. 171, S. 16–19.

Otto, Gunter (1998): Lehren und Lernen zwischen Didaktik und Ästhetik. Didaktik und Ästhetik. Seelze: Kallmeyersche Verlagsbuchhandlung.

Otto, Gunter/Otto, Maria (1987): Auslegen. Ästhetische Erziehung als Praxis des Auslegens in Bildern und des Auslegens von Bildern. Seelze: Friedrich Verlag.

Pinkert, Ute (2016): Perspektive Theater. Rahmung, Gegenstand und Praxis – Theater im Kontext von Stadtkultur und Schule. In: Fuchs, Max/Braun, Tom (Hrsg.): Die Kulturschule und kulturelle Schulentwicklung. Zur ästhetischen Dimension von Schule. Weinheim und Basel: Beltz Juventa. S. 239–259.

Popp, Ulrike (2007): Widersprüche zwischen schulischer Sozialisation und jugendlichen Identitätskonstruktionen. Zur „Identitätskrise“ der Schule. In: Kahlert, Heike/Mansel, Jürgen (Hrsg.): Bildung und Berufsorientierung. Der Einfluss von Schule und informellen Kontexten auf die berufliche Identitätsentwicklung. Weinheim: Juventa-Verl. S. 19–35.

Powell, Walter/DiMaggio, Paul (Hrsg.) (1991): The New institutionalism in organisational analysis. Chicago: University Press of Chicago.

Prengel, Annedore (2006): Pädagogik der Vielfalt. Wiesbaden: Springer Fachmedien.

Pufendorf, Samuel von (2002): Eris Scandica und andere polemische Schriften über das Naturrecht. Berlin: Akad.-Verl.

Reckwitz, Andreas (2003): Grundelemente einer Theorie sozialer Praktiken. Eine sozialtheoretische Perspektive. In: Zeitschrift für Soziologie 32, H. 4, S. 282–301.

Reckwitz, Andreas (2016): Kreativität und soziale Praxis. Studien zur Sozial- und Gesellschaftstheorie. Bielefeld: Transcript.

Reh, Sabine/Idel, Till-Sebastian/Rabenstein, Kerstin/Fritzsche, Bettina (2015): Ganztagsschulforschung als Transformation. Theoretische und empirische Erträge des Projekts. In: Reh, Sabine/ Fritzsche, Bettina/Idel, Till-Sebastian/Rabenstein, Kerstin (Hrsg.): Lernkulturen. Rekonstruktion pädagogischer Praktiken an Ganztagsschulen. Wiesbaden: Springer VS. S. 297–336.

Reinwand, Vanessa-Isabell (2017): Kulturelle Bildung braucht ästhetische Alphabetisierung! Aber welche? In: Braun, Tom/Witt, Kirsten (Hrsg.): Illusion Partizipation – Zukunft Partizipation. (Wie) Macht Kulturelle Bildung unsere Gesellschaft jugendgerechter? München: kopaed Verlag. S. 105–114.

Ricken, Nobert (2006): Erziehung und Anerkennung. Anmerkungen zur Konstitution des pädagogischen Problems. In: Vierteljahrsschrift für wissenschaftliche Pädagogik 82, H. 2, S. 215–230.

Ricken, Nobert (2009): Über Anerkennung – oder: Spuren einer anderen Subjektivität. In: Ricken, Norbert/Röhr, Henning/Ruhloff, Jörg/Schaller, Klaus (Hrsg.): Umlernen. Festschrift für Käte Meyer-Drawe. Paderborn: Fink. S. 75–92.

Ricken, Norbert (2013): Anerkennung als Adressierung. Über die Bedeutung von Anerkennung für Subjektivationsprozesse. In: Alkemeyer, Thomas//Budde, Gunilla/Freist, Dagmar (Hrsg.): Selbstbildungen. Soziale und kulturelle Praktiken der Subjektivierung. Bielefeld: Transcript. S. 69–99.

Rihm, Thomas (Hrsg.) (2006): Schulentwicklung. Vom Subjektstandpunkt ausgehen. 2. Auflage. VS Verlag für Sozialwissenschaften.

Rihm, Thomas (Hrsg.) (2008): Teilhaben an Schule. Zu den Chancen wirksamer Einflussnahme auf Schulentwicklung. Wiesbaden: VS Verlag für Sozialwissenschaften.

Rittelmeyer, Christian (2018): Kulturelle Bildung. In: Barz, Heiner (Hrsg.): Handbuch Bildungsreform und Reformpädagogik. Wiesbaden: VS Verlag für Sozialwissenschaften. S. 559–564.

Röhr, Henning (2009): Anerkennung – zur Hypertrophie eines Begriffs. In: Ricken, Norbert/Röhr, Henning/Ruhloff, Jörg/Schaller, Klaus (Hrsg.): Umlernen. Festschrift für Käte Meyer-Drawe. Paderborn: Fink. S. 93–108.

Rowan, Brian (1982): Organizational structure and the institutional environment. The case of public schools. In: Administrative science quarterly: ASQ; dedicated to advancing th understanding of administration through empirical investigation and theoretical analysis 27, H. 2, S. 259–279.

Said, Edward W. (2003): Orientalism. Reprinted with a new preface. London: Penguin Books.

Sandring, Sabine (2013): Schulversagen und Anerkennung. Scheiternde Schulkarrieren im Spiegel der Anerkennungsbedürfnisse Jugendlicher. Univ., Philosophische Fakultät III, Diss.--Halle, 2011. Wiesbaden: Springer VS.

Sauerwein, Markus (2016): Qualität in Bildungssettings der Ganztagsschule. Dissertation. 1. Auflage. Weinheim und Basel: Beltz Juventa.

Schäfer, Alfred/Thompson, Christiane (2010): Anerkennung. Eine Einleitung. In: Schäfer, Alfred/ Thompson, Christiane (Hrsg.): Anerkennung. Paderborn, Wien u. a.: Schöningh. S. 7–34.

Scherr, Albert (2013): Subjektbildung in Anerkennungsverhältnissen. Über „soziale Subjektivität" und „gegenseitige Anerkennung" als pädagogische Grundbegriffe. In: Hafeneger, Benno (Hrsg.): Pädagogik der Anerkennung. Grundlagen, Konzepte, Praxisfelder. Schwalbach/Ts.: Debus-Pädagogik-Verl. S. 26–44.

Schmidt, Robert (2012): Soziologie der Praktiken. Konzeptionelle Studien und empirische Analysen. Berlin: Suhrkamp.

Schmücker, Reinold (2011): Die Autonomie des Künstlers und die Bildungsfunktion der Kunst. In: Bockhorst, Hildegard (Hrsg.): KUNSTstück FREIHEIT. Leben und Lernen in der Kulturellen Bildung. München: kopaed Verlag. S. 109–119.

Schmücker, Reinold (2012): Funktionen der Kunst. In: Kleimann, Bernd/Schmücker, Reinold (Hrsg.): Wozu Kunst? Die Frage nach ihrer Funktion. Darmstadt: Wissenschaftliche Buchgesellschaft. S. 13–33.

Schütze, F. (1999): Organisationszwänge und hoheitsstaatliche Rahmenbedingungen im Sozialwesen. In: Combe, A./Helsper, Werner (Hrsg.): Pädagogische Professionalität. Frankfurt/Main: Suhrkamp. S. 183–275.

Scott, W. Richard/Meyer, John (1994): Institutional environments and organisations. Structural complexity and individualism. Thousand Oaks, CA: Sage Publications, Incorporated.

Seel, Martin (1993): Intensivierung und Distanzierung. Ästhetische Bildung markiert den Abstand von der Allgemeinen Bildung. In: Kunst+Unterricht 1993, H. 176.

Seel, Martin (1996): Ästhetik als Teil einer differenzierten Ethik. Zwölf kurze Kommentare. In: Seel, Martin (Hrsg.): Ethisch-ästhetische Studien. Frankfurt am Main: Suhrkamp. S. 11–35.

Seel, Martin (2000): Ästhetik des Erscheinens. München/Wien: Carl Hanser Verlag.

Seel, Martin (2009): Anerkennung und Aufmerksamkeit. Über drei Quellen der Kritik. In: Forst, Rainer/Hartmann, Martin/Jaeggi, Rahel/Saar, Martin (Hrsg.): Sozialphilosophie und Kritik. Frankfurt am Main: Suhrkamp. S. 157–178.

Seel, Martin (2016): Kunst, Wahrheit, Welterschließung. In: Koppe, Franz (Hrsg.): Perspektiven der Kunstphilosophie. Texte und Diskussionen. 3. Auflage. Frankfurt am Main: Suhrkamp. S. 36–80.

Senge, Konstanze (2006): Zum Begriff der Institution im Neo-Institutionalismus. In: Senge, Konstanze/Hellmann, Kai-Uwe (Hrsg.): Einführung in den Neo-Institutionalismus. Wiesbaden: VS Verlag für Sozialwissenschaften. S. 35–47.

Senge, Konstanze/Hellmann, Kai-Uwe (2006): Einleitung. In: Senge, Konstanze/Hellmann, Kai-Uwe (Hrsg.): Einführung in den Neo-Institutionalismus. Wiesbaden: VS Verlag für Sozialwissenschaften. S. 7–34.

Steffens, Ulrich/Bargel, Tino (Hrsg.) (2016): Schulqualität – Bilanz und Perspektiven. Grundlagen der Qualität von Schule 1. 1. Auflage. Münster, New York: Waxmann.

Stojanov, Krassimir (2006): Bildung und Anerkennung. Soziale Voraussetzungen von Selbst-Entwicklung und Welt-Erschließung. Wiesbaden: VS Verlag für Sozialwissenschaften | GWV Fachverlage GmbH Wiesbaden.

Turner, Victor (2005): Das Ritual. Struktur und Anti-Struktur. Frankfurt am Main: Campus Verlag.

Wellgraf, Stefan (2014): Verachtung. Identitätssuche im Kontext verweigerter Anerkennung. In: Hagedorn, Jörg (Hrsg.): Jugend, Schule und Identität. Selbstwerdung und Identitätskonstruktion im Kontext Schule. Wiesbaden: Springer VS. S. 317–330.

Wernet, Andreas (2008): Das Pseudologie-Syndrom. Zum Phänomen pädagogisch erzeugter Widersprüche. In: Rihm, Thomas (Hrsg.): Teilhaben an Schule. Zu den Chancen wirksamer Einflussnahme auf Schulentwicklung. Wiesbaden: VS Verlag für Sozialwissenschaften. S. 237–252.

Wiater, Werner (2009a): Theorie der Schule. In: Apel, Hans Jürgen/Sacher, Werner (Hrsg.): Studienbuch Schulpädagogik. Bad Heilbrunn: Julius Klinkhardt. S. 29–52.

Wiater, Werner (2009b): Zur Definition und Abgrenzung von Aufgaben und Funktionen der Schule. In: Blömeke, Sigrid/Bohl, Thorsten/Haag, Ludwig/Lang-Wojtasik, Gregor/Sacher, Werner (Hrsg.): Handbuch Schule. Theorie – Organisation – Entwicklung. Bad Heilbrunn: Julius Klinkhardt. S. 65–72.

Wiater, Werner (2016): Theorie der Schule. Augsburg: Auer Verlag.

Wrong, Dennis (1961): The oversocialized conception of man in modern sociology. In: American Sociological Review, H. 26, S. 183–193.

Zinnecker, Jürgen (1988): Zukunft des Aufwachsens. In: Hesse, Joachim Jens/Rolff, Hans-Günter (Hrsg.): Zukunftswissen und Bildungsperspektiven. Baden-Baden: Nomos. S. 119–139.

Zinnecker, Jürgen (1996): Kinder im Übergang. In: Aus Politik und Zeitgeschichte B 11, H. 96, S. 3–10.

Zirfas, Jörg (2018): Ästhetische Erfahrung. In: Gödde, Günter/Zirfas, Jörg (Hrsg.): Kritische Lebenskunst. Analysen – Orientierungen – Strategien. Stuttgart: J. B. Metzler. S. 134–142.